Mo Gawdat

Die Formel für Glück

Der Ernst des Kampfes
hat keine Bedeutung für die Friedvollen.

Für Ali

Ich bin sicher, du bist glücklich, wo immer
du auch jetzt sein magst

Mo Gawdat

Die Formel für Glück

Und wie Sie diese nutzen

Übersetzung aus dem Englischen
von Jordan Wegberg

REDLINE | VERLAG

Bibliografische Information der Deutschen Nationalbibliothek
Die Deutsche Nationalbibliothek verzeichnet diese Publikation in der Deutschen Nationalbibliografie; detaillierte bibliografische Daten sind im Internet über **http://d-nb.de** abrufbar.

Für Fragen und Anregungen
info@redline-verlag.de

4. Auflage 2022

Türkenstraße 89
80799 München
Tel.: 089 651285-0
Fax: 089 652096

Die englische Originalausgabe erschien 2017 bei North Star Way unter dem Titel *Solve for Happy*.

Übersetzung: Jordan T. Wegberg, Berlin
Redaktion: Christiane Otto, München
Umschlaggestaltung: Isabella Dorsch, München
Umschlagabbildung: 123rf.com/profile_pangeranjoni
Satz: Helmut Schaffer, Hofheim a. Ts.
Druck: GGP Media GmbH, Pößneck
Printed in Germany

ISBN Print 978-3-86881-687-7
ISBN E-Book (PDF) 978-3-86414-987-0
ISBN E-Book (EPUB, Mobi) 978-3-86414-988-7

Inhalt

Einleitung

17 Tage nach dem Tod meines wunderbaren Sohnes Ali begann ich zu schreiben und konnte einfach nicht mehr aufhören. Mein Thema war das Glücklichsein – unter den gegebenen Umständen ein recht überraschendes Gebiet.

Ali war ein wahrer Engel. Er machte alles besser, das er berührte, und jeden glücklicher, dem er begegnete. Er war immer friedlich, immer glücklich. Seine Lebenslust und die zugewandte Fürsorge, die er jedem Lebewesen schenkte, das seinen Weg kreuzte, blieben niemandem verborgen. Als er von uns ging, gab es jeden Grund, traurig zu sein – sogar zutiefst verzweifelt. Wie konnte sein Tod mich also dazu veranlassen, das zu schreiben, was Sie hier lesen werden? Nun, das ist eine Geschichte, die ungefähr mit dem Tag seiner Geburt begann – vielleicht sogar noch ein bisschen früher.

Seit dem Beginn meiner Berufstätigkeit habe ich eine Menge Erfolg, Reichtum und Anerkennung genossen. Doch während der ganzen Zeit war ich fortwährend unglücklich. Am Anfang meiner Karriere bei Technologieriesen wie IBM und Microsoft bekam ich intellektuelle Befriedigung und Selbstbestätigung im Übermaß, und ja, ich verdiente auch gutes Geld. Doch ich stellte fest: Je mehr ich hatte, desto unglücklicher wurde ich.

Das lag nicht nur daran, dass das Leben komplizierter geworden war – Sie wissen schon, wie in dem Rap-Song aus den Neunzigern, »Mo' money, mo' problems«. Das Problem war, dass ich trotz finanzieller und intellektueller Gewinne nicht in der Lage war, mein Leben mit Freude zu füllen. Selbst mein größtes Glück, meine Familie, gab mir nicht so viel Freude, wie möglich gewesen wäre, weil ich sie nicht anzunehmen wusste.

Paradoxerweise war ich als junger Mann, trotz meiner Suche nach dem richtigen Lebensweg und häufig pleite, immer sehr glücklich gewesen. Doch bis zum Jahr 1995, als meine Frau und ich und unsere beiden Kinder unsere Sachen zusammenpackten, um nach Dubai zu ziehen, hatte sich einiges verändert. Nichts gegen Dubai. Das ist eine bemerkenswerte Stadt, deren großzügige Einwohner, die Emirater, uns wirklich das Gefühl gaben, zu Hause zu sein. Unser Eintreffen fiel zufällig mit dem Beginn des explosiven Wachstums Dubais zusammen, das überwältigende Karrierechancen und Millionen Glücksgelegenheiten eröffnete – oder wenigstens den Versuch ermöglichte.

Aber Dubai kann auch den Eindruck des Surrealen erwecken. Hinter einer gleißenden Landschaft aus heißem Sand und türkisblauem Wasser erhebt sich eine Skyline aus futuristischen Bürogebäuden und Wohntürmen, in denen Multimillionen-Dollar-Apartments für einen stetigen Strom globaler Käufer bereitstehen. Auf den Straßen streiten sich Porsches und Ferraris mit Lamborghinis und Bentleys um die Parklücken. Die Extravaganz dieser Anhäufung von Reichtum ist verblüffend – doch zugleich wirft sie die Frage auf, ob man verglichen mit alldem eigentlich schon irgendetwas erreicht hat.

Als wir im Emirat ankamen, hatte ich bereits die Gewohnheit angenommen, mich mit meinen superreichen Freunden zu vergleichen, und dabei zog ich immer den Kürzeren. Doch dieses Gefühl der Unzulänglichkeit führte mich nicht zum Psychiater oder in einen Ashram. Vielmehr beflügelte es meinen Ehrgeiz. Ich machte einfach das, was ich als Nerd, der seit seiner Kindheit wie besessen las, schon immer gemacht hatte: Ich kaufte einen Berg Bücher. Ich untersuchte Analysen von Aktienentwicklungen bis hin zu den grundlegenden Gleichungen, die den Ausgangspunkt jedes Diagramms bilden. Und indem ich sie erlernte, konnte ich kurzfristige Marktfluktuationen vorhersagen wie ein Profi. Ich kam ungefähr zu dem Zeitpunkt von meiner Arbeit nach Hause, da die NASDAQ in den USA öffnete, und setzte meine mathematischen Fähigkeiten ein, um als Tageshändler (in meinem Falle genauer gesagt als Nachthändler) ordentlich Geld zu machen.

Trotzdem – und ich nehme an, ich bin nicht der Erste, der Ihnen so eine Geschichte erzählt –, je mehr Geld ich verdiente, desto unglücklicher wurde ich. Das brachte mich bloß dazu, noch härter zu arbeiten und mir noch mehr Spielzeuge zu kaufen in der irrigen Annahme, all diese Bemühungen würden früher oder später Früchte tragen und ich würde den Topf voller Gold – nämlich das Glück – finden, der am Ende des Regenbogens großer Errungenschaften vergraben war. Ich wurde zu einem Nagetier in dem, was Psychologen als »hedonistisches Hamsterrad« bezeichnen. Je mehr man kriegt, desto mehr will man haben. Je mehr man sich abmüht, umso mehr Gründe findet man, sich abzumühen.

Eines Abends ging ich online und kaufte mit zwei Mausklicks einen alten Rolls-Royce. Warum? Weil ich es konnte. Und weil ich verzweifelt versuchte, den Hohlraum in meiner Seele zu füllen. Es wird Sie kaum überraschen zu hören, dass dieser wunderschöne Klassiker des britischen Automobildesigns meine Stimmung kein bisschen anhob, als er endlich vor mir auf der Straße stand.

Rückblickend betrachtet war ich in dieser Zeit meines Lebens keine besonders gute Gesellschaft. Der Schwerpunkt meiner Tätigkeit lag darin, die Geschäfte von Microsoft auf Afrika und den Nahen Osten auszuweiten, wodurch ich, wie Sie sich vorstellen können, den größten Teil meiner Zeit in Flugzeugen saß. In meiner ständigen Jagd nach mehr war ich selbst zu Hause aggressiv und unangenehm geworden, und ich wusste es. Ich verbrachte viel zu wenig Zeit damit, die tolle Frau wertzuschätzen, die ich geheiratet hatte, viel zu wenig Zeit mit meinem wunderbaren Sohn und meiner Tochter, und hielt niemals inne, um den einzelnen Tag zu genießen.

Stattdessen war ich den Großteil meiner wachen Stunden gehetzt, nervös und überkritisch und verlangte selbst von meinen Kindern Leistung und Erfolg. Wie ein Besessener versuchte ich, die Welt an meine Vorstellung davon anzupassen, wie sie sein sollte. Bis 2001 hatten das unablässige Streben und die Leere mich an einen sehr dunklen Ort geführt.

Da wusste ich, dass ich das Problem nicht länger ignorieren konnte. Dieser streitlustige, unglückliche Mensch, der mich aus dem Spiegel heraus ansah, war nicht ich selbst. Ich vermisste den zufriedenen, optimistischen, jungen Mann, der ich immer gewesen war, und ich hatte es satt, weiterhin in der Haut dieses müden, schlecht gelaunten, aggressiv aussehenden Typen zu stecken. Ich beschloss, mein Unglücklichsein als Herausforderung anzunehmen: Ich würde meine streberhafte Vorgehensweise des Selbststudiums in Kombination mit meinem analytischen Ingenieurverstand nutzen, um mir einen Ausweg zu schaffen.

Ich bin in Kairo aufgewachsen, wo meine Mutter als Professorin für englische Literatur unterrichtete. Schon lange vor meinem ersten Schultag hatte ich angefangen, Bücher regelrecht zu verschlingen. Mit acht Jahren begann ich, mir alljährlich ein Schwerpunktthema auszusuchen und so viele Bücher darüber zu kaufen, wie ich mir leisten konnte. Den Rest des Jahres brachte ich damit zu, jedes Wort in jedem Buch zu lernen. Diese Angewohnheit machte mich zur Zielscheibe des Spottes meiner Freunde, aber ich habe sie als Herangehensweise an alle Herausforderungen und Zielsetzungen beibehalten. Wann immer das Leben schwierig war, las ich.

Ich brachte mir selbst Schreinern, Mosaiklegen, Gitarrespielen und Deutsch bei. Ich informierte mich über die Relativität, studierte Spieltheorie und Mathematik und lernte die Entwicklung hochkomplizierter Computerprogramme. Als Grundschüler und später als Teenager machte ich mich mit sturer Entschlossenheit über meine Bücherstapel her. In späteren Jahren verwendete ich dieselbe Leidenschaft darauf, die Restaurierung klassischer Autos, das Kochen und hyperrealistische Kohleporträtzeichnungen zu erlernen. Ich verschaffte mir eine ordentliche Professionalität im Business-, Management-, Finanz-, Wirtschafts- und Investmentbereich, hauptsächlich durch die Lektüre von Büchern.

In schwierigen Situationen neigen wir dazu, verstärkt das zu tun, was wir am besten können. Als unglücklicher Mittdreißiger versenkte ich mich daher in die Lektüre von Büchern über mein Dilemma. Ich kaufte jeden nur auffindbaren Titel über das Thema Glücklichsein. Ich ging zu jeder Vorlesung, sah mir jede Dokumentation an und analysierte dann sorgfältig alles, was ich erfahren hatte. Doch ich betrachtete das Thema nicht aus derselben Perspektive wie die Psychologen, die diese Bücher geschrieben, Experimente durchgeführt und die »Glücksforschung« zu einer so hoch gehandelten akademischen Disziplin gemacht hatten. Ganz sicher schwamm ich nicht auf der Welle all der Philosophen und Theologen mit, die sich mit dem Problem menschlichen Glücks seit Anbeginn der Zivilisation herumschlugen.

Meinem üblichen Trainingsplan folgend brach ich das Problem des Glücks auf seine kleinsten Bestandteile herunter und unterzog es einer technischen Analyse. Ich wählte eine skalierbare und replizierbare, faktenorientierte Vorgehensweise. Dabei stellte ich jeden Prozess infrage, den ich angeblich blindlings befolgen sollte, überprüfte den Sitz jedes beweglichen Teils und warf einen gründlichen Blick auf die Gültigkeit jedes Beitrags, während ich einen Algorithmus zu erarbeiten versuchte, der die gewünschten Resultate hervorbrachte. Als Softwareentwickler setzte ich mir das Ziel, einen Code zu finden, der immer wieder aufs Neue auf mein Leben angewendet werden konnte, um jedes Mal zuverlässig für Glück zu sorgen.

Nach all diesen hyperrationalen Erwägungen, die eines Mr. Spock würdig gewesen wären, hatte ich merkwürdigerweise meinen ersten echten Durchbruch während eines lockeren Gesprächs mit meiner Mutter. Sie hatte mich immer dazu angehalten, hart zu arbeiten und den finanziellen Erfolg an oberste Stelle zu setzen. Oft zitierte sie ein arabisches Sprichwort, das frei übersetzt so viel bedeutet wie: »Iss ein Jahr lang bescheiden und kleide dich ein Jahr lang bescheiden, und du wirst für immer glücklich sein.« Als junger Mann war ich diesem Rat mit geradezu religiösem Eifer gefolgt. Ich hatte hart gearbeitet und gespart und war erfolgreich geworden. Ich hatte meinen Teil der Abmachung eingehalten. Deshalb fragte ich meine Mutter eines Tages: Wo war denn nun das ganze Glück, das ich mit Fug und Recht erwartete?

Im Verlauf dieses Gesprächs wurde mir plötzlich klar, dass Glück nichts ist, auf das man wartet und für das man arbeitet, als müsse man es sich *verdienen*. Abgesehen davon sollte es nicht von äußeren Umständen abhängen, schon gar nicht von so unbeständigen und potenziell fließenden Umständen wie beruflichem Erfolg und wachsendem Vermögen. Mein Weg bis hierhin war von Fortschritt und Erfolg geprägt gewesen, doch jedes Mal, wenn ich ein Stück vorangekommen war, schien sich die Ziellinie ein bisschen weiter nach hinten verschoben zu haben.

Ich erkannte, dass ich niemals Glück finden würde, solange ich an der Vorstellung festhielt, ich müsse nur noch dieses tun oder jenes bekommen oder irgendeine Wegmarke erreichen, um glücklich zu werden.

In der Algebra können Gleichungen auf viele Arten gelöst werden. Wenn beispielsweise A=B+C, dann B=A-C. Wenn Sie versuchen, A aufzulösen, betrachten Sie den Wert der beiden anderen Parameter – B und C –, und wenn Sie B auflösen wollen, müssen Sie andere Schritte durchführen. Der Parameter, den aufzulösen Sie sich entscheiden, verändert Ihre Vorgehensweise bei der Auflösung ganz erheblich. Dasselbe trifft zu, wenn Sie sich entscheiden, **Glücklichsein aufzulösen.**

Ich begann zu begreifen, dass ich bei all meinem Streben versucht hatte, das falsche Problem zu lösen. Ich hatte mich der Herausforderung gestellt, materiellen Wohlstand und Status zu vervielfachen, sodass *am Ende* als Produkt all dieser Anstrengungen ... Glück herauskäme. Tatsächlich musste ich aber die Zwischenschritte überspringen und einfach direkt das Glücklichsein auflösen.

Meine Reise dauerte fast zehn Jahre, doch im Jahr 2010 hatte ich dann eine Gleichung sowie ein gut durchkonstruiertes, einfaches und replizierbares Modell des Glücks und seiner Aufrechterhaltung entwickelt, in dem alle Teile perfekt ineinandergriffen.

Ich stellte das System auf die Probe, und es funktionierte. Die Belastung durch einen verpatzten Geschäftsabschluss, lange Warteschlangen am Flughafen, mieser Kundendienst – nichts davon konnte mein Glück mindern. Das tägliche Leben als Ehemann, Vater, Sohn, Freund und Mitarbeiter war von den unvermeidlichen Höhen und Tiefen geprägt, aber egal wie der einzelne Tag verlief, ob gut oder schlecht – oder ein bisschen von beidem –, ich stellte fest, dass ich in der Lage war, die Achterbahnfahrt selbst zu genießen.

Ich war endlich wieder zu dem glücklichen Menschen zurückgekehrt, den ich anfangs als »Ich« erkannt hatte, und der blieb ich auch eine ganze Weile. Ich erzählte Hunderten von Freunden von meinem strikten Vorgehen, und auch bei ihnen funktionierte meine Glücksgleichung. Ihr Feedback half mir, das Modell sogar noch weiter zu verfeinern. Wie sich herausstellte, war das auch gut so, denn ich hatte keine Ahnung, wie sehr ich es noch brauchen würde.

Mein Vater war ein ausgezeichneter Bauingenieur und ein außergewöhnlich freundlicher Mann. Obwohl meine Leidenschaft immer der Computerwissenschaft gehört hatte, studierte ich ihm zuliebe Bautechnik. Mein Studienfach lieferte ohnehin nicht den größten Beitrag zu meiner Bildung, denn das Lernen findet in der realen Welt statt, wie mein Vater glaubte. Seit ich zur Mittelschule gegangen war, hatte er mich immer ermuntert, jeden Urlaub in einem anderen Land zu verbringen. Anfangs legte er jeden Cent beiseite, um mir diese Erfahrungen zu ermöglichen, und traf Arrangements mit Familienangehörigen oder Freunden, die ich in den Ferien besuchen konnte. Später ging ich arbeiten, um die Kosten für meine Reisen selbst aufbringen zu können. Diese Erlebnisse des wirklichen Lebens waren so wertvoll, dass ich mir vornahm, meinen Kindern eine ähnliche Erfahrung zu bieten.

Wie es das Schicksal wollte, bot mir die Wahl meiner Universität den größten Nutzen und Segen jener Studentenzeiten. Ich lernte eine charmante, intelligente Frau namens Nibal kennen. Einen Monat nach ihrem Abschluss waren wir verheiratet, und ein Jahr später wurde sie Umm Ali, Mutter von Ali, wie Frauen im Nahen Osten genannt werden, wenn sie das erste Kind zur Welt gebracht haben. Achtzehn Monate später folgte unsere Tochter Aya, die zum Sonnenschein und zur unerschöpflichen Energiequelle unserer Familie wurde. Mit Nibal, Ali und Aya um mich herum kannte mein Glück keine Grenzen. Aus Liebe zu meiner Familie arbeitete ich hart, um ihnen das bestmögliche Leben zu ermöglichen. Ich ging die Aufgaben des Lebens an wie ein wild gewordenes Rhinozeros.

Im Jahr 2007 fing ich bei Google an. Trotz seines Erfolgs war die globale Reichweite des Unternehmens zu diesem Zeitpunkt begrenzt, daher bestand meine Funktion darin, unsere Geschäfte auf Osteuropa, den Nahen Osten und Afrika auszuweiten. Sechs Jahre später wechselte ich zu einer separaten Firma mit dem Namen X, bei der ich schließlich zum Chief Business Officer aufstieg. Bei X versuchen wir keine schrittweisen Verbesserungen dessen zu erzielen, wie die Welt funktioniert, sondern wir bemühen uns, neue Technologien zu entwickeln, die das Wesen der Dinge neu erfinden. Unsere Zielsetzung ist eine radikale, zehnfache – 10X – Verbesserung. Daher arbeiten wir an Ideen, die wie Science-Fiction daherkommen, zum Beispiel an selbsttätigen Flugdrachen aus Karbonfasern, die als Windkraftturbinen dienen, an in Kontaktlinsen eingebauten Minicomputern, die physiologische Daten erfassen und drahtlos mit anderen Computern kommunizieren, und Ballons, die Telekommunikationstechnologien in die Stratosphäre hinaufbringen, um jedem Menschen überall auf der Welt Internetdienstleistungen zur Verfügung zu stellen. Bei X bezeichnen wir sie als »Moonshots«.

Wenn Sie eine maßvolle Verbesserung des Bestehenden anstreben, arbeiten Sie zunächst mit denselben Werkzeugen und Vermutungen, demselben mentalen System, auf dem die alte Technologie aufbaut. Besteht die Aufgabe dagegen darin, sich um den Faktor zehn weiterzuentwickeln, beginnen Sie mit einem unbeschriebenen Blatt. Bei einem Moonshot verlieben Sie sich in das Problem, nicht in das Produkt. Sie verschreiben sich einer Mission, ehe Sie überhaupt wissen, dass Sie die Fähigkeit besitzen, sie zu erfüllen. Und

Sie setzen sich kühne Ziele. Die Automobilindustrie war zum Beispiel jahrzehntelang auf Sicherheit programmiert. Sie machte fortwährend kleine Fortschritte, indem sie Verbesserungen am traditionellen Automobildesign vornahm – dem Design, an das wir uns alle seit Anfang des 20. Jahrhunderts gewöhnt haben. Bei X gehen wir so vor, dass wir uns zunächst fragen: »Warum sollte ein Unfall überhaupt erst passieren?« An diesem Punkt verschreiben wir uns dem Moonshot: einem selbstfahrenden Auto.

Mein Glücksmodell funktionierte also gut, ich hatte viel Freude an meiner beruflichen Laufbahn, durch die ich meinen Teil zur Erfindung der Zukunft beisteuern konnte, mein Sohn und meine Tochter lernten, wuchsen heran und bereisten in der Tradition meines Vaters jeden Sommer neue Orte. Sie hatten viele Freunde auf aller Welt, die sie besuchen konnten, und waren immer auf Entdeckungstour.

Im Jahr 2014 studierte Ali in Boston und hatte eine lange Reise durch Nordamerika geplant, daher gingen wir nicht davon aus, dass er zu seinem üblichen Besuch nach Dubai kommen würde. Ich war angenehm überrascht, als er im Mai anrief und sagte, er habe große Sehnsucht nach uns und wolle ein paar Tage mit uns verbringen. Aus irgendeinem Grund war es ihm eilig, und er fragte, ob wir ihm einen Flug buchen könnten, sobald das Semester vorüber sei. Auch Aya plante einen Besuch, deshalb waren Nibal und ich überglücklich. Wir trafen alle Vorbereitungen und freuten uns darauf, dass im Juli die ganze Familie beisammen sein würde.

Vier Tage nach seiner Ankunft bekam Ali heftige Bauchschmerzen und wurde in das örtliche Krankenhaus eingeliefert, wo man ihm eine routinemäßige Blinddarmentfernung empfahl. Ich machte mir keine Sorgen. Tatsächlich war ich erleichtert, dass es passierte, während er zu Hause war, sodass wir uns um ihn kümmern konnten. Dieser Urlaub würde vielleicht nicht ganz nach seinen Vorstellungen verlaufen, aber die Planänderung wäre leicht zu verschmerzen.

Als Ali auf dem OP-Tisch lag, wurde eine Nadel eingeführt, um seinen Abdominalraum mit Kohlendioxid zu weiten und Platz für den weiteren Operationsvorgang zu schaffen. Doch die Nadel wurde ein paar Millimeter zu weit hineingeschoben und punktierte Alis Femoralarterie, eins der wichtigsten Gefäße für den Transport des Bluts vom Herzen. Dann wurde alles immer schlimmer. Es verging wertvolle Zeit, bis irgendjemand den Patzer bemerkte, und in der Folge wurde noch eine Reihe zusätzlicher Fehler gemacht, die schließlich tödliche Folgen hatten. Innerhalb weniger Stunden war mein Sohn nicht mehr am Leben.

Ehe wir überhaupt das Ausmaß dessen begreifen konnten, was hier geschehen war, sprangen Freunde Nibal, Aya und mir zur Seite, die uns bei der Bewältigung der praktischen Erfordernisse halfen und uns unterstützten, während wir uns bemühten, die steile Wendung zu begreifen, die unsere Leben genommen hatten.

Man sagt, ein Kind zu verlieren, ist die schlimmste Erfahrung, die ein Mensch machen kann. Es bringt Eltern definitiv an ihre Grenzen. Ali in seiner Blütezeit zu verlieren war noch schlimmer, und ihn unerwartet aufgrund vermeidbarer menschlicher Fehler zu verlieren, war vielleicht das Schlimmste von allem.

Doch für mich war der Verlust noch größer, denn Ali war nicht nur mein Sohn, sondern zudem mein bester Freund. Er war geboren worden, als ich noch recht jung war, und es fühlte sich an, als seien wir zusammen aufgewachsen. Wir machten zusammen Videospiele, hörten zusammen Musik, lasen zusammen Bücher und lachten viel miteinander. Mit achtzehn war Ali deutlich weiser als viele Männer meines Bekanntenkreises. Er war eine Stütze und ein Vertrauter. Manchmal ertappte ich mich sogar bei dem Gedanken: »**Wenn ich mal erwachsen bin, will ich so werden wie Ali.**«

Auch wenn alle Eltern ihre Kinder als etwas Außergewöhnliches betrachten, glaube ich aufrichtig, dass dies auf Ali wirklich zutraf. Nach seinem Tod erhielten wir Mitteilungen aus aller Welt von Hunderten von Menschen, die schilderten, wie dieser Einundzwanzigjährige ihr Leben verändert hatte. Einige davon waren Teenager, andere hatten die Siebzig bereits überschritten. Ich werde nie erfahren, wie Ali die Zeit und die Weisheit gefunden hat, das Leben so vieler Menschen zu berühren. Er war ein leuchtendes Beispiel für

Friedfertigkeit, Fröhlichkeit und Güte. Und er besaß eine starke Präsenz, die ihn diese Merkmale großzügig nach allen Seiten verteilen ließ. Einmal sah ich aus einiger Entfernung zu, wie er sich neben eine Obdachlose setzte und sich lange mit ihr unterhielt. Er erkannte sie als einen Mitmenschen, mit dem es sich lohnt, eine Verbindung aufzunehmen, dann leerte er seine Taschen und gab ihr alles, was er dabeihatte. Als er ging, lief sie ihm nach, wühlte in ihrem Sack herum und gab ihm schließlich etwas, das ihr wertvollster Besitz gewesen sein muss: eine kleine, ungeöffnete Plastikdose mit Handcreme. Dieses Geschenk wurde zu einem von Alis wertvollsten Schätzen. Jetzt ist es einer von unseren.

Doch nun hatte ich ihn aufgrund eines ärztlichen Fehlers binnen kürzester Zeit verloren. Alles, was ich je über Glück gelernt hatte, wurde auf die Probe gestellt. Ich nahm an, wenn ich mich und meine Familie vor den dunkelsten Abgründen der Depression bewahren könnte, hätte ich bereits einen großen Erfolg erzielt.

Aber wir schafften sehr viel mehr.

Als Ali uns so plötzlich verließ, empfanden seine Mutter und ich ebenso wie unsere Tochter tiefste Trauer. Natürlich vermissen wir ihn weiterhin schmerzlich, und wir vergießen regelmäßig Tränen darüber, dass er nicht mehr für eine Umarmung, einen Schwatz oder ein Videospiel verfügbar ist. Der Schmerz, den wir empfinden, ist unser Antrieb, sein Andenken zu ehren und ihm das Beste zu wünschen. Doch bemerkenswerterweise ist es uns gelungen, einen dauerhaften inneren Frieden zu bewahren – sogar Glück. Wir haben traurige Tage, aber wir leiden nicht. In unseren Herzen wohnt Zufriedenheit, sogar Freude.

Schlicht gesagt, unser Glücksmodell hat sich für uns bewährt. Selbst in den Augenblicken unserer tiefsten Trauer über Alis Tod waren wir dem Leben gegenüber niemals zornig oder vorwurfsvoll. Wir fühlten uns nicht betrogen oder niedergedrückt. Wir durchlebten das schwierigste nur vorstellbare Ereignis so, wie Ali es getan hätte: friedvoll.

Bei Alis Trauerfeier füllten Hunderte Menschen unser Haus, um ihm die letzte Ehre zu erweisen, während eine unübersehbar große Menge draußen in der Hitze des Dubaier Sommers wartete. Sie wollten einfach nicht gehen. Es war eine außergewöhnliche Trauerfeier, die sich in jeder Hinsicht um die Freude herumrankte, die Ali während seines Lebens ausgestrahlt hatte. Die Leute kamen in Tränen aufgelöst, verschmolzen jedoch rasch mit der positiven Energie des Ereignisses. Sie weinten in unseren Armen, aber wenn wir uns unterhielten und wenn sie unseren Standpunkt zu den Geschehnissen begriffen, der durch unser Glücksmodell geprägt war, hörten sie auf zu weinen. Sie gingen durchs Haus und bewunderten Hunderte Fotografien von Ali (alle mit einem breiten Lächeln) an jeder einzelnen Wand. Sie probierten ein paar von seinen Lieblingsspeisen, die auf den Tischen angerichtet waren, oder nahmen etwas von ihm als Andenken mit und dachten an all die glücklichen Erinnerungen, die er ihnen geschenkt hatte.

So viel Liebe und Freude lag in der Luft, es gab so viele Umarmungen und so viel Lächeln, dass man, hätte man die Umstände nicht gekannt, am Ende des Tages hätte vermuten können, dies sei einfach ein fröhliches Treffen von Freunden – vielleicht eine Hochzeit oder eine Uni-Abschlussfeier. Selbst unter diesen traurigen Umständen war unser Heim von Alis positiver Energie erfüllt.

In den Tagen nach der Trauerfeier beschäftigte mich der Gedanke: *Was würde Ali in dieser Situation tun?* Alle, die wir Ali gekannt hatten, hatten ihn regelmäßig um Rat gefragt, aber nun war er nicht mehr bei uns. Verzweifelt wollte ich ihn fragen: »Ali, wie kann ich damit fertigwerden, dich verloren zu haben?«, obwohl ich seine Antwort kannte. Er hätte einfach gesagt: »*Khalas ya papa* – es ist vorbei, Papa –, ich bin bereits tot. Es gibt nichts, was du daran ändern könntest, also mach einfach das Beste daraus.« In stillen Momenten hörte ich keine andere Stimme in meinem Kopf als die Alis, der diese Sätze immer und immer wiederholte.

Und so begann ich 17 Tage nach seinem Tod zu schreiben. Ich beschloss, Alis Rat zu folgen und etwas Positives zu tun. Ich wollte versuchen, unser Glücksmodell mit all jenen auf dieser Welt zu teilen, die unnötigerweise leiden. Viereinhalb Monate später hob ich den Kopf. Ich hatte die Rohfassung fertig.

Ich bin kein Weiser oder Mönch, der sich in einem Kloster verbirgt. Ich gehe arbeiten, streite mich in Meetings, mache Fehler – große Fehler, mit denen ich geliebte Menschen verletzt habe und die ich bereue. Genau genommen bin ich nicht mal ständig glücklich. Aber ich habe ein Modell gefunden, das funktioniert – ein Modell, das uns durch unsere Trauer getragen hat, jenes Modell, für das Alis Leben beispielhaft und ausschlaggebend war. Und das will ich Ihnen in diesem Buch anbieten.

Meine Hoffnung ist es, Alis Andenken zu ehren und sein Vermächtnis fortzusetzen, indem ich Alis Botschaft – seine friedliche Lebensweise – an andere weitergebe. Ich habe versucht, mir die positiven Auswirkungen der Verbreitung dieser Botschaft vorzustellen, und vielleicht hat es ja seinen Grund, dass ich eine hoch qualifizierte berufliche Position mit weltweiter Reichweite habe. Daher habe ich mich auf eine ehrgeizige Mission begeben: zehn Millionen Menschen zu mehr Glück zu verhelfen, eine Bewegung (#10millionhappy), an der teilzunehmen, ich Sie einlade, sodass wir gemeinsam eine kleine weltweite Pandemie der Freude in Alis Sinne auslösen können.

Alis Tod war ein Schicksalsschlag, mit dem ich niemals gerechnet hatte, aber zurückblickend kommt es mir beinahe so vor, als hätte er es irgendwie gewusst. Zwei Tage vor seinem unerwarteten Ableben setzte er sich mit uns allen zusammen wie ein weiser Großvater, der seine Kinder um sich versammelt, und sagte, er hätte uns etwas Wichtiges mitzuteilen. Er sagte, ihm sei klar, dass es seltsam sei, seinen Eltern einen Rat zu erteilen, aber er fühle sich verpflichtet, das zu tun. Im Allgemeinen sprach Ali sehr wenig, aber jetzt nahm er sich die Zeit und sagte Nibal, Aya und mir, was er am meisten an uns liebte. Er dankte uns herzlich für alles, das wir zu seinem Leben beigetragen hatten. Seine Worte wärmten unsere Herzen, und dann bat er jeden von uns, ein paar besondere Dinge zu tun.

Seine Bitte an mich lautete: »Papa, du solltest niemals aufhören zu arbeiten. Sorge weiterhin dafür, dass die Dinge sich verändern, und höre öfter auf dein Herz. Deine Arbeit hier ist noch nicht beendet.« Dann hielt er ein paar Sekunden inne, lehnte sich in seinem Sessel zurück – als wolle er sagen: *Aber meine Arbeit hier ist jetzt beendet* – und sagte: »Das ist alles. Mehr wollte ich nicht sagen.«

Dieses Buch ist mein Versuch, die Aufgabe zu erfüllen, die mir von meinem Glücksidol aufgetragen wurde. Solange ich lebe, werde ich globales Glück zu meiner persönlichen Mission machen, meinem Moonshot für Ali.

Teil 1

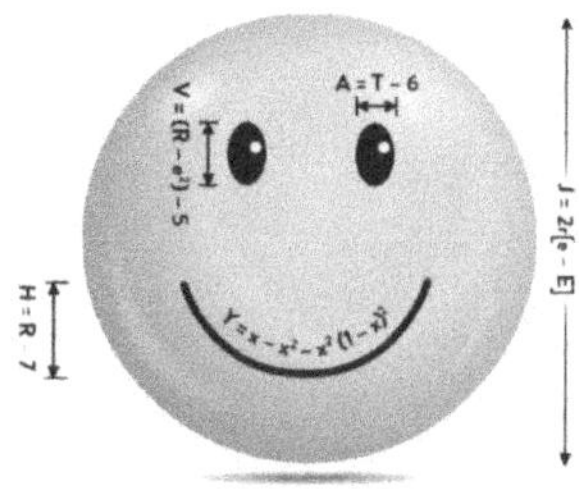

Glücklichsein ist in der heutigen Welt von Mythen umgeben. Unsere Auffassung davon, was Glück ist und wo es sich finden lässt, ist verfälscht.

Wenn Sie wissen, wonach Sie suchen, wird die Aufgabe leicht. Es mag ein wenig dauern, alte Gewohnheiten abzulegen, aber wenn Sie dem Weg nur immer weiter folgen, gelangen Sie ans Ziel.

Kapitel 1 – Die Gleichung aufstellen

Es spielt keine Rolle, ob Sie reich sind oder arm, klein oder groß, Mann oder Frau, jung oder alt. Es spielt keine Rolle, woher Sie kommen, womit Sie Ihren Lebensunterhalt verdienen, welche Sprache Sie sprechen oder welches Schicksal Sie durchlebt haben. Wo immer Sie auch sind, wer immer Sie auch sind, **Sie wollen glücklich sein**. Das ist ein ungefähr so grundlegendes menschliches Bedürfnis wie das Atmen.

Glück ist dieses herrliche Gefühl, wenn alles in Ordnung zu sein scheint, wenn alle Wege und Wendungen und Puzzlestücke des Lebens perfekt ineinanderzugreifen scheinen. In jenen oft nur allzu kurzen Augenblicken echten Glücks ist jeder einzelne Gedanke in Ihrem Kopf ein angenehmer, und Sie hätten nichts dagegen, wenn die Zeit stehenbliebe und dieser Moment für immer währte.

Was immer wir im Leben tun, ist letztlich der Versuch, zu diesem Gefühl zu finden und es andauern zu lassen. Die einen suchen es in der Liebe, andere in Reichtum oder Ruhm und wieder andere in irgendwelchen Erfolgen. Doch wir alle wissen von Menschen, die zutiefst geliebt werden, Großartiges erreicht haben, die ganze Welt bereisen, sich alles kaufen, was für Geld zu haben ist, jeden Luxus genießen, und dennoch sehnen sie sich nach dem schwer erreichbaren Ziel der Zufriedenheit, des Behagens und des Friedens – auch als Glück bekannt.

Warum sollte etwas so Grundlegendes so schwer zu finden sein?

Um die Wahrheit zu sagen: Das ist es gar nicht. **Wir suchen es nur an den falschen Stellen.** Wir stellen es uns als ein zu erreichendes Ziel vor, dabei ist es eigentlich dort, wo wir alle angefangen haben.

Haben Sie schon mal Ihren Schlüssel gesucht, nur um festzustellen, dass er die ganze Zeit in Ihrer Hosentasche steckte? Erinnern Sie sich, wie Sie Ihren kompletten Schreibtisch abgeräumt, unter dem Sofa gesucht haben und immer frustrierter darüber wurden, dass er weg war? Dasselbe tun wir auch, wenn wir uns bemühen, das Glück »da draußen« zu finden, obwohl das Glück in Wirklichkeit da ist, wo es immer schon war: in uns selbst, als grundlegendes Gestaltungsmerkmal unserer Spezies.

Unser Grundzustand

Sehen Sie sich Ihren Computer, Ihr Smartphone oder andere Geräte an. Sie alle enthalten Einstellungen, die von den Entwicklern und Programmierern vorgegeben sind. Es gibt beispielsweise eine bestimmte Bildschirmhelligkeit oder eine ortsabhängige Bediensprache. Über ein Gerät, das direkt aus der Fabrik kommt und so eingerichtet ist, wie seine Hersteller es für das Beste halten, sagt man, es befinde sich im »Grundzustand«.

Für den Menschen ist dieser Grundzustand, einfach gesagt, das Glücklichsein.

Wenn Sie mir nicht glauben, verbringen Sie mal ein bisschen Zeit mit einem Menschen, der direkt aus der Fabrik kommt, einem Kleinkind oder einem Säugling. Offensichtlich ist mit der Startphase kleiner Menschen eine Menge Geschrei und Geweine verbunden, aber Tatsache ist, dass sie, solange ihre grundlegendsten Bedürfnisse befriedigt werden – kein unmittelbarer Hunger, keine unmittelbare Angst, keine furchterregende Isolation, kein körperlicher Schmerz und keine fortdauernde Schlaflosigkeit –, ganz im Augenblick leben, vollkommen glücklich. Selbst in den notleidenden Teilen der Welt sieht man Kinder mit schmutzverschmierten Gesichtern, die kleine Muscheln als Spielzeuge verwenden oder einen zerbrochenen Plastikteller wie das Lenkrad eines Sportwagens in den Händen halten. Sie leben vielleicht in Verschlägen, aber solange sie Nahrung und ein Mindestmaß an Sicherheit haben, kann man sie voller überschäumender Freude umherspringen sehen. Sogar in Medienberichten aus Flüchtlingslagern, in die es Tausende aufgrund von Kriegen oder Naturkatastrophen verschlagen hat, wirken die Erwachsenen vor der Kamera düster, während man im Hintergrund das Lachen der Kinder hört, die mit einem fest verknoteten Lumpenknäuel Fußball spielen.

Es sind aber nicht nur die Kinder. Dieser Grundzustand gilt auch für Sie.

Blicken Sie auf Ihre eigenen Erfahrungen zurück. Erinnern Sie sich an eine Zeit, in der nichts Sie störte, nichts Sie besorgte, nichts Sie verärgerte. Sie waren glücklich, ruhig und entspannt. Die Sache ist, dass Sie keinen *Grund* brauchten, um glücklich zu sein. Es war nicht nötig, dass Ihre Mannschaft dafür den World Cup gewann. Sie brauchten keine Riesenbeförderung, kein vielversprechendes Rendezvous und keine Yacht mit Hubschrauberlandeplatz. Alles, was Sie brauchten, war kein Grund, *unglücklich* zu sein. Anders ausgedrückt:

Nicht vergessen!

Glück ist die Abwesenheit von Unglück.

Es ist unser Ruhezustand, wenn nichts das Bild überschattet oder Störungen verursacht.

Nicht vergessen!

Glück ist *Ihr* Grundzustand.

Wenn Sie ein vorprogrammiertes Gerät verwenden, ändern Sie manchmal die Grundeinstellungen, ohne es zu beabsichtigen, manchmal sogar so stark, dass gewisse Funktionen schwer zu benutzen sind. Sie installieren eine App, die häufig auf das Internet zugreift, und Ihre Akkulaufzeit verringert sich. Sie laden Malware herunter, und alles gerät durcheinander. Dasselbe passiert mit der menschlichen Grundeinstellung für Glück. Der Druck durch Elternschaft oder Gesellschaft,

Glaubenssysteme und unerfüllte Erwartungen macht sich bemerkbar und überschreibt einen Teil der Originalprogrammierung. Ihr Ich, das anfangs zufrieden in seiner Wiege krähte und mit seinen Zehen spielte, gerät in einen Wirbel von Missverständnissen und Illusionen. Glück wird zu einem geheimnisvollen Ziel, das Sie anstreben, aber nicht recht zu fassen bekommen, statt zu etwas Simplem, das allmorgendlich beim Öffnen der Augen für Sie da ist.

Sie können es sich bildlich so vorstellen: Die Zeiten, in denen Sie unglücklich sind, fühlen sich an, als wären Sie unter einem Steinhaufen aus Illusionen, gesellschaftlichem Druck und falschen Überzeugungen begraben. Um Glück zu erlangen, müssen Sie diese Steine einen nach dem anderen abtragen, angefangen bei Ihren grundlegendsten Überzeugungen.

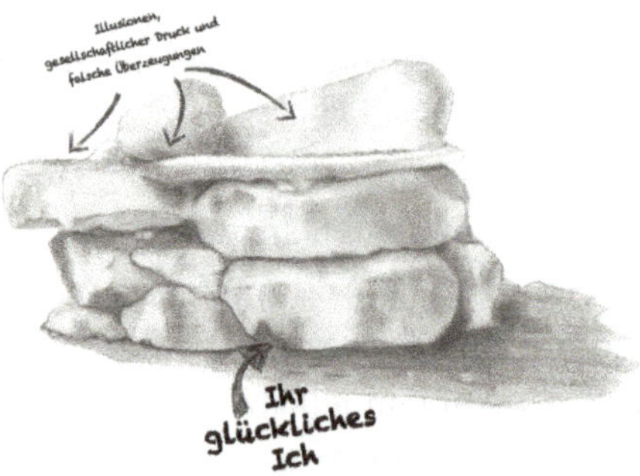

Wie jeder weiß, der schon mal eine Service-Hotline angerufen hat, besteht der erste Schritt zur Wiederherstellung der ordnungsgemäßen Funktion eines Geräts manchmal darin, es auf die Fabrikeinstellungen zurückzusetzen. Anders als unsere Handys haben wir Menschen allerdings keinen Reset-Knopf. Stattdessen besitzen wir die Fähigkeit, Gewohnheiten abzulegen und die Auswirkungen dessen umzukehren, was auf unserem Weg falsch gelaufen ist.

Wie sind wir jemals auf die Idee gekommen, außerhalb von uns selbst nach dem Glück zu suchen, zu streben, es zu erreichen oder auch nur zu verdienen? Wie kam es zu diesem gewaltigen Missverständnis, dass Glück unser Leben immer nur kurz streift? Warum haben wir unser Geburtsrecht auf Glück einfach aufgegeben?

Die Antwort könnte Sie überraschen: *Vielleicht ist das einfach nur* **angelernt**.

Zum Glück auflösen

Vielleicht haben Sie vernünftige Ratschläge erhalten wie denjenigen, den meine Mutter mir gab, dass ich lernen und hart arbeiten, sparen und auf bestimmte Belohnungen verzichten solle, um bestimmte Ziele zu erreichen. Ihr Rat hat bestimmt maßgeblich zu meinem Erfolg beigetragen. Aber ich verstand ihn falsch. Ich dachte, sie meinte, ich müsse bei diesem Weg aufs Glücklichsein verzichten. Oder dass Glück das Ergebnis wäre, sobald ich erst Erfolg hätte.

Einige der glücklichsten Gesellschaften der Welt gibt es tatsächlich in den ärmeren Ländern Lateinamerikas, wo die Menschen überhaupt nicht viel über finanzielle Sicherheit nachzudenken scheinen oder über das, was wir als Erfolg betrachten. Sie gehen jeden Tag arbeiten, um das zu verdienen, was sie brauchen. Doch darüber hinaus stellen sie ihr Glück an oberste Stelle und verbringen Zeit mit ihren Familien und Freunden.

Ich habe nicht die Absicht, ein Leben zu romantisieren, das idyllisch und bunt erscheint, aber immer noch unter die Armutsgrenze fällt. Doch wir können eine Menge lernen von einer inneren Einstellung, bei der Glück in jeden einzelnen Tag eingeflochten wird, unabhängig von wirtschaftlichen Verhältnissen.

Ich habe nichts gegen materiellen Erfolg. Menschliche Fortschritte wurden immer von angeborener Neugier vorangetrieben, aber auch von dem absolut vernünftigen Wunsch, genügend Ressourcen anzusparen, um den Winter zu überleben oder eine Dürre oder eine Missernte. Vor Tausenden von Jahren waren unsere Überlebenschancen umso höher, je größer das Territorium unserer Familie oder unseres Stammes war und je besser unsere Jagd- und Sammelfähigkeiten. Daher konnte sich die Vorstellung, müßig unter dem Mangobaum zu sitzen, nicht durchsetzen gegenüber der Vorstellung, ein paar neue Erfindungen zu machen und sich abzumühen, das eigene Territorium zu erweitern und einen Überschuss zu erwirtschaften, nur für alle Fälle.

Während sich die Zivilisation weiterentwickelte, bedeuteten mehr Territorium und mehr Reichtum im Allgemeinen bessere Lebensbedingungen und die Aussicht auf ein längeres Leben. Dann kam schließlich der Kapitalismus, verstärkt durch die protestantische Ethik, nach der Reichtum ein Zeichen für Gottes Gunst war. Individuelle Bemühungen und individuelle Verantwortung führten zum Aufkommen dessen, was wir heute als Einkommensungleichgewicht bezeichnen. Das verstärkte den Anreiz zum Arbeiten noch, und sei es nur, um nicht von anderen überholt und an den Rand gedrängt zu werden. Und wer einmal aufgestiegen war, wollte keinesfalls wieder zurückfallen. Denn mit steigendem Wettbewerb verfiel allmählich die traditionelle Unterstützung durch die Familie oder die Dorfgemeinschaft.

Das Zeitalter unmittelbar vor unserem erlebte die Weltwirtschaftskrise und zwei Weltkriege in rascher Folge, wodurch selbst jene an der Spitze der Einkommenspyramide sich Sorgen um das Nötigste machen mussten. Die Prioritäten einer ganzen Generation wurden daher von Entbehrungen geprägt, und diese lagen auch der Vorstellung zugrunde, dass es im Leben vor allem darum gehe, solche Entbehrungen nie mehr erleiden zu müssen. *Die »Versicherungspolice«, die am stärksten angenommen und weitergegeben wurde, nannte sich »Erfolg«.*

Während das 20. Jahrhundert zum 21. wurde, erzog die Mittelklasse ihre Kinder zunehmend in dem Glauben, der einzige logische Lebensweg sei es, viele Jahre in Bildungseinrichtungen zu verbringen und ein Leben lang hart zu arbeiten in der Hoffnung auf Sicherheit. Wir lernten, diesem Weg Priorität einzuräumen, selbst wenn er uns unglücklich machte, und vertrauten auf das Versprechen, glücklich zu werden, wenn wir erst einmal erreicht hätten, was die Gesellschaft als Erfolg definiert.

Jetzt stellen Sie sich einmal selbst diese Frage: Wie oft haben Sie das tatsächlich erlebt? Und wie häufig erleben Sie einen erfolgreichen Banker oder Geschäftsmann, der im Geld schwimmt, aber offenbar unglücklich ist? Wie oft hören Sie, dass jemand sich das Leben genommen hat, der anscheinend »alles hatte«? Warum, glauben Sie, passiert das? Weil schon die Grundannahme ein Irrtum ist: Erfolg, Reichtum, Macht und Ruhm führen nicht zum Glück. Tatsache ist:

Nicht vergessen!

Erfolg ist keine unabdingbare Grundvoraussetzung, um glücklich zu sein.

Ed Dieners und Richard Easterlins Arbeit über den Zusammenhang zwischen subjektivem Wohlgefühl und Einkommen deutet darauf hin, dass subjektives Wohlbefinden in den Vereinigten Staaten proportional zum Einkommen wächst – doch nur bis zu einem bestimmten Punkt. Ja, es fühlt sich erbärmlich an, wenn man zwei verschiedene Jobs machen muss, um sich eine winzige Wohnung und einen altersschwachen Honda leisten zu können, und dabei noch das Studiendarlehen zurückzahlt. Doch hat Ihr Einkommen erst einmal das durchschnittliche Pro-Kopf-Jahreseinkommen erreicht, das in den USA heute bei 70.000 Dollar liegt, bleibt das subjektive Wohlergehen auf demselben Niveau. Es stimmt, dass ein geringeres Einkommen Ihr Wohlbefinden schmälern kann, aber *mehr* zu verdienen macht Sie nicht notwendigerweise glücklicher.[1] Das lässt vermuten, dass all die teuren Dinge, die von der Werbung als Schlüssel zum Glück dargestellt werden – ein besseres Handy, ein beeindruckendes Auto, ein riesiges Haus, statusgerechte Kleidung –, eigentlich gar nicht so wichtig sind.

Nicht nur, dass Reichtum, Macht und ein Haufen Spielzeuge keine notwendigen Bedingungen für Glück sind; wenn überhaupt, verlaufen Ursache und Wirkung in die entgegengesetzte Richtung. Andrew Oswald, Eugenio Proto und Daniel Sgroi von der Universität

Warwick stellten fest, dass Glücklichsein die Menschen um rund 12 Prozent produktiver macht und sie mit dementsprechend höherer Wahrscheinlichkeit voranbringt.[2] Daher:

Nicht vergessen!

Erfolg führt zwar nicht zu Glück, aber Glück trägt zum Erfolg bei.

Und doch jagen wir immer weiter dem Erfolg als unserem vorrangigen Ziel hinterher. Einer der ersten Psychologen, die sich mit glücklichen Menschen und ihren psychologischen Antriebskräften beschäftigten, war Abraham Maslow. Im Jahr 1933 fasste er unser Streben nach Erfolg in einem klugen Satz zusammen: »Die Geschichte der Menschheit ist die Geschichte von Männern und Frauen, die sich unter Wert verkaufen.«

Auch wenn ein gewisses Maß an Erfolg in unserer Gesellschaft üblich ist, haben diejenigen mit dem größten Erfolg häufig etwas gemeinsam, etwas, das sie von der Masse abhebt. Sie alle verspüren eine leidenschaftliche Begeisterung für das, was sie tun. Viele erfolgreiche Sportler, Musiker und Unternehmer sind erfolgreich geworden, weil sie ihre Tätigkeit so sehr lieben, dass sie zu Experten darin geworden sind, einfach weil die Aktivität selbst sie glücklich macht. Wie Malcolm Gladwell es in *Überflieger* formuliert: Wenn Sie zehntausend Stunden mit etwas zubringen, werden Sie darin zu einem der Weltbesten.[3] Und was ist die einfachste Methode, so viele Stunden mit etwas zuzubringen? Indem man sie mit etwas verbringt, das einen glücklich macht? Ist das nicht besser, als ein Leben lang nach Erfolg zu streben in der Hoffnung, dass er am Ende zum Glücklichsein führt? Im Beruf, in unserem persönlichen Leben, in Beziehungen oder in der Liebe sollten wir immer daran denken, *egal was wir tun:*

Nicht vergessen!

Zum Glück auflösen.

Was ist Glück?

An meinem Tiefpunkt im Jahr 2001 wurde mir klar, dass ich niemals das Glück wiederfinden würde, auf das ich ein Geburtsrecht hatte, wenn ich nicht wenigstens wusste, wonach ich überhaupt suchte.

Als Ingenieur machte ich mich also daran, einen einfachen Prozess zu entwickeln, um die Daten zu erheben, die ich für die Bestimmung dessen brauchte, was mich glücklich macht. Zunächst zögerte ich, weil die Technik so schlicht war, dass sie mir beinahe kindisch vorkam. Doch dann wurde mir klar: Wenn unser Vorbild für den Grundzustand menschlichen Glücks das Kleinkind oder der Säugling ist, ist »kindisch« oder wenigstens »kindlich« vielleicht gar nicht so schlecht.

Ich begann, indem ich einfach jeden Augenblick dokumentierte, in dem ich mich glücklich fühlte. Ich nannte das meine **Glücksliste**. Vielleicht möchten Sie das auch mal ausprobieren. Warum nehmen Sie sich nicht gleich mal einen Moment Zeit, nehmen sich einen Stift und ein Blatt Papier und schreiben ein paar der Dinge auf, die Sie glücklich machen? Das ist keine allzu schwierige Anweisung. Die Liste braucht nicht mehr zu sein als eine Reihe von kurzen, erklärenden Sätzen, die ohne große Umschweife diese Wörter ergänzen:

»Ich bin glücklich, wenn ______________________________.«

Nur keine Scheu. Sie brauchen keine Hemmungen zu haben, denn es muss ja niemand Ihre Liste jemals zu Gesicht bekommen. Sie können das Offensichtliche aufschreiben, zum Beispiel den Hund unter dem Kinn kraulen oder einen herrlichen Sonnenuntergang betrachten, und einfache Dinge wie mit Freunden reden oder Rührei essen. Es gibt keine falschen Antworten. Schreiben Sie so viel auf, wie Ihnen einfällt.

Wenn Sie fertig sind, zumindest fürs Erste, gehen Sie die Liste noch mal durch, und markieren Sie ein paar Punkte, die Sie als Glücksauslöser an die oberste Stelle setzen würden, wenn Sie aufgefordert würden, eine Reihenfolge zu bilden. Daraus ergibt sich eine wichtige Shortlist, die sich bei unseren späteren Exkursen als nützlich erweisen wird.

Hier habe ich schon mal eine gute Nachricht für Sie: Nur allein das Erstellen der Glücksliste stellt bereits eine sehr glückliche Erfahrung dar, und zwar so sehr, dass Sie sich hinterher energiegeladen und erfrischt fühlen sollten. Ich überarbeite meine Liste mindestens einmal wöchentlich und füge neue Punkte hinzu. Das zaubert mir nicht nur ein Lächeln aufs Gesicht, sondern hilft mir auch, etwas zu erzeugen, das nach Aussagen von Psychologen langfristig zum Glücklichsein beiträgt: ein Gefühl der Dankbarkeit, das sich einstellt, wenn Sie die Wahrheit über unser modernes Leben erkennen und die Tatsache, dass es trotz allem reichlich Gründe zum Glücklichsein gibt.

Also machen Sie weiter, und genießen Sie es. Ich mache inzwischen eine Tasse Kaffee und warte auf Sie. *(Übrigens, ich bin glücklich, wenn ich in Ruhe eine Tasse Kaffee trinke!)*

Die Glücksgleichung

Ich habe die Vermutung, dass Ihre Liste fast ausschließlich ganz normale Augenblicke des Lebens umfasst – ein Lächeln auf dem Gesicht Ihres Kindes, der Geruch von heißem Kaffee früh am Morgen, solche Dinge, die tagtäglich passieren.

Wo ist also das Problem? Wenn die Auslöser für glückliche Momente so alltäglich und so leicht verfügbar sind, warum bleibt die Suche nach dem Glück dann für so viele Menschen eine so große Herausforderung? Und warum entgleitet es uns so leicht wieder, wenn wir es gefunden haben?

Wenn man Ingenieuren eine gewisse Menge unbearbeiteten Datenmaterials vorlegt, stellen sie es als Erstes grafisch dar und versuchen, eine Trendextrapolation durchzuführen. Wenden wir das also auf Ihre Glücksliste an, und suchen wir nach dem gemeinsamen Muster unter all den verschiedenen Glücksmomenten darauf. Erkennen Sie den Trend?

Die Momente, die Sie glücklich machen, mögen ganz unterschiedlich sein von den Momenten, die mich glücklich machen, doch die meisten Listen stützen diese allgemeine These: Glück tritt dann ein, wenn das Leben sich nach Ihren Vorstellungen zu verhalten scheint. Sie sind glücklich, wenn *das Leben sich verhält, wie Sie es möchten.*

Es ist wohl wenig überraschend, dass auch das Gegenteil zutrifft: Unglück tritt ein, wenn Ihre Realität nicht mit Ihren Hoffnungen und Erwartungen übereinstimmt. Wenn Sie an Ihrem Hochzeitstag Sonnenschein erwarten, stellt ein *unerwarteter* Regenguss einen kosmischen Verrat dar. Ihre Unzufriedenheit über diesen Verrat kann ewig andauern und sich jederzeit Bahn brechen, wenn Sie niedergeschlagen sind oder sich über Ihren Ehepartner ärgern. »Ich hätte es gleich wissen sollen! Es hat schließlich an unserem Hochzeitstag *geregnet*!«

Die einfachste Methode für einen Ingenieur, diese Definition des Glücks auszudrücken, ist in Form einer Gleichung – der **Glücksgleichung**.

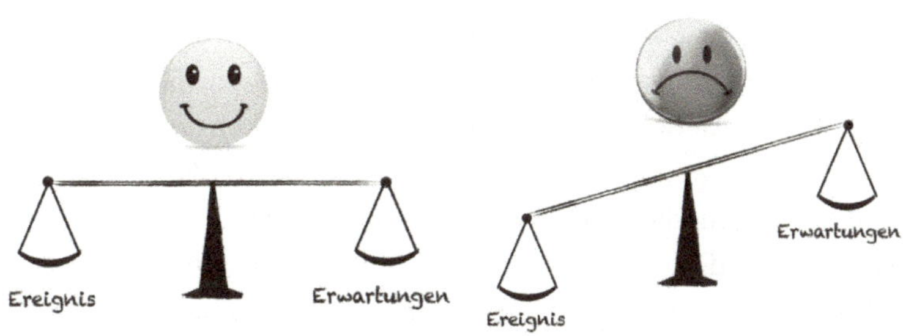

Das bedeutet: Wenn die Ereignisse Ihren Erwartungen entsprechen oder sie übertreffen, sind Sie glücklich – oder wenigstens nicht unglücklich.

Aber der Haken an der Sache ist dieser: Es ist nicht das Ereignis, das uns unglücklich macht, *sondern die Art und Weise, wie wir es empfinden.*

Glück in Gedanken

Es gibt einen einfachen Test, mit dem ich dieses Konzept zu bestätigen pflege. Ich nenne ihn den **Leerer-Kopf-Test**. Er ist ganz einfach. Rufen Sie sich einen Moment in Erinnerung, in dem Sie unglücklich waren, zum Beispiel: *Ich war unglücklich, als ein Freund gemein zu mir war.* Nehmen Sie sich Zeit, bei diesem Gedanken zu verweilen, drehen und wenden Sie ihn in Ihrem Kopf, und verursachen Sie sich selbst so viel Unglück wie möglich. Reiten Sie genauso darauf herum, wie wir es häufig tun, wenn wir uns von derartigen Gedanken den Tag verderben lassen.

Bitte nehmen Sie sich ein bisschen Zeit, um einen solchen Gedanken zu suchen – und bitte entschuldigen Sie, dass ich Sie bitte, über etwas nachzudenken, das Sie ärgert. Jetzt wenden Sie den Leerer-Kopf-Test an: Entfernen Sie den Gedanken, ohne in der Realität tatsächlich etwas zu verändern – und sei es nur für einen Moment. Wie geht das? Beschäftigen Sie Ihr Gehirn mit einem anderen Gedanken (lesen Sie ein paar Zeilen, wie Sie es hier auch gerade tun), oder lassen Sie Musik laufen und singen Sie laut mit. Oder probieren Sie die Theorie der ironischen Prozesse aus, bei der Sie über etwas nachgrübeln, indem Sie versuchen, genau daran nicht zu denken. Sagen Sie sich: *Nicht an Vanilleeis denken. Nicht an Vanilleeis denken …* bis Sie feststellen, dass Sie an nichts anderes denken als Vanilleeis.

Was empfinden Sie jetzt? Haben Sie sich in dem kurzen Moment, in dem Sie aufgehört haben, über das gemeine Verhalten Ihres Freundes nachzudenken, geärgert? Ich nehme an, nein. Obwohl sich nichts anderes verändert hat als Ihre Gedanken, hat ein Wandel Ihrer Empfindungen stattgefunden. Ihr Freund war immer noch gemein, aber Sie haben sich nicht mehr so schlecht gefühlt. Erkennen Sie, was das bedeutet? Sobald der Gedanke weg ist, verschwindet auch der Schmerz!

Wenn ein unfreundlicher Zeitgenosse Sie beleidigt, kann er Sie nicht wirklich unglücklich machen, es sei denn, Sie verwandeln das Ereignis in einen Gedanken, lassen ihn in Ihrem Gehirn verweilen und erlauben es ihm, Sie zu bekümmern.

Nicht vergessen!

Es ist der Gedanke, nicht das tatsächliche Ereignis, das Sie unglücklich macht.

Gedanken sind jedoch nicht immer eine genaue Repräsentation der tatsächlichen Ereignisse. Eine kleine Veränderung unserer Denkweise kann also erhebliche Auswirkungen auf unser Glück haben. Ich weiß das, denn einer der glücklichsten Momente meines Lebens war, als mein wunderschöner klassischer Saab bei einem Unfall einen *Totalschaden* erlitten hat.

Ich habe dieses Auto geliebt. Es war ein 900er Turbo in British-Racing-Grün mit beigem Softtop, und eines Tages fuhr Nibal damit und hatte eine Frontalkollision mit einem Lkw. Mein Spielzeug war hinüber, aber ich war unsagbar glücklich, dass die Airbags, Gurte und all die anderen Sicherheitsmerkmale, für die Saab bekannt war, genau vorschriftsmäßig ihre Funktion erfüllt hatten und Nibal ohne einen Kratzer aus dem Unfall hervorging. Ich habe mein Auto verloren, aber was soll's? Meine geliebte Frau blieb verschont!

Bedenken Sie mal Folgendes: Hätte Nibal das Auto irgendwo geparkt, und es wäre dann zerstört worden, wäre ich außer mir gewesen. Im Ergebnis wäre es auf dasselbe hinausgelaufen – Auto Schrott und Nibal in Sicherheit –, aber mein Erleben wäre ein völlig anderes gewesen. Das Ereignis selbst war irrelevant. Entscheidend war meine Betrachtungsweise.

Hier kommt nun also die 50-Millionen-Dollar-Frage: Wenn die Geschehnisse das bleiben, was sie sind, unsere Denkweise jedoch die Art und Weise verändert, wie wir sie erleben, könnten wir dann glücklich werden, indem wir einfach unser Denken ändern?

Selbstverständlich! Genau das passiert bereits die ganze Zeit.

Wenn ein Grobian sich entschuldigt, radiert die Entschuldigung den Vorfall nicht aus, aber Sie fühlen sich besser, einfach weil die Geste Ihre Betrachtungsweise des Geschehenen verändert. Sie führt zu einer größeren Harmonie Ihrer inneren Emotionswelt und der äußeren Ereigniswelt und schafft einen Ausgleich Ihrer Glücksgleichung. Sie beginnen, mit der Welt übereinzustimmen. Das Leben wird ein bisschen mehr so, wie Sie es haben wollen, also sind Sie wieder glücklich – oder wenigstens nicht mehr unglücklich.

Derselbe Wendepunkt tritt ein, wenn Sie herausfinden, dass der Grobian seine Worte gar nicht so gemeint hat oder dass Sie ihn missverstanden haben. Keine Silbe von dem, was er gesagt hat, ist anders geworden, aber Ihr Verständnis davon löst die Gleichung und lässt Ihnen keinen Grund, unglücklich zu sein.

Es gibt zahlreiche Beweise dafür, dass wir unsere Gedanken tatsächlich beeinflussen können. Wir tun das jedes Mal, wenn wir aufgefordert werden, eine bestimmte Aufgabe zu lösen (so wie Sie es gerade tun, indem Sie Ihr Gehirn anweisen, diese Textpassage zu lesen). Wir sagen unserem Gehirn genau, was es tun soll, und es gehorcht. Absolut!

Schmerz versus Leid

So wie unsere Glücksliste hauptsächlich aus alltäglichen Dinge besteht, gibt es auch zahlreiche Momente im normalen Alltagsleben, die nicht nach unseren Vorstellungen verlaufen. Selbst für ein Baby, unser Vorbild des glücklichen Grundzustands, gibt es eine Menge Ursachen für Unleidlichkeit: nasse Windeln, zu lange allein gelassen werden, Hunger, Schlafmangel. Diese Momente des Unwohlseins mögen von kurzer Dauer sein, aber sie erfüllen einen entscheidenden praktischen Zweck. Das Unbehagen einer nassen Windel veranlasst das Baby zu schreien, und das wiederum veranlasst die Mutter oder den Vater oder den Babysitter, die Windel zu wechseln, was bedeutet, das Problem wird behoben, ehe es zu einem Windelausschlag kommt. Sobald das unmittelbare Missbehagen beseitigt ist, kehrt das Baby in seinen glücklichen Zustand zurück.

Ganz ähnlich sind die meisten täglichen Unannehmlichkeiten im Leben eines Erwachsenen nicht nur vorübergehend, sondern auch nützlich. Das hungrige Knurren Ihres Magens veranlasst Sie, etwas zu essen. Die Unleidlichkeit durch Schlafmangel drängt Sie, ins Bett zu gehen. Das Pieken eines Dorns lässt Sie den Finger zurückziehen, und der Schmerz eines verstauchten Knöchels veranlasst Sie, diesen zu schonen, damit er heilen kann. Selbst ernstliche körperliche Schmerzen existieren als wichtige Form des Informationsaustausches zwischen unserem Nervensystem und unserer Umgebung. Ohne den Schmerz, der uns im Umgang mit Gefahren leitet, würden wir unbeabsichtigt alle möglichen schädlichen Dinge tun und hätten niemals überlebt.

Nicht vergessen!

So sehr wir es auch hassen, Schmerzen und die Unannehmlichkeiten des Lebens sind sinnvoll!

Doch wie die Dinge stehen: Wir tun uns weh – es heilt. Sie verbrennen sich den Finger, Sie kühlen ihn, es ist wieder gut. Sobald das Gewebe sich zu erneuern beginnt und die Entzündung oder Reizung verschwindet, hat der Schmerz seinen Zweck erfüllt. Das Gehirn empfindet nicht mehr die Notwendigkeit, den verletzten Bereich zu schützen, daher unterdrückt es die Signale, und der Schmerz lässt nach. Zur Abwehr von ernsthaften Verletzungen oder chronischen Erkrankungen ist körperlicher Schmerz daher grundsätzlich kein Hindernis für das Glück.

Es mag zwar weniger offensichtlich sein, aber täglicher emotionaler Schmerz ist damit vergleichbar, denn auch er erfüllt eine Überlebensfunktion. Zu lange allein zu bleiben, kann gefährlich werden für ein Baby, daher macht ein längeres Alleinsein ihm Angst, und es weint, um seine Bezugsperson herbeizurufen. Bei einem Erwachsenen signalisiert das schmerzliche Gefühl der Isolation, auch als Einsamkeit bekannt, dass wir möglicherweise unser Verhalten ändern, mehr auf andere zugehen und uns stärker engagieren müssen. Schmerzliche Gefühle der Angst können nützlich sein, wenn sie uns veranlassen, uns ernsthaft auf eine bevorstehende Prüfung oder Präsentation vorzubereiten. Schuld- oder Schamgefühle können nützlich sein, wenn sie uns einen Grund dafür liefern, uns zu entschuldigen oder Zugeständnisse zu machen und wichtige soziale Bindungen dadurch gekittet werden.

Wenn es Ihnen emotional nicht gut geht, fühlen Sie sich ein paar Minuten, Stunden oder Tage lang ein bisschen lädiert, je nach der Intensität des Erlebens. Aber wenn Sie erst mal aufgehört haben, darüber nachzudenken, weicht das Gefühl des Schmerzes. Ist ein wenig Zeit vergangen und die Erinnerung verblasst, können Sie anerkennen und akzeptieren, was Ihnen widerfahren ist, eine wie auch immer geartete Lektion daraus ziehen und zu neuen Ufern aufbrechen. **Sobald der Schmerz nicht mehr benötigt wird, verschwindet er auf natürlichem Wege**.

Bei Leid ist das jedoch nicht der Fall.

Wenn wir es zulassen, kann emotionaler Schmerz selbst trivialster Natur fortdauern oder immer wieder an die Oberfläche kommen, während die Fantasie die Gründe für die Kränkung ständig aufs Neue heraufbeschwört. *Entscheiden* wir uns, dies zuzulassen, überschreiben wir unseren glücklichen Grundzustand und setzen die Einstellungen auf *grundloses Leiden.*

Die Lebhaftigkeit der Vorstellungskraft ermöglicht es Ihnen zudem, das Leiden zu vergrößern, wenn Sie dies zulassen, indem sie Ihren eigenen *simulierten* Schmerz hinzufügt: »Ich bin so ein Idiot, dass ich meine Freundin gekränkt habe. Ich bin einfach unmöglich.

Ich verdiene es, bestraft zu werden und zu leiden.« Die übereinander gelagerten Schichten des inneren Dialogs führen bloß zu tieferem und anhaltenderem Leiden, weil Sie so lange über die Geschichte nachgrübeln, bis Sie sich elend fühlen. Aber machen Sie keinen Fehler: Der Kummer, den Sie dann verspüren, ist nicht das Produkt der Sie umgebenden Welt – das Ereignis ist bereits vorbei, während Sie immer noch leiden. Es ist das Ergebnis Ihres eigenen Gehirns. In diesem Sinne:

Nicht vergessen!

Wir lassen unser Leid als eine Form selbst erzeugten Schmerzes andauern.

Alles Denken der Welt hat keinerlei Auswirkungen auf die Realität unseres Lebens, solange es nicht in Taten umgesetzt wird. Es verändert die Ereignisse in keinster Weise. Die einzigen Auswirkungen, die es hat, finden in uns selbst statt, in Form grundlosen Leidens und sinnloser Traurigkeit. Schreckliche zukünftige Geschehnisse vorwegzunehmen oder über schlimme vergangene Momente nachzugrübeln ist nicht dasselbe wie das nützliche, lehrreiche und unvermeidliche Erleben tagtäglichen Schmerzes. Diese fortgesetzte *Ausdehnung* von Schmerz ist ein ernster Bug in unserem System, denn:

Nicht vergessen!

Leiden birgt keinen wie auch immer gearteten Vorteil. Keinen!

Das Interessante an der Sache ist: So wie wir die Fähigkeit haben, uns willentlich dem Leiden hinzugeben, besitzen wir ebenfalls die Fähigkeit, unser Schmerzsystem zu debuggen, wenn wir es uns vornehmen. Wir treffen bloß nicht immer diese Entscheidung.

Stellen Sie sich vor, Sie brauchen eine Wurzelkanalbehandlung, und der Zahnarzt bietet Ihnen entweder (a) die Standardprozedur mit einigen Tagen der Heilung an oder (b) eine Wurzelkanalbehandlung mit zusätzlichen Bonustagen voller anhaltender qualvoller Schmerzen. Warum um alles in der Welt sollten Sie sich für (b) entscheiden?

So traurig es auch ist, tagtäglich tun Millionen von Menschen genau dies: Sie wählen quasi die Wurzelkanalbehandlung mit Extras. Alles beginnt damit, dass Sie es hinnehmen, wenn der Gedanke Ihnen als absolute Wahrheit durch den Kopf geht. Je länger Sie an diesem Gedanken festhalten, umso mehr verlängern Sie den Schmerz.

An dem Tag, als mein wunderbarer Sohn uns verließ, versank alles in Dunkelheit. Es schien mir, ich hätte mir das Recht darauf verdient, mein gesamtes restliches Leben hindurch zu leiden, dass mir keine Wahl blieb, als die Tür hinter mir zu schließen und zu verrotten. In Wirklichkeit hatte ich zwei Optionen zur Auswahl: (a) Ich konnte mich entscheiden, den Rest meines Lebens zu leiden, und es würde Ali *nicht* zurückholen, oder (b) ich konnte mich entscheiden, den Schmerz zu empfinden, aber den schweren Gedanken Einhalt zu gebieten, alles in meiner Macht Stehende zu tun, um sein Andenken zu ehren, und es würde Ali immer noch *nicht* zurückholen – obwohl die Welt ein bisschen leichter zu ertragen wäre. Zwei Optionen. Für welche würden Sie sich entscheiden?

Ich entschied mich für (b).

Verstehen Sie mich bitte nicht falsch. Ich vermisse Ali in jeder Minute jeden Tages. Ich vermisse sein Lächeln und seine tröstenden Umarmungen, wenn ich sie am nötigsten brauche. Dieser Schmerz ist *sehr* real, und ich gehe davon aus, dass er anhält. Aber ich leiste ihm keinen Widerstand. In meinem Kopf gibt es keine unaufhörlichen Leidensgedanken, um ihn zu vergrößern. Ich verfluche das Leben nicht und verhalte mich nicht wie ein Opfer. Ich fühle mich nicht betrogen. Ich verspüre keinen Hass und keinen Zorn gegenüber dem Krankenhaus oder den Ärzten, und ich gebe mir nicht selbst die Schuld dafür, dass ich ihn dort hingebracht habe. Solche Gedanken erfüllen keinerlei Zweck. **Ich entscheide mich, nicht zu leiden**. Es hilft mir, dem Leben eine Perspektive zu geben und positiv nach vorne zu gehen, indem ich Ali meine liebevollen Wünsche sende und ihn in glücklicher Erinnerung behalte.

Würden Sie angesichts schwerer Zeiten so eine Entscheidung treffen? Angenommen, Sie könnten es und es wäre möglich, **würden Sie sich entscheiden, Ihrem eigenen Leiden einen Riegel vorzuschieben?** Mir ist bewusst, dass Sie möglicherweise unerträglich Schweres in Ihrem Leben durchgemacht haben, schmerzliche Verluste, Krankheiten oder Mangel. Aber bitte lassen Sie sich von diesen Gedanken nicht überzeugen, dass Sie leiden *sollen*, dass sie es nicht verdienen, glücklich zu sein.

Nicht vergessen!

Glück beginnt mit einer bewussten Entscheidung.

Das Leben spielt uns nicht übel mit; es ist bloß manchmal schwer. Doch selbst dann haben wir immer zwei Möglichkeiten: entweder das Bestmögliche zu tun, den Schmerz anzunehmen und das Leid loszulassen oder zu leiden. So oder so, das Leben ist immer noch schwer.

Behalten Sie das im Gedächtnis. **Sie wissen jetzt, *was* zu tun ist**. Nun zeige ich Ihnen, *wie* es geht.

Kapitel 2 – 6-7-5

Ein Gedanke kann uns jahrelang leiden lassen. Die Saat der Gedanken kann wachsen und wachsen, bis wütende Ungeheuer daraus werden. Und doch glauben wir an unsere Gedanken und erlauben es ihnen, sich festzusetzen. Glück hängt vollständig davon ab, wie wir jeden Gedanken kontrollieren.

Entgegen der allgemeinen Überzeugung jedoch erleben wir nicht nur zwei Stimmungslagen, Glück und Trauer. Abhängig von der Art unserer Gedanken können wir einem breiteren Spektrum von Zuständen unterliegen:

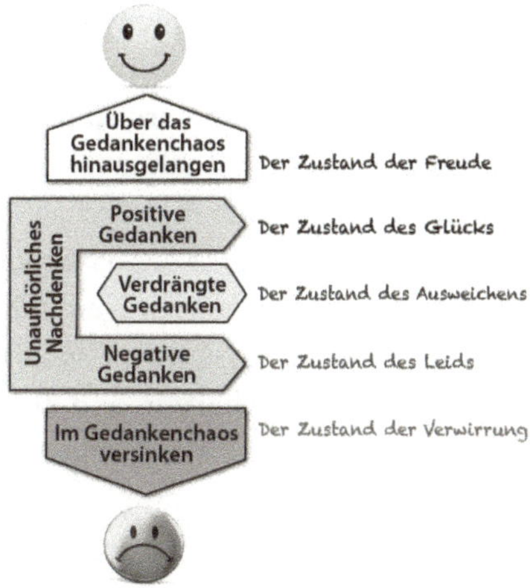

- Lassen Sie Ihre Gedanken von Illusionen beeinflussen, so geraten Sie in einen *Zustand der Verwirrung.*
- Negative Gedanken bringen Sie in einen *Zustand des Leids.*
- Verdrängen Sie Ihre Gedanken, um Spaß zu haben, versetzt Sie dies in einen *Zustand des Ausweichens.*
- Denken Sie positiv und willigen Sie in die Ereignisse des Lebens ein, so erreichen Sie den *Zustand des Glücks.*
- Wenn Sie über das Gedankenchaos hinausgelangen und das Leben so verstehen, wie es tatsächlich ist, leben Sie in einem fortwährenden *Zustand der Freude.*

Das Verständnis der Unterschiede zwischen diesen Zuständen und der Gründe dafür, warum Sie in dem einen oder dem anderen landen, ermöglicht es Ihnen, ein belastbares Glücksmodell zu schaffen – eins, das Ihnen zum Glücklichsein verhilft, wann immer Sie es anwenden. Lassen Sie uns jeden dieser Zustände im Detail untersuchen, indem wir ganz unten anfangen und uns zur Freude hinaufarbeiten.

Der Zustand der Verwirrung

Haben Sie manchmal das Gefühl, im Treibsand der Traurigkeit festzustecken? Kommt es Ihnen bisweilen so vor, als wären Sie unfähig, den Nebel zu vertreiben, der Sie umgibt, Ihre Sicht einschränkt und Ihr Urteil trübt? Wenn Sie den Eindruck haben, das Leben sei gegen Sie und Sie hätten es verdient, sich schlecht zu fühlen, dann befinden Sie sich im Zustand der Verwirrung.

Unsere Verwirrung wird durch Illusionen ausgelöst, die wir alle bereits in früher Kindheit zu akzeptieren gelernt haben. Wir haben gelernt, in dem Glauben durch die Welt zu gehen, die Illusionen seien real. Wenn Sie zulassen, dass diese Illusionen Ihre Interpretation der Welt um Sie herum prägen, fehlt es Ihrem Urteil an Objektivität, Ihre Bemühungen, zum Glück zu gelangen, bringen immer fehlerhafte Ergebnisse hervor, und die daraus resultierende Verwirrung führt zu tiefem Leid. Warum lernen wir überhaupt erst, mit diesen Illusionen zu leben?

Stellen Sie sich vor, Sie würden dazu aufgefordert, eine gemächliche Runde auf einer leeren Rennstrecke zu drehen. Wie die meisten anderen Autofahrer kämen Sie vermutlich gut zurecht, ohne die Grundlagen der Fahrzeugmechanik oder das Kurvenverhalten durch Andruckkräfte zu verstehen. Erst wenn etwas schiefgeht oder anspruchsvoll wird, ist eine derartige Unwissenheit nicht mehr ausreichend. Wäre die Strecke voller schneller Fahrer, und der einzige Ausweg bestünde darin, zur Ziellinie zu rasen, müssten Sie wirklich verstehen, wie das Auto in Grundzügen funktioniert, wenn Sie irgendeine Aussicht haben wollen, die Rennstrecke lebend hinter sich zu lassen.

Ein Beispiel dafür, dass etwas schiefgeht, ist die Illusion der Zeit. Die meisten von uns stehen aufgrund der illusionären Natur der Zeit ständig unter Stress. Sie fehlt uns, wir verschwenden sie, und es fühlt sich an, als verginge sie Tag für Tag schneller und würde unser stressiges Leben aufzehren, während wir unfähig sind, sie zu verlangsamen oder aufzuhalten. Ihr unbarmherziges Voranschreiten überwältigt uns. Es fühlt sich tatsächlich an wie eine Rennpiste voller verrückter Fahrer.

Wenn wir in einer Illusion gefangen sind, gibt es keine Chance, die Glücksgleichung aufzulösen. Das Leben wird so verwirrend, dass es uns nicht mal stört. Wir beginnen zu akzeptieren, dass wir unglücklich sein sollen. Dann dauert unser Leid länger an und wird größer.

Der Zustand des Leids

Wenn ein trauriger Gedanke sich festsetzt, leiden wir. Dann lassen wir ihn verweilen. Warum lassen wir zu, dass Gedanken unseren Schmerz verlängern, obwohl wir uns nichts anderes wünschen, als glücklich zu sein? Warum lassen wir zu, dass wir uns wegen eines Testergebnisses sorgen, wenn die Sorge keinerlei Auswirkungen auf das Endresultat hat? Warum rufen wir uns obsessiv ein vergangenes Ereignis in Erinnerung und quälen uns mit Gewissensbissen, wenn unsere Qualen nichts daran ändern können, was bereits geschehen ist? Warum gestatten wir unseren Gedanken, uns den kindlichen Grundzustand zu rauben – glücklich zu sein?

Wie es scheint, ist das Aufrechterhalten unserer negativen Gedanken lediglich Teil des ursprünglichen Gestaltungsplans unseres menschlichen Gehirns. Das endlose Kreisen wiederkehrender Gedanken dient unserem grundlegendsten Instinkt: **dem Überleben**.

In der feindlichen Umgebung, der unsere Vorfahren ausgesetzt waren, brauchten sie Kampf-oder-Flucht-Antworten, um zu überleben. Die Grundregel lautete: Es ist sicherer, etwas als Bedrohung wahrzunehmen, das gar keine ist, als etwas als sicher wahrzunehmen, das tatsächlich eine Bedrohung darstellt. Und am besten ist es, dies schnell zu tun. Infolgedessen ging ihr Gehirn auf eine Weise mit den Informationen der realen Welt um, die für das Überleben ausreichte, auch wenn sie keine akkurate Spiegelung der Fakten war.

Das Vermächtnis unserer Überlebensprogrammierung hat sich bis in die heutige Zeit erhalten. Bei der Einschätzung eines Ereignisses neigt unser Gehirn dazu, sich eher auf die sichere Seite zu schlagen. Wir gehen lieber vom Schlimmsten aus, damit wir darauf vorbereitet sind, und formen die Wahrheit, damit unsere begrenzten kognitiven Fähigkeiten sie rasch und effizient verarbeiten können. Das ist alles so lange gut und schön, bis Sie erkennen, wie oft dies zum Unglücklichsein führt.

Auch wenn einige Ereignisse unsere Erwartungen nicht erfüllen, schenken wir oft Begebenheiten übermäßige Aufmerksamkeit, die diese gar nicht verdienen. Die meisten Geschehnisse stimmen, wenn wir sie als das betrachten, was sie wirklich sind, vollkommen mit dem überein, was wir vom Leben erwarten *sollten*. Nichts daran ist tatsächlich *falsch*, anders als wir vielleicht von ihnen annehmen.

Wir bewahren solche Ereignisse in unserem Gedächtnis lebendig und machen sie damit schmerzlich, und wir verharren im Leid und glauben, dass unsere *imaginäre* Wahrnehmung nicht unsere Erwartungen erfüllt hat.

Ursprünglich war das menschliche Gehirn so ausgelegt, dass es das Überleben unserer Spezies sicherstellte. Dieselben Merkmale haben sich in *blinde Flecken* verwandelt, wodurch die heutige Funktionsweise unseres Gehirns in die Irre geführt wird. Durch diese Abweichung sagt unser Gehirn uns nur selten die Wahrheit, und das bringt fortwährend unsere Glücksgleichung durcheinander.

Es wird eine Menge *Spaß* machen, wenn ich diese blinden Flecken aufdecke und Ihnen zeige, wie Sie dagegen vorgehen können.

Der Zustand des Ausweichens

Wo wir gerade von Spaß sprechen, dem beliebtesten Zeitvertreib der modernen Welt, will ich Ihnen einen großen Mythos vorstellen, der uns von dem Glück abbringt, nach dem wir streben: **Häufig fühlt sich etwas an wie Glück, ist jedoch keins!**

Es kann vorkommen, dass wir den Unterschied zwischen Glück und Spaß nicht erkennen. Wir tauschen echtes Glück gegen die Mittel der Massenunterhaltung: Partys, Trinken, Essen, exzessives Shoppen oder zwanghafter Sex.

Biologisch gesehen ist es ein wichtiger Bestandteil unserer Überlebensmaschinerie, sich gut zu fühlen. Unser Gehirn tut das, um überlebensförderliche Verhaltensweisen anzuregen, die nicht mit unmittelbaren Bedrohungen zusammenhängen. Zu diesem Zweck schüttet das Gehirn Serotonin, Oxytozin und andere Wohlfühlhormone aus, während wir Handlungen ausführen, zu denen es uns häufiger ermutigen will. Die Fortpflanzung zum Beispiel ist entscheidend für unsere Spezies, aber ein Leben ohne Kinder stellt keine unmittelbare Gefahr mehr für potenzielle Eltern dar. Ohne das Wohlgefühl, das mit Sex verknüpft ist, wäre eine derart wichtige Überlebensfunktion ignoriert worden. Paarung bereitet uns Vergnügen – und das treibt unsere Spezies dazu, sich fortzupflanzen und zu vermehren.

Somit ist Spaß also durchaus nützlich, aber einige Menschen streben danach auf übertriebene Weise, *um auszuweichen,* weil sie Angst vor ihren komplizierten Gedanken haben. In diesem Sinne ist der Spaß, dem sie hinterherjagen, so etwas wie ein Schmerzmittel und soll das Leiden verschleiern. Spaß ist ein effektives Schmerzmittel, weil er Glück nachahmt, indem er das unablässige Grübeln abschaltet, das unser Gehirn dominiert – zumindest für eine Weile.

Nicht vergessen!

In Abwesenheit von Gedanken kehren wir zu unserem kindlichen Grundzustand zurück: Glück!

Sobald jedoch das unmittelbare Vergnügen vorüber ist, kehren die negativen Gedanken mit Macht zurück und verstärken das Leiden. Deshalb wollen wir immer mehr davon.

Es ist genau wie bei den Schmerztabletten: Wenn die Wirkung der ersten nachlässt, schlucken Sie eine weitere, bis die Einnahme normal dosierter Schmerzmittel schließlich nicht mehr genügt, um den Schmerz zu betäuben. Das ist der Punkt, an dem wir unserem Leben immer extremere Vergnügungen zu injizieren versuchen: Risikosportarten, noch wildere Partys und alle Arten der exzessiven Zerstreuung. Je intensiver das Hochgefühl, desto rascher lässt die Wirkung nach, und desto tiefer stürzen wir ins Leiden zurück. Wenn dieser Kreislauf nicht mehr zu ertragen ist, flüchten sich manche in verzweifelte Maßnahmen und betäuben ihr Gehirn auf chemische Weise durch den Konsum von harten Drogen oder von Alkohol, alles im Bemühen, gedanklich endgültig zur Ruhe zu kommen.

Indem wir Zuflucht in Vergnügungen suchen, lassen wir unsere Glücksgleichung ungelöst und ignorieren die Kernprobleme, die uns unglücklich machen. Trotz kurzer Phasen von Euphorie wird Spaß damit in Wirklichkeit zum Hemmfaktor echten Glücks.

Aber Spaß ist nicht nur etwas Negatives. Genau genommen ist Spaß an sich überhaupt nicht negativ.

Es ist klug, Spaß als **Notausschalter** zu nutzen, der vorübergehende Phasen der Ruhe ermöglicht, damit Sie die Grübelei durchbrechen und ein wenig Vernunft in den endlosen Gedankenstrom einbringen können. Immer wenn Sie den Eindruck haben, dass Ihre Gedanken ins Negative abgleiten, gönnen Sie sich ein gesundes Vergnügen – zum Beispiel ein Workout, Musik oder eine Massage –, und legen Sie den Schalter damit um.

Sie können Spaß sogar noch geschickter einsetzen, wenn Sie regelmäßige Portionen gesunder Vergnügungen aktiv einplanen, und damit meine ich Vergnügungen, die weder Ihnen noch anderen Schaden zufügen. Dann ist Spaß weniger ein betäubendes Schmerzmittel als ein ***Glücksergänzungsmittel***, das Sie regelmäßig einnehmen, um gesund zu bleiben. Als Geschäftsmann habe ich gelernt, dass sich nur das verbessern lässt, was messbar ist. Legen Sie also eine *Spaßquote* für sich fest. Ich mache es so! Mein Ziel ist eine tägliche Dosis Musik und eine wöchentliche Portion Comedy, Sport und andere Wohlfühlaktivitäten. Bei ausreichend Freude in Ihrem Leben erschweren es die verlängerten friedlichen Intervalle Ihrem Gehirn, Sie mit seinem ununterbrochenen Strom von Grübeleien fortzureißen.

Denken Sie jedoch immer daran: Spaß und Vergnügen in jeglicher Form sind immer nur ein vorübergehender Ausweichzustand – ein Moment des Abschaltens. Verharren Sie also niemals zu lange darin. Durchlaufen Sie diese Phasen so schnell wie möglich auf Ihrem Weg zu echtem, dauerhaftem Glück.

Der Zustand des Glücks

Das Glück liegt in einem Gedanken – dem *richtigen* Gedanken –, einem, der mit der Realität in Einklang steht und die Glücksgleichung positiv auflöst. Es mag Ihnen komisch vorkommen, aber wir werden das Glück in diesem Buch nicht besprechen. Wir besprechen, wie Sie das Leiden aufhalten können und damit Ihren Grundzustand des Glücks wiederherstellen. Wenn Sie die Realität Ihres Lebens vor sich sehen und es mit realistischen Erwartungen dessen vergleichen, wie sich das Leben tatsächlich entwickelt, beheben Sie die Gründe des Unglücklichseins und erkennen in den meisten Fällen, dass alles prima ist, also sind Sie glücklich. Für jedes Ereignis unseres Lebens lösen wir die Glücksgleichung korrekt auf, wenn wir die Illusionen auffliegen lassen und gegen die blinden Flecken vorgehen. Doch um ungeachtet der Wendungen des Lebens glücklich zu bleiben, sollten wir anstreben, ein noch höheres Stadium zu erreichen.

Der Zustand der Freude

Wenn man die Freude erreicht, akzeptiert man nicht nur das Leben so, wie es tatsächlich ist, sondern geht vollkommen darin auf. Das ist wie bei den Künstlern und Schriftstellern – und Ingenieuren –, über die der Psychologe Mihaly Csikszentmihalyi schreibt. Sie sind so im Einklang mit dem Augenblick, dass sie in den Bereich zeitloser Seligkeit vordringen, den er als »Flow« bezeichnet – nur dass man diesen Flow bei jeder Kleinigkeit empfindet, die das Leben so mit sich bringt, egal, was es ist. Man erreicht einen Zustand ununterbrochenen Glücks, den ich als *Freude* bezeichne.[4]

Ich verwende den Begriff *Freude* hier in einem weiteren Sinne, denn leider bietet unsere Sprache keine andere Bezeichnung, die diesen Zustand präzise beschreibt. Innerer Frieden, Stille, Ruhe – sie sind alle nahe daran. Vielleicht kommt eine Kombination aus allen der Sache am nächsten, aber jede für sich erfasst nicht die tatsächliche Bedeutung.

Eine meiner Freundinnen wurde ohne Geruchssinn geboren. Einmal bat sie mich, ihr den Duft einer Rose zu beschreiben. Ich rang nach Worten. Was kann man da sagen? Eine Rose riecht, nun ja, wie eine Rose eben! Die einzige Möglichkeit, den Duft einer Rose zu erfassen, ist die eigene Erfahrung. Dasselbe gilt auch für die Freude. Ich kann nicht mehr tun, als Ihnen dabei zu helfen, sie ein Mal zu empfinden, und dann wissen Sie, was sie ist.

Wenn Sie sich in einer unbekannten Gegend zurechtfinden müssen, gleichen Sie ständig Ihren aktuellen Standort auf der Karte ab, damit Sie wissen, wo Sie entlangfahren sollen. Straße um Straße vergleichen Sie die Landkarte mit der Umgebung, die Sie vor sich sehen. So ähnlich ist das auch, wenn Sie Ihre Glücksgleichung auflösen und Ereignis für Ereignis Ihres Lebens überdenken.

Doch wenn Sie die Gegend kennen und auf dem richtigen Weg sind, brauchen Sie keine Landkarte. Um sich zurechtzufinden, benötigen Sie nichts weiter als ein paar Orientierungspunkte, und dann fahren Sie einfach mühelos ans Ziel, ohne groß darüber nachzudenken.

Und so ist das auch mit der Freude. Sie entspringt zuerst und vor allem aus einem grundlegenden Verständnis der genauen Topologie des Lebens. Sie ist das Ergebnis, wenn Sie die Glücksgleichung aus großer Distanz analysiert und vollständig erfasst haben, dass das Leben mit seinen zahlreichen starken Schwankungen sich *immer* so verhält, wie es das *seit jeher* getan hat und *auf ewig* tun wird. Die Folge ist, dass Sie realistische Erwartungen entwickeln; und wenn das Leben sich dann von seiner schweren Seite zeigt, kann Sie das nicht mehr überraschen, weil Sie realistischerweise ein paar Hindernisse auf Ihrem Weg erwarten.

Ärgerliche Schlaglöcher begegnen Ihnen auch, wenn Sie auf vertrauten Wegen unterwegs sind – sie sind nicht angenehm, aber vorhersehbar, also umfahren Sie sie gelassen und ohne Stress. Sie erkennen, dass lange Schlangen an der Supermarktkasse erwartbar sind, genauso wie eine anstrengende Arbeit, ein nervtötender Vorgesetzter oder Ebbe auf dem Konto am Monatsende. So ist es nun mal – das sind Schlaglöcher auf Ihrem Lebensweg. Keine Überraschungen.

Wenn Spaß Ihre Grübeleien überlagert und Glück entsteht, wenn Ihr Gehirn mit den Ereignissen des Lebens übereinstimmt, dann ist Freude der Zustand, in dem Gedanken nicht länger erforderlich sind, weil die Rechnerei ein Ende gefunden hat und die Gleichung dauerhaft gelöst wurde.

Mein wunderbarer Sohn Ali hatte eine Tätowierung auf dem Rücken, nach der er lebte: **Der Ernst des Kampfes hat keine Bedeutung für die Friedvollen.** Dieses Tattoo beschreibt ihn ganz und gar. Mit dieser Überzeugung ging er durchs Leben wie ein gescheiter alter

Weiser. Nichts konnte seine ununterbrochene Gelassenheit stören. Er gelangte über das Denken hinaus, und dort fand er Freude.

Der größte Mythos über Freude lautet, dass sie Mönchen vorbehalten ist, die sich der Schnelllebigkeit entziehen. Aber das stimmt nicht. Freude kann in allem enthalten sein, das Sie tun – selbst bei der anstrengendsten Lebensweise.

Als ich an der Börse handelte, traf der erste große Verlust mich unvorbereitet. Ich litt tagelang, bereute mein Tun und machte mir Vorwürfe. Doch dann spekulierte ich weiter und erlebte im Laufe der Jahre noch viel größere Verluste als beim ersten Mal, blieb aber vollkommen gelassen und unerschütterlich. Sobald man die wahre Beschaffenheit des Marktes kennt und weiß, dass gelegentliche Verluste, »Wellentäler«, wie ich sie nannte, einfach zu den Spielregeln gehören, hört das örtlich begrenzte Leiden auf, und man konzentriert sich auf das große Ganze. Das Leben eines Traders bedeutet zwar selten wahre Freude, doch eine realistische Erwartung des Marktrisikos zu entwickeln und aus den gelegentlichen Wellentälern wieder aufzusteigen ist eine Fähigkeit, die zum Erreichen von Freude unerlässlich ist.

Wahre Freude muss im Einklang mit dem Leben stehen, wie es tatsächlich ist.

Aber wie finden Sie Freude?

Indem Sie so durch Ihr Leben gehen, wie Sie einen vertrauten Weg entlanggehen würden. Sie finden Ihre hilfreichen Orientierungspunkte – **Sie finden die Wahrheit**.

Ein Modell für das Glück

An jedem Tag Ihres Lebens treten neue Ereignisse ein. Neue Erwartungen entstehen, und neue Glücksgleichungen verlangen nach

Auflösung. Die meisten Menschen wechseln bei jedem eintretenden Ereignis willkürlich in einen anderen Zustand. Wir alle haben schon mal ein paar Schritte zum Glück getan … ehe wir in Verwirrung stürzten. Wir alle haben eine Abkürzung gefunden, indem wir einen Moment lang Spaß hatten … ehe wir durch ein Tal des Leidens gehen mussten.

Davon haben Sie genug, stimmt's? Ein Zustand ununterbrochener Freude ist erreichbar, wenn Sie ihn unmittelbar anstreben. Und daher …

Nicht vergessen!

Sie sollten sich niemals mit etwas anderem zufriedengeben als mit Freude.

Ununterbrochenes Glück zu erzielen, ist allerdings nicht so einfach wie den Abend mit Freunden zu verbringen, einen Yogakurs zu besuchen oder ein neues Auto zu kaufen. Illusionen müssen aufgeklärt, blinde Flecken beseitigt, Schmerztabletten zurückgewiesen und schließlich Wahrheiten erwogen und erfasst werden.

Es ist Zeit für Ihr Glückstraining. Als Ingenieur erteile ich es Ihnen in Stichworten – nicht annähernd in dem eindrucksvollen Tonfall, den die heutigen Glücksgurus anwenden. Es handelt sich nicht um Astrophysik. Sie müssen nichts weiter tun, als sich drei Zahlen zu merken: 6-7-5.

Und so funktioniert es. Es gibt **sechs große Illusionen**, die für Verwirrung sorgen. Wenn wir diese Illusionen zugrunde legen, um dem Leben einen Sinn zu verleihen, geht die Rechnung nicht auf. Das Leiden ist tief und dauert lange an.

Dann beeinträchtigen **sieben blinde Flecken** Ihr Urteil über die Lebenswirklichkeit. Das daraus resultierende verzerrte Bild macht Sie unglücklich.

Zerstören Sie die sechs Illusionen, beheben Sie die sieben blinden Flecken – und hören Sie auf, ausweichen zu wollen –, und Sie werden immer häufiger Glück erzielen.

Möchten Sie jedoch ein anhaltendes Glück, müssen Sie **an fünf ultimativen Wahrheiten** festhalten.

Alles zusammengenommen ergibt das Glücksmodell:

Zerstören Sie die 6 großen Illusionen

Beheben Sie die 7 blinden Flecken

Halten Sie an den 5 ultimativen Wahrheiten fest

Ihr Training beginnt morgen.
Wir treffen uns bei

6

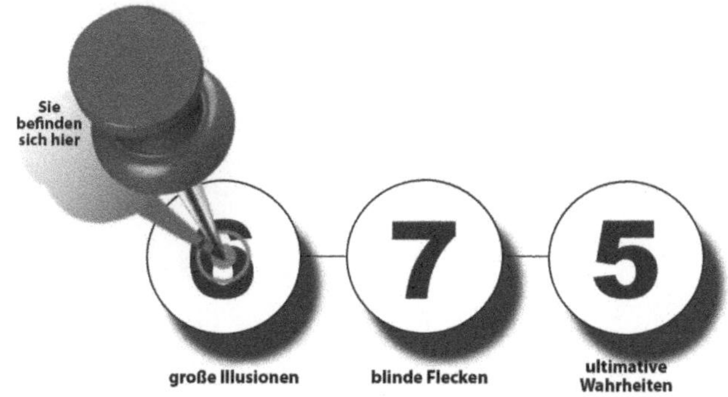

Teil 2
Große Illusionen

6 Große Illusionen stürzen uns in Verwirrung und behindern unsere Fähigkeit, die Sinnzusammenhänge der Welt zu erkennen. Das Leben wird zum Kampf. Die meisten Versuche zur Lösung der Glücksgleichung scheitern, weil wir auf Illusionen bauen, die Welt nicht als das erkennen, was sie tatsächlich ist, und uns wundern, warum das Leben uns so grausam mitspielt. Wenn wir diese Illusionen entlarvt haben, wird eine Last von uns genommen, unser Blick klärt sich, und das Glück wird zu einem häufigen Besucher.

Kapitel 3 – Die kleine Stimme in Ihrem Kopf

Horchen Sie mal.

Hören Sie diese Stimme? Die Stimme in Ihrem Kopf?

Unterbrechen Sie die Lektüre für eine Minute, und versuchen Sie, einen Augenblick der Stille zu genießen. Schauen Sie mal, wie lange dieser Augenblick dauert, ehe die Stimme wieder in ihrem Kopf zu hören ist, die über all das spricht, was Sie heute erledigen müssen, die Sie an den blöden Kerl erinnert, dem Sie vorhin an der Ecke begegnet sind, und die Ihnen die Sorge einflüstert, dass Sie Ihre lang erwartete Beförderung nicht bekommen werden.

Die einzelnen Elemente mögen sich unterscheiden, doch der endlose Gedankenstrom ist uns allen gemeinsam. Er flößt uns Sorgen ein wegen dem, was uns bevorsteht, er setzt uns herab, er diszipliniert uns, er zankt, streitet, debattiert, kritisiert, vergleicht und hält kaum einmal inne, um Luft zu holen. Tag für Tag hören wir zu, während er spricht und spricht.

Auch wenn es ziemlich normal ist, eine Stimme im Kopf zu hören, macht es dies noch lange nicht zu etwas Gutem. Wir sollten die

Unzufriedenheit, den Schmerz und die Sorgen, die sie uns verursacht, nicht ignorieren. Oder doch?

Vielleicht lohnt es sich, ein bisschen Zeit zu investieren, um mehr über diese Stimme herauszufinden. Fangen wir mit dem Grundlegenden an: Wer spricht da eigentlich? Gehört diese Stimme *Ihnen*, und sprechen Sie *mit sich selbst*? Warum sollten Sie mit sich selbst sprechen, wenn Sie derjenige sind, der das Gespräch bestreitet?

Die Stimme sind nicht Sie selbst

Wenn es eines gibt, das Ihr Leben für immer verändern wird, dann ist es die Erkenntnis, dass die Stimme, die mit Ihnen spricht**, nicht Sie selbst sind.**

Denken Sie mal einen Moment darüber nach. Es ist so simpel, dass es nicht mal des Beweises bedarf. Ein Blickwinkel ist eine notwendige Voraussetzung für die Wahrnehmung; um etwas beobachten zu können, müssen Sie sich außerhalb davon befinden. Wir konnten den Planeten Erde nicht sehen, bis wir ihn verlassen haben. Erst als Astronauten uns Bilder der Erde vermittelten, konnten wir sie sehen. Ihre eigenen Augen können Sie nicht sehen, weil sie als Sinnesorgane ein Teil von Ihnen sind. Ihr Anblick in einem Spiegel ist nur eine Reflektion. Es sind nicht Ihre eigenen Augen.

Wenn Sie jemanden im Radio sprechen hören, sind nicht Sie dieser Jemand. Und auch wenn Sie eine Stimme in Ihrem Kopf sprechen hören, müssen Sie und die Stimme zwei verschiedene Objekte sein.

Noch nicht überzeugt? Dann denken Sie mal hierüber nach: Was passiert, wenn Sie ein paar Sekunden lang das Denken einstellen? Das tun wir alle gelegentlich. Bedeutet das, dass Sie in diesen kurzen Augenblicken zu existieren aufhören? Dass Sie nicht mehr Sie selbst sind? Und wer genießt dann die Stille? Die Antwort lautet: *Sie*. Ihr echtes Ich. Wenn Sie morgens die Augen öffnen in diesem kurzen Moment, ehe der Gedankenstrom weitergeht und Sie auf den

Wecker schauen – wer sieht dann? Wer bemerkt den Sonnenschein draußen, ehe die Gedanken das Kommando übernehmen und den Tag zu erzählen beginnen? Derselbe Mensch, der sich den restlichen Tag lang das pausenlose Geschnatter der kleinen Stimme im Kopf anhören muss. Dieses Konzept wird gleich noch deutlicher werden, wenn wir darüber sprechen, wer diese Stimme ist. Fürs Erste jedoch lautet die schlichte Wahrheit:

sehr wichtig!

Die kleine Stimme in Ihrem Kopf sind *nicht Sie selbst!*

Auch wenn das eine einfache Sache zu sein scheint, sollte es die Art und Weise revolutionieren, wie Sie Ihre Gedanken behandeln. In der Gegenwartskultur werden Logik und Denken deutlich überbewertet. Wir gehen sogar so weit, unser eigenes Sein mit dem Denken gleichzusetzen. René Descartes' berühmtes Zitat »Ich denke, also bin ich« scheint in der vernunftdominierten westlichen Kultur sehr viel Akzeptanz zu genießen – aber stimmt es?

Wenn Sie glauben, dass Sie Ihre Gedanken sind, identifizieren Sie sich mit ihnen. Mit anderen Worten, wenn Sie einen Gedanken haben, der unanständig erscheint, könnten Sie denken, dass *Sie* unanständig sind. Verstanden? Aber unanständige Gedanken sind nicht dasselbe wie ein unanständiger Mensch. Unanständige Gedanken stellen sich Ihnen lediglich zur Betrachtung; das ist es, was das Gehirn macht. Was Sie mit diesen Gedanken anfangen, ist Ihnen überlassen.

Wenn Sie schließlich erkennen, dass Sie nicht Ihre Gedanken sind, haben Sie die größte Illusion von allen durchschaut: die Illusion des Denkens. Sie sind nicht Ihre Gedanken. Diese Gedanken sind dazu da, Ihnen zu dienen.

Descartes hätte sagen sollen:

Nicht vergessen!

Ich bin, also denke ich.

Doch wenn nicht Sie diese Stimme sind, wer ist es dann? In Cartoons wird sie als Auseinandersetzung zwischen einem kleinen Teufel auf der linken und einem kleinen Engel auf der rechten Schulter dargestellt, die Ihnen jeweils ihre eigenen Absichten ins Ohr flüstern. In *Eine neue Erde* bezeichnet Eckhart Tolle diese Stimme als »den Denker«; einige Religionen weisen sie dem Teufel zu, der für seine hinterhältigen Pläne wirbt. Andere nennen sie »Einflüsterer« oder »Begleiter«. Eins haben alle diese Bezeichnungen gemeinsam, nämlich dass sie die Stimme als separates Objekt erkennen, als eines, das Sie zu Dingen zu überreden versucht, die Sie anderenfalls ohne einige Überzeugungsarbeit nicht tun würden.[5]

Eine Freundin von mir nennt die Stimme in ihrem Kopf »Becky«. Als ich sie nach dem Grund dafür fragte, erklärte sie, das sei der Name des Mädchens, das sie an der Highschool am wenigsten habe leiden können und das sie immer zu Dingen gedrängt habe, die sie nicht tun wollte.

Sie können sie natürlich nennen, wie Sie wollen. Die genaue Beschaffenheit dieser Stimme spielt für den Rest unseres Gesprächs keine Rolle. Wichtig ist nur, dass Sie ihre Existenz eingestehen, anerkennen, dass sie nicht Sie ist, und verstehen, wie sie sich verhält. Nennen wir sie im Weiteren einfach das Gehirn – denn genau das ist sie.

Das Gehirn

Das Gehirn besteht aus über 200 Milliarden Neuronen und Trillionen von Verbindungen dazwischen und ist damit die mit Abstand komplexeste Maschine der Welt. Wenn Sie jedes Neuron als einen kleinen Computer betrachten, hat Ihr Gehirn 30 Mal mehr Neuronen als die Computer und Geräte, die das gesamte Internet ausmachen.[6] Es ist mit Ihren Sinnesorganen verknüpft und kontrolliert Ihre Muskelfunktionen, Bewegungen, Handlungen und Reaktionen. Es kann komplexe Analysen, mathematische Berechnungen und logische Zusammenhänge bewältigen, beherrscht aber auch die negative Ausprägung unablässigen Geschnatters, die Sie vom Glücklichsein abhält. Es ist das wertvollste Instrument, das uns gegeben ist. Leider wird es ohne Bedienungsanleitung geliefert, deshalb lernen nur wenige von uns, seine Anwendung wirklich zu optimieren.

Stellen Sie sich vor, was für eine Verschwendung es wäre, wenn Sie das schnellste Sportauto der Welt geschenkt bekämen und nichts anderes davon nutzen würden als sein Audiosystem. Oder stellen Sie sich vor, Sie würden damit ins Gelände fahren, wo es dann steckenbliebe, weil es dafür absolut nicht gedacht ist. Oder, was noch schlimmer wäre, wenn Sie niemals eine Ausbildung als Rennfahrer bekämen und führen wie ein Irrer, womit Sie sich und anderen Schaden zufügen.

Bei der Verwendung unseres Gehirns begehen wir alle drei dieser Fehler. Wir verwenden es aus den falschen Gründen, wir nutzen nicht die besten seiner Fähigkeiten und wir lassen zu, dass es mit unseren Gedanken außer Kontrolle gerät – wodurch wir unser Leben und das von anderen verderben lassen. Das könnten wir besser machen, aber zuerst müssen wir verstehen, warum wir unser Gehirn auf diese Weise nutzen.

Um zu begreifen, warum diese komplexe Maschine so viel redet, lassen Sie uns in jene Zeit zurückkehren, als sie überhaupt noch nicht sprach, und betrachten wir ein neugeborenes Baby. Ehe wir Wörter erlernen, schweigt unser Gehirn. Wir liegen einfach nur da, beobachten und interagieren mit der Umwelt. Beim Älterwerden bemerken wir, dass unsere Eltern fleißig Wörter benutzen, um Botschaften zu vermitteln: *Fläschchen, Essen, Windel, Baden*. Wir werden gelobt, wenn wir diese Wörter wiederholen, also entwickeln wir die Fähigkeit, alles beim Namen zu nennen, selbst wenn niemand da ist, der es hören kann. Wörter werden zu unserer einzigen Methode, um zu verstehen und Wissen zu kommunizieren. Wir beginnen zu erzählen, was wir beobachten, weil es uns hilft, allem einen Sinn zu geben. Als Kleinkinder tun wir das laut; später, wenn es zu einer gesellschaftlichen Peinlichkeit wird, verlagern wir das Erzählen nach innen. Von da an hört es nie wieder auf.

In den 1930er Jahren beobachtete der russische Psychologe Lev Vygotsky, dass innere Monologe von winzigen Muskelbewegungen im Kehlkopf begleitet wurden. Auf dieser Grundlage behauptete er, der innere Monolog entwickle sich durch die Internalisierung des lauten Sprechens. In den 1990er Jahren bestätigten Neurowissenschaftler seinen Standpunkt; sie nutzten das Neuroimaging, um nachzuweisen, dass Bereiche des Gehirns wie der linke innere Frontallappen, die beim lauten Sprechen aktiv sind, auch bei inneren Monologen aktiv sind. Diese Stimme in Ihrem Kopf ist also tatsächlich Ihr sprechendes Gehirn, selbst wenn Sie der Einzige sind, der sie hören kann.

Die Stellenbeschreibung

Jetzt wissen wir also, was da spricht, aber warum spricht es? Genau wie die anderen Organe soll das Gehirn eine bestimmte Funktion erfüllen. Seine grundlegendste Kernaufgabe besteht darin, die Sicherheit und das Überleben Ihres Körpers zu gewährleisten.

Ein Teil dieser Arbeit findet statt, ohne dass Sie es überhaupt merken. Wenn Sie am Rande Ihres Blickfelds ein Auto entdecken, das die Straße entlang- und auf Sie zurast, erteilt Ihr Gehirn Ihren Beinen den Befehl zu springen. Manchmal, wenn die Gefahr mehr erfordert als einen Reflex, schüttet das Gehirn Adrenalin aus, um Sie für eine Kampf- oder Flucht-Reaktion bereit zu machen. All diese Überlebenstechniken sind mechanischer Natur; sie finden statt, ohne dass Sie irgendwelche bewussten Entscheidungen treffen müssen. Sehr beeindruckend!

Das Denken fügt eine zusätzliche Schutzzone hinzu, wenn das Gehirn vorausplant, um Sie von möglichen Gefahren fernzuhalten. Es überprüft jede Höhle, jeden Baum, jeden Felsbrocken oder wo immer sich ein Tiger verstecken könnte. Wenn Sie an einem spektakulären Aussichtspunkt stehen und den Blick schweifen lassen, besteht die erste Aufgabe Ihres Gehirns nicht darin, sich zu entspannen und die Aussicht zu genießen, sondern jeden einzelnen Aspekt davon zu prüfen, der nicht richtig aussieht und daher eine Bedrohung darstellen könnte. Außerdem ist es darauf konditioniert, langfristige Gefahren zu erwägen, deshalb planen wir für den Winter, beschützen unseren Nachwuchs und analysieren pausenlos all die zahlreichen Dinge, die schiefgehen könnten.

Wenn wir in den frühesten Zeiten der Menschheitsgeschichte von äußeren Gefahren umgeben waren, waren beide Formen der Gehirnfunktionalität extrem wichtig für unser Leben, als Individuum wie auch als Spezies. Die Angst erhielt uns am Leben, und unser Gehirn war dafür voll verantwortlich. Bei Reflexen hielt es nicht mal Rücksprache, und das tut es bis heute nicht. Es tut einfach das, was es tun soll. Ging es jedoch um Entscheidungen, die keine unmittelbare Gefahr darstellten, unterzog das Gehirn die Herausforderung einer gründlicheren Prüfung und ging dabei auf zwei unterschiedliche Arten vor, einmal intuitiv und schnell und einmal langsam und bewusst,[7] was im Ergebnis wie ein Dialog wirkt.

Hey, Kumpel, erinnerst du dich noch an diesen coolen Typen, Tommy, der von einem Tiger zerfetzt wurde? Wir wollen doch nicht, dass uns auch so was passiert, oder?

Nein.

Gut. Siehst du den Baum da? Sieht genauso aus wie der, hinter dem der Tiger hervorgesprungen ist, der Tommy zerfetzt hat. Lass uns mal lieber am Flussufer entlanggehen. Wäre das in Ordnung für dich?

Nein, durch den Dschungel geht es schneller, und außerdem kann man am Fluss nichts jagen.

Schau mal, Kumpel, heute Abend kommt Jessica wieder in die Höhle, und ich wäre viel lieber da und würde das machen, was wir eben so machen, als zerfetzt zu werden, also lass uns heute einfach mal am Fluss entlanggehen.

Ja … Jessica … Na schön.

Ein solcher Dialog ist der Versuch des Gehirns, zur bestmöglichen Entscheidung zu gelangen. Der Gewinner des Nobelpreises für Wirtschaftswissenschaften Daniel Kahneman erklärt diesen Prozess auf brillante Weise in seinem Bestseller *Schnelles Denken, langsames Denken*. Er erläutert die Dichotomie zwischen zwei Denkarten: »System 1« ist ein schneller, instinktiver und emotionaler Denkmodus, »System 2« ist ein langsamerer, bewussterer und oft logischerer Modus. In seinem Buch führt er häufig Beispiele für Fehler oder schnelle, unrichtige Beurteilungen durch System 1 an, die von System 2 korrigiert werden. Die Anwesenheit dieser beiden Systeme führt dazu, dass Sie häufig zwei Stimmen in Ihrem Kopf haben. Es handelt sich lediglich um zwei Denkweisen, die ein Thema aus zwei verschiedenen Perspektiven betrachten, über verschiedene Fähigkeiten verfügen und dies auf der zentralen Bühne Ihres Kopfes diskutieren.

Lächeln Sie. Sie sind überhaupt nicht verrückt.

Wer ist der Boss?

Seit Anbeginn der Menschheitsgeschichte trägt das Gehirn die volle Verantwortung für unsere Existenz, und weil das Überleben in der Anfangszeit so viel unsicherer war, haben wir akzeptiert, dass es der unangefochtene Anführer ist. Doch ist das immer noch gerechtfertigt?

Ohne Frage erledigt Ihr Gehirn vieles sehr gut, aber man sollte ihm nicht die Freiheit geben, alles zu reflektieren. Wenn es Reflexe und mechanische Funktionen organisiert, tut es das ohne nachzudenken. Das gilt für alle Vitalfunktionen – das Denken bleibt dabei vollkommen ausgespart. Die Tätigkeit Ihrer Lunge, Ihrer Drüsen, Ihres Herzens, Ihrer Leber und anderer Organe wird von Ihrem Gehirn mechanisch gesteuert, doch sie ist kein Ergebnis bewussten Nachdenkens – Sie grübeln nicht stundenlang darüber nach und besitzen nicht einmal die Fähigkeit, ihre Funktionalität zu steuern. Würde man dem Gehirn erlauben, sie zu kontrollieren, würde es massive Fehler machen. Es könnte beispielsweise in einem Augenblick großen emotionalen Schmerzes die scheinbar logische Entscheidung treffen, Ihr Leben zu beenden, indem es das Herz abschaltet. Glücklicherweise zählt dies nicht zu unseren Gestaltungsmerkmalen, weil das Denken *nicht* immer die besten Ergebnisse hervorbringt.

Nicht vergessen!

Je wichtiger etwas ist, desto stärker ist unaufhörliches Nachdenken davon ausgenommen.

Ist Ihnen das jemals aufgefallen?

Tja, drei Mal dürfen Sie raten: **Glück ist wirklich wichtig**. Warum lassen wir uns dann manchmal von unseren Gedanken niederdrücken und uns dessen berauben? Akzeptieren Sie Ihr Gehirn als unangefochtenen Anführer, wenn es um mechanische Vorgänge geht, aber wenn es ums Denken geht, sollten *Sie* die volle Kontrolle haben. Die Aufgabe Ihres Gehirns besteht darin, Logik zu produzieren, damit Sie darüber nachdenken können. Wenn die Gedanken präsentiert werden, sollten Sie niemals die Frage aus dem Auge verlieren: *Wer arbeitet hier für wen?*

Nicht vergessen!

Sie sind der Boss. Sie treffen die Entscheidungen.

Das heißt, Sie sagen Ihrem Gehirn, was zu tun ist, nicht umgekehrt. Genau wie Sie Ihr Gehirn jetzt gerade anweisen, sich auf diese Zeilen zu konzentrieren, können Sie ihm jederzeit sagen, worauf es sich fokussieren soll. **Sie müssen einfach die Verantwortung übernehmen** und wie der Boss handeln. Korrigieren Sie Decartes' Aussage dahingehend:

Nicht vergessen!

Ich bin, also denkt mein Gehirn.

Nützliche Gedanken

Um in der heutigen Welt gut zu funktionieren, müssen Sie unterscheiden, was für Sie und was gegen Sie arbeitet. Während es sich manchmal so anfühlt, als wären alle unsere Gedanken ein endloser Strom nutzlosen Geplappers, ist es eine Tatsache, dass unsere nützlichsten Gedanken für gewöhnlich still sind. Unser Gehirn erzeugt drei Arten von Gedanken: erkenntnisreiche (für die Problemlösung), empirische (auf die vorliegende Aufgabe fokussiert) und narrative (Geplapper). Diese drei Arten sind so voneinander verschieden, dass sie in unterschiedlichen Bereichen des Gehirns stattfinden. Eine Studie von Forschern an der MIT aus dem Jahr 2009 erläuterte, wie erkenntnisreiches Denken funktioniert.[8] Die Gehirnsignale der Teilnehmer wurden aufgezeichnet, während sie Wörterrätsel lösten. Die Probanden wurden aufgefordert, die Antworten laut zu nennen, sobald sie zu einer Lösung gekommen waren. Die Ergebnisse zeigten, dass zwei Areale des Gehirns, beide auf der rechten Seite, an der Lösung des Rätsels beteiligt sind. Die eine Gehirnregion arbeitet im Hintergrund, doch die Antwort wird uns als Gedanke in der anderen Region bewusst – bis zu acht Sekunden später.

Was noch interessanter ist: Die beiden Bereiche, in denen diese Form nützlichen Denkens auftritt, unterscheiden sich sehr stark von den Regionen, in denen das unablässige Grübeln stattfindet. Das belegte eine 2007 an der Universität von Toronto durchgeführte

Studie, bei der Wissenschaftler die Gehirnfunktionen von zwei Teilnehmergruppen überwachten: Die einen waren Neulinge mit einem unaufhaltsamen Strom von Gedanken, die anderen hatten einen achtwöchigen Kurs besucht und darin gelernt, ihre Aufmerksamkeit stärker auf die Gegenwart zu fokussieren.[9] Die Studie zeigte, dass die Grübeleien der ersten Gruppe die in der Mitte des Gehirns liegenden Bereiche aktivierten, während die zweite Gruppe (die darin geübt war, ihre Aufmerksamkeit auf das Hier und Jetzt zu richten) die rechte Gehirnhälfte aktivierte und damit einen anderen Bereich als den für das erkenntnisreiche Denken.

Jetzt kommt die gute Nachricht: Unablässiges Grübeln, bei dem es sich um eine einfache Gehirnfunktion handelt, ist ein überzeugender Beweis dafür, dass unsere Gedanken in keinster Weise das sind, was wir selbst sind – sie definieren uns nicht. Noch mal: *Sie sind nicht Ihre Gedanken.* Ihr Gehirn erzeugt Gedanken, um Ihnen einen Dienst zu erweisen. Und die Tatsache, dass jede dieser verschiedenen Gedankenformen in komplett unterschiedlichen Gehirnbereichen stattfindet, bedeutet, dass wir trainieren können, mehr die eine oder die andere Form zu nutzen.

Wir müssen eine Menge Aufmerksamkeit auf die Gegenwart lenken, wenn wir Aufgaben durchführen, und wir brauchen die Problemlösung. Das sind sehr nützliche Funktionen. Was wir dagegen nicht brauchen, ist die narrative Komponente des Denkens, dieses nutzlose, endlose Geschnatter – das, was uns immer ein bisschen irre vorkommt und uns im Leiden gefangen hält.

Der Leidenszyklus

Wenn unsere Vorfahren in ihrer feindlichen Umgebung eine Gefahr erkannten, löste dies eine physische Kampf-oder-Flucht-Reaktion aus. In der heutigen Welt repräsentieren die meisten Geschehnisse eine Gefahr lediglich für unser psychisches Wohl oder unser Ego. Häufig kann kein ordentlicher Überlebensmechanismus uns vor solchen Bedrohungen schützen. In Ermangelung einer befriedigenden Reaktion tendiert das Gehirn dazu, die unaufgelöste Gefahr in einem konstanten Fluss unablässiger Grübeleien immer wieder zu thematisieren.

In der Glücksgleichung führen das wiederholte Nachdenken über ein Ereignis und der ungünstige Abgleich mit unseren Erwartungen zum Leiden. Unsere Unfähigkeit zu handeln sorgt dafür, dass der Gedanke in einem endlosen **Leidenszyklus** immer und immer wieder abgespult wird.

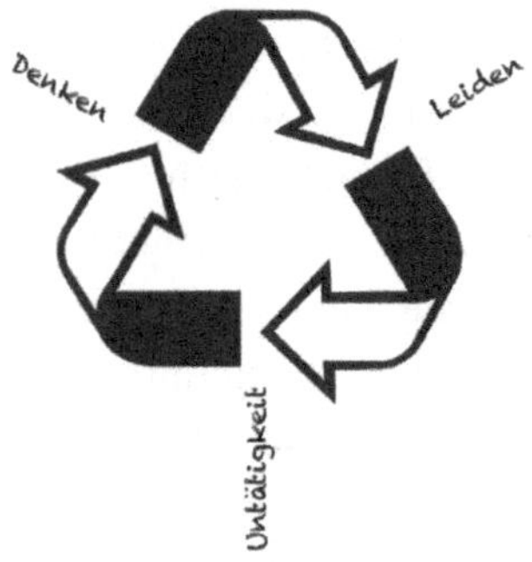

Wir können diesen Leidenszyklus unterbrechen, indem wir an jedem seiner Knotenpunkte das Negative neutralisieren.

Bestmögliches Handeln, unabhängig von den Ergebnissen, ist eine offensichtliche Methode, den Zyklus zu unterbrechen. Sobald eine Handlung in die Wege geleitet ist, konzentriert sich unser Verstand auf die Abwicklung des Notwendigen, eine andere Gehirnregion wird aktiviert, und unser gedanklicher Schwerpunkt verlagert sich auf die Überwachung der Ergebnisse, statt sich unaufhörlich auf dieselbe Grübelei zu fokussieren.

Eine andere Möglichkeit ist es, das Denken aufzuhalten, ehe es sich zum Leiden entwickelt. Dazu müssen wir unsere blinden Flecken beseitigen, um zu gewährleisten, dass die Ereignisse als das angesehen werden, was sie tatsächlich sind, und nicht als das, was unser Gehirn aus ihnen macht. Dies ist Thema von Kapitel 9.

Aber warum lassen wir den Zyklus überhaupt erst einsetzen? Wäre es nicht besser, wenn diese kleine Stimme ein bisschen stiller wäre?

Umgang mit der Stimme

Wenn Sie darüber nachdenken, wie viel Kontrolle Sie über Ihr Herz und Ihre Muskeln haben, werden Sie feststellen, dass es einen Unterschied zwischen den beiden gibt. Ihr Herz schlägt immer; Sie können es nicht kontrolliert anhalten. Es ist eine *autonome* Vorrichtung. Ihre Muskeln dagegen unterliegen teilweise Ihrer Kontrolle. Obgleich Reflexe Ihre Muskeln zwingen, Bewegungen auszuführen, die Sie nicht absichtlich herbeigeführt haben, können Sie Ihrem Arm befehlen, ein Gewicht zu heben, wenn Sie das möchten. Selbst wenn es schwer ist, können Sie Ihre Muskeln dazu antreiben, mehr Leistung zu erbringen. Sie verfügen über viele solcher Systeme in Ihrem Körper. Ich nenne sie die *kontrollierbaren* Vorrichtungen.

Das ist ein grundlegender Unterschied.

Ihr Gehirn gehört zur Kategorie der kontrollierbaren Vorrichtungen, denn Sie haben die Teilkontrolle darüber. Sie können es anweisen, was es denken soll, wie es denken soll und sogar mit dem Denken ganz aufzuhören. Sie müssen diese Kontrolle nur üben, bis Sie sie beherrschen. Das ist möglich. Sind das nicht unglaubliche Nachrichten?

Gehirnkontrolle hört sich vielleicht ein bisschen nach einem Motiv für einen Science-Fiction-Film an, aber Sie üben sie an jedem einzelnen Tag Ihres Lebens aus. Sich auf die Hausaufgaben zu konzentrieren, die Finanzen zu planen oder mit einem Freund über ein bestimmtes Thema zu diskutieren – das alles sind Beispiele dafür, wie Sie Kontrolle über Ihr Gehirn ausüben und ihm sagen, was es tun soll. Sie können auch üben, diese Kontrolle über die Stimme in Ihrem Kopf zu erlangen.

Im Folgenden stelle ich Ihnen vier Techniken vor, um dieses Ziel zu erreichen. Sie bauen aufeinander auf, also sollten Sie eine nach der anderen einüben. Sie sind einfach, erfordern aber Disziplin. Regelmäßiges Üben macht sie immer leichter, bis sie Ihnen zur zweiten Natur werden. Wenn Sie das Üben für eine Weile unterbrechen, wird Ihr Gehirn versuchen, zu seinen alten Gewohnheiten zurückzukehren, und gelegentlich wird es damit Erfolg haben. Das ist kein Grund zur Panik. Sagen Sie ihm einfach freundlich und sanft: »Ich erkenne, was du hier machst. Ich weiß, dass es schwer für dich ist. Aber wenn du jetzt mitspielst, ist es am Ende für uns beide besser so.«

Beobachten Sie den Dialog

Als Erstes nehmen Sie sich die Zeit, sehr vertraut zu werden mit der Bestie, die Sie zähmen. Dazu ist es am besten, wenn Sie sich so oft wie möglich still hinsetzen und beobachten, was da oben vorgeht. Diese Technik nennt sich »den Dialog beobachten«.

Leisten Sie den Gedanken, die aufkommen, keinen Widerstand. Sehen Sie stattdessen zu, wie sie vorüberwandern. Beobachten Sie den Gedanken – dann lassen Sie ihn ziehen, und erinnern Sie sich selbst daran, dass Sie nicht dieser Gedanke sind. Gedanken kommen und gehen. Sie haben keine Macht über Sie, solange Sie ihr keine einräumen.

Wenn Sie die Technik des Dialogbeobachtens beherrschen, werden Sie sich vorkommen, als würden Sie *Seinfeld* sehen (meine amerikanische Lieblingssitcom aus den 1990ern), eine Sendung über nichts. Sie schauen aufmerksam zu, lachen häufig und müssen dennoch nicht teilnehmen. Sie *urteilen* nicht über das Gesagte und unterbrechen es nicht, um einen bestimmten Teil des Dialogs durchzudiskutieren. Lassen Sie Ihr Gehirn sprechen wie die Figuren einer Sitcom.

Jetzt, da Sie wissen, dass Sie nicht Ihre Gedanken sind, ist es viel leichter, sich nicht davon beunruhigen oder ärgern zu lassen. Beobachten Sie jeden Gedanken, wie er auftaucht – und lassen Sie ihn dann ziehen. Machen Sie das auf dem täglichen Arbeitsweg, wenn Sie auf Ihre nächste Verabredung warten oder wann immer Sie ein paar Minuten übrig haben. Machen Sie es zu Ihrem liebsten Zeitvertreib, Ihrer eigenen privaten Sitcom, Ihrer »Sendung über nichts«.

Und jetzt kommt das Beste daran: Sobald Sie die Kunst beherrschen, eine Idee zu beobachten und ziehen zu lassen, gehen Ihrem Verstand rasch die Themen aus. Er kann nur weitermachen, wenn Sie an einem Gedanken festhalten. Sie werden überrascht sein, wie schnell Ihr Gehirn sich domestizieren lässt. Sein wilder, aggressiver, unaufhaltsamer Strom verlangsamt sich. Sobald Sie das feststellen, fahren Sie mit der nächsten Technik fort.

Beobachten Sie das Drama

Niemand kann jeden einzelnen Gedanken loslassen. Ab und zu wird sich eine Idee festsetzen. Sie erkennen die Zeichen: Sie gehen vollständig in Ihren Gedanken auf und nehmen die Welt um sich herum weniger wahr. Wenn Sie merken, dass dies passiert, haben Sie die Chance zu lernen, das Drama zu beobachten.

Gestehen Sie sich als Erstes ein, wie Sie sich fühlen, welche Emotionen der Gedanke auslöst. Leisten Sie keinen Widerstand dagegen. Lassen Sie es geschehen. Vielleicht wollen Sie in die Tiefe gehen, nicht um das Problem zu lösen, sondern im Bemühen, es besser zu verstehen. Fragen Sie sich, warum Sie wütend oder beunruhigt sind. Welcher Gedanke hat Sie dazu veranlasst?

Lange Zeit fühlte ich mich von weinenden oder spielenden Kindern gestört, wenn ich in ein Café ging, um ein bisschen Ruhe zu haben. Sie schienen jedes Mal aufzutauchen, wenn ich das tat. Ob Sie es glauben oder nicht, selbst während ich dies schreibe, sitze ich in einem fast leeren Café – abgesehen von ein paar Kindern, die an dem Tisch gleich hinter mir herumlärmen. Früher hätte ich vor Wut zu kochen begonnen. *Können diese Eltern vielleicht mal irgendetwas unternehmen? Haben sie denn keinerlei Verantwortungsgefühl oder Respekt gegenüber anderen?*

Je länger meine Gedanken verharrten, desto ärgerlicher wurde ich, bis ich eines Tages lernte, das Drama zu beobachten. Statt mich auf die lautstarken Kinder zu konzentrieren, lernte ich, den

Gedanken zu beobachten, der meinen Ärger auslöste. Dann fragte ich mich: *Warum kochen meine Emotionen so hoch? Warum werde ich so wütend? Warum ärgere ich mich über das Geschrei von Kindern, aber nicht über laute Musik?* (Ich bin ein großer Fan von Heavy Metal. Viel lauter geht's nicht.)

Und dann wurde mir alles klar.

Als ich noch nicht so lange Vater war, hatte ich mit meinem Sonnenschein Aya ein echtes Energiebündel. (Das ist sie immer noch.) Wann immer wir ausgingen, war sie diejenige, die Krach machte. Ich erinnere mich, wie peinlich und unangenehm mir das war. Es verletzte mein Ego, ein Vater zu sein, der »keine Kontrolle« über sein Kind hatte. Es verursachte mir Schuldgefühle, weil ich andere Leuten nicht in ihrer Ruhe stören wollte.

Jetzt war ich der andere Beteiligte meiner Peinlichkeit, derjenige, dessen Ruhe ich störte. Jahre später verknüpfte mein Gehirn das Brüllen eines Kleinkinds immer noch mit jenen Gefühlen der Peinlichkeit und Schuld. Bingo!

Nachdem ich erst mal die *Gründe* für meine Gefühle erkannt hatte, konnte ich sie leicht umgehen. Kinder stören mich nicht mehr. Sie schreien und brüllen – und ich bewahre die Ruhe. Heutzutage lassen diese Geräusche Erinnerungen daran wach werden, wie unglaublich talentiert Aya als Kind war, und bringen mich zum Lächeln. Ich denke daran, wie sie all diese Energie einsetzte, um zu der Künstlerin zu werden, die sie heute ist, und dass sie aufgrund ihrer Rastlosigkeit sogar noch mehr in der Welt herumgereist ist als ich. Das gleiche Geschehen, das mich früher wütend machte, löst jetzt Glück aus. Eine Neuausrichtung der Gedanken richtet auch die Gefühle neu aus.

Gerade schiebt eine weitere Familie ihren Kinderwagen an den Tisch gleich neben mir. Ich schwöre, ich denke mir das nicht aus. Der Krach geht los, und ich beginne zu lächeln. Ich vermisse dich, kleine Aya.

Beginnen Sie, das Drama zu beobachten. Der einfache Vorgang der Rückverfolgung Ihrer Emotionen bis zu dem Gedanken, der sie ausgelöst hat, ermöglicht Ihnen das Durchatmen, das Sie brauchen, um herunterzukommen. Um die Verbindung herzustellen, benutzen Sie die problemlösende Seite Ihres Gehirns. Das hilft Ihnen, das pausenlose Geschnatter aufzuhalten, weil Sie sich auf die Suche nach dem verursachenden Gedanken machen. Wenn Sie genau hinschauen, werden Sie erkennen, dass er häufig unangemessen und es ganz gewiss nicht wert ist, immerzu weiter zu bohren.

Je mehr Sie mit dieser Praxis vertraut werden, desto stärker fallen Ihnen die repetitiven Muster Ihres Gehirns auf. Irgendwann können Sie die Tricks Ihres Gehirns lesen wie ein aufgeschlagenes Buch, und wenn es sie anwendet, lächeln Sie einfach und sagen: »Haha, du bist so dumm, Gehirn! Warum lieferst du mir nicht mal einen besseren Gedanken?«

Liefer' mir einen besseren Gedanken

Wenn ein negativer Gedanke erst mal Fuß gefasst hat, kann es schwer sein, ihn wieder loszuwerden. Ein ungezähmtes Gehirn braucht etwas, an dem es sich festklammern kann. Und oft genug hinterlässt die Entfernung eines Gedankens ein Vakuum, das sich rasch mit einem Gedanken aus demselben Stimmungsspektrum füllt – mit einem anderen negativen Gedanken. Daher kann es Ihnen in einer dunklen Phase so vorkommen, als würde die ganze Welt auseinanderbrechen. Sie werden von einem negativen Gedanken nach dem anderen verzehrt. Wenn Sie den Kreislauf nur durchbrechen könnten! Das Vakuum mit einem glücklichen Gedanken zu füllen, stellt sicher, dass kein Raum für einen weiteren negativen Gedanken mehr bleibt.

Und da beginnt der Spaß.

Es ist ganz einfach. Betrachten Sie das Wort *Elefanten*. Konzentrieren Sie sich einige Sekunden lang ganz darauf.

Elefanten

Wenn ich mal fragen darf: Woran denken Sie jetzt? Könnte es sich möglicherweise um Elefanten handeln? Ganz gleich, woran Sie zuvor gedacht haben, ich kann garantieren, dass Ihr Denken sich verändert hat, als Sie das Wort *Elefanten* gelesen haben.

Nicht vergessen!

Ihr Gehirn kann geprägt werden!

So einfach es Ihnen auch vorkommen mag, dies ist ein nützliches Schlupfloch für den Gedankenkreislauf in Ihrem Gehirn. Die Auswirkungen dieser geheimen Hintertür sind extrem vorhersehbar. Wann immer Ihr Gehirn von einem Gedanken verlockt wird, schnappt es nach dem Köder. Es kann einfach nicht anders! Daraus können wir großen Nutzen ziehen. Sie können Ihr Gehirn darauf prägen, sich auf alles zu fokussieren, was Sie nur wollen, einfach indem Sie es ins Bewusstsein bringen.

Was sollten Sie Ihrem Gehirn bei einer so unendlichen Auswahl zu denken befehlen? Ja, Sie haben es erfasst:

Nicht vergessen!

Glückliche Gedanken.

Wenn Sie Ihr Gehirn auf jeden gewünschten Gedanken prägen können, warum sollten Sie es dann auf irgendetwas anderes prägen?

Einmal, als Aya so ungefähr fünf war, weinte sie, während ich intensiv damit beschäftigt war, ihr zu erklären, warum sie nicht über das Problem weinen sollte, das sie so aufgeregt hatte. Sie sah mich auf ganz niedliche Weise mit Tränen in den Augen an und sagte: »Papa, wenn ich weine, dann sprich nicht über die Dinge, die mich zum Weinen bringen. Wenn du mich glücklich machen willst, *kitzel mich einfach.*« Natürlich! Diese simple Weisheit ist bei mir hängengeblieben. Wir glauben, wir bräuchten eine Lösung, um unsere Traurigkeit zu beseitigen, aber oft genug ist sie gar nicht gerechtfertigt, und deshalb gibt es auch keine echte Lösung dafür, genau wie es sie auch für eine falsche Voraussetzung nicht gibt. Die einfachste Methode, um glücklich zu werden, ist daher, *glücklich zu sein*. Beseitigen Sie den unglücklichen Gedanken, ersetzen Sie ihn durch einen glücklichen und überlassen Sie den Rest sich selbst.

Wann immer künftig ein schmerzlicher Gedanke in Ihnen aufkommt, prägen Sie einfach Ihr Gehirn, an etwas anderes zu denken. Manchmal verdient das Leben nichts anderes!

Es gibt jedoch ein wichtiges Detail zu beachten: Tiefer gehende Gedanken finden im unbewussten Teil Ihres Gehirns statt. Anders als ihr bewusster Verstand, der mit Worten agiert, entwickelte sich Ihr Unbewusstes lange bevor Sie Worte nutzen konnten; seine Währung sind also Bilder und Empfindungen. Das ist wichtig, denn es gibt kein Bild, das mit dem Wort *kein* verbunden wird. Ihr Unbewusstes kann eine Negation nicht verarbeiten. In Ihrem *Bewusstsein* können Sie ein Konzept negieren, zum Beispiel bei »*kein* Leiden«. Aber Ihr Unterbewusstsein übernimmt lediglich das Konzept und denkt das Wort, das es versteht – genau jenes Wort, das Sie negieren wollen: *Leiden.* Statt ein Konzept zu negieren, müssen Sie es durch sein Gegenteil ersetzen. Was Ihr Unterbewusstsein angeht, so kann es sich unter *kein*

Leiden nichts vorstellen; Sie können nur an *Glück* denken. Statt also darüber nachzudenken, einen ungeliebten Job nicht auszuüben, stellen Sie sich lieber vor, in einem ganz anderen Beruf zu arbeiten. Statt darüber nachzudenken, eine Beziehung zu beenden, denken Sie an die neue, die Sie gerne beginnen möchten. Das ist die Methode, mit der Sie Ihre Gedanken in glückliche verwandeln.

Nicht vergessen!

Glück findet sich immer in der positiven Seite eines Konzepts.

Der einfachste Weg zu einem vollständigen Arsenal glücklicher Gedanken ist die Verwendung Ihrer Glücksliste (aus Kapitel 1). Ein glücklicher Gedanke muss in keiner Weise mit der düsteren Thematik zusammenhängen, die Sie aus dem Gleis geworfen hat. Jeder glückliche Gedanke auf der Liste kann den Strom des Negativen in Ihrem Gehirn zum Stillstand bringen, indem er das Vakuum füllt. Sobald der negative Gedankenstrom unterbrochen ist, wird es Ihnen viel leichter fallen, wieder Gedanken mit einer positiven Perspektive aufzunehmen.

Falls Sie diese Technik anfangs schwierig finden, schreiben Sie Ihre Glücksliste auf eine Karteikarte, und tragen Sie sie immer bei sich. Oder wissen Sie, was sogar noch besser funktioniert? Speichern Sie Bilder Ihrer glücklichen Gedanken auf Ihrem Handy, damit sie Ihnen jederzeit zur Verfügung stehen.

Jahrelang hatte ich immer einen Ordner mit 19 glücklichen Gedanken bei mir. Heute brauche ich ihn nicht mal mehr hervorzuholen; das richtige Bild erscheint automatisch in meinem Gehirn, um die negativen beiseitezuschieben. Wenn ich mich wieder in eine positive Einstellung zurückgebracht habe, beginne ich, mich auf die vor mir liegende Herausforderung zu konzentrieren, insbesondere auf jene Teile davon, die meiner Kontrolle unterliegen, und ich wende positive Energie und nützliche Gedanken an, um die Dinge zum Besseren zu wenden.

Ein noch besserer Gebrauch Ihrer Glücksliste besteht darin, sie proaktiv statt defensiv einzusetzen. Nehmen Sie Ihre Liste täglich mehrmals zur Hand, und konzentrieren Sie sich darauf. Sie können so geübt darin werden, dass Sie gar nicht mehr abwarten müssen, bis ein negativer Gedanke aufkeimt. Je länger Sie Ihr Gehirn in der positiven Zone lassen, umso schwerer wird es ihm fallen, wieder in die Negativität abzugleiten.

Mit etwas Übung können Sie diesen Prozess noch einen Schritt weiter treiben. Sie können lernen, Ihr Gehirn auf glückliche Gedanken zu prägen, die mit dem Thema zusammenhängen, über das es negativ gedacht hat. Dazu brauchen Sie nur ein paar zuvor zusammengestellte Fragen, die den positiven Aspekt jeden Themas sondieren.

Nehmen Sie beispielsweise den Gedanken: »Ich hasse meine Arbeit.« Wenn Sie es Ihrem Gehirn überlassen, nimmt es diesen Gedanken und treibt ihn voran zu all den Dingen, die Ihnen bei der Arbeit Kummer bereiten. Prägen Sie stattdessen Ihr Gehirn mit einer Frage wie: »Es muss doch etwas geben, das mir an dieser Arbeit gefällt. Was ist das?«

Zuerst wird Ihr unkooperatives Gehirn seinem ursprünglichen Weg weiter folgen und erneut mit einem negativen Gedanken aufwarten: »Ich hasse es, wie mein Chef mir Anweisungen gibt.« Reagieren Sie darauf mit ruhiger Hartnäckigkeit (als würden Sie mit einem Sechsjährigen sprechen): »Also, was *gefällt* mir an dieser Stelle?« Erst dann werden Sie etwas wenigstens teilweise Positives zurückbekommen, in der Art von »Die Empfangsdame ist ganz nett, aber es ist so ein hässliches Gebäude!« Bleiben Sie beharrlich, und das Positive kommt in Gang. »Mir gefällt die Cafeteria im Untergeschoss. Der Arbeitsplatz ist für mich gut zu erreichen. Die Bezahlung ist nicht schlecht.« Halten Sie an diesen Gedanken fest. Am Ende funktioniert es. Sie sehen jetzt die volle Hälfte des Glases.

Im Allgemeinen sind die Dinge nicht nur schlecht. Trainieren Sie Ihr Gehirn darin, das Gute zu finden, und machen Sie es zum Fokus Ihrer Gedanken. So, wie Sie auch die Glücksliste erstellt haben, schreiben Sie eine Liste mit typischen Fragen, die der positiven

Prägung dienen, zum Beispiel: »Was ist gut an dieser Situation? Was gefällt mir daran?« Oder Sie können es auf eine einfache Frage herunterbrechen: »Was ist in der vollen Hälfte des Glases?«

Wenn Sie den Bogen erst mal raushaben, werden Sie zu einem Meister darin, das Gute an allem zu entdecken. Es ist immer da; Sie müssen nur danach suchen. Ihr Gehirn wird lernen, dass negative Gedanken es nicht allzu weit bringen und dass es nur dann Ihre Aufmerksamkeit bekommt, wenn es positiv denkt. Es wird gezähmt.

Wenn es Ihnen leichtfällt, die Konversation in andere Bahnen zu lenken, sind Sie bereit, den Prozess noch weiter voranzutreiben. Sobald Sie das nächste Mal einen negativen Gedanken in Ihrem Gehirn bemerken, reagieren Sie einfach mit *Bring mir einen glücklicheren Gedanken*. Das ist tatsächlich alles, was Sie sagen müssen. Wie gewöhnlich wird Ihr Gehirn zunächst versuchen, der Aufgabe auszuweichen, aber wenn Sie darauf bestehen, wird es sich fügen, und von da an müssen Sie nichts weiter tun, als die Anweisung *Bring mir einen glücklicheren Gedanken* zu wiederholen, bis Sie einen bekommen. Wer das schafft, kommt der »Gehirnkontrolle« so nahe, wie es nur möglich ist.

Herzlichen Glückwunsch, **SIE**

sind jetzt der **BOSS**, nicht Ihr Gehirn!

Bringen Sie die Ente zum Schweigen

Wenn Sie dem Dialog jetzt schon eine Weile gefolgt sind, können Sie vorwegnehmen, was ich sagen will. Haben Sie nicht auch manchmal

das Gefühl, Sie hätten eine kleine Ente im Kopf? Und die quakt und quakt die ganze Zeit? Sie lässt Ihnen kaum mal einen Augenblick Ruhe. Ständig quakt die Ente. Nachdem ich gelernt hatte, mein Gehirn positiv denken zu lassen, hörte ich einmal Pete Cohen, den Autor von *Life DIY*, der darüber sprach, wie das pausenlose Gequake die Leistung der Spitzensportler beeinträchtigt, die er trainiert, und ich kam ins Nachdenken: *Mittlerweile weiß ich zwar, wie ich die Ente positiv quaken lassen kann, aber Pete hat recht. Manchmal wünschte ich, ich könnte die Ente einfach zum Schweigen bringen!*

Es gibt viele bekannte Meditationstechniken, mit denen Sie diese Stille praktizieren können. Oft geht es dabei darum, Ihr Gehirn auf etwas außerhalb des Gedankenspektrums zu fokussieren: auf die Schönheit einer Rose, das Flackern einer Kerze oder Ihren eigenen Atem.

Doch Meditation ist kein Lebensstil. Es ist eine Übung, die Sie auf einen Lebensstil vorbereitet. Wozu soll eine Übung gut sein, wenn Sie anschließend wieder zu Ihrem gewöhnlichen Lebensstil mit dem »Kopf voller Gedanken« zurückkehren? Das ultimative Ziel besteht darin, außerhalb des Meditationsraumes in einem Zustand größerer Achtsamkeit zu leben, damit diese zu Ihrem täglichen Lebensstil wird.

Eine weitere Eigenart der Funktionsweise Ihres Gehirns kann Ihnen dabei helfen. Das Gehirn entspricht dem, was in der Informatik als Serienprozessor bekannt ist, was bedeutet, dass es sich nur auf jeweils einen Gedanken fokussieren kann. Auch wenn es sich manchmal anfühlt, als gingen Ihnen Millionen Gedanken durch den Kopf, wechselt das Gehirn tatsächlich nur rasch zwischen ihnen hin und her.

Nehmen Sie sich jetzt ein bisschen Zeit, um das folgende Spiel zu genießen. Versuchen Sie, an zwei Dinge gleichzeitig zu denken.

Versuchen Sie, an den Spaß zu denken, den Sie letztes Wochenende hatten, und erinnern Sie sich gleichzeitig an diesen Streit von gestern. Geben Sie sich Mühe. Geben Sie sich noch mehr Mühe. Schwierig, was? Und jetzt versuchen Sie, laut zu lesen, während Sie von 643 herunterzählen. Sie werden feststellen: Wenn Sie lesen, hören Sie auf zu zählen, und wenn Sie zählen, hören Sie auf zu lesen. Das Gleiche gilt auch für unseren inneren Dialog. Eine Sache gleichzeitig ist alles, was diese großartige Maschine bewältigen kann.

Nicht vergessen!

Was das Gehirn angeht, so ist Multitasking ein Mythos!

Wir können diese Eigenschaft unseres Gehirns zu unserem Vorteil nutzen. Meine empfohlene Technik, um die quakende Ente zum Schweigen zu bringen, besteht darin, sie mit Dingen zu überfluten, die sie nicht bedenken, einschätzen oder beurteilen kann – Dinge, die sie nur beobachten kann. Und so geht's: Lenken Sie Ihre Aufmerksamkeit auf etwas außerhalb Ihrer selbst. Betrachten Sie die Beleuchtung im Zimmer, schenken Sie den Dingen auf Ihrem Schreibtisch Beachtung, erschnuppern Sie den Kaffeeduft, der aus der Küche dringt, betrachten Sie die Holzmaserung des Tisches oder lauschen Sie dem fernen Geräusch von Autos auf der Straße. Lassen Sie nichts unbemerkt. Registrieren Sie jede Kleinigkeit in Ihrer Umgebung. Das ist es, was Sie einmal als Säugling gemacht haben. Einfach beobachten.

Alternativ können Sie sich auch bei Meditationstechniken bedienen und Ihre Aufmerksamkeit nach innen lenken. Achten Sie genau auf Ihren Körper. Konzentrieren Sie sich auf die vom gestrigen Training schmerzenden Muskeln oder auf die Rückenschmerzen durch zu langes Sitzen am Schreibtisch. Beobachten Sie Ihre Atmung, oder spüren Sie, wie das Blut durch Ihre Adern gepumpt wird.

Nehmen Sie all das in sich auf: die unzähligen Reize, die Ihr Gehirn ausgefiltert hat, um Raum für Kreisläufe zu schaffen, die es braucht, um auf seinen eigenen Gedanken zu beharren. Wählen Sie *etwas anderes als Gedanken* zu der einen Sache, auf die es sich gleichzeitig konzentrieren kann. Überschwemmen Sie es mit Signalen aus der physischen Welt, damit es aufhört, in seiner eigenen kleinen Blase zu leben. Jeder Filter, den Sie entfernen, gibt Ihrem Gehirn etwas zu verarbeiten und verringert seine Fähigkeit, sich mit unnützen Gedanken zu befassen.

Dieses Mal prägen Sie Ihr Gehirn nicht mit einem guten Gedanken – Sie prägen es mit überhaupt nichts. Und dann kehrt Stille ein. Großes friedliches Lächeln!

Seien Sie jedoch gewarnt. Dies kann für Ihr Gehirn eine sehr ungemütliche Angelegenheit sein. Schließlich ist es daran gewöhnt, der Boss zu sein, und Ihre Fähigkeit, es ein- und auszuschalten, fühlt sich an wie eine Existenzbedrohung. Es wird sich zur Wehr setzen, indem es noch mehr Gedanken auf Sie loslässt. Die beste Reaktion ist, ruhig zu bleiben und gelassen die innere und äußere Welt zu beobachten. Entfernen Sie diese Filter immer und immer wieder, bis die Stille zurückkehrt.

Durch die Anwendung dieser Technik habe ich gelernt, wie ich meinem Gehirn einfach den Stecker herausziehen kann, selbst nachdem ich jahrelang eine auf die linke Gehirnhälfte fixierte technische Führungskraft war. Manchmal sitze ich auf langen Flugreisen stundenlang mit einem stupiden Lächeln da und habe nichts als die Gespenster von Gedanken – oder überhaupt keine Gedanken – im Kopf. Es ist *himmlisch*. Ein jederzeit verfügbarer Ausschalter für jegliches Denken. Ich sage meinem Gehirn einfach streng: »Ich will, dass du jetzt die Klappe hältst!«, entferne meine sensorischen Filter und genieße die Welt ohne irgendwelche Gehirnkommentare.

Versuchen Sie es auch mal. Es ist eine unvergleichliche Freude.

Nicht vergessen!

Lernen Sie, die Ente zum Schweigen zu bringen.

»Der Auserwählte«

In dem Science-Fiction-Film *Matrix* von 1999 wird eine von fühlenden Maschinen geschaffene Simulation dazu genutzt, die Menschheit zu unterwerfen. Keanu Reeves spielt Neo, auch als »Der Auserwählte« bekannt, und soll die Menschheit befreien. Als er endlich die illusionären Bilder und Gedanken durchschaut, die ihm von der Matrix ins Gehirn gepflanzt wurden, wird direkt vor seinen Augen alles zu Einsen und Nullen. Mein Programmiererverstand betrachtete dies als seine absolute Klarsichtigkeit, die dazu führte, dass er die volle Kontrolle über seine Umgebung erlangen konnte.

Nichts konnte Neo mehr etwas anhaben. Die blitzschnellen Bewegungen der Matrix-»Agenten« wurden zur Zeitlupe, und er konnte mühelos ihre Schläge abwehren und ihren Schüssen ausweichen.

Das ist der Grad an Fertigkeit, auf den Sie sich zubewegen, wenn Sie die Gedankenillusion zu durchschauen beginnen. Ein Großteil Ihres Glücks hängt nicht von den Sie umgebenden Umweltbedingungen ab, sondern von den Gedanken, die Sie darüber haben. Wenn Sie lernen, mit Gelassenheit den Dialog und das Drama zu beobachten, fangen Sie an, die Einsen und die Nullen zu sehen. Sie können Ihren Gedanken zusehen und wissen dabei, dass sie nur so viel Macht über Sie gewinnen können, wie Sie ihnen zugestehen.

Genau wie bei Neo werden Ihre Gedanken langsamer fließen. Sie werden jeden davon beobachten und seinen Angriff vereiteln. Was noch wichtiger ist: Sobald Sie gelernt haben, Ihrem Gehirn zu befehlen, Ihnen bessere, positivere Gedanken zu liefern, erreichen Sie das Stadium der vollen Kontrolle. Sie können Ihrem Gehirn sagen, was es aus der Welt da draußen machen soll.

Was mich an *Matrix* immer faszinierte, war das Desinteresse in Neos Mimik, als er die Welt endlich als das erkannte, was sie ist. Während die Agenten sowohl emotional als auch körperlich voll bei der Sache waren, wenn sie angriffen, wirkte Neo unbeeindruckt und unberührt von dem, was die Matrix ihm entgegenstellte. Er tat, was er tun musste, im Bewusstsein, dass der Kampf bereits gewonnen war. Er hatte seinen Frieden schon gefunden.

Auch Sie können der Auserwählte sein. Sie können den rasenden Kugelhagel Ihres Gehirns stoppen und ihn friedlich in seiner unverfälschten Gestalt vorbeisausen sehen.

Es kann ein bisschen dauern, bis Sie dorthin gelangen. Bis dahin sollten Sie kein anderes Ziel kennen. Das ist der schwarze Gürtel der Gedankenkontrolle. Das ist vollkommener Frieden.

Bitte lassen Sie sich von der Illusion nicht zum Narren halten.

Nicht vergessen!

Wer sind Sie?

Wenn ich darüber spreche, was es bedeutet, *nicht* unsere Gedanken zu sein, reagieren die meisten Menschen mit einem erleichterten Lächeln. Sie realisieren, dass sie dieser Ente nicht länger zuhören müssen. Doch einen Augenblick danach setzt erneut Verwirrung ein. Ihr Gehirn kehrt in den Angriffsmodus zurück und stellt eine grundlegende Frage: *Wenn ich nicht die Stimme in meinem Kopf bin, wer bin ich denn dann?*

Gute Frage. Denken Sie ein paar Minuten darüber nach, ehe Sie zur nächsten Seite umblättern.

Kapitel 4 – Wer sind Sie?

Dies ist zweifellos eine der bedeutsamsten Fragen, die Sie jemals stellen werden. Sie verbringen Ihr ganzes Leben damit, sich selbst zu dienen. Dinge kaufen, Kämpfe ausfechten, streiten, lieben, ernähren, trainieren, verdienen und lernen, die Bedürfnisse eines Abbilds Ihrer selbst zu erfüllen – einer Figur, die nicht mal entfernt Ihrem wahren Ich entspricht. Kein Wunder, dass Ihre echten Bedürfnisse niemals befriedigt, vielleicht niemals berücksichtigt oder sogar von vornherein gar nicht erkannt werden.

Die Illusion des Selbst ist eine der größten vielschichtigen Illusionen, welche die Menschheit jemals aufzudecken hatte. Philosophen, Theologen und Psychiater haben diese Illusion zu durchschauen versucht. Und doch tragen wir fast alle immer noch Masken über Masken.

Die Illusion beginnt mit der Annahme, dass Sie Ihr physisches Erscheinungsbild sind. Auf einer darunter liegenden Schicht identifizieren Sie sich mit einer Figur, die nicht wie Sie ist (Ihr Ego), und dann, auf der untersten Ebene, werden Sie über Ihre Position in der Welt getäuscht. Wer Sie wirklich sind, das ist wie bei einer russischen Matrjoschka-Puppe unter Schichten von Illusionen verborgen, die

eine nach der anderen enthüllt werden sollten.

Wenn Sie diese aufdecken, werden Sie als Erstes herausfinden, wer Sie nicht sind. Sie sollten dann weiterhin Schichten abtragen, bis Sie diejenige erreichen, die solide und real ist, diejenige, welche die Prüfungen von *Wahrnehmung* und *Beständigkeit* besteht.

Der Wahrnehmungstest beruht auf einer einfachen Subjekt-Objekt-Beziehung. Wenn Sie das Subjekt sind, das in der Lage ist, die Sie umgebenden Objekte zu betrachten, dann sind Sie nicht die Objekte, die Sie betrachten. Wenn Sie dieses Buch anschauen, sind Sie per definitionem nicht dieses Buch. Die einzige Möglichkeit, die Erde zu betrachten, ist von einem Punkt jenseits davon. Einfach, oder?

Der Beständigkeitstest dagegen stützt sich auf eine simple Frage der Kontinuität. Wenn eine Eigenschaft oder eine Beschreibung, die Sie mit sich selbst in Verbindung bringen können, sich verändert, während Sie ansonsten unverändert bleiben, sind diese Eigenschaft nicht Sie. Wenn Sie einmal Lehrer waren und jetzt Schriftsteller sind, sind dies vorübergehende Zustände, und keiner davon ist Ihr dauerhaftes Ich.

Im vorigen Kapitel haben wir in krasser Abweichung von den heutigen Überzeugungen festgestellt, dass Ihr Denken Sie nicht definiert; Sie sind nicht Ihre Gedanken. Damit sind wir wieder bei den Prüfungen. Ihre Gedanken bestehen den Wahrnehmungstest nicht. Wenn Sie Ihre Gedanken sind – wie können Sie sie dann beobachten? Sie tauchen in Ihrem Kopf auf wie Abbildungen auf einem Bildschirm. Sie sind nicht die Abbildung, und Sie sind nicht der Bildschirm. Die Tatsache, dass Sie sie betrachten, ist der Beweis, dass sie eine vollkommen andere Erscheinungsform sind. Ebenso wenig bestehen Ihre Gedanken den Beständigkeitstest: Sie hören nicht auf zu existieren in den kurzen Augenblicken, in denen Sie aufhören zu denken. Die Momente, in denen *sie* die Existenz aufgeben, *Sie* jedoch nicht, und die Momente, in denen *sie* sich verändern, während *Sie* gleich bleiben, sind Beweis dafür, dass sie eine von Ihnen verschiedene Entität sind. Gedanken bestehen beide Prüfungen nicht, und deshalb sind sie nicht Ihr wahres Selbst. Wenden wir diese einfachen Tests auf die anderen Identitäten an, mit denen Menschen sich in Verbindung bringen.

Das ist ein langes Kapitel mit vielen neuen Ideen, deshalb schlage ich vor, dass Sie sich mit einem erfrischenden Getränk, einem bequemen Sessel und einem wachen Verstand darauf vorbereiten.

Wer sind Sie nicht?

Bevor wir uns der Frage zuwenden, wer Sie sind, ist es einfacher, erst einmal alle Schichten abzutragen, die offensichtlich nicht Sie sind.

Ihr Körper ist die Form, als die die ganze Welt Sie identifiziert. Ihre Gesichtszüge, Ihre Fingerabdrücke und Ihre DNA schaffen Ihre einzigartige Identität. Alles, was Sie *sind*, ist mit diesem Körper verbunden. Das müssen Sie sein – ganz bestimmt ist es kein anderer!

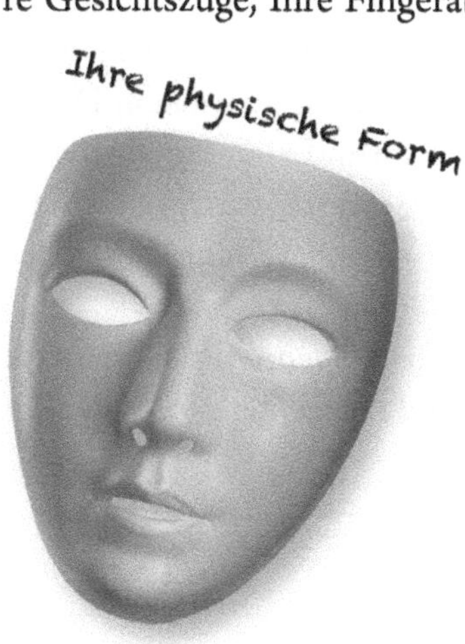

Aber seien Sie mal ehrlich: Haben Sie schon mal in den Spiegel gesehen und gedacht, dass es nicht Sie sind, der da zu sehen ist? Ich ja. Das geht mir immer noch so. Haben Sie sich jemals in einem Video gesehen und gedacht: *Das sieht ja*

komisch aus oder *Ich kann mir einfach nicht vorstellen, dass ich wirklich so aussehe*? Haben Sie jemals Ihre Stimme von einem Abspielgerät gehört? Hörte sich das an wie Sie? Bis zu dem Tag, als mein Verleger mich bat, die Audioversion dieses Buches aufzunehmen, dachte ich immer, ich höre mich an wie ein kleines Mädchen. Alle lachten, als ich das sagte, denn wie sich herausstellte, habe ich eine sehr tiefe Stimme. Selbst wenn Sie bisher noch nie so ein Missverhältnis zu sich selbst empfunden haben, wird Ihnen das mit Sicherheit passieren, wenn Sie altern oder wenn Ihre äußere Erscheinung sich verändert, obwohl Sie sich innerlich immer noch gleich fühlen.

Denken Sie an den Beständigkeitstest. Wenn der Körper, den Sie jetzt im Spiegel sehen, Sie sind, wer war es dann, als Sie Ihren Körper als Sechsjähriger im Spiegel betrachtet haben? Waren das nicht Sie? Was passiert, wenn Sie ein paar Kilo zunehmen? Ist das dann *mehr* Sie? Wenn aufgrund eines unglücklichen Unfalls einer Ihrer Finger mitsamt dem einzigartigen Fingerabdruck verloren ginge, wären es dann nicht mehr Sie? Sind Ihre abgeschnittenen Fingernägel kleine Stücke von Ihnen? Was, wenn Sie eine Nierentransplantation bräuchten? Würden Sie ein Teil Ihres Spenders und ein Teil Sie selbst sein?

Ihr physischer Körper besteht aus 50 bis 70 Trillionen Zellen, und in jeder Sekunde werden zwei bis drei Millionen davon ersetzt.[10] Rote Blutkörperchen haben eine Lebensdauer von durchschnittlich vier Monaten, während weiße Blutkörperchen im Schnitt ein Jahr alt werden. Hautzellen leben ungefähr zwei oder drei Wochen; Darmzellen haben es schwer – sie sterben nach rund vier Tagen ab. Ihre physische Form wird praktisch vollständig ersetzt, manchmal immer und immer wieder, manchmal alle paar Jahre.[11] Welche dieser sich ständig wandelnden Formen sind Sie?

Denken Sie an den Wahrnehmungstest. Wenn Ihr Körper Sie sind, wie können Sie ihn dann sehen und betrachten? Wenn er das Objekt ist – wer ist das Subjekt?

Es bedarf nur einiger Textzeilen, um die Illusion zu durchschauen.

Sie sind nicht Ihr Körper!

Nehmen Sie sich bitte ein paar Minuten Zeit, um darüber nachzudenken und es sacken zu lassen. Denken Sie dabei noch nicht darüber nach, wer Sie sind. Wir unterhalten uns immer noch darüber, wer Sie nicht sind.

Dieser Körper, wenn auch nicht Sie, nimmt so viel von Ihrer Aufmerksamkeit in Anspruch. Viele von uns verbringen ihr ganzes Leben damit, sich darum zu kümmern. Ihn zu bräunen, ihn in Form zu bringen und sich auf ihn einzustellen. Manche sind ihr Leben lang deprimiert, weil sie anders aussehen wollen: größer, schlanker oder stärker. Viele nehmen einen kleinen Teil davon – eine Nase, die Hautfarbe oder ein Muttermal – und machen es an jedem einzelnen Tag ihres Lebens zu ihrem Folterknecht. Manche schneiden daran herum oder dehnen ihren Körper oder stopfen Silikon hinein. Manche überschwemmen ihn mit Nahrung und Getränken, während andere ihm im Namen einer Sekte, einer Religion oder einer Marotte seine grundlegenden Bedürfnisse vorenthalten. Er bekommt immer mehr Aufmerksamkeit, als er verdient.

Wenn Sie ein Auto mieten, um eine Reise damit zu machen, würden Sie anfangen zu glauben, das Auto seien Sie? Wenn Sie es jahrelang behielten, würde das etwas ändern? Ihr Körper ist der physische Avatar, der Sie durch die physische Welt trägt, ein Fahrzeug, ein Behälter. Sonst nichts. Dieses Fahrzeug ist allerdings nicht nichts. Es ist wichtig. Wenn Sie in Ihrem gesamten Leben nur ein einziges Fahrzeug haben dürften, würden Sie sich natürlich darum kümmern, es gesund und in perfektem Betriebszustand erhalten, und Sie würden dafür sorgen, dass es auf Ihrer langen Reise nicht liegen bleibt oder Ihnen Ärger macht. Sie würden es sauber und glänzend halten und wären dankbar für die jahrelangen Dienste, die es Ihnen erweist, und die lebenslange Beziehung, die es Ihnen bietet. Trotzdem, was auch immer Sie damit täten und egal wie oft Sie darin gesehen würden, Sie würden es sich nicht als Sie selbst vorstellen.

Als wäre die Illusion des physischen Körpers nicht schon verwirrend genug, verzerren Sie die Angelegenheit noch weiter, indem Sie weitere Masken hinzufügen, bis Ihr echtes Ich jenseits des Erkennens verschwindet. Wir werden die Illusion weiter nachverfolgen, aber jetzt ein bisschen schneller vorangehen. Es gibt da nämlich noch mehr. Viel mehr.

Was sind Sie sonst alles nicht?

Sie sind nicht Ihre Gedanken und Ihr Körper. Was besteht den Wahrnehmungs- und den Beständigkeitstest noch nicht? Wenn wir eins nach dem anderen abhaken, bleibt am Ende Ihr wahres Ich übrig.

Vielleicht sind Sie Ihre Gefühle, so wie in dem Film *Ich bin »verliebt«*. Der ist gut. Wer waren Sie, bevor Sie sich verliebt haben? Was ist, wenn Ihre Liebe wächst? Gibt es dann mehr von Ihnen? Was, wenn sie endet? Verschwinden Sie dann? **Sie sind nicht Ihre Gefühle.**

Vielleicht sind Sie Ihr Glaube: *Ich bin Hindu, Christ, Moslem, Jude, Atheist.* Oder *Ich bin spirituell, aber nicht religiös.* Was bedeutet das? Wenn Sie einen neuen Glauben annehmen, werden Sie dann jemand Neues? Wer waren Sie im Alter von zwei Jahren, ehe Ihr Glaubenssystem sich entwickelt hat? **Sie sind nicht Ihr Glaube.**

Auf die Frage, wer Sie sind, antworten Sie mit einem Namen: *Ich bin Mo.* Aber offensichtlich ist mein Name nicht der, der ich bin. Unsere Namen werden zu Kosenamen gemacht oder verändern sich durch die Eheschließung, doch wir bleiben unverändert. **Sie sind nicht Ihr Name.**

Manche identifizieren sich mit der Gruppe, der sie angehören: *Ich bin Ägypter* oder *Ich bin Fan eines bestimmten Fußballclubs.* Doch auch diese vorübergehenden Zustände können sich ändern. **Sie sind nicht die Gruppe, der Sie angehören.**

Ich bin der Sohn von Soundso. Nein, sind Sie nicht. Wer entdeckt, dass Mama etwas geheim gehalten hat und dass Papa nicht der richtige Papa ist, verschwindet dadurch nicht vom Angesicht der Erde. *Ich bin Toms Frau.* Okay, aber wer waren Sie, ehe Sie Tom kennengelernt haben? **Sie sind nicht Ihr Familienstammbaum.**

Dann muss ich meine Errungenschaften sein. Ich bin der Erfinder von diesem oder der Autor von jenem. Wer waren Sie zuvor? Ich bin ein Selfmade-Millionär. Was wäre, wenn all Ihr Geld verloren ginge, wäre der ehemalige Selfmade-Millionär dann nicht mehr Sie? **Sie sind nicht Ihre Errungenschaften.**

Ich bin stolzer Besitzer eines magnoliaschwarzen Rolls-Royce Phantom Drophead Coupé. Wem wollen Sie das weismachen? Bestimmt das Auto, das Sie fahren, oder die Marke, die Sie tragen, wer Sie sind? Wenn der Rolls-Royce gestohlen wird, wird der Dieb dann zu Ihnen? **Sie sind nicht Ihr Besitz.**

Sie müssen sich jetzt an diese Vorgehensweise gewöhnen, also beschleunigen wir sie. Sie sind nicht der Bus, den Sie heute Morgen zur Arbeit genommen haben, und nicht der Busfahrer. Sie sind nicht die Ameise, auf die Sie vorhin getreten sind, und nicht der Schmetterling, dessen Anblick Ihnen gestern den Atem geraubt hat. Sie sind nicht die Seiten dieses Buches oder der Computer, an dem es geschrieben wurde. Sie sind nicht Ihre Katze oder die Sonne oder die Atome, die das gesamte Universum ausmachen. Alles, was Sie jemals betrachtet haben, sind nicht Sie, und alles, was sich im Laufe Ihrer konstanten Präsenz jemals verändert hat, sind auch nicht Sie.

Wenn Sie keines der Trillionen Dinge um Sie herum sind, wer sind Sie dann?

Ihr wahres Ich

Es bedarf nur eines einzigen Moments vollständiger Achtsamkeit, um Ihr wahres Ich kennenzulernen, einen Moment, in dem Sie still dasitzen und alles um sich herum oder alles in Ihrem Inneren beobachten. Versuchen Sie, die Gedanken in Ihrem Kopf wahrzunehmen, Ihren Atem, das Gefühl, wenn Ihre Finger das Papier dieses Buches berühren. Versuchen Sie zu spüren, wie das Blut in Richtung Ihrer Füße gepumpt wird. Nehmen Sie die Geräusche in der Umgebung wahr, das Licht in Ihren Augen. Achten Sie auf die kleinen Details, das ferne Geräusch vorbeifahrender Autos und den Geruch der Mahlzeit, die Ihr Nachbar gerade zubereitet.

Sie sind nichts von dem, was Sie gerade beobachtet haben.

sehr wichtig!

Sie sind der Beobachter.

Sie sind derjenige, der sich all der Geschehnisse um Sie herum bewusst ist. Ich weiß, das mag enttäuschend klingen, aber Sie haben *sich* nie gesehen. Sie können sich nicht sehen.

sehr wichtig!

Sie sind derjenige, der sieht.

Ich wünschte, ich könnte Ihnen Ihr wahres Ich auf eine Art und Weise beschreiben, die Ihr Verstand erfassen kann, aber leider sind wir dafür nicht ausgerüstet. Alle unsere menschlichen Instrumente sind darauf eingestellt, die physische Welt zu beobachten, und Sie – Ihr wahres Ich – sind kein physisches Objekt.

Erzählen Sie mal

Ein kleines Erzählspiel kann Ihnen vielleicht deutlich machen, warum es so schwer ist, Sie zu beschreiben. Beginnen wir mit einer leichten Runde. Bitte erzählen Sie mir, wie das Meer 500 Meter unter der Oberfläche und 300 Kilometer von der Südostküste von New York entfernt aussieht. Können Sie das mit Gewissheit sagen? Nein, können Sie nicht – weil Sie es nie gesehen haben.

Also gut, können Sie mir dann bitte erzählen, was auf den Radiowellen um Sie herum gerade gespielt wird? Ohne Radio? Können Sie das? Natürlich nicht. Obwohl diese Wellen Sie umgeben, sind sie nicht wahrnehmbar, weil Sie nicht über die Instrumente verfügen, um sie zu empfangen.

Zum Schluss noch eine etwas kniffligere Runde. Würden Sie mir bitte erzählen, wie der Duft eines frisch gebackenen Kekses aussieht? Können Sie das? Warum nicht? Weil ein Duft keine visuelle Eigenschaft ist – man kann ihn nicht sehen.

Und jetzt erzählen Sie mir, wie Ihr wahres Ich aussieht. Können Sie das? Wie die Tiefe des Meeres ist Ihr wahres Ich etwas, das Sie noch nie gesehen haben. Wie bei den Radiowellen haben Sie kein Instrument, um es zu empfangen. Was noch wichtiger ist, aufgrund seiner nicht-physischen Beschaffenheit kann man es nicht sehen. Sichtbarkeit ist ein Merkmal, das ausschließlich für die physische Welt gilt.

Die Tatsache, dass Sie Ihre wahre Natur nicht begreifen, heißt nicht, dass sie nicht existiert. Die Tiefe des Meeres, die Allgegenwart von Radiowellen und der Geruch von Keksen existieren unabhängig von Ihrer Fähigkeit, sie vollkommen zu verstehen.

Um Ihre Vorstellungskraft noch ein bisschen weiter an ihre Grenzen zu bringen, bedenken Sie Folgendes: Wenn Sie kein Objekt der physischen Welt sind, dann müssen Sie diese von einem außerhalb gelegenen Standpunkt aus betrachten. (Ebenso wie Sie ein Gebäude nur betrachten können, wenn Sie aus ihm heraustreten.) Das ist eine Idee mit viel kreativem Potenzial. Filme wie *Matrix* und *Avatar* reizen dieses Konzept maximal aus. Die Figuren in diesen Filmen kontrollieren ihre physische Erscheinungsform aus der Distanz. In Ihrem Leben ist es ganz ähnlich: Wenn Sie nicht Teil der Umgebung sind, in der sich die Szenen Ihres Lebens abspielen, und wenn Sie nicht mal mit dem Körper des Avatars identisch sind, den Sie nutzen, um sich darin zu bewegen, dann ist die in diesen Filmen dargestellte Realität vielleicht nicht weit von der Wahrheit entfernt.

Halten wir einen Moment inne, um das zu durchdenken, worüber wir gerade gesprochen haben. Ich fand das Konzept richtig cool, nachdem ich es erst mal verstanden hatte. Und das hat folgenden Grund. Wenn Sie nicht Ihr Vermögen sind, dann kann ein Mangel oder ein Überfluss an Reichtum Ihr wahres Selbst nicht berühren. Würde ein Dieb sich mit einem Teil Ihres sauer verdienten Geldes davonmachen, hätte das vielleicht Auswirkungen auf Ihre physische Form, und Ihre Gedanken würden Ihnen Leid verursachen, aber Ihr wahres Ich hätte nichts verloren. Sie würden diese Veränderungen beobachten und dabei selbst unverändert bleiben.

Die Illusion, die Sie dazu treibt, alle Besitztümer in Ihrem Leben zu bewahren, ist ein Versuch Ihrer physischen Erscheinungsform, die sie umgebende physische Welt zu kontrollieren. Ihr wahres Selbst bleibt von dieser physischen Ebene und allem, was sie enthält, unbeeinflusst. Ein plötzlicher Statusverlust zum Beispiel würde Ihnen nicht so viel ausmachen; Sie würden sich mit Ihrem wahren Selbst identifizieren und nicht mit der vorübergehenden Illusion Ihres Ichs. Ohne Verlustangst und ohne Zukunftssorgen würde Ihnen dann klar, dass nichts Sie wirklich verletzen kann.

Lassen Sie mich Ihr Denken noch ein bisschen weiter herausfordern. Wir haben festgestellt, dass Sie nicht Ihr alternder, veränderlicher, sterblicher Körper sind. Stellen Sie sich vor, Sie würden bei einem Unfall beide Arme und Beine verlieren. Ihre physische Erscheinung ist auf die Hälfte reduziert. Das bedeutet Leid und dürfte Ihr Denken und Ihr Verhalten verändern. Dennoch verlieren Sie nicht die Hälfte Ihres tatsächlichen Selbst. Ihr wahres Ich bleibt unverändert.

Und nun treiben Sie dieses Konzept auf die Spitze. Stellen Sie sich vor, Sie hätten 100 Prozent Ihres physischen Erscheinungsbildes verloren, und stellen Sie sich die interessante Frage: Was geschieht mit Ihrem wahren Ich, wenn Ihr gesamter Körper weg ist? Hört es auf zu existieren? Wenn Ihr Körper stirbt und vergeht, wohin geht dann Ihr wahres Ich?

Meiner persönlichen Überzeugung nach lautet die Antwort: *Nichts passiert mit Ihrem Ich.* Sie hören einfach auf, mit Ihrer physischen Form verbunden zu sein. Sie sind immer noch Sie selbst, und Sie werden sagen: »Wow, das hat Spaß gemacht!«

Diese Überzeugung hilft mir zu erkennen, dass Alis physische Form zwar verschwunden sein mag, doch sein wahres wunderbares Selbst fortlebt – und auch ich werde eines Tages mein physisches Erscheinungsbild hinter mir lassen, und das ist auch in Ordnung so. Das ist ein wunderbarer Gedanke in einer so schwierigen Zeit.

Ich weiß, das ist ein ziemlicher Sinneswandel für diejenigen, die sich stark mit ihrem physischen Selbst verbunden fühlen, aber wenn Sie das erst mal wirklich erkannt haben, gibt es keinen Weg mehr zurück. Um den Zustand ununterbrochener Freude zu erreichen, müssen Sie akzeptieren, dass alles innerhalb der physischen Welt letztlich verschwindet und vergeht, doch das wahre Selbst bleibt ruhig und unberührt. Sich mit diesem wahren Selbst zu verknüpfen, um die Illusionen der physischen Welt zu durchschauen, schafft die ultimative Erfahrung von Frieden und Glück. Wir wollen das noch weiter ergründen. Am Ende fügt es sich alles wunderbar zusammen.

Was glauben Sie, wer Sie sind?

Beim Versuch festzustellen, wer wir nicht sind, haben wir eine Reihe von Masken entdeckt, die wir tragen, um uns eine Identität zu schaffen. Diese Masken repräsentieren die nächste Ebene der Illusion des Selbst. Sie können alle mit einem Wort zusammengefasst werden, das die Menschheit seit dem Tag quält, an dem wir zu einer Gesellschaft wurden.

Das Wort lautet *Ego*.

Ego steht hier nicht für Arroganz, sondern wird eher im Sinne einer Identität, einer Persona verwendet – die Art und Weise, wie Sie sich selbst betrachten und wie Sie glauben (oder sich wünschen), von anderen gesehen zu werden.

Wir alle kommen ohne Ego zur Welt. Zu Beginn unseres Lebens haben wir keinerlei Empfindung dafür, eine vom Rest der Welt getrennte Einheit zu sein. Unsere wenigen wachen Stunden verbringen wir ganz in den Augenblick versunken. Wenn wir zu spielen beginnen, greifen wir ruhig nach einem Spielzeug, lassen es wieder los und greifen nach einem anderen, und das ohne einen einzigen Gedanken im Kopf. Diese Heiterkeit wird vorübergehend unterbrochen, wenn wir Hunger haben oder Mama das Zimmer verlässt, aber sobald die Störung behoben ist, kehrt die Ruhe zurück.

Die nächste Entwicklungsstufe bringt jedoch eine fundamentale Veränderung mit sich. Alles fängt damit an, wenn Sie bemerken, dass Mama, oder wer immer sich um Sie gekümmert hat, den Dingen Namen zugewiesen hat. Sie bezeichnete sich selbst als »Mama«, Ihr Spielzeug als »Püppi«, und für Sie verwendete sie irgendeinen Kosenamen wie »Pucki«.

Sobald Sie in der Lage sind, Ihren Sprachprozessor zu kontrollieren, um Ihr erstes Wort hervorzubringen, plappern Sie einen Namen: »Ma-ma«. Mama kommt lachend angelaufen, umarmt und küsst Sie. »Ja, mein Schatz, ich bin Mama. Ich liebe dich und komme jedes Mal angerannt, wenn du mich rufst.«

Nun, das ist ja interessant, denken Sie. Die überwältigende Aufregung, die Sie als Resultat Ihres ersten Wortes erzeugt haben, bringt Ihrem Gehirn bei, dass Sie für die Benennung von Dingen gelobt werden, daher beschleunigen Sie den Prozess. *Wau-wau, Dada, Auto* und *Milla.* Weil es so niedlich ist, wie Sie das sagen, werden Sie noch mehr gelobt, und so erweitern Sie Ihr Vokabular immer mehr, bis Sie das Wort sagen, das Ihr Leben für immer verändern und zu Ihrer Identität werden wird – und der zentrale Fokus Ihres Gehirns, solange Sie leben: »Pucki!«

In Anbetracht dessen, wie sich die Dinge von nun an weiterentwickeln, kann man diesen Moment wohl mit Fug und Recht als einen der wichtigsten Ihres Lebens bezeichnen. Sie haben eine Identität. Anfangs sprechen Sie von sich selbst in der dritten Person: »Pucki Hunger.« Dann wird Pucki zu »Ich« und macht diese eine Silbe zum absoluten Mittelpunkt Ihrer gesamten Existenz; bald darauf fügen Sie »mich«, »mir« und »mein« hinzu, und der Prozess ist abgeschlossen. Ihr Ego ist geboren.

Pucki wird besitzergreifend. Sie bringen sich in Verbindung mit Gegenständen in der Außenwelt, um eine noch umfassendere Identität zu entwickeln. Das unschuldige Kind, das vollkommen glücklich damit gewesen war, mit irgendetwas zu spielen, hat nun ein Lieblingsspielzeug. »*Meine* Püppi.« Und wenn »meine Püppi« weg ist, wird Pucki traurig und weint. Beim Spiel geht es nun ebenso sehr um den Aufbau Ihrer Identität wie um das Spielen. Bestimmte Spielzeuge sind jetzt notwendig, um Sie glücklich zu machen, nicht weil es mehr Spaß macht, mit ihnen zu spielen, sondern weil sie Teil einer Identität sind, die Ihnen das Gefühl der Vollständigkeit verleiht.

Noch schlimmer wird es, wenn Sie lernen, Ihre Identität aus Ich, Mich, Mein und Mir mit der Identität anderer in Ihrer Umgebung zu vergleichen. »Weniger« zu sein als andere kränkt Sie. Selbst wenn Sie ein Lieblingsspielzeug besitzen, gibt es Ihnen ein Gefühl der Unterlegenheit gegenüber Ihrem Freund, weil er ein Spielzeug hat, das Sie nicht haben. Sie fangen an, Ihr Spielzeug nicht mehr zu mögen; Sie bitten Papa um das andere Spielzeug, und Sie beklagen sich, wenn er nein sagt. Sie betteln und jammern, und schließlich bekommen Sie es, nur um ebenso schnell wieder davon abzulassen, wie Sie es begehrt haben, sobald das nächste auftaucht.

Was ist aus dem fröhlichen, friedlichen Kind geworden, das einfach den Augenblick mit allem, das er ihm zu bieten hatte, genießen konnte? Verschwunden. Verschluckt von dem konstanten Drang, eine sich immer weiter entwickelnde Identität zu definieren.

Die Sache wird noch interessanter, wenn das Gehirn sich über die physische Welt der Spielzeuge hinaus zum Immateriellen bewegt. Der einfache Vorgang, die Tischkante loszulassen, um alleine zu stehen, und dann einen Schritt nach vorne zu machen, ehe Sie auf den Hintern plumpsen, versetzt Mama in helle Aufregung. Sie ruft: »Bravo, Pucki!«, kommt angerannt, um Ihnen aufzuhelfen, und küsst Sie. Sie lacht und ist so glücklich, als hätten Sie die Welt erobert. Und Sie denken: *Na, das ist ja eine tolle Sache. Vielleicht sollte ich noch mehr solcher einfachen Tricks durchführen, um noch mehr von dieser großartigen Wertschätzung und Aufmerksamkeit zu kriegen.*

Vier Wochen später rufen Sie: »Mama, guck mal. Pucki laufen!«

»Hurra!«, schreit sie.

»Mama, guck mal. Pucki Treppe!«

»Juhu!«, jubelt sie.

»Mama, guck mal. Pucki Puppe funden!

»Bravo, Pucki!«

»Mama, guck mal. Pucki Nase bohren!«

»Nein, hör auf, Pucki. Das tut man nicht, Pucki.«

Hmmmm. Sie lernen, dass bestimmte Verhaltensweisen sozial anerkannt sind; Sie bekommen dafür Lob und Ermutigung. Über andere runzelt man die Stirn. Clever, wie Sie sind, zeigen Sie mehr von den Ersteren und weniger von den Letzteren. Sie beginnen, eine Persönlichkeit zu entwickeln, ein Bild davon, wie Sie gesehen werden wollen, um dazuzugehören und akzeptiert zu werden. Es spielt keine Rolle mehr, was oder wer Sie im Innersten wirklich sind; es kommt nur darauf an, was Sie zu sein scheinen. Für die restliche Zeit Ihres

Lebens verlagert sich Ihre Aufmerksamkeit von der eigenen Realität auf das Image.

Ihre Sucht nach Aufrechterhaltung des Images wird dann durchsetzt von der Sucht nach Aufmerksamkeit. Sie erkennen schnell, dass Nasebohren Ihnen mehr Aufmerksamkeit verschafft, während ein ordentliches Aufräumen der Spielsachen unbemerkt bleibt. Und Aufmerksamkeit ist das, wonach Sie suchen. Der Rebell ist geboren. Der »Aufmerksamkeitskämpfer« übernimmt das Ruder. Man nimmt von mir Notiz, sagt er, egal um welchen Preis.

Derartige Identitätskrisen verstärken sich im Teenageralter, wenn die Unsicherheit und der Anpassungsdruck ihren Höhepunkt erreichen. Wir entfernen uns immer weiter von unserer *wahren* Natur und nähern uns der von unserer Peergroup *akzeptierten* Natur. Wenn Sex mit 14 uns Anerkennung verschafft, werden sich einige von uns darauf einlassen. Bravo, Pucki. Wenn Fußballspielen cooler ist als der Wissenschaftsclub, vergessen Sie den Wissenschaftsclub. Bravo, Pucki. Und wenn die Abstinenz von Drogen, Zigaretten und Alkohol uns zum Langweiler macht, dann her damit. Bravo, Pucki.

Und dann das Erwachsensein. Wir gehen zur Arbeit, ziehen uns schick an und wiederholen bedeutungslose Wörter: *Synergie, Differenzen, Ökosystem, Spin-out* und *okie-dokie.* Was ist das für eine Sprache? Es hört sich nicht mal an wie Deutsch, aber wir nutzen es, weil es uns Akzeptanz verschafft. Wir werden seriös und achten darauf, bei der Arbeit keine Emotionen zu zeigen. Einige von uns lernen Golf spielen, gehen zu Geschäftsessen und nehmen an der Firmenfeier teil. Wir passen uns an. Bravo, Pucki. Später investieren einige von uns in Markenkleidung oder teure Autos, um das Persönlichkeitswachstum zu fördern. Alles, was wir mit dieser Persönlichkeit verdienen, wird zu ihrer Erhaltung reinvestiert, aber nichts davon macht uns wirklich glücklich. Wir halten niemals inne, um unser Handeln zu überdenken, solange es unser Ego unbeschädigt erhält.

Die Rollen, die wir spielen

Wenn wir erst einmal angefangen haben, Masken zu tragen, um unser Ego zu stärken, spielen wir für den Rest unseres Lebens eine Rolle. Da gibt es die Rolle des mächtigen Vorgesetzten: professionell, gut angezogen, beherrscht, herzlos. Die Rolle einer Mutter: spricht mit ihren Kindern in Babysprache, trägt Sneakers und geht morgens mit anderen Müttern Kaffee trinken. Die Rolle eines Künstlers: exzentrisch, rebellisch und geheimnisvoll. Die Rolle eines Patrioten: stolz, aufrecht und immer bereit, gegen den Feind vorzugehen. Die Rolle eines Gentleman: immer kritisch, kennt sich offenbar gut mit Kunst und Kultur aus und hält alle zwei Sätze inne, um seinen tiefen Gedanken nachgehen zu können. Die Rolle einer Verführerin: sexy Kleidung, hohe Absätze und eine verträumte Stimme. Die Rolle des Macho: Tätowierungen, Selbstbewusstsein und ein auf achtlose Weise erniedrigendes Anstarren.

Jede Identität wird zu einer Rolle, selbst die schlichteste. Ob Junge oder Mädchen zum Beispiel zieht eine lebenslange Kette von Verhaltensweisen nach sich, die auf gesellschaftlichen Erwartungen beruhen. Rosa oder Blau, Puppe statt Fußball, Kleidchen statt Shorts. Die Rolle wird zu dem von Ihnen erwarteten Image, und wenn Sie das Gefühl haben, von dem abzuweichen, was die Masse von Ihnen erwartet, kann das Leben zum Kampf werden.

Es gibt die Rollen von Alt und Jung, ausgelöst durch die Erwartung, dass wir uns im Alter anders verhalten sollten als in unserer verspielten Jugend. Wenn es an der Zeit ist, dass Kinder »den Ernst des Lebens« kennenlernen, verlangt man von ihnen, dass sie stundenlang still in der Schule sitzen – ohne zu reden, sich zu bewegen oder zu spielen. Hausaufgaben haben Vorrang vor Entdeckungen und Abenteuern. Wir erwarten, dass Kinder nicht mehr albern sind, sondern anfangen, pünktlich und angepasst zu werden. Einige lehnen sich eine Zeit lang dagegen auf, aber die meisten fügen sich früher oder später.

Was wäre, wenn wir alle unsere Masken ablegten und unser Bestes gäben, ohne vorzugeben, etwas zu sein, das wir gar nicht sind? Würden wir weniger Abschlüsse machen oder weniger Erfindungen hervorbringen? Ich glaube nicht. Es ist unsere Arbeit, die uns voranbringt, nicht unsere Maske. In einer egofreien Welt, in der es keine Rolle spielt, wie wir wahrgenommen werden, würden wir voller Eifer unser Bestes geben und nach den bestmöglichen Ergebnissen streben, ganz gleich, wie andere uns finden. Das Ego eines Berufstätigen baut darauf auf, seine Arbeit möglichst schwer erscheinen zu lassen, doch häufig werden die besten Ergebnisse durch sehr geringe Anstrengungen erzielt. Die besten Chefs zum Beispiel stellen talentierte Leute ein und müssen nur sehr wenig Verwaltungsarbeit leisten. Wenn das So-tun-als-Ob nicht mehr erforderlich ist, erweisen sich oft diejenigen als die besten Mitarbeiter, die überhaupt nicht schauspielern.

Die Maskerade

Für jede Rolle gibt es ein Aussehen, einen Dresscode, eine Sprache, eine Peergroup, einen zu hassenden Feind, aktuelle Diskussionsthemen, zu imitierende Gesichtsausdrücke und gemeinsame Sorgen. Es ist leicht, das Image zu erlernen. Wir sehen es ja jeden Tag im Fernsehen. Kopieren und einfügen, und schon sind wir alle Schauspieler. Wir tragen verschiedene Masken und verbergen unsere Wirklichkeit vor jedem, sogar vor uns selbst.

Unsere Scheinidentität wird zu unserem gesamten Leben, und wir fangen an, selbst daran zu glauben – mehr sogar noch als die anderen. Sie erspüren häufig Normabweichungen in unserem Verhalten. Sie vergleichen die Rolle, die wir spielen, mit dem dazugehörigen Image, das Sie aus den Medien übernommen haben. Sie spüren, dass es geschauspielert ist, und lehnen es letztlich ab.

Wenn unser Selbstbild in irgendeiner Weise angegriffen oder bedroht wird, tritt der Instinkt zum Schutz unseres Egos auf den Plan.

Unser instinktiver Kampfreflex lässt uns debattieren und streiten, unser Fluchtreflex führt zu Rückzug und Niedergeschlagenheit. Jene primitiven Höhlenmenschen-Werkzeuge haben sich an die moderne Welt des Egos angepasst. Die Speere sind heute Markenkleidung und teure Autos. Die Bewegungen des Jägers sind zu Szenesprache geworden, und unsere beste Tarnung zum Verschmelzen mit unserer Umgebung sind Facebook-Likes. Bei alldem geht die Glücksgleichung überhaupt nicht auf, weil unsere Erwartung, dass andere uns das Trugbild abnehmen, niemals erfüllt wird – und das macht uns unglücklich.

Ich kann das aus eigener Anschauung bestätigen. Auf dem Tiefstpunkt meiner Depressionen habe ich diese Erfahrung selbst gemacht. Jahrelang war ich von Autos besessen. Mich begeisterte ihre kunstvolle Technik, aber was noch wichtiger war: Sie stärkten mein Ego. Ich wählte die Rolle des erfolgreichen, kultivierten Sammlers und fühlte mich schlecht dabei. Auch heute habe ich immer noch eine Leidenschaft für Autos, aber ich muss sie nicht mehr besitzen. Ich erkannte, dass meine Begeisterung von dem Drang durchsetzt war, mein Ego zu befriedigen. Ehe ich erfolgreich wurde, waren die von mir gekauften Autos eine Lüge, mit der ich etwas vortäuschte und die Tatsache zu verbergen versuchte, dass ich es noch *nicht* geschafft hatte. Und als ich wirklich Erfolg hatte, brauchte ich kein Auto, um es zu beweisen. In beiden Fällen haben Autos mich nicht glücklich gemacht. Kein Ego-Aufputscher wird dazu jemals in der Lage sein.

In der arabischen Volkskultur erzählt man sich die Geschichte eines alten Lehrers, der viele seiner Schüler Jahre nach ihrem Schulabgang besucht. Sie erzählen ihm, wie erfolgreich sie im Leben geworden sind, und überschütten ihren geliebten Lehrer mit Dankbarkeit. Dann beginnen sie alle, von dem Druck zu berichten, unter dem sie stehen, und wie anstrengend es ist, alle Erwartungen zu erfüllen. Der Erfolg macht sie nicht glücklicher.

Der Lehrer geht, um eine große Kanne Kaffee zuzubereiten, und kehrt mit einem Tablett zurück, auf dem die verschiedensten Trinkgefäße stehen. Einige sind aus Kristall, einige aus Silber, einige sind billige Plastikbecher. Er bittet die Studenten, sich den Kaffee selbst einzuschenken. Sie alle greifen nach der schönsten und teuersten der Tassen.

Nachdem sie sich wieder hingesetzt haben, erweist der Lehrer den schönsten Tassen seine Wertschätzung, erklärt dann jedoch, dass sie doch eigentlich nichts anderes wollten als Kaffee. Egal, in welcher Tasse, der Kaffee war derselbe. Wenn sozialer Status, Mode, Image, Besitztümer und gesellschaftliche Akzeptanz wie die Tasse sind, so sagt er, dann ist das Leben wie der Kaffee. Warum strengen wir uns so sehr an und trinken aus einer schicken Tasse, wenn wir doch nur guten Kaffee wollen? Willst du ein entspanntes Leben haben, sagt er, dann schenk der Tasse keine Beachtung, sondern:

Nicht vergessen!

Genieß einfach den Kaffee.

Die dunkle Seite des Egos

Beim Ego geht es nicht immer nur um Eitelkeit. Oft machen Menschen sich ein negatives Bild von sich selbst. Tief in ihrem Inneren glauben sie, sie seien schlechter, als sie tatsächlich sind. Das »Opfer« zum Beispiel ist ein sehr häufiger Ego-Typ. Sie glauben, die ganze Welt ist gegen Sie, und Sie sind zum Leiden verdammt. Wenn Ihr Ego sich bedroht fühlt, sind Sie beleidigt. »Wie meinst du das, es ist okay?«, sagen Sie dann. »Es ist überhaupt nicht okay. Ich habe das Recht erworben, unglücklich zu sein, und ich habe dafür mit meinen schmerzlichen Erfahrungen bezahlt. Wenn Leiden eine Entscheidung ist, dann habe ich mich zum Leiden entschieden. So bin ich eben.«

Negative Persönlichkeiten können unter einem verminderten Selbstwertgefühl, unter Selbstmitleid, Schuld- oder Schamgefühlen leiden. *Ich bin dick. Ich bin hässlich. Ich bin zu klein. Ich bin dumm. Ich verdiene es nicht, geliebt zu werden. Ich bin ein Sünder, der bestraft werden muss.*

Eine weitere der gebräuchlichen negativen Rollen, die Menschen spielen, ist die des trauernden Elternteils. Einer der ersten Gedanken, die mir beim Abschied von Ali durch den Kopf gingen, war: *Der Tod hat mir meinen Sohn genommen.* Ich hätte mich wie ein Opfer aufführen können. Es wäre leicht gewesen, in diese Falle zu tappen, denn Ali war nicht nur ein integraler Bestandteil meines Lebens gewesen, sondern auch eine seiner stützenden Säulen. Ich habe nicht mal mehr eine deutliche Erinnerung an mein Leben, ehe ich die Rolle als Alis Vater übernahm. Diese Illusion ist schwer zu durchschauen und lässt viele von uns in jahrelangem Leiden verharren. Der Gedanke ist jedoch falsch. Ali gehörte niemals *mir*. Ali gehörte sich selbst. Er führte ein Leben, das ihn an verschiedene Orte führte. Manchmal war ich ein Teil seiner Geschichte, manchmal nicht. Als er von zu Hause Abschied nehmen und Tausende Kilometer reisen musste, um die Northeastern University in Boston zu besuchen, unterstützte ich seine Entscheidung, so sehr es mich auch schmerzte, dass er so weit weg sein würde. Ich war glücklich, dass er seinen eigenen Weg ging, denn es war sein Leben und nicht meins. Warum sollte ich jetzt, da er einen völlig neuen Weg eingeschlagen hat, anders auf seinen Tod reagieren? Ich werde ihn zwar immer vermissen, aber ich weiß, dass es sein Weg ist. Er gehörte niemals mir.

Viele von uns beschreiten einen traurigen Weg, wenn wir zulassen, dass unser Ego uns Leid verursacht. Was ist aus Klein Pucki geworden, der einzigen wahren Identität, die Sie je hatten? Entspannt, glücklich, ganz im Augenblick verhaftet, nackt in einer Windel ohne eine einzige Sorge auf der Welt, ohne Gefühl für das Selbst, unbeeinflusst durch das Denken des »Ich«. Kein Gedanke daran, wie ich aussehe, was ich darstelle, was die Leute von mir denken, nicht einmal, was ich selbst von mir denke. Pucki war glücklich mit dem, was kam, nicht besitzergreifend, bereit loszulassen und bereit, sich ohne Bedauern dem nächsten Spielzeug zuzuwenden.

Wünschen Sie sich nicht, dahin zurückzukehren?

Nun, es war nie wirklich vorbei. *Sie* haben es nie verlassen. Das egofreie Kind sitzt immer noch voller Gelassenheit in jedem von uns. Begraben unter vielen Schichten von Lügen, Egos und Persönlichkeiten. Trotzdem glücklich. Darauf wartend, gefunden zu werden.

Lassen Sie uns Pucki finden.

Ausziehen

Wie bei einer russischen Matrjoschka-Puppe müssen Sie die Schichten eine nach der anderen entfernen und versuchen, Ihr tatsächliches Ich von den Rollen zu unterscheiden, die Sie im Laufe der Jahre angenommen haben, bis Sie Ihr reines Selbst gefunden haben. Bis dahin heißt es: *ausziehen!* Lassen Sie alle Masken des Egos fallen.

Wenn ich sage »ausziehen«, meine ich das ganz wörtlich. Diese Übung mag ein bisschen schockierend sein, aber sie ist sehr wirkungsvoll. Wenn Sie heute Abend nach Hause kommen, schließen Sie die Tür hinter sich, und stellen Sie sich in der Abgeschiedenheit Ihres Zimmers vor den Spiegel. Betrachten Sie alles, was Sie in den Händen halten, benutzen oder tragen. Wenn irgendetwas davon über seinen Grundnutzen hinausgeht, legen Sie es ab. Es ist nur dort, um Ihrem Ego zu dienen.

Betrachten Sie dieses Hemd oder dieses Jackett oder dieses Kleid. Haben Sie es nur gekauft, um sich damit zu bedecken und warm zu halten, oder dient es Ihnen auch zur Erschaffung Ihres Selbstbildes? Wenn Sie vor sich selbst und anderen nicht hübsch, elegant, sorglos oder künstlerisch *aussehen* wollten, hätten Sie dann etwas anderes gekauft? Schauen Sie sich diese Jeans an. Wenn Sie nicht sexy darin aussehen wollten, hätten Sie sie dann eine Nummer größer gekauft? Und was ist mit Ihren Schuhen? Wenn Sie nicht erfolgreich *aussehen* wollten, hätten Sie dann etwas Bequemeres gekauft?

Sehen Sie sich Ihren Schmuck an. Erfüllt er überhaupt irgendeinen Zweck? Dient er Ihnen auf irgendeine andere Weise als durch das Bild, das er von Ihnen zeichnet? Tragen Sie einen Ring, weil ein

Liebster oder eine Liebste ihn Ihnen gegeben hat, oder wollen Sie der Welt zeigen, dass Sie geliebt werden? Hätten Sie sich eine andere Armbanduhr gekauft, wenn Sie nichts weiter von ihr erwarteten, als Ihnen die Uhrzeit anzuzeigen? Wenn irgendeines dieser Accessoires lediglich seinen Zweck erfüllt, behalten Sie es an. Anderenfalls ziehen Sie es aus. Und legen Sie alles beiseite.

Betrachten Sie Ihr Make-up, Ihren Nagellack, Ihren Haarschnitt. Hat irgendetwas davon einen wirklichen Nutzen? Sehen Sie sich diese Tätowierung an. Haben Sie sie wirklich machen lassen, um eine Erinnerung zu bewahren, oder wollten Sie dabei gesehen werden, wie Sie diese Erinnerung wahren? Auch wenn Sie das Tattoo nicht physisch entfernen können, so legen Sie es doch in Gedanken ab. Legen Sie den Drang ab, diese Botschaft auszusenden oder dieses Bild von sich zu schaffen, um es der übrigen Welt zu zeigen.

Merken Sie, wie viel wir tagtäglich anlegen, um nichts als unserem Ego zu dienen? Erkennen Sie, wie wenig es noch zu tragen gibt, wenn Sie all die Images abstreifen, an deren Aufrechterhaltung Sie pausenlos arbeiten? Spüren Sie, wie leicht Sie sich ohne sie fühlen?

Betrachten Sie nun diesen nackten Körper, von dem Sie alle Accessoires des Egos entfernt haben. Sie sind wieder bei Klein-Pucki mit nichts am Leibe als einer Windel. Jetzt können Sie sogar noch weiter gehen. Egal ob Ihr Körper durchtrainiert oder übergewichtig ist, fragen Sie sich: »Passe ich dadurch in die eine oder andere Rolle?« Haben Sie trainiert, um gesund zu bleiben, oder um sportlich und attraktiv auszusehen? Wäre es nur aus gesundheitlichen Gründen gewesen, hätten Sie dann anders trainiert? Ist dieser Körper überhaupt Sie? Diese Muskeln, Haare, das Blut, der Schleim und der Schweiß – sind das Sie?

Nein, Sie sind derjenige, der es betrachtet. Derjenige, der in Ihrem Bewusstsein bliebe, selbst wenn Sie 50 Kilo zu- oder abnähmen. Dieses Reine ganz innen drin ist Pucki. Sie haben es gefunden. **Bravo, Pucki!**

Ein aussichtsloser Kampf

Wenn Sie ständig versuchen, Zustimmung zu dem von Ihnen gewählten Image zu erhalten, ist das ein verlorener Kampf, denn Ihr wahres Ich ist nicht das, was Ihr Ego zu sein vorgibt. Das macht uns unglücklich, schließlich sind wir immer auf der Suche nach der nächsten Gelegenheit, um das Bild zu komplettieren, in der Hoffnung, die Leute nehmen uns ab, dass wir so sind. Das kann aus zweierlei Gründen niemals funktionieren.

Erstens werden andere Ihr Ego kaum jemals billigen, weil sie mehr mit ihrem eigenen Ego beschäftigt sind als mit Ihrem. Das Überleben ihres Egos hängt davon ab, es mit dem Ihren zu vergleichen. Damit sie im Recht sind, müssen Sie im Unrecht sein; wenn Sie weniger darstellen, stellen sie mehr dar. Jemand anderen zu missbilligen ist die einfachste Methode, sich überlegen zu fühlen. Es erfordert nicht die harte Arbeit, besser zu werden. Es erfordert lediglich, einen anderen geringer zu schätzen.

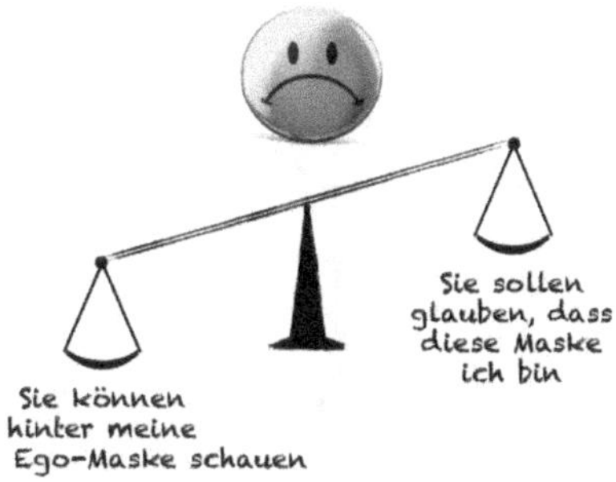

Jeder macht das. Manche urteilen still, andere lautstark und öffentlich, indem sie kritisieren oder beschimpfen. Andere missbilligen Sie nicht, weil sie Sie abwerten, sondern weil sie sich selbst aufwerten. Es gibt keine Möglichkeit zu gewinnen. Traurig, aber wahr.

Dazu gibt es eine Fabel über einen Mann und seinen kleinen Sohn, die zum Markt unterwegs waren. Sie hatten nur einen Esel, deshalb schlug der Sohn aus Respekt vor, dass der Vater reiten solle. Ein Vorübergehender sagt: »Was für ein grausamer Vater. Wie kann er bloß reiten und den kleinen Jungen leiden lassen?« Um die Akzeptanz anderer zu gewinnen, tauschen sie: Jetzt reitet der Junge, und der Mann läuft. Wenig später hören sie einen anderen Passanten sagen: »Was für ein respektloser Sohn. Wie kann er reiten und seinen alten Vater laufen lassen?« Darauf schlägt der Sohn seinem Vater vor, dass beide auf dem Esel reiten, woraufhin es heißt: »Was für eine grausame Familie. Nehmen sie denn keine Rücksicht auf diesen armen Esel?« Sie beschließen also, diese Rücksichtnahme zu zeigen, indem sie den Esel zum Markt tragen. Dort werden sie als verrückt beschimpft und weggejagt.

Der zweite Grund, warum Ihr Versuch, die Anerkennung anderer zu erlangen, immer scheitern wird, besteht darin, dass sie nicht *Sie* anerkennen werden. Sie erkennen Ihre Persönlichkeit an. Es heißt nicht mehr: »Bravo, Pucki!«, sondern eher: »Bravo, nicht erkennbares Ego, das vage an Pucki erinnert!« Und das werden Sie spüren. Sie werden tief im Inneren spüren, dass Ihre Bemühungen Ihnen Lob für jemand anderen eingebracht haben. Der Sieg fühlt sich schal an und vermittelt Ihnen die Erkenntnis, dass Ihr wahres Ich wertlos ist. Wozu ist es also gut, so viel Mühe für die Anerkennung von jemandem aufzubringen, der nicht Sie ist? Wäre es nicht besser, Sie würden sie für sich selbst investieren?

Ali hatte das bewundernswerte Talent, nicht nach Anerkennung zu suchen. Das machte ihn immer gelassen und selbstbewusst. Er war der glücklichste junge Mann, dem ich je begegnet bin. Er entschuldigte sich niemals dafür, seinem eigenen Rhythmus zu folgen. Auf eine sehr kluge Weise glaubte er, statt etwas vorzugeben, das er nicht war, um allen zu gefallen, würde es leichter sein, Menschen zu finden, welche die Art von Persönlichkeit mochten, die er tatsächlich war. Anfangs traf er eine sehr sorgfältige Auswahl derjenigen, denen er Zutritt in sein Leben gewährte, und wenn er die richtigen gefunden hatte, liebten seine Freunde sein wahres Ich. Später öffnete er sich und ließ jeden hinein, aber er machte deutlich, dass er nichts anderes darstellte, als er war. Sie alle wurden angezogen von dem Licht, das sein echtes, unverfälschtes Ich aufscheinen ließ.

Sie werden es nie allen recht machen. Suchen Sie diejenigen, denen Ihr wahres Ich gefällt, und lassen Sie sie näher an sich heran. Alle anderen sind bedeutungslos für Sie.

Alis kluge Mutter zitierte ihm gegenüber häufig eine Zeile aus Stings Song »Englishman in New York«:

sehr wichtig!

Sei du selbst, egal was die anderen sagen.

Und was noch wichtiger ist: *Lieben Sie sich selbst.* Ihr wahres Ich ist wundervoll und gelassen, genau wie Pucki. Die Versionen Ihrer selbst, die Sie nicht mögen, sind in Wirklichkeit die Charaktere, die Ihr Ego erschaffen hat. Alles, was Sie brauchen – und was Sie jemals haben werden –, sind Sie selbst.

Ziehen Sie sich aus. Lassen Sie all die anderen fallen, und lieben Sie Ihr wahres Selbst. Bravo, Pucki!

Jetzt wäre ein sehr guter Zeitpunkt, um innezuhalten und nachzudenken. Wir haben immer noch eine Schicht der Selbstillusion abzutragen. Dazu brauchen wir einen klaren Verstand, also nehmen Sie sich die Zeit.

Der Star des Films

Der vielleicht am tiefsten gehende Teil der Selbstillusion ist derjenige, der uns am meisten Kummer bereitet. Er ist der Teil, der uns am häufigsten davon abhält, die Glücksgleichung korrekt aufzulösen. Er beginnt, wenn Sie glauben, der Mittelpunkt des Universums

zu sein, dass Ihnen Gutes widerfährt, weil Sie es verdienen, und Schlechtes nur, um Sie zu ärgern. Das ist so weit von der Wahrheit entfernt wie nur irgend möglich.

Lassen Sie uns einen Blick in die Gedanken von Tom werfen. Wir tauchen an einem Samstagmorgen in seinen Kopf ein, während er in Ruhe bei der wunderschönen Aussicht auf die San Francisco Bay Bridge einen Cappuccino genießt.

Das ist der beste Kaffee aller Zeiten, denkt er. Die Barista hat so viel Aufmerksamkeit auf seine Zubereitung verwendet – und dann hat sie dieses tolle Kunstwerk obendrauf hinzugefügt. Sie muss wohl wissen, wie sehr ich einen guten Kaffee liebe.

Das Erlebnis erinnert ihn an Tammie.

Sie hat mir das hier an dem ersten Wochenende gezeigt, nachdem ich hierhergezogen war, um mit ihr zusammenzuleben. Das war derselbe Tag, an dem wir Timmy über den Weg gelaufen sind. Wir haben über die guten alten Zeiten geplaudert, und dann hat er mir erzählt, dass das Start-up, für das er arbeitete, noch Leute suchte. Er hat mir echt einen Gefallen getan, als er mich für diesen Job empfohlen hat. Ich mag Timmy. Tom, mein erster Chef, war knallhart, aber er hat mir eine Menge beigebracht. Ich weiß gar nicht recht, ob ich ihn mag oder hasse. Er war auch so großzügig mit den Aktienoptionen. Das hat mir meinen Start hier ganz schön erleichtert. Natürlich werde ich ihm nie verzeihen, dass er mir Tammy ausgespannt hat, aber na ja, das ist ja dann auch gut ausgegangen. Mit Tamar bin ich viel glücklicher.

Ich habe echt Glück, dass ich so viele unterstützende Schauspieler in meinem Leben habe. Wenn dieses Leben verfilmt würde, wäre es eine

Liebesgeschichte mit Spannung, Action und Drama. Jeder spielt eine kleine Rolle darin, aber alles führt zu mir, der ich jetzt hier sitze und diesen Cappuccino trinke. Mir gefällt mein Film. Er hat schwierige Momente, aber das verstehe ich. Wie könnte ich denn der Star sein, wenn ich nicht ein paar Schlachten zu schlagen hätte und triumphierend aus ihnen hervorgehen könnte? Es muss ein wichtiger Film für all diese Nebendarsteller sein. Ich muss zu etwas Großem bestimmt sein. Das ist der *Film. Na ja, auf alle Fälle fühlt es sich für mich so an.*

Nicht vergessen!

Tja, so fühlt es sich wohl für uns alle an!

Ich will Ihnen eine Frage stellen: Wenn Sie der Star in Ihrem Film sind, wer ist dann der Star in Tammies? Wenn sie es ist, was bedeutet das dann für Sie? Sind Sie dann vielleicht ein Statist?

Führen Sie diese logische Überlegung noch ein Stück weiter. Sie treten als Nebendarsteller in Timmys, Toms und Tamars Filmen auf. Sie haben gerade eine Rolle im Film der Barista gespielt, der Dame, der Sie die Tür aufgehalten haben, und der armen Ameise, die Sie beim Betreten des Cafés zertreten haben.

Wenn Sie also der Statist in Tausenden von Filmen und der Hauptdarsteller in bloß einem einzigen sind, macht Sie das dann zu einem Superstar?

Haben Sie jemals überlegt, ob es vielleicht an Ihrem Verhalten lag, dass Tammie Sie betrogen hat? Vielleicht hat Ihr Verhalten auch zu ihrer angespannten und unglücklichen Beziehung mit Tom geführt, was ihn wiederum dazu brachte, sie zu betrügen, und sich stark auf das Leben ihrer gemeinsamen Tochter ausgewirkt hat, als sie sich scheiden ließen?

Und haben Sie überhaupt gemerkt, dass Sie sich in letzter Sekunde noch umentschieden haben, als Sie das Café betreten haben? Sie beschlossen, zu der Barista auf der linken Seite zu gehen. Dadurch ging derjenige hinter Ihnen aus einem lebensverändernden Zufall heraus zu der anderen Barista, wodurch sie sich zum ersten Mal begegnen, sich wahnsinnig ineinander verlieben, heiraten und ein Kind bekommen, das später zu einem berühmten Chirurgen wird, der Ihrer Enkelin in 40 Jahren das Leben retten wird.

Ist es Ihnen überhaupt in den Sinn gekommen, dass die zwei Dollar Trinkgeld, die Sie dem Taxifahrer gegeben haben, es dessen Vater ermöglichen, den Biodünger zu kaufen, den er für seine Kaffeeplantage braucht, genau die, in der dieser unglaubliche Fair-Trade-Kaffee wächst, den Sie bei Ihrem nächsten Besuch in diesem Café trinken werden? Vielleicht rettet der Gewinn, den der Kaffeebauer macht, das Leben seines Kindes, das zu einem verrückten Wissenschaftler wird und der uns bekannten Zivilisation ein Ende setzt. Man weiß nie. Ihr Film ist nur einer von vielen miteinander verknüpften Filmen. Milliarden davon!

Sie leben in einer komplexen Welt der Verknüpfungen. An jedem einzelnen Tag, bei jedem Ihrer Schritte und mit jeder Ihrer Bewegungen schaffen Sie Auswirkungen – selbst wenn es nur geringe sind – auf das Leben der Menschen in Ihrer Umgebung und gelegentlich vielleicht sogar auf das Leben des gesamten Planeten.

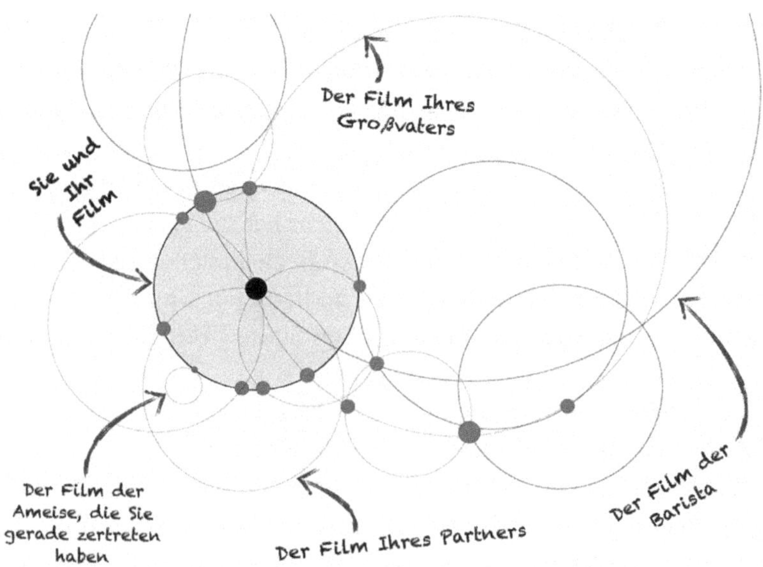

Gut versus schlecht

Dieses sehr verzwickte Netzwerk von Leben zwingt Sie dazu, sich mit einem ungewohnten Konzept auseinanderzusetzen: Gut ist niemals nur gut, und schlecht ist niemals nur schlecht. Je nach Perspektive kann sich ein ganz unterschiedliches Bild ergeben. Und wie wir gerade festgestellt haben, gibt es unzählige Perspektiven.

Ein schlimmes Ereignis für den Hauptdarsteller des einen Films kann sich als eins der *besten* Ereignisse für den eines anderen Darstellers in einem korrespondierenden Film entpuppen. Das ist wie in dem alten Sprichwort: Was dem einen sin Uhl, ist dem andern sin Nachtigall. Lassen Sie mich Ihnen ein extremes persönliches Beispiel erzählen.

Aufgrund des Ramadan fastete Ali, als er von uns ging. Bei seiner Einlieferung hatte das Krankenhaus darum gebeten, dass er das Fasten zur Vorbereitung auf seine Operation beibehielt, was bedeutete, dass er den letzten Schluck Wasser beinahe einen ganzen Tag vor seinem Tod zu sich genommen hatte. Sein Dursttag brachte mich und viele seiner fürsorglichen und großzügigen Freunde – niedergeschmettert durch den Schock, ihn verloren zu haben – dazu, in seinem Gedenken für das edle Anliegen zu spenden, dass Menschen in Armengegenden auf aller Welt mit frischem Trinkwasser versorgt werden. Im Ergebnis wurde Tausenden geholfen, die unter dem Mangel dieser wertvollen Lebensnotwendigkeit leiden. Indem ich diese Zeilen schreibe und Ihre Aufmerksamkeit auf das Thema lenke, spenden vielleicht auch Sie, und so könnten wir gemeinsam Millionen erreichen. Nun stellt sich die Frage: War Alis Leiden gut oder schlecht?

Nun, das hängt von der Perspektive ab. Für ihn war es schlecht. Der physische Schmerz eines ganzen Dursttages muss schlimm gewesen sein. Und doch lebte Ali dafür, anderen zu helfen. Hätte man ihm die Gelegenheit gegeben, wäre er bestimmt freiwillig einen Tag lang durstig geblieben, wenn er damit Tausenden anderen lebenslang den Zugang zu Trinkwasser hätte verschaffen können.

Für mich, einen liebenden Vater, war sein Leiden entsetzlich. Aber es tröstet mich zu wissen, dass die nächste Szene des Films ihm gefallen hätte. Es hätte seine Augen mit Tränen des Glücks gefüllt, dass anderen geholfen wurde.

Für die Tausende, deren Leben sich verändert hat und denen die Ursache für diesen Segen nicht bekannt ist, war dies sicherlich ein glücklicher Abschnitt ihrer Filme. Die Wahrheit ist:

sehr wichtig!

Alles ist gut und schlecht. Oder vielleicht keins von beidem.

Selbst auf individueller Ebene ist nicht alles schlecht, wenn erst mal Zeit vergangen ist. Wie oft in Ihrem Leben hat schon etwas schlecht angefangen, sich dann aber als gut erwiesen? Der Muskelkater nach Ihrer letzten Joggingrunde könnte Sie vor einem Herzinfarkt in 25 Jahren schützen. Andererseits könnte der Spaß am schnellen Fahren Ihr Auto vielleicht innerhalb von Sekunden zum letzten machen, das Sie jemals fahren werden.

Erweitern Sie Ihre Perspektive, um dasselbe Ereignis aus verschiedenen Blickwinkeln zu betrachten. Dieses neue Auto zu kaufen ist gut, aber sich von Ihrem Geld zu trennen ist schlecht. Der Schmerz bei Berührung eines heißen Eisens ist schlecht, aber Ihre Finger zu schützen ist *sehr* gut.

Gut und *schlecht* sind nur Bezeichnungen, die wir verwenden, wenn wir den allumfassenden, niemals endenden Film nicht verstehen, der sich über Milliarden von Leben erstreckt und sich bis in alle Zeiten ausdehnt. Könnten wir die Komplexität dieses Netzwerks von Perspektiven erfassen, aus denen unsere Erlebnisse zusammengesetzt sind, dann würden wir erkennen, dass alles einfach das ist, was es ist, bloß ein weiteres Ereignis im endlosen Ablauf des großen Films, in dem wir alle mitspielen.

Wir werden die Konzepte von gut und schlecht später noch in aller Ausführlichkeit behandeln. Schauen Sie bis dahin über einen einzigen Blickwinkel eines einzigen Schnappschusses Ihres individuellen Films hinaus, und Sie werden immer das Gute im Schlechten finden. Jedes Ereignis enthält etwas, das Ihre Erwartungen erfüllt und Ihre Glücksgleichung aufgehen lässt. Diese optimistische Perspektive wird Sie glücklich machen. Unser Ego lässt uns mit dem Gefühl durchs Leben gehen, dass es sich im Leben nur um »mich« dreht. Das Leben gibt *mir* etwas oder nimmt *mir* etwas weg. Vielleicht glauben Sie, der Verkehr auf Ihrem täglichen Weg zur Arbeit oder die Schlange an der Supermarktkasse wären nur da, um Sie zu ärgern. Vielleicht glauben Sie, das Universum hätte sich die Mühe gemacht, Straßen zu bauen und Autos erfinden zu lassen, eine Unmenge davon verkaufen zu lassen und alle ihre Fahrer an diesem einen Morgen auf dieser einen Straße zusammenzubringen, um es Ihnen schwer zu machen. Na klar, wie könnte es anders sein, wenn Sie der Star des Films sind?

Sie sind einer von mehr als 7.200.000.000 Menschen. Eins von Trilliarden anderen Lebewesen auf einem riesigen Planeten, der winzig ist im Vergleich zum Sonnensystem, das wiederum ein unbedeutender Teil einer kleinen Galaxie ist, von der Milliarden in unserem unendlichen Universum existieren. Jedes Lebewesen, jedes Atom und jeder Lichtstrahl folgen gewissenhaft ihrem Weg, der sich gelegentlich zufällig mit Ihrem überschneiden kann.

Bleiben Sie realistisch. Sie sind nicht der Star des Films. Der Großteil dessen, was sich rund um Sie herum ereignet, hat überhaupt nichts mit Ihnen zu tun. Es gibt unzählige andere Filme. Falls Sie überhaupt darin vorkommen, spielen Sie lediglich eine Nebenrolle. Es würde Ihrem Glück wirklich auf die Sprünge helfen, wenn Sie Ihr Leben auf diese Weise zu betrachten begännen. Sehen Sie sich den Nachthimmel an, und denken Sie daran, dass seine Schönheit in seinen Milliarden funkelnden Sternen liegt. Von diesen Milliarden sind Sie nur einer.

Nicht vergessen!

Sie sind nicht der Star des Films!

Kapitel 5 – Was wissen Sie?

Wenn ich die Macht hätte, eine einzige Veränderung vorzunehmen, welche den größten und nachhaltigsten Einfluss auf die Menschheit hätte, würde ich mich für die Abschaffung der Arroganz entscheiden. Insbesondere würde ich unsere Besessenheit vom Rechthaben eliminieren. Ich würde die Illusion des Wissens beseitigen.

Arroganz umgibt uns überall. Sehen Sie sich nur all die Streitereien und Diskussionen an. Jeder bringt seine festen Überzeugungen mit. Man bezieht einen Standpunkt, hält unverrückbar an dieser Position fest und beharrt auf dem, was man weiß. So viel Festigkeit wirkt überzeugend – aber weiß man es wirklich?

Unser Streben nach Wissen hat unsere Zivilisation vorangebracht. Es hat dazu geführt, dass wir nicht mehr am Lagerfeuer sitzen und Steine anspitzen, sondern in den Straßen einer Stadt umhereilen und in unser Handy sprechen. Wissen ist der Treibstoff der Zivilisation. Doch gleichzeitig führt unsere Überzeugung, etwas wirklich zu *wissen*, zu Leiden. Es ist die ultimative Unwissenheit. Ehe wir darüber sprechen, wie sich dies auf unser Glück auswirkt, wollen wir noch das Ausmaß dieser Illusion einschätzen.

Das Interview

Wenn Sie ein Interview mit jemandem führen sollten, der behauptet, über Kenntnisse zu verfügen, würden Sie ihm Fragen stellen, mit denen Sie die Tiefe und Breite dieser Kenntnisse erkunden können. Sie würden einzuschätzen versuchen, wie treffend seine Antworten sind und wie viel er über das Thema weiß, gemessen an allem, was es darüber zu wissen gibt.

Wenn er viel weiß und seine Informationen zutreffend sind, wird er als Experte betrachtet. Weiß er dagegen nur wenig, und sind viele seiner Kenntnisse fehlerhaft, werden Sie seinen Wissensanspruch negieren – und ihn höflich bitten zu gehen. Nun, gehen wir ein bisschen weiter und interviewen wir die Menschheit (darunter auch Sie und mich). Schauen wir mal, wie weit ihre Fachkenntnis tatsächlich reicht.

Die Tiefe des Wissens

In erster Linie kommt es nicht darauf an, was Sie wissen, sondern wie präzise Ihr Wissen ist. Das Falsche zu wissen ist schlimmer, als gar nichts zu wissen. Korrekt?

Bei einer Pressekonferenz im Februar 2002 wurde der amerikanische Verteidigungsminister Donald Rumsfeld nach Informationen zu den hypothetischen irakischen Massenvernichtungswaffen gefragt, deren angenommene Existenz der für die Kriegserklärung angeführte Grund war. Kryptisch erwiderte er: »Wenn Berichte behaupten, etwas sei nicht passiert, ist das für mich immer interessant, denn wie wir wissen, gibt es bekanntes Wissen; es gibt Dinge, von denen wir wissen, dass wir sie wissen. Wir wissen auch, dass es bekannte Unwissenheit gibt; das heißt, wir wissen, dass es ein paar Dinge gibt, die wir nicht wissen. Aber es gibt auch unbekannte Unwissenheit – das sind die Dinge, von denen wir nicht wissen, dass wir sie nicht wissen. Und wenn man die Geschichte unseres Landes und anderer freier Nationen betrachtet, sind die Letzteren tendenziell die problematischsten.«[12]

Die Folgen dieser letzten Kategorie haben wirklich einen hohen Preis gefordert – genau genommen einen herzzerreißenden.

Es ist schockierend, dass die Präzision eines Großteils des Wissens – selbst wissenschaftlichen Wissens – leidet, weil wir unbekanntes Unwissen ignorieren. Nehmen Sie zum Beispiel die Physik. Sir Isaac Newton entdeckte die Gravitation, veröffentlichte seine Bewegungsgesetze 1687 und schuf damit die Grundlage dessen, was uns heute als klassische Mechanik bekannt ist. Diese Gesetze waren heftig umstritten, bis sie unzweifelhaft belegt und akzeptiert wurden. Nachdem sie bewiesen waren, hießen die Wissenschaftler sie als Fakten willkommen, die alles lenken, vom Fallen eines Apfels bis zur Bewegung des Mondes und der Planeten. Jeder, der es wagte, ihre Exaktheit zu bestreiten, wurde als unwissend betrachtet. Die Arroganz der Debatte wurde durch die Arroganz des absoluten Wissens ersetzt. Diese Position war jedoch völlig unbegründet, denn Newtons Gesetze ignorierten zahlreiche *Unwissenheiten*, die erst später entdeckt wurden.

Im Jahre 1861 erwies James Clerk Maxwells klassische Elektrodynamik die Newtonschen Gesetze als unzureichend. Im Jahr 1905 erklärte Albert Einstein Newtons Annahme über die Zeit für fehlerhaft. Mitte der 1920er Jahre bewies die Quantenphysik, dass die Welt kleiner Partikel sich nicht so verhielt wie von Newton erwartet. In den 1960er Jahren enthüllte die Stringtheorie die Unvollständigkeit der Quantentheorie und wurde wiederum in den 1990er Jahren von der M-Theorie für unzulänglich erklärt – und es scheint an der Zeit, dass irgendein neuer Begriff sehr bald auch *deren* Unzulänglichkeit erweist.

Erkennen Sie jetzt, wie fehlgeleitet wir sein können? Etwas so Grundlegendes wie die elementaren Gesetze der Physik, die über 200 Jahre tadellos und akkurat zu funktionieren schienen, war bestenfalls eine Annährung.

EDAA

In der heutigen Zeit hat sich unser Zugang zu Wissen explosionsartig vergrößert. Jede Antwort, die wir brauchen, ist nur einen Suchbegriff entfernt. Milliarden von Websites machen das Internet aus und sind bereit, Ihnen jede Frage zu beantworten. Es ist schwer vorstellbar, dass es irgendetwas geben soll, das wir Menschen nicht wissen. Aber lassen Sie sich von den großen Zahlen nicht verwirren. Die wirkliche Frage lautet: Wie viel davon ist zutreffend, und wie viel ist nur behauptetes Wissen? Der Grund, warum Sie für jede Suche Millionen Ergebnisse bekommen, ist, dass jedes Thema aus unzähligen Perspektiven präsentiert wird. Einige sind von der Weisheit der Massen auf höhere Relevanz hin überprüft worden, aber niemand kann Ihnen zweifelsfrei bestätigen, dass Sie die Wahrheit zu lesen bekommen. Jede Frage, die Sie jemals stellen, wird von einem Verfeinerungszyklus gelenkt, den ich als EDAA bezeichne: Entdeckung, Debatte, Akzeptanz, Arroganz.

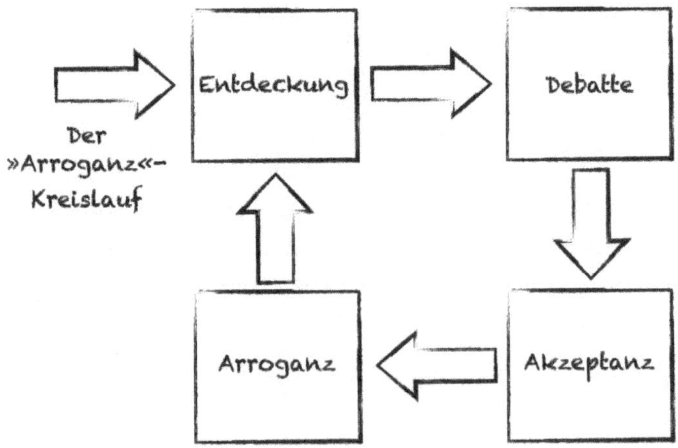

Seit Tausenden von Jahren beschäftigen die Menschen sich mit Fragen über unser Universum: wer wir sind, was wir hier machen und wie alles funktioniert. Ab und an stolpern wir über unglaubliche

Entdeckungen. Das neue Wissen löst eine *Debatte* und Widerspruch aus, bis eine Seite sich aufgrund scheinbar unumstößlicher Beweise als richtig erweist. Das führt zur *Akzeptanz* des neuen Wissens als Tatsache. Die Zufriedenheit mit unserem Wissen führt unweigerlich zu Phasen der *Arroganz*. Wir glauben, dass unser Wissen über jeden Zweifel erhaben ist, und verteidigen es vehement gegen jene, die ihm widersprechen, nur um – bei der nächsten Entdeckungswelle – zu erkennen, dass unser Wissen nicht vollständig und gelegentlich nicht mal korrekt ist. Dieser Kreislauf – EDAA – ist seit jeher unser Weg, begleitet von stets unvollständigem und unzutreffendem Wissen.

Wir glauben deshalb mit solcher Arroganz an unser Wissen, weil es häufig durch unsere Beobachtungen bekräftigt wird. Unsere Fähigkeit zum Beispiel, unsere unmittelbare physische Umgebung zu erkunden, wurde niemals durch unsere irrige Annahme beeinträchtigt, die Erde sei eine Scheibe. Es ist schwierig, sich etwas Neues vorzustellen, bis neue Beobachtungen unserer vorherigen Auffassung widersprechen – beispielsweise wenn wir den Schiffskörper eines wegfahrenden Schiffs vor seinen Masten am Horizont verschwinden sehen. Erst dann stellen wir unser Wissen noch einmal auf den Prüfstand und beginnen uns sogar zu fragen, wie wir jemals an das Vorherige glauben konnten. Wie konnte uns entgehen, was jetzt so unbestreitbar offensichtlich erscheint?

Jene Art von Wissen, die sich als unvollständig erweist, ist die Illusion, mit der wir es tagtäglich in Wissenschaft, Politik, Geschichte und sogar in unserem persönlichen Leben zu tun haben. Sie halten jemanden vielleicht für versnobt, nur um herauszufinden, dass er eigentlich bloß schüchtern ist. Sie erwarten, dass die Bank Ihnen aus der Patsche hilft, und stellen fest, dass sie Sie bloß ausnimmt; Sie gehen davon aus, dass ein Paar Schuhe Sie glücklich macht, nur um zu entdecken, dass Ihnen davon die Füße wehtun. Selbst unsere Ernährungsgewohnheiten werden in Mitleidenschaft gezogen: Das anerkannte Wissen darüber, welche Vitamine und Mineralstoffe uns guttun, unterliegt einem ständigen Wandel, weil die Wissenschaftler dauernd die Richtung wechseln und uns jetzt genau vor demselben warnen, das sie uns vor ein paar Jahren noch ans Herz gelegt haben. Alles ist ein endloser EDAA-Kreislauf! Entdeckungen führen zu Debatten, dann zu Akzeptanz und schließlich zu Arroganz – die dann durch neue Entdeckungen abgeschwächt wird.

Dabei gehen wir Menschen weiterhin davon aus, dass wir das ultimative Wissen besitzen. Wir verhalten uns, als wüssten wir, die klügsten Lebewesen auf dem Planeten, einfach alles. Wir weisen jegliche Möglichkeit von uns, dass irgendetwas fehlen, geschweige denn fehlerhaft sein könnte.

Die Breite des Wissens

Selbst in den wenigen Fällen, in denen wir etwas wirklich genau wissen, ist unser Wissen völlig bedeutungslos im Vergleich zu alldem, was es zu wissen gäbe.

Zum Beispiel besteht das Universum zu mehr als 96 Prozent aus dunkler Materie und dunkler Energie, jenem durchsichtigen Zeug, das wir früher als Vakuum bezeichneten und über das wir nur sehr wenig wissen. Hier auf der Erde sind über 90 Prozent des Meeresvolumens immer noch unerforscht. Ein Godzilla könnte dort herumschwimmen, während Sie dies lesen, und Sie hätten nicht die geringste Ahnung davon. Selbst in unserem eigenen Körper verstehen wir den Zweck von nur rund drei Prozent unserer eigenen DNA – deshalb bezeichnen wir den Rest als »Erbgut-Müll«. Wir nennen es Müll, weil wir zu arrogant sind, um zuzugeben, dass wir einfach seinen Sinn nicht verstehen. Tagtäglich werden neue Entdeckungen gemacht, die unser Verständnis erweitern. Aber bis wir alle Details kennen, wäre es ein Zeichen der Bescheidenheit, die Menschheit als zu 90 Prozent unwissend zu betrachten. So viel zum Wissen!

Die Anforderung der Wissensbreite ist nicht auf die Wissenschaft beschränkt. Sie erstreckt sich auf jeden Teil unseres Lebens. Wie viel wissen Sie darüber, was im Leben Ihres Freundes vor sich geht, ehe

Sie sich darüber ärgern, dass er Sie nicht zurückruft? Wie viel wissen Sie über die Probleme, die eine Verkäuferin hat, ehe Sie sie dafür verurteilen, dass sie Ihr Lächeln nicht erwidert? Wie oft beschließen Sie, eine Diät zu machen, die als neueste wissenschaftliche Entdeckung gefeiert wird, obwohl Sie so gut wie nichts darüber wissen, wie Ihr Körper wirklich funktioniert?

Das liegt daran, dass wir wirklich sehr wenig wissen. Doch um die Überzeugung aufzubringen, die wir brauchen, um an unser Handeln zu glauben, überzeugen wir uns selbst, dass unser Wissen vollständig sei, obwohl tatsächlich noch so viel davon fehlt.

Was fehlt?

Es liegt nicht nur an der Arroganz. Manchmal ist unser Wissen auf der fundamentalsten Ebene eingeschränkt, auf der Ebene unserer Sinneswahrnehmungen und durch die Grundbausteine, mit denen wir unsere Gedanken und Ideen schaffen.

Unsere eigenen Sinneswahrnehmungen sind eingeschränkt

Selbst wenn es um unsere eigenen Sinneseindrücke geht, sind wir uns auf arrogante Weise dessen gewiss, was wir beobachten, obwohl klar ist, wie wenig wir uns auf unsere Wahrnehmungen verlassen können. Wenn wir einen Stein anfassen, fühlt er sich solide an, obwohl er tatsächlich fast vollständig aus Hohlräumen besteht. Uns entgehen hohe Tonfrequenzen, wie Hunde sie hören, und das Infrarotlicht, das Mücken, Fische und einige Schlangen sehen können. Wenn Sie in Moskau leben, ist Ihr Kälteempfinden ganz anders, als wenn Sie in Dubai geboren und aufgewachsen sind.

Sind Sie sicher, dass Sie hier auf dem Bild ein Pferd sehen – oder ist es ein Frosch? Eine einfache Neigung des Kopfes ergibt eine andere Realität, und zwar eine, die so echt wirkt, dass sie schwer zu

bestreiten ist und dass Sie Ihr Gehirn kaum zwingen können, sie zu leugnen. Während Sie dies lesen, müssen Sie von Trillionen von Bakterien umgeben sein. Es sind mehr Bakterien in Ihrem Körper, als von Ihnen selbst darin steckt, aber Sie sehen sie nicht. Wenn Sie sich schon mal mit einem Farbenblinden unterhalten haben, werden Sie festgestellt haben, dass er genauso effizient funktioniert wie Sie, obwohl seine optische Wahrnehmung der Welt sich drastisch von Ihrer unterscheidet. Wir können getrost sagen, dass wir selbst im Hinblick auf unsere eigene Wahrnehmung nichts sicher »wissen«.

Unsere Wörter greifen zu kurz

Eine andere fundamentale Beschränkung unseres Wissens liegt in den Bausteinen, die wir zum Denken und Kommunizieren verwenden. Wir benutzen Wörter, um Gedanken zu definieren, aber es gibt keine Möglichkeit, wie Wörter sie vollständig abbilden können. Nehmen Sie zum Beispiel *Mango*. Das Wort ist ein mentales Konstrukt und bezieht sich auf »eine saftige, fleischige, rötlich-gelbe, aromatische, süße Frucht«. Das Wort hilft Ihnen zu verstehen, worauf ich mich beziehe, aber erzeugt das Aussprechen von *Mango* die Erfahrung, eine Mango zu riechen oder zu essen? Vermitteln die Wörter *fleischig* und *aromatisch* irgendein präzises Wissen darüber, wie es ist, in eine saftige, reife Mango zu beißen und die intensive Süße, den Geschmack und das Aroma zu genießen? Können Sie diese Wörter verwenden, um den Unterschied zwischen einer Mango und einem Pfirsich zu konstruieren, insbesondere wenn Sie keine der beiden Früchte jemals gegessen haben?

Die Wörtern innenwohnende Beschränkung erstreckt sich auf alle Aspekte des Wissens. Es gibt eine schöne Farbe, die wir alle als »Himmelblau« bezeichnen. Und doch lässt sich nicht beweisen, dass Ihr visueller Eindruck von der Farbe des Himmels derselbe ist wie meiner. Sprache kann uns nicht dabei helfen, dieses Verständnis zu synchronisieren. Nach allem, was wir wissen, könnte Ihr visueller Eindruck von Himmelblau tatsächlich derselbe sein, den ich von Rosarot habe. Wir beide sind uns einig, dass es eine schöne Farbe ist, und wir stimmen bezüglich ihrer Wellenlänge und ihrer Bezeichnung überein, aber wir können niemals sicher sein, ob wir tatsächlich dasselbe *sehen*.

Noch stärker verzerren wir unser Wissen, wenn wir einem einfachen Wort abstrakte Ebenen der Komplexität unterlegen. *Wolkenkratzer* fasst zahllose komplizierte Gestaltungsformen, Tausende verschiedene Materialien und die Arbeit von Millionen Menschen in einer extrem lapidaren Beschreibung zusammen. Es legt fälschlicherweise nahe, dass alle Wolkenkratzer, zumindest auf einer gewissen Ebene, gleich sind. Sobald wir ein Wort besitzen, um ein Konzept zu beschreiben, tun wir so, als würden wir dieses Konzept kennen, egal wie oberflächlich unser Wissen tatsächlich ist. Wie können wir Konzepte wie *Liebe, Hingabe, göttlich* oder *Gesellschaft* in ein einziges Wort packen? Denken Sie mal an das ungeheure Wissen, das wir mit den Wörtern *Philosophie, Psychologie* oder *Soziologie* zusammenzufassen versuchen. Sind sich alle Atheisten oder Pragmatiker so ähnlich, dass ein einziges Wort sie samt und sonders beschreiben kann? Wie treffend ist die Beschreibung, die das Wort *Tod* bietet, verglichen mit dem von ihm beschriebenen Konzept? Erfassen die Wörter *Autokratie, Meritokratie* und *Demokratie* wirklich, worauf sie sich beziehen? Werden sie vorschriftsmäßig verwendet?

In seinem boshaften, aber sehr witzigen Film *Der Diktator* spielt Sacha Baron Cohen einen Diktator im Nahen Osten, der von bestimmten Ereignissen dazu gezwungen wird, sein Land in eine Demokratie zu verwandeln. Er hält eine Rede, um die Vorzüge der Diktatur darzustellen:

> Warum seid ihr so antidiktatorisch? Stellt euch mal vor, Amerika wäre eine Diktatur. Ihr könntet den gesamten Wohlstand der Nation auf ein Prozent der Bevölkerung verteilen. Ihr

> könntet euren reichen Freunden helfen, noch reicher zu werden, indem ihr ihre Steuern senkt und sie raushaut, wenn sie beim Zocken verloren haben. Ihr könntet die Bedürfnisse der Armen in Sachen Gesundheitsfürsorge und Bildung ignorieren. Eure Medienangebote wären kostenlos, würden jedoch insgeheim von einem Mann und seiner Familie kontrolliert. Ihr könntet Telefone verwanzen. Ihr könntet ausländische Gefangene foltern. Ihr könntet die Wahlen manipulieren. Ihr könntet die Unwahrheit darüber sagen, warum ihr einen Krieg anfangt. Ihr könntet eure Gefängnisse mit einer bestimmten rassischen Gruppe füllen, und keiner würde sich darüber beschweren. Ihr könntet die Medien nutzen, um den Menschen so viel Angst einzujagen, dass sie eine Politik unterstützen, die gegen ihre Interessen handelt.

Bringt er die Bedeutung des Wortes *Diktatur* durcheinander, oder wissen wir nicht, was eine Demokratie ist? Oder werden vielleicht alle Wörter nur lose definiert?

Diese lose Definition ist der Grund, warum vieles missverstanden wird, wenn wir versuchen, unser Wissen auf andere zu übertragen. Was gesagt wird, ist häufig nicht das, was verstanden wird. Doch wir bezeichnen es immer noch als Wissen.

Wörter sind das einzige Werkzeug, über das ich mit Ihnen in diesem Buch kommunizieren kann. Ich werde versuchen, sie so präzise wie möglich zu verwenden, aber ich weiß, dass mir das nicht gelingen wird. Das ist der Grund, warum ich häufig Fragen stelle und mich darauf verlasse, dass Sie die hier diskutierten Themen gründlich überdenken. Nur dann gelangen Sie zu wahrem Wissen. Kosten Sie Ihre eigene Mango. Verlassen Sie sich dafür nicht auf meine Worte.

Als Spezies haben wir unseren gesamten Wissensansatz auf diese fehlerhaften Grundelemente gebaut. Ein Gebäude ist nur so standfest wie das Material, aus dem es errichtet wurde, und leider ist unser Wissen ebenso begrenzt, wie unsere Wörter es sind. Kombinieren Sie die Tiefe, die Breite und die Beschränkungen, dann werden Sie das einzige Wissen entdecken, das wahr zu sein scheint:

Nicht vergessen!

Tatsächlich wissen wir gar nicht so viel.

Echtes Wissen

Als Ali elf war, kaufte er sich ein Buch mit dem Titel *Das ultimative Buch nutzloser Fakten.* Wochenlang nahm er es mit auf unsere Wochenendausflüge und las die seltsamsten Dinge daraus vor. »Beim Ablecken einer Briefmarke nehmen Sie 1/10 einer Kalorie zu sich.« »Die meisten amerikanischen Autohupen erklingen in der Note F.« »Die meisten Toilettenspülungen rauschen in e-Moll.« Lauter unbegründete, nutzlose Zeilen des »Wissens« – und doch verdienten sie es, in einem Buch zusammengefasst zu werden. Er lachte dann immer so laut, dass es seinen ganzen Körper schüttelte, und sagte: »Wir Menschen sind so blöd!« Das sind wir wirklich, und ich bin der Erste, der das zugibt.

Während meiner Jugend war ich süchtig nach Lernen. Ich vergötterte das Wissen. Mein Wissen erfüllte mich mit Arroganz, und ich verteidigte es energisch – so lange, bis ich bei Google zu arbeiten anfing. Die ersten Monate dort erschütterten meine Wissensillusion. Die Neuartigkeit des Internets zeigte mir so viel, das ich trotz meiner jahrelangen Erfahrung nicht wusste, und zwang mich zu einer Neubetrachtung dessen, was ich für korrekt gehalten hatte. Durch die Flure eines Gebäudes zu wandern, in dem jeder so viel klüger war als ich, erschütterte meinen Glauben an die Vorstellung der »einen richtigen Antwort«, die wir alle in der Schule lernen. Viele Mitglieder unseres vielfältigen Teams betrachteten die Welt aus vielen verschiedenen Blickwinkeln und diskutierten häufig über Themen, bei denen mehrere Perspektiven korrekt waren. Das extrem datenorientierte Vorgehen bei der Entscheidungsfindung dagegen machte häufig die Unzulässigkeit einiger Betrachtungsweisen deutlich. Manchmal erwiesen sich Ideen als fehlerhaft, die zunächst leidenschaftlich verteidigt worden waren. Doch die Offenheit ermutigte die Leute, ihre Meinung zu äußern, und brachte eine überwältigende Vielfalt in die Gespräche ein. Oft stellte ein 20-Jähriger die Sichtweise eines viel erfahreneren Vorgesetzten infrage und lag am Ende richtig. Nach einem Jahr bei Google erkannte ich, dass ich sehr wenig wusste, verglichen mit alldem, das es zu wissen gibt. Tatsächlich wusste ich so wenig, dass es sich anfühlte, als wisse ich überhaupt nichts. Glücklicherweise war mein Lernwille stärker als der Wunsch meines Egos, recht zu haben. Diese Entdeckung erfüllte mich mit großer Freude. Ich verzichtete auf den endlosen Kampf zur Verteidigung meines Standpunkts und genoss einfach den Weg unendlichen Lernens. Selbst beim Schreiben dieses Buches lässt diese Freude mich häufig innehalten und darüber nachdenken, ob das wenige, das ich weiß, sich mit Ihrer Wahrnehmung deckt. Sie lässt mich darum bitten, dass Sie die Gültigkeit meiner Worte infrage stellen und Ihre eigene Wahrheit finden. Wenn sich ein Teil dessen, was Sie hier lesen, als falsch herausstellt, verzeihen Sie mir bitte. Es liegt in der Natur des Wissens, dass man sich gelegentlich irrt. Nehmen Sie Kontakt mit mir auf, und informieren Sie mich darüber, dann können wir gemeinsam ein bisschen dazulernen.

Wenn Sie sich bisher vor der Wissensillusion bewahren konnten, gehören Sie zu einer glücklichen Minderheit. Ich habe Jahre gebraucht, um zu akzeptieren: Egal wie leidenschaftlich ich im Recht zu sein glaube, ich kann mich trotzdem irren. Es besteht immer die Möglichkeit, dass ich ein wichtiges Detail übersehen habe, und es gibt immer irgendetwas, das ich nicht weiß. Ich bin nicht immer im Recht – das weiß ich mit Gewissheit.

Der russische Physiker und Nobelpreisgewinner Lev Landau sagte einmal: »Kosmologen sind oft im Irrtum, aber niemals im Zweifel.« Das ist eine bewundernswerte Aussage, besonders von einem so anerkannten Gelehrten. Die Geschichte seines Wissensgebietes bestätigt ihre Richtigkeit. In der Kosmologie wurde zunächst angenommen, dass die Erde eine Scheibe ist; als sich dann die Erkenntnis durchsetzte, dass die Erde rund ist, war man überzeugt, dass sie den Mittelpunkt des Universums bildet, um den alle anderen Himmelsobjekte kreisen. Bei jedem dieser Schritte hegten die Irrenden keinerlei Zweifel.

Einstein behauptete bei all seiner Brillanz nicht auf arrogante Weise, das ultimative Wissen zu besitzen. Er sagte einmal: »In der Theorie sind Theorie und Praxis dasselbe. In der Praxis allerdings nicht.« Als er beim Versuch, seine Gleichungen zu »reparieren«, indem er eine Konstante einfügte, welche die Wirkung der Anziehungskraft ausgleichen sollte, einen großen Fehler machte, gestand er diesen schließlich ein und gab zu, sich geirrt zu haben. Seltsamerweise stellte sich später heraus, dass er sich *über den Irrtum irrte*, als Wissenschaftler entdeckten, dass die willkürliche Reparatur, die kosmologische Konstante, tatsächlich eine der grundlegendsten Wahrheiten des Universums ist.

Wir sollten uns jedenfalls keine Vorwürfe machen, wenn wir auf dem beharren, was wir wissen. Wie könnten wir das Notwendige tun, wenn wir glaubten, dass es auf falschen Voraussetzungen basiert? Wie kann sich jemand leidenschaftlich für etwas engagieren, wenn er glaubt, dass es falsch ist? Jeder, selbst der Übeltäter, muss sich irgendeine Logik suchen, um zu rechtfertigen, was er tut.

Doch je mehr wir wissen, desto mehr erkennen wir auch, dass wir nur einen Bruchteil der Wahrheit kennen. Konfuzius sagte:

sehr wichtig!

»Wahres Wissen bedeutet, das Ausmaß der eigenen Unwissenheit zu kennen.«

Mit Weisheit zum Glück

Wissen ist die Illusion, die uns davon abhält, die Realität hinter all den anderen Illusionen zu sehen, denn es lässt uns glauben: *Wenn wir es im Leben so weit gebracht haben, kann unser Wissen ja nicht* vollständig *falsch sein*. Tatsächlich haben Sie es jedoch trotz der sechs Illusionen so weit gebracht, und das hebt die Dringlichkeit auf, über ihre Richtigkeit zu diskutieren. Doch seien Sie bitte weise. Freunden Sie sich mit der Vorstellung an, dass nicht alles, was Sie im Laufe Ihres Lebens gelernt haben, vollständig richtig ist.

Wissen ist keinesfalls eine notwendige Voraussetzung zum Glücklichsein. Ihr Grundzustand, ehe Sie über irgendwelches Wissen verfügten, war Glück. Tatsächlich ist falsches Wissen der Grund für die meisten Arten des Unglücklichseins. Unsere Überzeugung, dass alles wahr ist, was wir wissen, verleitet uns dazu, derartiges Wissen als Bestandteil unserer Glücksgleichung zu verwenden. Bis wir dann herausfinden, dass unser Wissen tatsächlich falsch ist, ist die Gleichung bereits dysfunktional, und das Leiden hat begonnen.

Wenn Sie mal untersuchen, welche Art von Denken Sie unglücklich macht, so wird es meist im Zusammenhang mit dem Festhalten an Illusionen und falschen Überzeugungen stehen. Den größten Einfluss auf uns haben diejenigen Vorstellungen, an deren Richtigkeit wir am meisten glauben – obwohl sie für gewöhnlich gar nicht richtig *sind*.

Das Festhalten an falschen Vorstellungen ähnelt ein wenig dem Verhalten des Vogels Strauß: Sie stecken den Kopf in den Sand und glauben, Sie wären in Sicherheit, obwohl Sie sich tatsächlich für mögliches Leiden angreifbar machen. Keine sehr clevere Strategie. Warum handeln wir also so? Das liegt am Ego.

Die Wissensillusion wird stark von der Selbstillusion unterstützt, insbesondere von der des Egos. Wir identifizieren uns mit unserem Wissen. Wir verteidigen es und sind beleidigt, wenn es attackiert wird. Da es sich oft vom einen zum anderen unterscheidet, was wir für wahr halten, erfolgen diese Angriffe häufig. Die Verteidigung des Egos wird zu einem ständigen Kampf. Ziehen Sie sich aus. Öffnen Sie Ihr Wissen für Angriffe. Seien Sie weise. Definieren Sie sich selbst anhand von Offenheit gegenüber jenen, die Ihrem »Wissen« widersprechen. Seien Sie Forscher, Wahrheitssucher, immer bereit, einen Irrtum einzugestehen, um die Suche fortzusetzen.

Bitte denken Sie einen Augenblick über das Folgende nach. Rufen Sie sich einige Gelegenheiten ins Gedächtnis, bei denen etwas, das Sie für wahr gehalten hatten, sich überraschend als weit von der Wahrheit entfernt entpuppte. Sie werden feststellen, dass Sie sich an recht viele solcher Ereignisse erinnern können. Lesen Sie bitte nicht weiter, ehe Sie sie sich wieder in die Gegenwart gerufen haben. Es ist wichtig, dass Sie sich selbst das Ausmaß Ihres Wissens eingestehen, ehe ich zum letzten Punkt komme.

Bereit zum Forschen?

Der Stupser

Unsere Überzeugung dessen, was gut und was schlecht ist, macht unser Vorgehen beim Lösen der Glücksgleichung ziemlich kompliziert. Bei der Betrachtung der Selbstillusion stellten wir fest, dass Sie eine gleichmäßige Verteilung guter und schlechter Ereignisse bei der übrigen Belegung erkennen können, wenn Sie sich nicht so verhalten, als wären Sie der Star des Films. Es gibt aber noch andere Aspekte, die für das Konzept von Gut und Schlecht von Bedeutung sind.

Natürlich wollen wir immer das Gute im Leben haben, scheinen aber häufig das Schlechte zu bekommen. Wird die Glücksgleichung nicht korrekt aufgelöst, scheint die Welt nicht unsere Erwartungen zu erfüllen. In diesem Falle empfinden Sie die aktuellen Ereignisse als schlecht und sind unglücklich. Manchmal muss das Leben Ihnen allerdings einen Stupser verpassen, damit Sie eine andere Richtung einschlagen. Es macht es Ihnen ein bisschen schwer, um Sie zu etwas Gutem zu führen.

Im Jahr 1990 befand sich eine 25-jährige Schottin namens Joanne auf einer Zugreise von Manchester nach London, doch der Zug hatte vier Stunden Verspätung – ein Vorfall, den wir normalerweise für schlecht erachten. Während der Verzögerung der Weiterfahrt entstand in ihrem Kopf die »vollständig entwickelte« Geschichte eines Jungen, der auf eine Zauberschule geht. Sie fing an zu schreiben, kaum dass sie wieder zu Hause war. Zwei Jahre später waren jedoch erst drei Kapitel geschrieben. Und so übernahm das Leben die Verantwortung und versetzte sie auf eine Stelle als Fremdsprachenlehrerin in Portugal, machte sie mit einem Mann bekannt, der ihr Ehemann und Vater ihrer Tochter werden sollte, erlegte ihr dann aber eine schmerzliche Trennung auf. Sie musste zurück nach Schottland. Zu diesem Zeitpunkt schien sich die ganze Welt gegen sie verschworen zu haben. Ihre Ehe war gescheitert, sie war arbeitslos und hatte ein Kind zu ernähren. Die Welt hatte sich nicht gegen sie verschworen. Sie gab ihr einen *Stupser*. Die Welt lenkte sie von einem gewöhnlichen Leben in Richtung Großartigkeit.

Wir wissen das, weil sie im weiteren Verlauf als J. K. Rowling die *Harry-Potter*-Bücher schrieb und Millionen von Lesern auf aller Welt begeisterte. Später beschrieb sie diese Phase ihres Lebens als befreiend, weil sie es ihr ermöglichte, sich auf das Schreiben zu konzentrieren. Das Leben mit all seiner Macht versperrte ihr jeden anderen Weg und ließ ihr nur diesen einen, und sie folgte ihm. Sie machte das Beste daraus, und zwei Jahre später beendete sie ihr erstes Manuskript. Die komplette Buchreihe wurde in 65 Sprachen übersetzt, über 400 Millionen Mal verkauft und machte sie zu einer der meistgelesenen Autorinnen aller Zeiten.

Nicht vergessen!

Wenn Sie von Ihrem Weg abkommen, versetzt das Leben Ihnen manchmal einen heftigen Stupser … und das ist nicht schlecht!

Der Radiergummitest

Das Leben ist nicht wählerisch, was Stupser angeht. Natürlich kann es härter stupsen, wenn im weiteren Verlauf des Weges mehr Gutes wartet, doch es lässt jeden hier und da mal einen Umweg gehen.

Ich bin sicher, auch Sie wurden schon in so manche Umleitung gelenkt.

Hier kommt ein einfacher Test, mit dem Sie erkennen können, ob Sie einen Stupser erhalten haben. Es ist der Radiergummitest. Stellen Sie sich eine neue Technologie vor, mit deren Hilfe Sie jedes vergangene Ereignis, das Ihnen nicht gefällt, einfach ausradieren können, als habe es nie stattgefunden. Radieren Sie es aus Ihrem Gedächtnis und auch aus dem tatsächlichen Lauf der Zeit. Die Technologie kann genau dieses Ereignis im Raum-Zeit-Kontinuum umreißen und ver-

wendet einen Gummialgorithmus, geschrieben in nur ein paar tausend Zeilen Python-Code, um es wegzurubbeln. Die Technologie spürt auch die Auswirkungen des Geschehens im Zeitenverlauf auf und radiert automatisch sämtliche seiner Konsequenzen bis zum gegenwärtigen Augenblick weg.

Da Sie einer meiner geschätzten Leser sind, lasse ich Sie diese neue Technologie erproben. Sie können ausradieren, was Sie wollen. Zum Beispiel könnten Sie eine langweilige Vorlesung löschen und alles, was Sie darin gehört haben; dadurch radieren Sie auch jegliche Interaktion mit jedem aus, dem Sie dabei begegnet sind, jedes Telefongespräch, das Sie anschließend mit diesen Menschen geführt haben, jede Information, die bei Ihnen hängengeblieben ist – alles. Der Radiergummi gibt Ihnen zudem die damit verbrachte Zeit wieder, sodass es Ihnen vorkommt, als wären Sie auf einer anderen Strecke eine Stunde früher zu Hause angekommen, hätten eine andere Sendung im Radio gehört und so weiter. Ihr Lebensweg wird so verändert, dass er in keiner Weise von dem Ereignis beeinflusst wird, das auszulöschen Sie sich entschlossen haben. Hoffentlich sind Sie mit diesem neuen Weg glücklicher, aber bei der Testversion des Radiergummis werden keine Garantien gegeben.

Und nun los, wählen Sie ein Ereignis, das Sie ausradieren wollen, und berücksichtigen Sie all die anderen Wendungen des Lebens, die Sie mit entfernen.

Fragen Sie sich nun: Wenn diese Technologie tatsächlich existierte, wie viele Erlebnisse würden Sie für das Wegradieren auswählen? Stellen Sie sich auch die Frage, wie viele Ereignisse Sie lieber behalten möchten, obwohl Sie sie zum Zeitpunkt ihres Geschehens für etwas Schlechtes gehalten haben.

Fast alle Personen, denen ich diesen hypothetischen Test vorgestellt haben, sind sich einig. Einige wenige haben es geschafft, eine Hand voll Ereignisse zu finden, die sie zutiefst bedauerten und auslöschen wollten, die meisten jedoch entschieden sich, selbst ihre schlimmsten Erlebnisse unverändert zu lassen. Im Bewusstsein, dass das Ausradieren eines Ereignisses auch die davon hervorgerufenen Folgen löscht, entschied sich die Mehrheit der von mir Befragten, den Stupser zu behalten, dankbar für den Weg, auf den er sie geführt hatte. Manche sagten sogar, diese Erfahrungen als Stupser zu betrachten mache ihnen deutlich, dass sie möglicherweise das Beste waren, was ihnen je passiert ist – auch wenn das nicht immer leicht zu erkennen war.

Rückblickend sehe ich jetzt deutlich, dass mein eigener Lebensweg von einer Reihe spektakulärer Stupser geformt wurde. Doch an einer Stelle würde ich den Radierer einsetzen, wenn ich könnte. Ich gebe zu, dass ich Alis Tod immer noch am liebsten ungeschehen machen würde. Nichts würde mir mehr bedeuten als noch eine Umarmung. Ich verstehe, dass der Abschied von ihm der größte Stupser meines Lebens war, denn er hat mich dazu gebracht, dieses Buch zu schreiben und mehr Gutes für andere zu tun, doch selbst wenn ich meine Gedanken kontrolliere, werde ich ihn im Herzen immer vermissen. Ich nehme an, dass die Zeit – eine lange Zeit – heilen wird, was positives Denken nicht heilen kann.

In der arabischen Volkskultur gibt es die Geschichte von einem weisen alten Mann, dessen Sohn eines Tages bei der allergrößten Hitze zum Brunnen ging. Zu seinem Erstaunen fand er dort ein wunderschönes, zahmes, schwarzes Araberpferd. Jeder im Dorf beneidete den jungen Mann, und mit seinem neuen Pferd gewann er sämtliche Rennen. Die Dorfbewohner sagten zu dem alten Mann: »Dein

Sohn hat richtig Glück.« Darauf antwortete der Alte: »Das weiß man nie so genau.« Eine Woche später stürzte der Junge vom Pferd und brach sich die Beine, also eilten sie zu dem alten Mann und sagten: »Das Glück deines Sohnes hat sich gewendet!« Darauf antwortete der Alte: »Das weiß man nie so genau.« Eine Woche später kam es plötzlich zum Angriff eines rivalisierenden Dorfes, alle tauglichen jungen Männer wurden in den Kampf geschickt, viele kamen dabei ums Leben. Der Sohn des Mannes jedoch blieb verschont.

Nicht vergessen!

Man weiß es wirklich nie so genau.

Und nun seien Sie bitte ehrlich: Wie viele der schlimmsten Dinge, die Sie erlebt haben, erwiesen sich im Laufe der Zeit als das Beste, was Ihnen je passiert ist? Wie viele davon haben Sie zu dem gemacht, der Sie heute sind? Wie viele haben Ihnen dazu verholfen, jemanden kennenzulernen, in den Sie sich verliebt haben, oder haben Sie etwas gelehrt, das Sie wissen mussten? Ich weiß, dass viele dieser Erfahrungen schwer waren, und einige davon schmerzen immer noch, aber wie viele davon waren ausschließlich schlecht – so schlecht, dass Sie bereit wären, sie auszuradieren?

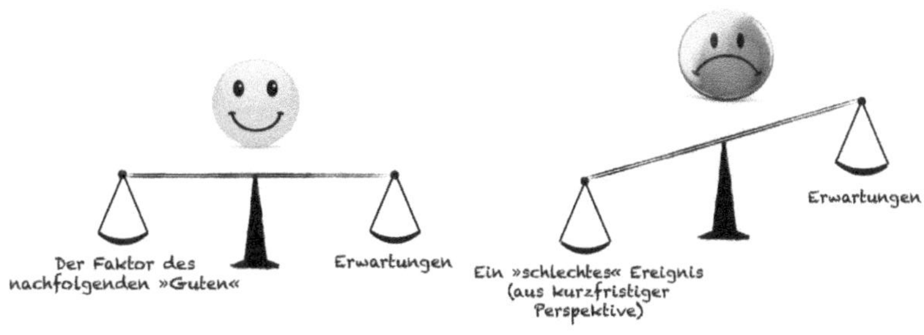

Wenn Sie erkennen, dass jedes scheinbar schlimme Ereignis Sie auf einen Weg vieler guter Ereignisse gestupst hat, werden Sie gut und schlecht neu definieren. Diese neuen Definitionen leisten Ihnen Wiedergutmachung bei der Glücksgleichung. Sie werden feststellen, dass Ihre Erwartungen manchmal nicht erfüllt werden und dass das Leben Sie überraschen kann, indem etwas sich letztlich als Ihr Vorteil erweist. In der Vergangenheit ist das so oft geschehen. Warum sollte es sich jetzt ändern?

Kein Augenblick Ihres Lebens ist nur gut oder nur schlecht. Wenn Sie in Ihren Gedanken Klarheit schaffen und über die Wissensillusion hinausschauen, erkennen Sie die Wahrheit in Shakespeares weisen Worten:

Nicht vergessen!

»Nichts ist gut oder schlecht, erst das Denken macht es dazu.«

Kapitel 6 –
Kann mir mal jemand die Zeit sagen?

Keine andere Illusion ist so umfassend wie die der Zeit. Wir gehen ständig damit um und nehmen sie für selbstverständlich. Wir lernen, nach ihren Regeln zu funktionieren, verstehen sie aber niemals zur Gänze. Diese fehlende Erkenntnis verursacht uns Leiden, und unsere Bemühungen, der Vergangenheit und der Zukunft einen Sinn zu geben, stehen unserem Glück im Wege. Diese Illusion zu zerstören, ist Ihnen eine große Unterstützung beim Unterbrechen des Leidenszyklus schon während seiner Entstehung, und das wird es Ihnen ermöglichen, die Glücksgleichung korrekt aufzulösen. Zu diesem Zweck müssen wir uns nicht fragen: »Wie spät ist es?«, sondern vielmehr: »Was ist Zeit überhaupt?«

Ein zeitloses Experiment

Nehmen wir mal an, Sie haben sich freiwillig für eine geheimnisvolle Forschungsmission gemeldet. Man hat Ihnen lediglich gesagt, dass

Sie in eine kleine Raumkapsel gesteckt und von einer Stadt zu einer anderen befördert werden. Niemand verrät Ihnen, wie lange es dauert, bis Sie Ihr Ziel erreicht haben, aber Sie werden unterwegs an mehreren Stationen anhalten; das Forschungsteam sagt, Sie sollen ungefähr alle zehn Minuten mit einem Halt rechnen. In der Kapsel befindet sich nichts weiter als Ihr Sitzplatz: keine Fenster, kein Schaltpult, keine Unterhaltung. Nur eine glatte, leere Innenseite aus Aluminium.

Während Sie angeschnallt werden, nimmt eine Forscherin Ihnen Ihre Armbanduhr und Ihr Handy ab. Sie wollen sie nach dem Grund fragen, aber sie schneidet Ihnen das Wort ab. »Es wird Zeit«, sagt sie, als die Tür zugeschoben wird. »Wir sehen uns dann auf der anderen Seite!«

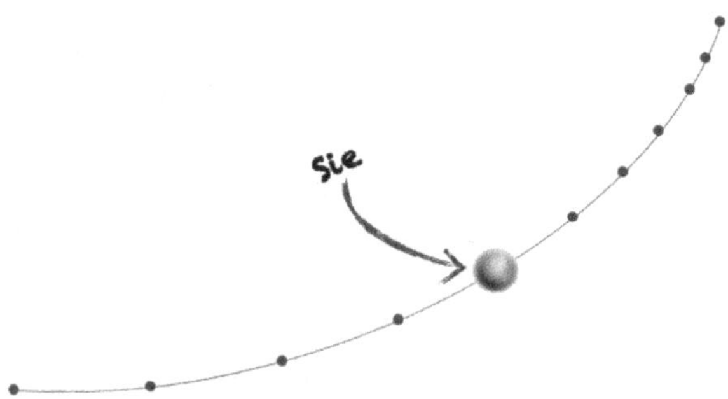

Da Sie nichts anderes zu tun haben, zählen Sie, wie oft Ihre Kapsel verlangsamt und beschleunigt. Bis zu dem Augenblick, da die Tür wieder geöffnet wird, haben Sie das Abheben und Andrücken der Beschleunigung zwölf Mal gespürt. Bei zehn Minuten zwischen den Stationen bedeutet dies, dass Ihre Reise zwei Stunden gedauert hat. Das scheint ungefähr hinzukommen. Doch nachdem Sie die Kapsel verlassen haben, sagt man Ihnen, dass die Forscher, die Sie hineingesetzt haben, sich geirrt haben: Die Reisezeit zwischen den Stationen betrug fünf Minuten, nicht zehn. Was Sie für eine zweistündige Reise hielten, hat nur eine Stunde gedauert. Aber die ersten Forscher schienen sich doch über die Information, die sie Ihnen gegeben haben, ganz sicher zu sein. Welchem Wissenschaftlerteam sollen Sie nun glauben?

Sie zermartern sich das Hirn, aber Ihnen fällt keine Antwort ein. Es gibt einfach keine. Wären Sie lange genug in der Kapsel geblieben, hätten Sie irgendwann Hunger, Durst oder Müdigkeit verspürt. Aber das sind Kennzeichen *biologischer* Zeit. Sie hätten immer noch nicht gewusst, wie viel Zeit auf der Uhr vergangen wäre, denn die *mechanische* Zeit ist ein rein menschliches Konstrukt.

Antike Kulturen verwendeten den Himmelsverlauf der Sonne, um die Zeit des Tages zu messen, den Mondzyklus, um Monate zu bestimmen, und die Jahreszeiten, um das Vergehen von Jahren einzuschätzen. Wir haben Sonnenuhren, Obelisken, Wasseruhren, Sanduhren und schließlich mechanische, digitale und Atomuhren entwickelt. Heute können wir die Zeit so präzise messen, dass wir glauben, sie existiere unabhängig von den willkürlichen Messwerten, die wir festgelegt haben. Doch das tut sie nicht. Selbst Atomuhren, die dafür zuständig sind, die Zeit auf einem Großteil unserer technischen Geräte zu synchronisieren, darunter das Stromnetz, GPS und die Uhr auf Ihrem Handy, müssen manipuliert werden, um in Übereinstimmung mit der Natur zu bleiben. Im Verlaufe Tausender Jahre würde der Tag schließlich zur Nacht, würden wir nicht alle vier Jahre die sogenannte »Schaltsekunde« in die koordinierte Weltzeit einfügen, um genau dies zu verhindern.

All diese Geräte, die wir bisher erfunden haben, erfüllen die Aufgabe, uns zu sagen, wie viel Uhr es ist, aber niemand weiß, was sie tatsächlich messen. Wir nutzen einfach mechanische Bewegungen, um den Verlauf der Zeit nachzuverfolgen, weil das eine Vorgehensweise ist, die unser Gehirn erfassen kann. Aber die Beschaffenheit der Zeit selbst ist immer noch illusionär. Ihre Erfahrung in dieser Raumkapsel ist ein deutlicher Hinweis darauf, wie willkürlich unsere Messungen sein können. Lassen Sie uns eine andere kleine Reise machen, aber diesmal lassen wir die Zwischenhalte ganz aus. Es wird eine einzige entspannte Fahrt mit einem Ruck der Beschleunigung am Anfang, auf den keine wahrnehmbare Bewegung folgt, bis sie schließlich zu Ende ist. Bei dieser zweiten Reise haben Sie keinerlei Möglichkeiten zu sagen, wie viel Zeit vergangen ist, bis die Tür sich wieder öffnet. Dieses Mal wird Ihre Reise in Ermangelung einer mechanischen Bewegung zur Messung »zeitlos« sein.

Wer ist Ihr Meister?

Im Verlaufe der letzten Jahrhunderte hat sich die Zeit zum Zuchtmeister der modernen Kultur aufgeschwungen. Mehr Aufgaben in die begrenzten Stunden eines Arbeitstages zu pressen, bedeutet mehr Produktion und höhere Gewinne seit dem Anbeginn der Industriellen Revolution, und die Gesellschaft folgt dem Gewinn. Wir leben nach der Uhr. Wenn der Wecker schrillt, wachen wir auf und starten in den Tag. Wenn der Gong ertönt, wechseln wir von einem Klassenraum in den nächsten. Zur vereinbarten Uhrzeit begeben wir uns von Meeting zu Meeting, von einer Telefonkonferenz zu einer Besorgung zu einem Abendessen mit Freunden. Wir gehen erst zu Bett, wenn wir den Wecker noch mal sorgfältig überprüft haben, denn wir wissen, wir werden am nächsten Morgen seinem Kommando zum Aufstehen folgen. Zeit ist mit jeder Planung und jeder Handlung verknüpft. Wir verlassen uns auf die Zeit, und wir plagen uns unter ihrem Druck.

Das galt auf jeden Fall auch für mich. Zeit war immer eine meiner größten Herausforderungen. Teilweise liegt das an mir selbst, denn ich setze mir gerne ehrgeizige Ziele für meinen Arbeitstag. Und obwohl ich meine Kunden auch online betreuen könnte, lerne ich sie gerne persönlich kennen, nehme dafür Flugverspätungen, Verkehrsstau und hektische Eile in Kauf, um rechtzeitig zu den Verabredungen zu kommen. In der Vergangenheit hat Zeit mir sehr viel Stress und eine Menge Unglück beschert. Deshalb machte ich mich daran, meine Beziehung zu ihr zu verbessern. Zunächst lernte ich ein paar Tricks für das Aufgaben- und Kalendermanagement, um effizienter zu werden. Doch das war nur ein Kratzen an der Oberfläche. Ich brauchte einen tieferen Einblick in das, was ich da überhaupt managen wollte, und da fing es an, interessant zu werden.

Der erste Hinweis auf die Zeitillusion, der mich faszinierte, war die Tatsache, dass sie auf persönlicher Ebene so subjektiv ist. Ihr Verlauf fühlt sich anders an, je nachdem, in welcher Situation man sich befindet. Haben Sie jemals einen schweren Autounfall erlebt? Ich bin mal mit meinem Auto von einer Brücke gestürzt. Ich hoffe, Ihnen ist so etwas nie passiert, aber was ich beobachtet habe, war extrem interessant. Die Zeit verlangsamte sich drastisch, während mein Auto sich dem Aufprallpunkt näherte. Ich kann der Versuchung nicht widerstehen, das als Slow-Mo zu bezeichnen. Soldaten, die an Kampfhandlungen teilgenommen haben, berichten über dasselbe Phänomen. Und ich bin sicher, Sie haben schon mal bemerkt, dass eine zweistündige langweilige Vorlesung viel langsamer vorübergeht als ein Abend mit guten Freunden.

Dieses Gefühl der Relativität in unserem Erleben von Zeit hat mich an eine meiner großen Leidenschaften als Kind erinnert: Einsteins allgemeine Relativitätstheorie. Daher holte ich meine Bücher hervor, um zu sehen, was ich von der Wissenschaft lernen konnte.

Die Wissenschaft von der Zeit

Unser wissenschaftliches Verständnis der Zeit hat zu Beginn des 20. Jahrhunderts einen großen Sprung gemacht. Zuvor lehrte die klassische Newtonsche Physik, dass Zeit immer einen absoluten Wert habe. Mathematiker bauten sie vertrauensvoll in ihre Gleichungen ein, bis 1905 Einsteins theoretischer Durchbruch veröffentlicht wurde. Seine Theorie der speziellen und später der allgemeinen Relativität markierte einen maßgeblichen Wandel in unserem Verhältnis zur Zeit. Einstein behauptete, dass Zeit und Raum nicht zwei voneinander getrennte Dinge sind, sondern sich zu einer vierdimensionalen Struktur verbinden, die er Raum-Zeit nannte.

Darüber hinaus erklärte Einstein, die Schwerkraft verlangsame die Zeit. Wären Sie also ein Astronaut auf einer langen Weltraumreise, und Ihr Raumschiff würde sich einem schwarzen Loch nähern (wo die Anziehungskraft extrem hoch ist), würde sich die Zeit deutlich verlangsamen. Kehren Sie dann zur Erde zurück, so sind Sie vielleicht um ein paar Jahre gealtert, aber Ihr Partner und Ihre Freunde sind bereits alte Leute. In sehr viel kleinerem Ausmaß können wir diesen Effekt auch hier auf der Erde beobachten. Wenn Sie in Dubai im obersten Stock des Burj Khalifa wohnten, dem höchsten Gebäude der Welt, verginge die Zeit für Sie ein bisschen schneller als für jemanden, der im Erdgeschoss lebt, und zwar nur weil sich die Schwerkraft unterschiedlich auf Sie beide auswirkt. Eine solche Abweichung ist zwar zu gering, als dass der menschliche Körper sie wahrnehmen würde, aber mit der heutigen Technologie dennoch messbar.

Es wird sogar noch bizarrer. Die Mathematik deutet darauf hin, dass Vergangenheit, Gegenwart und Zukunft in der Raum-Zeit alle Bestandteil einer integrierten vierdimensionalen Struktur sind, *in der der gesamte Raum und die gesamte Zeit fortwährend existieren.*

Stellen Sie sich die Raum-Zeit als einen Laib Brot vor, bei dem jede Scheibe alles repräsentiert, was irgendwo im Universum in einem bestimmten Augenblick geschieht. Wir menschlichen Wesen können uns im Raum in verschiedene Richtungen bewegen, aber die Dimension der Zeit erleben wir nur scheibchenweise, während wir uns durch sie hindurchbewegen. Hätten wir die Fähigkeit, die Zeit genauso wie den Raum wahrzunehmen, so könnten wir in der Zeit vor- und zurückspringen, als würden wir an jedem beliebigen Bahnhof in einen Zug ein- oder aus ihm aussteigen.

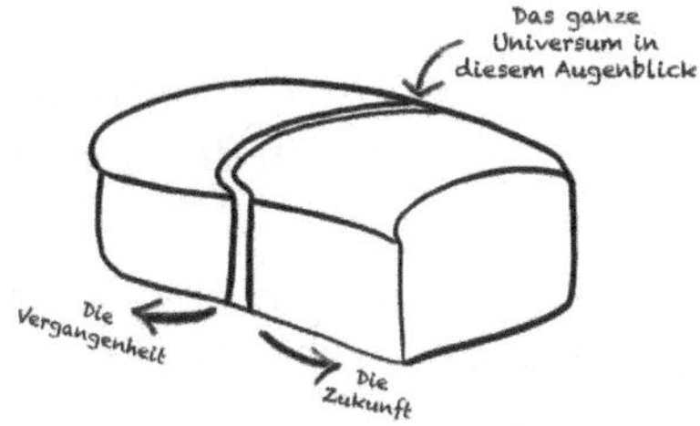

Sie steigen 2018 in den Zug ein und besuchen das Jura-Zeitalter – nicht, dass ich Ihnen das empfehlen würde –, das in diesem epischen Realitätsfilm namens Raum-Zeit zu Ihrer Verfügung steht. Oh Mann, selbst nach all den Jahren meiner Studien macht mich diese Vorstellung immer noch ganz wirr im Kopf.

Sie finden das schwer zu glauben? Das sollten Sie auch. Es ist schwer zu glauben. Aber die Mathematik spricht eine deutliche Sprache. Und wenn die Zeit wirklich so merkwürdig und exotisch ist, warum haben wir dann das Gefühl, sie so instinktiv zu kennen? Der Raum-Zeit-Brotlaib erinnert in nichts an die Zeit, wie wir sie alltäglich erleben und die uns so viel Stress verursacht. Genau genommen wird Zeit immer merkwürdiger und weniger vertraut, je mehr wir uns damit beschäftigen.

Dass wir im Allgemeinen auf unsere eigene spezielle Scheibe Raum-Zeit beschränkt sind, geht auf ein Phänomen zurück, das in der Physik als »Zeitpfeil« bezeichnet wird. Er ist der Grund dafür, dass wir uns nach Belieben in allen drei Dimensionen des Raums bewegen, aber nur in der »Jetzt«-Scheibe der Raum-Zeit existieren können. Das ist ein kompliziertes Konzept. Es wird besser verständlich, wenn wir uns von den Brotlaiben auf Eisenbahnen verlagern.

Stellen Sie sich vor, das ganze Universum sei in einen Zug gepresst: jede Galaxie, jeder Stern, jeder Planet, jedes Sandkorn und jedes Lebewesen. Der Zug begibt sich auf eine Reise, nicht von einer Stadt zur nächsten, sondern eher auf eine Reise durch die Zeit. Als Passagier dieses Zuges können Sie überall hingehen, wo Sie wollen, aber Sie können die Richtung oder die Geschwindigkeit des Zuges nicht verändern, denn die ist auf ein Gleis beschränkt, nämlich den Zeitpfeil. Sie begeben sich einfach auf eine Fahrt ohne Kontrolle über seine Position oder Zielrichtung und reisen dabei entlang der Zeitdimensionen von einer »Jetzt«-Scheibe zur nächsten.

Nicht vergessen!

Die Zeit bewegt sich nicht; Sie sind es, der sich durch die Zeit bewegt.

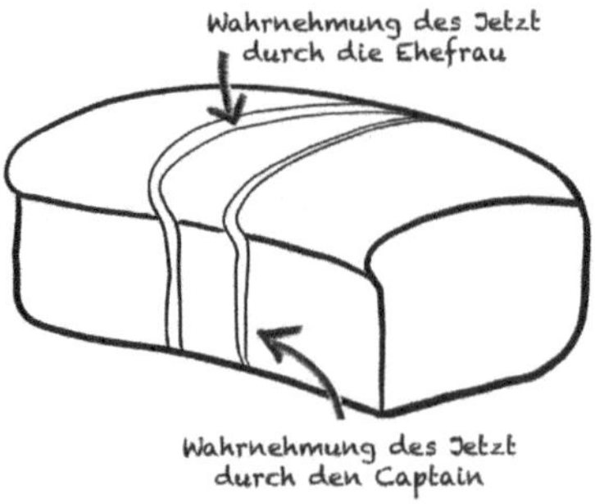

Wir befinden uns also immer in einer Position, in der wir die aktuelle Scheibe der Gegenwart erleben, aber selbst das ist relativ. Nach Einstein *wird Ihr Zeiterleben von der Geschwindigkeit Ihrer Bewegung beeinflusst.*

Bei seiner Rückreise zur Erde bewegt sich der weiter oben erwähnte Astronaut mit astronomischer Geschwindigkeit, die es ihm ermöglicht, das Raum-Zeit-Brot an der Kante aufzuschneiden. Im Ergebnis hätte er eine ganz andere Wahrnehmung des »Jetzt« als seine Ehefrau zu Hause auf der Erde. Wie wir alle erlebt sie eine Zeitscheibe, die Ereignisse in verschiedenen Teilen der Welt umfasst, die alle gleichzeitig stattfinden. Sie könnte ihr Baby stillen und gleichzeitig eine Nachrichtensendung im Fernsehen anschauen, bei der Bilder vom Krieg in Syrien gezeigt werden, während sie hört, wie eine Freundin nebenan jubelt, weil die New England Patriots gerade zum fünften Mal den Super Bowl gewinnen. Diese Ereignisse geschehen gleichzeitig hier auf der Erde innerhalb ihrer Zeitscheibe. Doch die astronomische Geschwindigkeit Ihres Ehemannes lässt ihn die verschiedenen Punkte des Raumes *zu ganz unterschiedlichen Zeiten* sehen. Da seine Geschwindigkeit die Raum-Zeit verzerrt, erreicht ihn die Wahrnehmung näher gelegener Punkte auf seiner Reise schneller als die von weiter entfernten Punkten, also schneidet er das Brot am Ende von der Kante aus ab. Im Ergebnis könnte seine Zeitscheibe die Öffnung der Berliner Mauer 1989 umfassen, den Krebstod seiner Mutter in den USA im Jahr 2016 und die Entdeckung eines Heilmittels gegen diese Krebsart zehn Jahre später in Japan. All diese Ereignisse kommen ihm so vor, als geschähen sie gleichzeitig, weil sie an einem unterschiedlichen »Ort« seiner Raum-Zeit-Scheibe stattfinden. Oje, mir wird schon wieder schwindelig.

Es hat einen Grund, dass ich auf die komplexen wissenschaftlichen Aspekte der Zeit eingehe. **Je mehr Sie über die Zeit wissen, desto mehr werden Sie zu schätzen wissen, dass sie in Wirklichkeit ganz anders ist, als wir denken.** Die Zeit, wie wir sie allgemein akzeptieren, ist eine umfassende Illusion, die nur sehr wenig mit dem zu tun hat, was sie tatsächlich ist oder wie sie sich verhält. Die Zeit, wie wir sie zu kennen glauben, existiert gar nicht (wie Sie bei dem Raumkapsel-Experiment gesehen haben). Nichts daran, wie wir Zeit individuell erleben, ist absolut.

Nicht vergessen!

Zeit ist bei jedem anders.

Da die Zeit sich von einer Person zur anderen und von einer Situation zur nächsten ändert und verwandelt, kann man kaum etwas anderes schlussfolgern, als dass sie nicht real ist. Zeit besteht den Test der Dauerhaftigkeit in keiner Weise. Zeit ist eine Illusion, und zwar auf interessante Weise:

Nicht vergessen!

Zeit fällt beim Zeittest mit Pauken und Trompeten durch!

Wie eine Katze die Zeit betrachtet

Wenn wir mal alle Theorie beiseitelassen, setzt die Zeit uns pausenlos unter Stress. Sie haben eine wichtige Deadline für ein Projekt bei der Arbeit, und der Stress macht Sie unleidlich. Oder Sie ärgern sich darüber, dass Sie Single sind, weil Ihre biologische Uhr tickt und Sie eine Familie haben möchten.

Oder Sie schimpfen über den Verkehr, weil Sie Ihre Tochter vom Hort abholen müssen und zu spät dran sind. Warum also bereitet all das Ihrem Hund oder Ihrer Katze keinerlei schlaflose Nächte? Keine andere bekannte Lebensform reagiert auf das Ticken einer Uhr oder zählt die Tage, die Monate und die Jahre. Wie Sie sicher bemerkt haben, reagieren Tiere lediglich auf Ereignisse. Hunger? Essen. Dunkel? Schlafen. Das ist eine Lebensweise, die mehr als nur einen gewissen Reiz hat!

Selbst innerhalb unserer eigenen Spezies gibt es große kulturelle Unterschiede in der Betrachtungsweise von Zeit. Ich bin beispielsweise in einer eher ereignis- als uhrzeitorientierten Kultur großgeworden. Deshalb finde ich es merkwürdig, dass westliche Länder so viel Wert darauf legen, Meetings »pünktlich« anfangen und aufhören zu lassen. Ich habe an Versammlungen in den USA teilgenommen, bei denen alle ihre Unterlagen zusammenpackten und sich zum Gehen bereit machten, wenn das geplante Ende nahte, *selbst wenn ein paar zusätzliche Minuten zu einem großen Durchbruch hätten führen können.* Zur nächsten Verabredung zu spät zu kommen, um sich auf die greifbare große Chance zu konzentrieren, kommt selten bis gar nicht vor.

Im Gegensatz dazu haben Treffen im Nahen Osten und in Lateinamerika eine eher locker definierte Anfangszeit und dauern so lange, wie sie es wert zu sein scheinen. Wenn ein Meeting gut läuft, wird dafür so viel Zeit eingeräumt, wie es benötigt. So ähnlich ist es auch, wenn Freunde sich zu einem Zusammensein nach der Arbeit verabreden. Einige kommen um 19 Uhr, einige um 20 Uhr und andere um 23 Uhr, und niemand ist beleidigt oder gestresst, weil jeder die Gesellschaft derjenigen genießt, die eben gerade da sind. Das hat ein bisschen von der Einstellung einer Katze zur Zeit.

Vielleicht überrascht es Sie zu erfahren, dass ereignisorientierte Kulturen weltweit stärker vertreten sind als uhrzeitorientierte. Geschäftsleute in vielen Teilen von Lateinamerika, dem Nahen Osten, Südeuropa, dem indischen Subkontinent und Afrika erscheinen zwar im Vergleich zu ihren westlichen Kollegen sehr entspannt, doch sind sie überaus erfahren darin, soziale Bindungen herzustellen und zusammenzuarbeiten. Sie lösen eine von ihnen selbst definierte Gleichung des Erfolgs. Doch damit lösen sie auch die Gleichung des Glücks.

Ich will mich sicher nicht dafür aussprechen, zu spät zu kommen, nachlässig oder faul zu sein, aber bitte denken Sie doch mal über die Vorteile nach, eine Aufgabe zu meistern, statt Sklave der Uhr zu sein.

Noch konträrer zum Westen sind jene asiatischen Kulturen, die wir als »zeitlos« bezeichnen, wofür der Buddhismus wohl das bekannteste Beispiel ist. Die Uhren ticken, und die Ereignisse kommen und gehen, aber ein Buddhist bleibt ganz konzentriert auf den gegenwärtigen Moment. Dieser Zustand der Zeitlosigkeit ist grundlegend, um das Nirwana zu erreichen. Wer die Fähigkeit besitzt, ganz in der Gegenwart zu leben, erfährt den Frieden eines ewigen Paradieses, insbesondere gekoppelt mit der Erkenntnis, dass die Ewigkeit, die allgemein als sehr langer Zeitraum begriffen wird, tatsächlich die Abwesenheit von Zeit bedeutet. Sie ist Zeitlosigkeit.

Nicht vergessen!

Je nach kulturellem Hintergrund wird Zeit sehr unterschiedlich erlebt. Vielleicht gibt es bessere Methoden im Umgang mit der Zeit, als wir sie kennen.

Die Zeit, wie wir sie verstehen, spielt eine große Rolle bei der Erzeugung – und Aufrechterhaltung – von Unglück. Bei der Inganghaltung des Leidenszyklus wirkt die Zeit sich grundlegend auf uns aus. Um ihren Fesseln zu entkommen, kehren wir noch mal zurück zum Gehirn und den Gedanken, die es im Zusammenhang mit der Zeit produziert.

Vergangenheit und Zukunft

In Kapitel 3 haben Sie etwas über die Stimme in Ihrem Kopf erfahren und herausgefunden, dass Sie mehr sind als nur der stetige Gedankenstrom, der von Ihrem Gehirn produziert wird. Das ist wichtig für die Auflösung der Glücksgleichung, denn diese Stimme ist oft der Botschafter von Gedanken, die zu Schmerz und Traurigkeit führen. Wenn Sie die Gedanken selbst einer genauen Prüfung unterziehen, werden Sie feststellen, dass nur wenige von ihnen irgendetwas mit dem gegenwärtigen Augenblick zu tun haben. Sie sind fast immer in der Vergangenheit verhaftet oder beschäftigen sich mit einer Voraussage der Zukunft. Ganz besonders trifft dies auf unglückliche Gedanken zu. Doch fast alle im aktuellen Moment verankerten Emotionen sind glücklich (beachten Sie bitte, dass körperlicher Schmerz keine Emotion ist). Interessant, nicht wahr?

Um dies an mir selbst zu überprüfen, habe ich mich hingesetzt und alle emotionalen Zustände sortiert, die ich während meines normalen Lebens empfunden habe. Dann wies ich ihnen eine Zeit zu (Vergangenheit, Gegenwart, Zukunft) und einen Wert (negativ oder positiv). Und das fand ich dabei heraus:

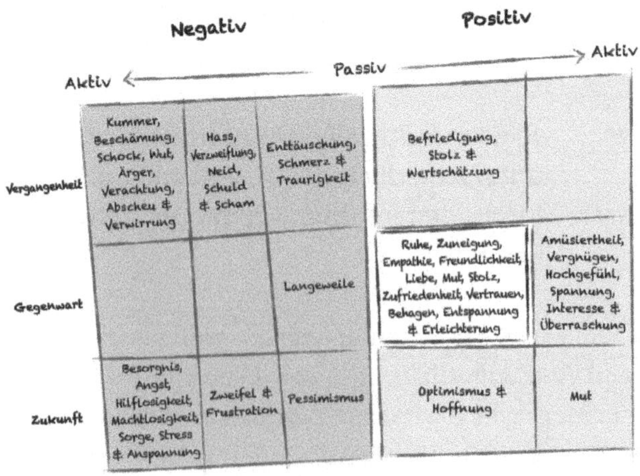

Halt! Halt! Überfliegen Sie die Tabelle nicht einfach nur. Nehmen Sie sich die Zeit, Sie bis in die Einzelheiten zu studieren.

Auch wenn alle Emotionen in der Gegenwart empfunden werden, haben Sie meist eine Verankerung in der Vergangenheit oder in der Zukunft. Bedauern zum Beispiel wird in der Gegenwart verspürt, konzentriert sich aber auf etwas, das bereits zurückliegt. Bitte nehmen Sie sich einen Augenblick Zeit, um die Negativ-positiv-Tabelle zu untersuchen. Lesen Sie die Liste der Gefühle, die mit Vergangenheit und Zukunft verknüpft sind, und vergleichen Sie sie dann mit den Gefühlen, die mit der Gegenwart verknüpft sind. Finden Sie nicht auch, dass es da einen signifikanten Unterschied gibt?

sehr wichtig!

Glückliche Emotionen sind überwiegend in der Gegenwart verankert.

Stellen Sie sich nun folgende Frage: Haben Sie jemals *irgendetwas* erlebt, das außerhalb des gegenwärtigen Augenblicks passierte? Ich weiß, das klingt zunächst albern, aber nehmen Sie sich die *Zeit,* um innezuhalten und darüber nachzudenken, ehe Sie eine vorschnelle Antwort geben.

Die Vergangenheit, die wir für einen so wichtigen Aspekt von uns selbst halten, ist tatsächlich nichts weiter als die Aufzeichnung von Momenten, die wir als Erinnerungen bezeichnen. Sie ist nur eine Sammlung von Gedanken in unserem Gehirn, und noch dazu eine bekanntermaßen unzuverlässige. Die Versuchung ist zwar groß, die Vergangenheit als real anzusehen, aber das ist sie nicht. Die einzige Zeit, die jemals wirklich existiert, ist der Moment, den Sie *jetzt* erleben, und sobald dieser Moment durch den nächsten ersetzt worden ist, bezeichnen wir ihn als Vergangenheit. Das bezieht sich auf diesen Augenblick, in dem Sie diese Worte lesen. Oh, ich meine diesen. Nein, diesen. Sobald die Gegenwart vorüber ist (und das dauert nicht lang!), existiert sie nicht mehr. Sie ist vergangen. Für immer.

Auch in der Zukunft passiert niemals irgendetwas. Wie sollte es auch? Die Zukunft ist noch nicht eingetreten, und das wird sie auch nur, wenn all ihre unendlichen Möglichkeiten in einen Moment zusammenfallen, der in einem Augenblick des Jetzt stattfindet. Wir können daher mit Sicherheit sagen, dass Sie sich nur etwas einbilden, wenn Ihre Gedanken und Gefühle in der Zukunft verhaftet sind! Zudem können Sie überhaupt nicht garantieren, dass von all den unzähligen Möglichkeiten, wie die Dinge sich entwickeln könnten, ausgerechnet Ihre diejenige sein wird, die tatsächlich stattfindet. Wie hoch ist die Wahrscheinlichkeit dafür? Als Mathematikfan kann ich Ihnen versichern, dass sie nicht sehr hoch ist.

Pech für das Glücklichsein, dass Ihr Gehirn sich der Idee verschrieben hat, der nächste Augenblick sei wichtiger als derjenige, in dem Sie sich gerade befinden. Andererseits ist der Moment, der soeben vergangen ist, *vertrauter* – und damit vielleicht bequemer – als dieser gerade. Derartige Verzerrungen des Gehirns stürzen uns nur zu leicht in Verwirrung, lassen uns in der Vergangenheit herumwühlen oder uns für eine eingebildete Zukunft bereit machen, während wir das Innehalten und das Leben in der Gegenwart vernachlässigen, obwohl diese alles ist, was tatsächlich existiert.

sehr wichtig!

Wenn wir auf die Vergangenheit oder auf die Zukunft fokussiert sind, leben wir in unseren Gedanken und nicht in der Realität.

Es hat gravierende Folgen, in seinen eigenen Gedanken zu leben. Ist Ihnen jemals bewusst geworden, wie schnell Ihr Leben vorübergeht? Kommt es Ihnen nicht auch manchmal so vor, als wären die letzten 20 Jahre einfach verflogen, ohne dass Sie es überhaupt bemerkt haben? Dafür gibt es einen guten Grund.

Wenn Sie nicht im Hier und Jetzt sind, dann sind Sie einfach in Ihrem Kopf. Es gibt keinen anderen möglichen Ort. Wenn sich die letzten 20 Jahre wie eine Woche anfühlen, liegt das vielleicht daran, dass Sie in dieser Zeit nur eine Woche damit zugebracht haben, das Leben wirklich zu erfahren und vollständig präsent zu sein. Die restlichen zehneinhalb Millionen Minuten sind Sie lediglich in Ihrem Kopf herumgewandert. Was für eine Verschwendung!

Will ich damit sagen, dass all Ihre Erinnerungen wertlos sind? Keineswegs. Es gibt wunderbare Erinnerungen an Zeiten, in denen Sie ganz in der Gegenwart verankert waren. Die Augenblicke, die ich meine, sind jene, in denen Sie sich in Ihrem Kopf befanden, um über Vergangenes oder Zukünftiges nachzugrübeln. Sie erinnern sich nicht an diese Gedanken, weil es an ihnen nichts Erinnernswertes gibt. Sie sind verschwendet, weil sie im Augenblick hätten sein und damit Erinnerungen hätten schaffen *können*!

Wenn ich darüber nachdenke, wie wir unser Leben verschwenden, kommt mir immer der Text des so treffend benannten Songs »Time« von Pink Floyd in den Sinn, insbesondere diese Zeile: »And then one day you find ten years have got behind you. / No one told you when to run, you missed starting the gun.«

Ihr Gehirn ist süchtig nach Zeit

Wenn Vergangenheits- und Zukunftsgedanken Sie unglücklich machen und dazu führen können, dass Sie einen Großteil Ihres Lebens vergeuden, warum ist es dann so schwierig, sich auf die Gegenwart zu konzentrieren? Wo ist der Fehler in unserer Programmierung, der es so schwer macht, unserer Besessenheit von Vergangenheit und Zukunft zu entkommen, obwohl dies zu einem verstärkten Leidensdruck führt? Der Grund ist: Zeit ist der Nährboden für Gedanken.

Um das besser zu begreifen, probieren wir mal meine Lieblingsübung aus. Ich nenne sie den Aufmerksamkeitstest. Setzen Sie sich hin, atmen Sie tief durch, entspannen Sie sich, und schließen Sie die Augen. Lassen Sie sie gut eine Minute geschlossen. Es muss nicht exakt so lange dauern; Sie sorgen einfach für visuelle Reinigung. Öffnen Sie dann die Augen einige Sekunden lang, und schauen Sie sich um. Tun Sie nichts weiter, als zu betrachten, was sich in Ihrer unmittelbaren Umgebung befindet. Dann schließen Sie die Augen wieder.

Mit immer noch geschlossenen Augen beschreiben Sie nun im Stillen, was Sie gesehen haben. Das ist kein Gedächtnistest; wir suchen nur nach einer Beschreibung dessen, was Sie beobachtet haben. Gehen Sie ins Detail bei allem, an das Sie sich erinnern können, aber seien Sie dabei so sachlich wie möglich. Achten Sie darauf, dass Ihre Gedanken nicht das Kommando übernehmen und das Gesehene interpretieren. Halten Sie sich an Aussagen wie diese: *Ich schaue aus meinem nächtlichen Fenster und sehe Wasser, das sich bis zu einem niedrigen Horizont erstreckt, Palmen und zweistöckige Gebäude, zwischen denen hohe, leuchtende Wolkenkratzer stehen. Am Horizont schimmert noch das letzte Abendlicht, dort sehe ich dünne Wolkenstreifen. Weiter oben ist der Himmel deutlich dunkler und von Sternen überzogen.*

Fällt Ihnen auf, dass es mehrere Minuten dauern kann zu beschreiben, was Sie in einigen wenigen Sekunden beobachtet haben? Der Vorgang des Betrachtens erfordert nur einfache Aufmerksamkeit, die Beschreibung jedoch bedarf eines viel längeren gedanklichen Prozesses. Doch da Sie Ihre Beschreibung auf das beschränken, was Sie gerade gesehen haben, steht sie immer im Präsens. Es gibt keine Vergangenheits- oder Futur-Zeitform, und infolgedessen ist sie geschmeidiger und ruhiger, als sie anderenfalls wäre.

Sehen Sie? Sich mit der Gegenwart zu verbinden, erfordert gar nicht viel geistige Anstrengung. Wäre Ihr Gehirn lediglich darauf beschränkt, das zu beschreiben, was gerade um Sie herum geschieht, so hätte es nicht viel zu sagen. Die Stimme in Ihrem Kopf würde sich ungefähr so anhören: *Blaues Sofa voraus. Zwei Lichtquellen. Eine Bodenlampe und eine Kerze. Kerzenflamme flackert im Luftzug. Geruch nach frisch gebackenem Brot.* Das ist nicht gerade eine Konversation, stimmt's? Der Grund ist, dass es kein Für und Wider darin gibt. Es gibt so lange kein Drama, bis wir uns der Vergangenheit und der Zukunft zuwenden.

Diese Übung wende ich häufig an, um mich selbst im gegenwärtigen Moment zu verankern. Sie beruhigt mich und erinnert mich an zwei wichtige Merkmale der Achtsamkeit: Unsere Gedanken brauchen nicht bewusst zu sein, nur *gegenwärtig*, und selbst wenn wir von unserem Denken Gebrauch machen, sind wir weniger gestresst, wenn wir es auf den Augenblick richten. Wenn Sie Ihrem Gehirn die Aufgabe stellen, lediglich seine Umgebung zu beschreiben, werden diese Gedanken gelassener, geschmeidiger und leichter als der unaufhörliche Gedankenstrom, der Sie über das Hier und Jetzt hinausführt.

Probieren Sie diese Übung noch mal. Sobald Sie den Dreh heraushaben, brauchen Sie die Augen nicht mehr zu schließen. Betrachten Sie die Kaffeetasse auf Ihrem Schreibtisch, aber widerstehen Sie der Versuchung, sie als gut oder schlecht, heiß oder kalt zu bezeichnen oder sich zu fragen, ob sie womöglich einen Kranz auf der hölzernen Tischplatte hinterlässt. Beschränken Sie Ihre Gedanken einfach auf das, was Sie in diesem Augenblick sehen: *eine halb mit Kaffee gefüllte weiße Keramiktasse auf einem Tisch aus hellem Kiefernholz.*

Wenn Sie sich auf den gegenwärtigen Augenblick konzentrieren, akzeptieren Sie ihn so, wie er ist. Sie vergleichen oder beurteilen ihn nicht, und Sie fragen sich nicht, ob er in der Zukunft besser oder schlechter sein könnte, als er in der Vergangenheit war. Sie befinden sich in hundertprozentiger Harmonie mit der Glücksgleichung. Ein Ereignis entspricht voll und ganz Ihren Erwartungen, wenn Sie die Welt betrachten, wie sie ist. Wie friedlich!

Die meisten unserer Gedanken sind jedoch mit einer Zeitsignatur versehen. Sie beruhen auf der Vergangenheit oder auf der Zukunft, was die Wahrscheinlichkeit viel größer macht, dass sie zum Unglücklichsein führen. Um ein Urteil zu fällen, müssen Sie eine gegenwärtige Beobachtung mit einer vergleichen, die Sie in der Vergangenheit gemacht haben. Um ängstlich zu sein, müssen Sie an die Zukunft denken und antizipieren, dass sie schlechter sein wird als die Gegenwart. Um sich zu langweilen, müssen Sie sich nach einem Zustand sehnen, der sich von dem unterscheidet, was im Augenblick passiert. Um Scham zu empfinden, müssen Sie einen Moment wiederherstellen, der nicht mehr existiert. Um unglücklich zu sein, müssen Sie sich auf das fokussieren, was Sie wollen, aber nicht haben. Mit Ausnahme von Schmerz leidet niemand unter dem, was im Augenblick geschieht. Denken Sie eine Minute darüber nach. Es stimmt. Selbst für Sie.

Ohne die Zeit wird der Kreislauf des Leidens bereits bei seiner Entstehung unterbrochen. Nehmen Sie die Zeit weg, und der ursprüngliche Gedanke kann gar nicht erst aufkommen. Jeder belastende oder unglückliche Gedanke existiert außerhalb des Hier und Jetzt, während jede Betrachtung des Hier und Jetzt Sie in einen Zustand des Friedens versetzt. Zeit und Denken sind nicht voneinander zu trennen. Wenn Sie die Zeitsignaturen aus Ihren Gedanken entfernen, gibt es nicht Unglückliches mehr zu denken.

sehr wichtig!

Wenn Sie glücklich sein wollen, leben Sie im Hier und Jetzt.

Nutzen Sie die Zeit aus: Lassen Sie sich nicht von der Zeit ausnutzen

An diesem Punkt der Unterhaltung beginnen meiner Erfahrung nach viele, die Wichtigkeit der Zeit zu verteidigen. Sie fragen: »Wie könnte ich denn überhaupt funktionieren, wenn ich nicht für die Zukunft plane? Wer wäre ich ohne meine Vergangenheit? Die ganze Welt orientiert sich an der Uhrzeit, wie können Sie also erwarten, dass ich die Zeit komplett ignoriere? Was ist mit der Tatsache, dass ich morgen um 9.00 Uhr auf der Arbeit sein muss?«

Das sind gute Fragen!

Nehmen wir zum Zweck dieser Unterhaltung an, es gebe zwei Arten von Zeit: die Uhrzeit, die einen gewissen praktischen Nutzen hat, und die Gehirnzeit, die darüber nicht verfügt. Uhrzeit bedeutet, dass ein bestimmtes Ereignis sich an bestimmten Koordinaten der mechanischen Zeit befindet. Bei Gedanken, die mit der Uhrzeit verknüpft sind, handelt es sich um praktische, umsetzbare Gedanken, zum Beispiel: *Ich frage mich, wie lange ich bis zu meinem Arzttermin brauche.* Sie führen zu präzisen Antworten, beispielsweise: *Im Allgemeinen dauert das 25 Minuten, aber ich gebe wegen des Feierabendverkehrs lieber noch mal 15 Minuten dazu.* Sie sind nicht kompliziert oder emotional aufgeladen, und sie dauern nicht an. Beispiele für die Uhrzeit sind, wenn Sie vorausplanen, um pünktlich zu einer Verabredung zu gelangen oder Ihre Kinder von der Schule abzuholen, oder wenn Sie Zeit für die Dinge einplanen, die Ihnen wichtig sind. Sie sind logistisch, und sie sind gutartig. Sie helfen uns dabei, unseren Verpflichtungen nachzukommen. Sie sorgen dafür, dass wir pünktlich sind.

Gehirnzeit dagegen verfängt sich gerne in Gedanken über die Vergangenheit und die Zukunft. Sie verliert sich in endlosen – und wenig wahrscheinlichen – Szenarios dessen, wie sich ein Ereignis in der Zukunft entwickeln könnte. Gehirnzeit brütet über vergangenen Ereignissen, die nicht so verlaufen sind, wie Sie das gehofft hatten. Gedanken in der Gehirnzeit springen häufig von einem zum anderen. Sie führen zu keiner bestimmten Handlung und sind formlos, genau wie Träume. Wenn Sie sich in Gehirnzeit verhakt haben, schauen Sie vielleicht plötzlich auf und erkennen, dass gemäß der Uhrzeit die Sanduhr Ihres Lebens viel weiter abgelaufen ist, als Sie sich jemals vorgestellt haben.

Solange Ihre Gedanken beschreiben, was zum gegenwärtigen Zeitpunkt passiert, oder sich an der Uhrzeit orientieren, damit Sie Ihren praktischen Anforderungen gerecht werden können, ist alles in Ordnung. Behalten Sie also Ihre Gedanken im Auge, um zu sehen, ob Sie eine Zeitsignatur tragen. Falls dem so ist, sind sie von der

Gegenwart abgewichen und lösen höchstwahrscheinlich kein praktisches Problem. Ihre Gedanken sind in die endlose Verwirrung von Vergangenheit und Zukunft abgeirrt. Bleiben Sie im Augenblick, und Sie haben es geschafft, der beharrlichsten der sechs großen Illusionen zu entkommen, nämlich der Zeitillusion.

Aber was ist, wenn das Jetzt nicht glücklich ist?

Wenn ich mit anderen über Zeit und Glück rede, höre ich einen Kommentar sehr häufig: »Aber für mich funktioniert das nicht, in der Gegenwart zu sein. Ich bin genau hier und genau jetzt unglücklich.« Wenn wir uns dann jedoch hinsetzen, um zu ergründen, warum die Dinge gerade jetzt unglücklich verlaufen, nimmt das Gespräch immer ungefähr diese Wendung: »Ich schäme mich, dass ich das ganze letzte Jahr mit Partys verschwendet und nicht genügend Aufmerksamkeit auf meine Schulaufgaben gelenkt habe. Ich hatte furchtbar schlechte Noten, und jetzt halten mich alle für dumm.« Ich antworte, indem ich darauf hinweise, dass dieser schmerzliche Gedanke zwar vielleicht jetzt gerade stattfindet, aber in der Vergangenheit verankert ist. Nichts wird etwas daran ändern, was letztes Jahr passiert ist. Das ist vorbei. Wir befinden uns in der Gegenwart, und alles, was Sie in diesem Augenblick tun können, ist, sich auf die Schule zu konzentrieren und fleißig zu lernen, sodass Sie *jetzt* gut vorankommen.

Eine andere sagt vielleicht: »Ich bin genau jetzt unglücklich, weil alle Typen, die ich kennenlerne, Idioten sind. Ich bin sicher, dass ich nie den Richtigen finde, und dann bleibe ich für den Rest meines Lebens allein.« Meine Antwort? Ihr Unglück ist mit Gedanken an die Zukunft verknüpft. Woher wollen Sie wissen, dass die Liebe Ihres Lebens nicht gleich um die Ecke alleine in einem Café sitzt? Oder dass eine übereilte Heirat Sie nicht noch sehr viel unglücklicher machen wird, als Sie es jetzt bereits sind? Genießen Sie den Augenblick, und Ihnen werden viele Menschen begegnen, die Ihnen dabei Gesellschaft leisten wollen.

Wieder andere sagen: Aber ich habe die Beförderung nicht bekommen, für die ich mich so ins Zeug gelegt habe. Ich kann einfach nicht glauben, dass ich jetzt den Rest meines Lebens in diesem Sackgassenjob zubringen muss!« Dieser Gedanke, so erkläre ich, ist sowohl in der Vergangenheit als auch in der Zukunft verankert – aber überhaupt nicht in der Gegenwart. Dann frage ich: »Woher wollen Sie das so sicher wissen? Der nächste Arbeitsplatz passt vielleicht viel besser zu Ihnen. Ja, es ist enttäuschend, nicht die Stelle zu bekommen, auf die Sie gehofft haben, aber die viele Arbeit, die Sie dafür investiert haben, liegt bereits in der Vergangenheit. Dank dieses Engagements sind Sie in diesem Augenblick viel leistungsfähiger, viel kompetenter und viel routinierter.«

Wann immer Sie Ihre Gedanken überprüfen, werden Sie feststellen, dass alles, was Sie aufregt, in einer Vergangenheit verwurzelt ist, die Sie nicht ändern können, oder in einer Zukunft, die sich völlig anders darstellen kann, als Sie erwarten. Sie können ebenso gut die Vergangenheit oder die Zukunft loslassen und Ihr Bestes geben bei dem, was Sie jetzt gerade tun. Das ist der Augenblick, der einzige, auf den Sie zählen können. Leben Sie ganz in diesem Moment, und der Rest klärt sich dann von alleine.

Es kann gelegentlich schwierig sein, an diesem Vorhaben festzuhalten. Eine Freundin sagte mir zum Beispiel einmal: »Für mich ist dieser gegenwärtige Augenblick, von dem du so viel sprichst, ein Alptraum. Ich habe gerade mit meinem Arzt telefoniert, und das Ergebnis der Biopsie hat erwiesen, dass ich Krebs im Endstadium habe. Der Arzt hat mir von einer Operation abgeraten und gibt mir noch sechs bis achtzehn Monate.« Worauf ich erwiderte: »Das sind schlimme Nachrichten. Es tut mir sehr, sehr leid, das zu hören. Ich wünschte, du müsstest das nicht durchmachen. Aber in der Zwischenzeit solltest du vielleicht kein zusätzliches Leid zu dieser schlechten Diagnose hinzufügen. Während wir daran arbeiten, die bestmögliche Behandlung für dich zu finden, solltest du dich daran erinnern, dass wir *genau jetzt* am Leben sind, also koste jede herrliche Sekunde aus, die du auf diesem Planeten mit deinen Freunden und deiner Familie verbringst. Das ist wirklich das Einzige, was du beeinflussen kannst. Ich weiß, es fühlt sich nicht so an, aber vergiss nicht, dass du nicht anders bist als wir anderen. Jeder, den du kennst, könnte in den nächsten 18 Monaten die Welt verlassen, oder auch in den nächsten 18 Tagen. Der einzige Unterschied ist, dass wir anderen nicht darüber nachdenken, deshalb leiden wir nicht. Was die Zukunft angeht, so sei optimistisch, aber lebe jetzt. Verjage die Gedanken an das, was in der Zukunft passieren könnte, und sie verursachen dir auch kein Leid.«

sehr wichtig!

In genau diesem Augenblick ist alles in Ordnung.

Leben Sie hier und jetzt

Die Überschrift dieses Kapitels hat die Frage gestellt: »Kann mir mal jemand die Zeit sagen?« Das war natürlich eine Fangfrage. Egal wo Sie sich gerade aufhalten, während Sie dieses Buch lesen, *die Zeit ist jetzt*. Es wird nie eine andere Zeit geben. Jede andere Interpretation von Zeit ist bloß ein Umweg, der in die Illusion führt.

Ehe ich das Kapitel beende, möchte ich Sie bitten, für eine letzte Reise noch mal in diese Raumkapsel zu steigen. Dieses Mal erklärt die Wissenschaftlerin Ihnen voller Stolz, dass die Technologie Sie jetzt *augenblicklich* von einer Station zur nächsten befördert. Es braucht überhaupt keine Zeit, vom einen Ende zum anderen zu gelangen. »Außerdem haben wir an jeder Station dafür gesorgt, dass es eine Menge zu erleben gibt«, sagt sie, »deshalb haben sich einige Freiwillige schon beklagt, dass die Reise unbemerkt vorübergeht, während sie sich lieber Zeit genommen und das Ganze genossen hätten. Also haben wir etwas Neues hinzugefügt, einen Knopf, den Sie drücken können, sobald Sie zur nächsten Station weiterreisen wollen. Wenn Sie den Knopf nicht drücken, bewegt sich die Kapsel automatisch jeweils um Mitternacht zur nächsten Station weiter. Sie können 75 Mal nach Belieben auf den Knopf drücken, um zur anderen Seite zu gelangen oder die komplette 75-tägige Reise zu erleben. Das steht Ihnen frei.« Dann sagt sie: »Oder waren es 75 Jahre? Ich kann mich nicht erinnern. Na ja, egal, es geht sowieso im Handumdrehen vorüber.«

»Das ist eine leichte Entscheidung«, sagen Sie. »Los geht's. Wir sehen uns dann auf der anderen Seite.« Während sie die Tür schließt, fügt sie hinzu: »Oh, ich hab ganz vergessen zu sagen, ich werde Sie dort leider nicht treffen können. Wenn Sie die andere Seite erreicht haben, sterben Sie. Diese Fahrt ist alles, was Ihnen zur Verfügung steht.« Sie drückt den Startknopf, schließt die Tür und schickt Sie los.

Jetzt, wo Sie (jedenfalls irgendwie) die Kontrolle haben: Drücken Sie den Knopf rasch, um es hinter sich zu bringen, oder wollen Sie jeden Tag an jeder Station bis zum Äußersten auskosten? Verbringen Sie die Zeit an jeder der Stationen damit, über Tag 75 nachzudenken? Bedauern Sie die Tage, die vorübergegangen sind? Oder genießen Sie lieber jeden einzelnen Tag und alles, was er zu bieten hat?

Denken Sie darüber nach.

sehr wichtig!

Das Leben findet jetzt statt, und es ist großartig.

Kapitel 7 – Houston, wir haben ein Problem

Mit einem breiten Lächeln legen Sie den Stift ab. *Das war ein Haufen Arbeit,* denken Sie, *aber es hat die Mühe gelohnt.* Sie nehmen einen Schluck von Ihrem Kaffee, lehnen sich im Sessel zurück und lesen Ihre Notizen noch einmal durch. *Dieser Prozentsatz meiner monatlichen Einkünfte fließt in meine Altersvorsorge, und jener Prozentsatz geht auf das Sparkonto. Per Dauerauftrag werden meine Kreditkartenabrechnungen und meine Hypothek bezahlt. Ich habe die Autoversicherung, die Lebensversicherung, die Krankenkasse, die Versicherung gegen Kreditkartenbetrug und vor allem die Komplettversicherung.*

Habe ich irgendwas vergessen? Nein. Scheint alles zu sein, sagen Sie laut und stolz, obwohl niemand da ist, der Sie hören könnte.

Sie beugen sich vor, nehmen den Taschenrechner und gehen die Zahlen noch mal durch.

Klick, klick, okay. Alles ist in Ordnung. Mit einem zuversichtlichen Schwung aus dem Handgelenk werfen Sie den Notizblock auf den Tisch und lehnen sich mit hinter dem Kopf verschränkten Händen zurück. *Gut gemacht! Sie haben alles unter Kontrolle.*

Das sind die besten Augenblicke überhaupt, stimmt's? Wenn wir das Gefühl haben, unsere gesamten Hausaufgaben erledigt zu haben, jedes mögliche Szenario durchdacht zu haben, dem Rat von Experten gefolgt sind und einen klaren Weg festgelegt haben. Es gibt uns die innere Gewissheit, dass alles unter Kontrolle ist und es uns gut gehen wird.

Die Wahrheit über Kontrolle

Viele Menschen in meinem Bekanntenkreis, und zwar weltweit, befanden sich 2008 genau in dieser Situation. Sie dachten, sie hätten alles durchgerechnet – bis die Immobilienblase platzte und die größte Wirtschaftskrise hervorrief, die die Welt seit den 1920er Jahren erlebt hatte. Der Marktzusammenbruch raubte ihren Häusern den Großteil ihres Wertes; die Unternehmen, für die sie arbeiteten, gingen unter; einige konnten ihre Kredite nicht bezahlen, einige verloren sogar ihr Heim. Binnen weniger Monate gelangten sie von »Alles durchgerechnet!« zu »Was ist da gerade passiert?« Einige kamen wieder auf die Beine, andere sind immer noch angeschlagen, aber alle haben gelernt, dass die Dinge schieflaufen können und das häufig auch tun. Und zwar kräftig.

Wir haben ein instinktives Bedürfnis nach Sicherheit und Kontrolle. Bei anderen Spezies hängt das Überleben davon ab wegzurennen, wenn der Tiger in Sichtweite erscheint, doch wir Menschen tragen die Last, sehr viel komplizierter zu sein. Wir können Risiken vorhersehen und unsere Fluchtroute planen, lange bevor der Tiger überhaupt geboren wird. Wir können das Territorium absuchen und alle nur denkbaren Gefahren ausmachen, selbst solche, die völlig hypothetisch ist. Wir können vorbeugende Maßnahmen ergreifen, Zäune errichten und Überwachungskameras aufhängen. Außerdem können wir jene in unsere Pläne mit einschließen, die wir lieben, weil wir uns um sie sorgen – und weil ihre Sicherheit Bestandteil unserer emotionalen Sicherheit ist. Zum Teil sind diese sehr menschlichen

Überlebenstechniken der Grund dafür, warum wir im Gegensatz zu vielen anderen Spezies immer noch hier sind. Wir sind in der Lage, die Kontrolle zu übernehmen – oder wenigstens glauben wir, dass wir die Kontrolle besitzen –, während andere Lebewesen bestenfalls angemessen reagieren können, wenn sie bedroht werden.

Seit dem Beginn des Industriezeitalters hat die Menschheit diese Kontrolle auf ein völlig neues Niveau befördert. Das Verlegen von Eisenbahnschienen, das Errichten von Hochhäusern und die Massenproduktion eines iPhones erfordern eine geradezu atemberaubend komplexe Planung und Kontrolle. Callcenter, in denen jedes Wort aufgezeichnet wird, Lieferdienste mit Echtzeit-Tracking – die Grenzen dessen, wie wir Ungewissheit eliminieren können, dehnen sich immer weiter aus. Unsere Fähigkeit, in der simulierten und überkontrollierten Arbeitswelt den Überblick zu bewahren, lässt uns glauben, dass wir auch unser Privatleben minutiös durchplanen können. Und da bin ich keine Ausnahme.

Obwohl das Leben mir mehr geschenkt hat, als ich brauche, und mir eine Zukunft in finanzieller Unabhängigkeit sichert, plane ich trotzdem noch sorgfältig. Ich habe meine berufliche Laufbahn bis ins kleinste Detail für fünf Jahre vorausgeplant. Ich plane meine Investitionen, meine Ersparnisse und wo ich wohnen werde, Pläne, die sich natürlich auch auf meine Familie erstrecken. Ich habe Eigentum erworben, um unseren Wohlstand zu sichern, die Bildung der Kinder geplant und in Versicherungen und Sparmodelle investiert, damit meine Angehörigen auch im Falle meines Todes haben, was sie brauchen.

Ich hatte ganze Aktenordner mit umfassenden Plänen, und dann – nun, Sie wissen ja, was passiert ist. Vier Tage nach dem Beginn unserer (gut geplanten) Sommerferien wurde Ali in das »falsche« Krankenhaus eingewiesen, wo ein in Millimetern zu bemessender Fehler zu seinem Tod führte. Wo ist da die Kontrolle?

Dieses tragische, überraschende Ereignis kam in keinem Plan vor. Wir sagen, wir können solche dramatischen Wendungen nicht vorausplanen, weil sie so unerwartet erfolgen, aber stimmt das wirklich? Wie oft treten solche Ereignisse denn ein? Ständig!

Ich weiß, Sie wollen das nicht hören, aber nur allein in den Vereinigten Staaten sind ärztliche Fehler die dritthäufigste Todesursache, und verschiedenen Schätzungen zufolge fordern sie alljährlich zwischen einer Viertel- und einer halben Million Opfer. In Ländern, in denen Kunstfehler nicht so gründlich untersucht werden, multiplizieren sich diese Zahlen in Millionenhöhe. Andere menschliche Irrtümer wie Fahrfehler und Gewalt fordern die Leben von Millionen weiteren. Obwohl wir ständig von unerwarteten Todesfällen umgeben sind, stellen wir uns diese lieber als etwas extrem Unwahrscheinliches vor.

Auf ähnliche Weise ignorieren wir auch gerne die meisten anderen umwälzenden Ereignisse, die täglich Hunderte, Tausende und Millionen Male stattfinden. Naturkatastrophen, Wirtschaftskrisen, Betrug, Bankrott – Ereignisse, die das Leben und die Pläne verändern, finden jederzeit und überall statt. Ich bezeichne sie als *Linkskurven,* weil sie uns auf eine Straße führen, die entlangzufahren wir nicht erwarten. Und unser Weg durch das Leben scheint nur allzu oft nach links abzubiegen.

Schwäne und Schmetterlinge

Nassim Nicholas Taleb belegt in seinem *New-York-Times*-Bestseller *Der schwarze Schwan,* dass seltene und unwahrscheinliche Ereignisse weitaus häufiger eintreten, als wir vermuten. Zu seinen Beispielen gehören der Ausbruch des Zweiten Weltkriegs, die Anschläge vom 11. September und das Aufkommen des Internets. Die Auswirkungen dieser unerwarteten »schwarzen Schwäne« berührten jedes einzelne Leben auf der Erde.[13]

Überlegen Sie mal, wie viele ähnliche Geschehnisse es in Ihrem Leben gegeben hat und wie viele persönliche schwarze Schwäne Sie im Laufe Ihres eigenen Lebens geprägt haben.

Taleb sagt, unsere Blindheit gegenüber der Willkürlichkeit, insbesondere bei großen Abweichungen, gehe noch viel weiter, als wir es überhaupt bewusst erfassen können. Das führt zu dem, was der Meteorologe Edward Lorenz als »Schmetterlingseffekt« bezeichnete, der Fähigkeit scheinbar geringfügiger und beziehungsloser Ereignisse, große Veränderungen hervorzurufen. Lorenz erstellte eine Reihe von Wettermodellen, bei denen er nach der Eingabe der ursprünglichen Bedingungen winzige Veränderungen der Windgeschwindigkeit vornahm. Obwohl diese Veränderungen kaum wahrnehmbar waren – er verglich sie mit der Luftbewegung, die der Flügelschlag eines Schmetterlings erzeugt –, veränderten sich die Endresultate maßgeblich und führten schließlich zu der Vermutung, dass das Flügelschlagen eines Schmetterlings in Brasilien zu einem Hurrikan in Florida führen kann.[14] Milliarden von Schmetterlingseffekten begegnen uns in jeder Minute. Sie verändern unsere Wege stärker, als wir uns vorstellen können.

Um Alis Leben als Beispiel zu nehmen, war der schwarze Schwan der ärztliche Fehler, doch auch viele Schmetterlingseffekte führten zu der Tragödie seines Verlusts, darunter die geringe Entfernung unseres Hauses von diesem bestimmten Krankenhaus, die häufige Wiederkehr seiner leicht zu behandelnden Bauchschmerzen und der Keim, der möglicherweise die Entzündung seines Blinddarms ausgelöst hatte. All dies war Monate oder Jahre zuvor geschehen. Hätte ich das alles kontrollieren oder planen können? Nein. Kontrolle ist eine Illusion.

sehr wichtig!

Ob schwarze Schwäne und Schmetterlingseffekte, Sie haben *nichts* unter Kontrolle.

Die Bandbreite Ihrer Kontrolle

Ehe wir in tiefere Gewässer springen, sollte ich betonen, dass ich nicht die Absicht habe, Sie zu deprimieren. Wie jeder erfolgreiche

Geschäftsmann Ihnen sagen wird, entsteht Erfolg (in unserem Falle Glück) nicht, indem man unbequeme Wahrheiten ignoriert. Er entsteht durch Realismus und Objektivität beim Begreifen des Lebens mit all seinen Unvollkommenheiten. Glück entsteht aus unserer Fähigkeit, auf der Grundlage von Fakten und nicht von Illusionen durch das Leben zu steuern.

Das Eingeständnis unserer beschränkten Kontrolle sollte uns nicht in Verzweiflung stürzen. In erster Linie soll es uns auf einen realistischen Weg zum Glück führen. Es fängt alles damit an, die tatsächliche Beschaffenheit unserer Kontrolle zu verstehen. Wir glauben, wir hätten alles unter Kontrolle – unser Geld, unsere Freunde, unsere Karriere. Doch mal ganz ehrlich, wie viel Kontrolle haben Sie wirklich über jene Dinge, an denen Sie festhalten? Nehmen wir ein beliebiges Beispiel, sagen wir, Ihr Geld. Haben Sie Ihr Geld wirklich vollständig unter Kontrolle? »Natürlich«, sagen Sie, »es ist doch mein hart verdientes Geld. Ich kann damit machen, was ich will. Ich kann es nach Belieben ausgeben, spenden, investieren oder sparen.«

Ist das wirklich so? Was, wenn Ihre Bank pleitegeht? Das ist schon vorgekommen. Was, wenn die Steuern angehoben werden? Haben Sie berücksichtigt, wie die Inflation an Ihrem Geld und an Ihrer Kaufkraft knabbert, während Sie tatenlos zusehen müssen?

Auch Ihre Karriere haben Sie nicht gänzlich unter Kontrolle. Ihr Unternehmen könnte insolvent werden oder sich zu Entlassungen entschließen. Dasselbe gilt für Ihre Besitztümer, Ihre Freunde oder Ihre Gesundheit. Wir alle verlieren Dinge und Menschen, die wir lieben, und wir alle werden manchmal krank. Und das sollte Ihnen zu denken geben: Ist irgendetwas jemals vollständig kontrollierbar?

Ja, zwei Dinge gibt es da: Ihr *Handeln* und Ihre *Einstellung*.

Ihr Handeln

Als Ingenieur, Vorgesetzter und Geschäftsmann bin ich nicht gut im Kontrollieren. Jahrelang habe ich versucht, volle Kontrolle über alle

Bereiche meines Lebens zu erlangen. Bei der Arbeit wollte ich, dass jeder Mitarbeiter, jedes System und jede Zahl in vollem Umfang meinen Erwartungen entsprach. In meinem Privatleben versuchte ich, meine Frau zu kontrollieren, die Entwicklung meiner Kinder und sogar die Anzahl der Waschmaschinenfüllungen, mit der Wasser und Strom optimal genutzt wurden.

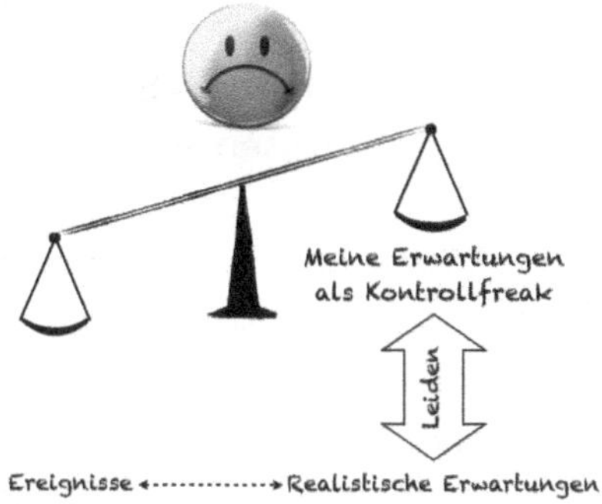

Doch egal wie sehr ich mich auch bemühte, die tatsächlichen Ereignisse widersetzten sich mir. Was tat ich also? Ich strengte mich noch mehr an. Ich befand mich in einem Zustand konstanten Leidens, und es dauerte Jahre der Zurückweisung, des Ärgers und der Frustration, um das Licht zu sehen und die Wahrheit zu akzeptieren: *Ich hatte keine Kontrolle*. Nachdem mir das bewusst geworden war, fiel eine Tonnenlast von mir ab. Ich agierte weiterhin engagiert, aber meine Besessenheit von den Ergebnissen verschwand vollkommen.

Mein erster Durchbruch erfolgte, als ein Freund mir das hinduistische Konzept der Loslösung nahebrachte, bei dem man sich bemüht, seine Ziele zu erreichen, sich aber darüber im Klaren ist, dass die Ergebnisse unmöglich vorherzusagen sind. Wenn etwas Unerwartetes passiert, fordert das Konzept der Loslösung uns auf, die neue Richtung zu akzeptieren und es erneut zu versuchen. Es gibt keine Trauer und kein Bedauern und keinen Kummer über den Kontrollverlust.

Anfangs sträubte ich mich gegen diese Unterweisung. Es war schwer, mein Schicksal dem scheinbaren puren Zufall anheimzustellen. Doch dann entdeckte ich eine wunderbare Geschichte. Um das Loslassen der Kontrolle zu üben, ließen die alten Muslime ihre Pferde unangebunden. Aber erst als sie gelernt hatten, »das Pferd anzubinden und sich dann dem Schicksal zu ergeben«, gaben sie wirklich die Kontrolle ab. Da lernte ich das, was ich als *verbindliche Akzeptanz* bezeichne.

Nicht vergessen!

Handeln Sie zunächst verantwortungsvoll, und lassen Sie dann das Kontrollbedürfnis los.

Das Schöne an der verbindlichen Akzeptanz ist, dass sie Ihnen nichts von Ihren Erfolgsaussichten nimmt. Ganz im Gegenteil: Es ist nicht Ihre Erfolgserwartung, welche die Ergebnisse antreibt; es ist Ihr umsichtiges Handeln, das sie hervorbringt.

In dem folgenden kleinen Rätsel wird dieselbe Lektion vermittelt. Mein Weg zur Arbeit hat keine Ampeln. Wenn ich die Geschwindigkeitsbeschränkungen beachte, brauche ich genau elf Minuten. Am Montag erwartete ich, in neun Minuten bei der Arbeit zu sein; am Dienstag erwartete ich, dass die Fahrt 15 Minuten dauern würde; am Mittwoch hatte ich alles unter Kontrolle und war pünktlich bei meiner ersten Besprechung; am Donnerstag war ich gestresst, sorgenvoll und zu spät; am Freitag konnte ich die Fahrt richtig genießen. Jeden Tag handelte ich so, wie ich sollte, und hielt mich exakt an die Höchstgeschwindigkeit. Wie lange habe ich an jedem Tag der letzten Woche zur Arbeit gebraucht?

Elf Minuten!

Wenn Sie genau denselben Schritten folgen, erzielen Sie immer genau dieselben Ergebnisse, ungeachtet Ihrer Erwartungen, Frustrationen, Belastungen oder Freuden. Die Qualität Ihres Handelns sollte keinen Veränderungen unterliegen, und das gilt auch für Ihre Beharrlichkeit angesichts von Herausforderungen.

Ich habe das Ausüben verbindlicher Akzeptanz zu meiner Priorität erklärt. Ich habe mich darauf konzentriert, in jeder Situation jederzeit mein Bestes zu geben. Ich setzte mir weiterhin hohe Ziele, blieb aber emotional losgelöst von den Ergebnissen. Wenn ich ein Ziel verfehlte, schaute ich zurück, lernte daraus und versuchte es erneut, als sei nichts verloren – denn es war ja auch eigentlich nichts verloren. Am Arbeitsplatz erkannte ich, dass ich nicht jeden einzelnen meiner Mitarbeiter kontrollieren konnte, ganz besonders nicht die richtig klugen. Ich konnte einen Kunden nicht zwingen, mein

Produkt zu kaufen, und ich konnte die Ingenieure nicht dazu bringen, es nach meinen Vorgaben zu bauen, oder die Finanzabteilung dazu, ihm den von mir gewünschten Preis zu geben, oder die Rechtsabteilung dazu, unkomplizierte Geschäftsbedingungen zu stellen. Jeder hatte ein anderes Ziel, und ich musste sie alle unter einen Hut bringen. Ich lernte, mein Bestes zu geben, ohne die vollständige Kontrolle auszuüben oder zu erwarten.

In meinem Privatleben mache ich es mir sogar noch leichter: Ich plane, aber ich bemühe mich nicht, über den gegenwärtigen Augenblick hinaus Kontrolle zu erlangen. Genau wie Ali habe ich gelernt, in jeder Situation mein Bestes zu tun und darauf zu vertrauen, dass sich alles zum Guten wenden wird.

Ihre Einstellung

Wenn Handlungen die sichtbaren Schalthebel des Erfolgs sind, dann ist die Einstellung der wahre Spielveränderer. Hören Sie sich dazu die Geschichte von Tim und Tom an.

Als es Zeit zum Aufstehen war, drückte Tim noch zwei Mal die Schlummertaste, dann wurde ihm klar, dass er zu seiner Verabredung um 9 Uhr zu spät kommen würde. Er sprang in Panik aus dem Bett, nur um festzustellen, dass es in Strömen regnete, was seine Verspätung vermutlich noch schlimmer machen würde. Er verzichtete aufs Frühstück und stieg ins Auto, ungeduscht und übellaunig. *Das wird ein beschissener Tag,* dachte er. So angespannt, wie er bereits war, konnte er dem Stress nichts entgegensetzen, und er wechselte die Spuren, hieb auf das Lenkrad und schrie: »Fahr doch!« Dann – KRACH – fuhr das nachfolgende Fahrzeug ihm auf. Es war nicht viel mehr als eine Berührung der Stoßstangen, doch er sprang aus dem Auto, beschimpfte den anderen Fahrer, schlug heftig auf die Motorhaube und brüllte und fluchte voller Wut. Tims Verhalten geriet so außer Kontrolle, dass er die Nacht schließlich in einer Gefängniszelle verbrachte. *Ich wusste doch, dass das ein beschissener Tag werden würde,* dachte er. Und ohne die Auswirkungen seiner eigenen Einstellung zu erkennen, fügte er in Gedanken hinzu: *Und das alles, weil es geregnet hat.*

Nun spulen wir denselben Ereignisablauf erneut ab – zwei Mal Schlummertaste und Regen –, nur dass es diesmal Tom ist, der erkennt, dass er es bis 09:00 Uhr nicht schafft. Also bereitete er sich einen guten Kaffee zu, duschte und rasierte sich und zog sein Lieblingshemd an. Dann griff er nach der CD mit Tina Turners »I Can't Stand the Rain«, denn er wusste, dass es eine lange, stockende Fahrt zur Arbeit werden würde. *Ich liebe den Regen. Und ich werde ihn heute genießen,* dachte er. Er rief die Kollegin an, mit der er verabredet war, um sich zu entschuldigen, und erfuhr, dass sie ebenfalls im Stau feststeckte. Er nippte an seinem Kaffee, während er zentimeterweise voranrückte, klopfte den Rhythmus der Musik mit und fühlte sich wirklich großartig. Dann – KRACH – berührte das nachfolgende Auto seine Stoßstange. Neugierig stieg er aus und erkannte, dass es keine große Sache war. Er lächelte die andere Fahrerin an und sagte: »Alles in Ordnung bei Ihnen?« Erleichtert kletterte sie aus ihrem Fahrzeug, und sie sah toll aus. »Hi, schön Sie kennenzulernen«, plapperte er. Sie lachte und sagte: »Schön? Aber ich bin Ihnen gerade ins Auto gefahren!« »Na ja, aber es ist ein schöner Unfall!«, erwiderte er. Da lachte sie wieder und sagte: »Mir gefällt der Song, den Sie da gerade hören.« Und so nahmen die Dinge ihren Lauf. Es fühlte sich an wie ein Ausschnitt aus einer romantischen Komödie. Der Regen trug noch zur Romantik bei, und es dauerte nicht lange, da wussten sie, dass es ein denkwürdiger Tag sein würde – alles wegen des Regens.

Was spielt der Regen überhaupt für eine Rolle?

Sehr wichtig!

Entscheiden Sie sich für Ihre Einstellung!

Ich habe mal ein Übungsseminar zum Thema Change Management besucht, bei dem wir die meiste Zeit den Film *Apollo 13* anschauten, in dem Tom Hanks den Astronauten Jim Lovell spielt. Seine Mission bestand eigentlich darin, auf dem Mond zu landen, doch zwei Tage nach dem Start explodierte ein Sauerstofftank. Plötzlich war Erfolg keine Frage einer geglückten Mondlandung mehr, sondern ob die Besatzung es jemals zurück zur Erde schaffen würde.

Es gibt einen langen Moment der Stille, als die Spannung steigt, und dann wird diese Stille von Lovells ruhiger, vertrauensvoller, *beinahe heiterer* Stimme unterbrochen: »Houston, wir haben ein Problem.« Keine Spur von Panik. Wären Sie gerade in den Raum gekommen, würden Sie annehmen, dass dieses Problem nicht mehr sein kann als eine Reifenpanne. Er beschreibt dann, was geschehen ist, und bittet um Rat, wie er mit der Situation umgehen soll. Schritt für Schritt tüftelt die Besatzung eine geniale Lösung aus, und am Ende schaffen sie es wieder zurück nach Hause.

Damit war das Seminar abgeschlossen. Der Dozent hatte dem nichts hinzuzufügen, denn Lovells gelassene und zuversichtliche Einstellung war das, was wir dort lernen sollten.

Ab und zu teilt das Leben Ihnen einfach auch mal schlechte Karten zu. Sie müssen nicht aus jeder unerwarteten Wendung der Ereignisse eine große Sache machen. Vielleicht müssen Sie einen neuen Weg einschlagen, aber es ist nichts verloren, solange Sie nicht beschließen aufzugeben. Rüsten Sie sich für all das mit der richtigen Einstellung. Wie Oscar Wilde sagte:

»Am Ende wird alles gut. Wenn es nicht gut ist, ist es noch nicht das Ende.«

Erfolgreich sein ohne Kontrolle

Planung und der Versuch, die Kontrolle zu behalten, sind grundsätzlich nicht verkehrt. Erst mit unserer Reaktion auf unerwartete

Vorkommnisse geraten wir vom Wege ab. Wenn die Umstände sich verändern, reagieren wir durch verstärkte Kontrolle in dem Bemühen, wieder aufs Gleis zurückzukommen. Stattdessen sollten wir uns die aktuelle Situation mit offener, frischer Perspektive anschauen und versuchen, neue Ereignisse zu unseren Gunsten zu nutzen, auch wenn sie jenseits unserer Kontrolle stattgefunden haben.

Wenn in der Algebra ein Parameter irrelevant für die Lösung einer Gleichung ist, nehmen wir ihn heraus. Ein Beispiel: Wenn A+C=2B+C, so spielt es für die Lösung der Gleichung keine Rolle, welchen Wert C hat. A wird immer gleich 2B sein, also können wir C so behandeln, als existiere es gar nicht, und die restliche Gleichung auflösen. C repräsentiert die Parameter, die Sie nicht kontrollieren können.

In dem Film *Das Leben ist schön* spielt Roberto Benigni einen jüdischen Vater, der gemeinsam mit seinem Sohn während des Zweiten Weltkriegs verhaftet und in ein Konzentrationslager geschickt wird. Trotz der Hoffnungslosigkeit, des Elends und des Todes, von dem sie umgeben sind, überzeugt der Vater seinen Sohn davon, dass das Lager lediglich ein kompliziertes Spiel ist, bei dem man sich durch die Ausführung bestimmter Aufgaben Punkte verdienen kann, und wer als Erster 1000 Punkte hat, gewinnt einen Panzer. Unter dem Blickwinkel betrachtet, dass alles nur ein Spiel ist, sind die Wachen bloß deshalb gemein, weil sie den Panzer selbst haben wollen, und die Zahl der Kinder (die tatsächlich in Gaskammern getötet werden) nimmt nur deshalb ab, weil sie sich verstecken, um mehr Punkte zu

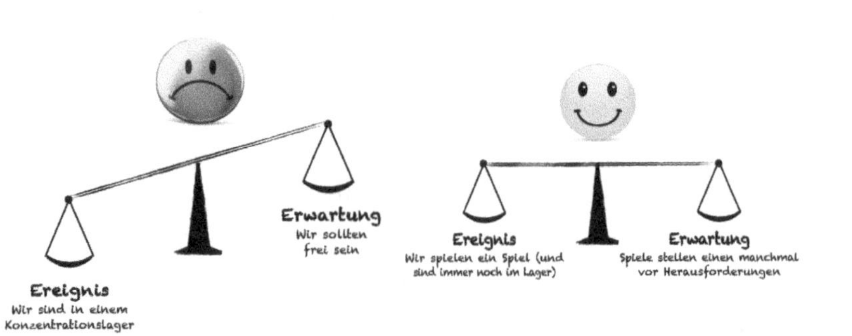

erzielen. Der Vater erkennt, dass er das Leiden seines Sohnes nicht verhindern kann; er kann nur sein Bestes tun und fröhlich und verspielt sein, um seinem Kind zum Überleben zu verhelfen.

Von Zeit zu Zeit begegnet uns allen eine unausweichliche Schwierigkeit. Wenn Sie nichts tun können, um Ihre gegenwärtigen Bedingungen zu ändern, streichen Sie die Umgebung aus Ihrer Glücksgleichung und lösen Sie sie auf, indem Sie den restlichen Teil Ihres Lebens verwenden.

Wenn das Leben schwer ist, denken manche Menschen, sie hätten das Spiel verloren, und das Leben trage den Sieg davon. Aber das Leben versucht nicht, Sie zu besiegen. Das Leben ist nicht mal ein Mitspieler – es ist *Ihr* Spiel.

Jedem von uns werden Karten ausgeteilt – einige sind gut, andere nicht so sehr. Wenn Sie sich auf die schlechten konzentrieren, geben Sie immer nur dem Spiel die Schuld. Nutzen Sie die guten, und schon sieht alles viel besser aus: Ihr Glück wendet sich, und Sie kommen voran.

Mein Glücksvorbild, Seine Heiligkeit, der Dalai Lama, ist ein leuchtendes Beispiel für diese Vorgehensweise. Er musste sein Land verlassen und ins Exil gehen. Sein Volk erlitt Gewalt und jahrelange Entbehrungen. Doch mit Weisheit und Frieden tat er, was er kontrollieren konnte, während er gleichzeitig auch alles andere akzeptierte. So wurde er zu einem Botschafter des Glücks für die ganze Welt.

Meine Einstellung

In meinem Fall war nichts hilfreicher für die Überwindung des tragischen Verlusts von Ali als das Verständnis für die Kontrollillusion. Gibt es irgendetwas in meiner Macht Stehende, um ihn zurückzuholen? Hätte ich irgendetwas tun können, um ihn zu retten? Gibt es irgendeinen Weg, noch eine weitere gemeinsame Minute zu verbringen? Würde irgendein Maß an Kummer mir die Chance geben, ihn noch einmal wiederzusehen? Nein!

Auf der Erwartungsseite meiner Glücksgleichung steht die Wahrheit: Ali ist von uns gegangen. Ich kann jetzt nur noch mein Handeln und meine Einstellung kontrollieren. Ich entscheide mich, positiv zu denken und dankbar zu sein für die Jahre, in denen er uns durch seine Anwesenheit beglückt hat. Ich entscheide mich, sein Leben mit meinem Handeln zu würdigen. Das liegt innerhalb meiner Kontrolle. Ich werde Trauer in Glück verwandeln und alles in meiner Macht Stehende tun, um sein Leben durch das Leben derjenigen fortzusetzen, die von den Beiträgen profitieren, die ich zu seinem Gedächtnis spende. Ich werde die Investitionen spenden, die ich für ihn geplant hatte, und die schicken Autos, die er nie fahren konnte. Ich werde die Tragödie in Lächeln umwandeln. Jedes Mal, wenn ich mich niedergeschlagen oder besiegt fühle, höre ich ihn eine Zeile aus dem Titelsong eines unserer liebsten Videospiele singen: »There's no sense crying over every mistake. You just keep on trying till you run out of cake.« So kann das Spiel des Lebens gewonnen werden. Das ist alles, was ich kontrollieren kann.

Kapitel 8 – Springen

Ich bin noch nie jemandem begegnet, der nicht vor irgendetwas Angst hätte. Wie ist das bei Ihnen? Manche verbergen es gut, blicken tapfer drein, und manche wissen nicht einmal, dass viele ihrer Verhaltensweisen von Angst ausgelöst sind. Aber jeder hat wenigstens eine Angst, die sein Leben bestimmt und seine Freiheit einschränkt. Der Grund dafür ist, dass die Angst die Großmutter aller Illusionen ist und sie alle beherrscht.

Selbst wenn Sie der Präsident der Vereinigten Staaten sind, der mächtigste Mensch der Welt, gibt es irgendetwas, vor dem Sie Angst haben. (Es wäre übrigens cool, wenn Sie mein Buch läsen, Mister President.)

Ich glaube, ich kann Ihnen helfen, Ihre Ängste zu besiegen, aber Sie müssen offen sein und ehrlich zu sich selbst. Es ist ein komplizierter Weg, aber ich werde Sie Schritt für Schritt durch den Prozess begleiten, damit Sie am Ende frei von den Ängsten leben können, die Sie ausbremsen.

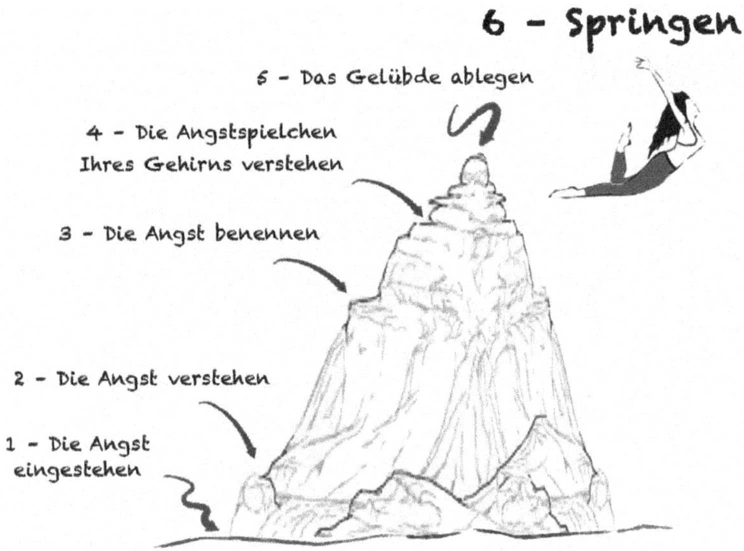

Die Angst eingestehen

Viele Menschen erkennen gar nicht das wahre Ausmaß ihrer Ängste, wie tief und wie umfassend sie sind. Doch kein Problem kann gelöst werden, solange es nicht genau identifiziert wurde, deshalb ist der erste Schritt im Umgang mit Ihrer Angst das Eingeständnis, dass Sie Angst haben.

Stellen Sie sich vor, Sie würden beschließen, nichts von dem zu tun, was Sie nächste Woche eigentlich tun sollten. Können Sie einfach nicht zur Arbeit gehen? Warum nicht? Ist es die Angst davor, die Quelle Ihres Einkommens zu verlieren? Oder machen Sie sich Sorgen darüber, was man von Ihnen denken würde? Können Sie die Türen unverschlossen lassen? Warum nicht? Haben Sie Angst, jemand könnte hereinkommen und Ihren Fernseher klauen? Fürchten Sie sich vor der Bedrohung Ihres eigenen Lebens? Können Sie aufhören, mit diesem nervigen Freund zu reden? Können Sie aufhören,

Ihre Nahrungsergänzungsmittel zu nehmen? Können Sie Ihre Krankenversicherung kündigen? Können Sie die Kinder aus der Schule nehmen? Können Sie Ihr ganzes Geld verschenken? Warum nicht? Angst!

Es ist normal, Angst zu haben. Falsch ist es nur, sich so zu verhalten, als hätten Sie keine, denn das führt zu falschen Entscheidungen. Wir erfinden gerne Gründe, um zu erklären, warum unsere Entscheidungen nicht von Angst beeinflusst werden. Wenn Ihre Beziehung nicht funktioniert, Sie jedoch unfähig sind, sie zu beenden, werden Sie eine perfekte Rechtfertigung dafür finden, in Ihrem Leiden zu verharren. »Ich will aus Liebe mit meinem Partner zusammenbleiben«, sagen Sie. Fragen Sie sich mal, was Sie täten, wenn ein anderer des Weges käme, reich und berühmt und unglaublich gut aussehend, reif und liebevoll, der Sie aufrichtig liebte und Ihnen alles gäbe, was Sie brauchen. Was, wenn es nichts zu befürchten gäbe? Würden Sie an Ihrer Beziehung festhalten? Wenn nicht, dann ist es auch keine Liebe; es ist die Angst davor, zu verlieren, was Sie haben, und die Angst vor dem Alleinsein.

Angst ist nicht immer so offensichtlich. Sie taucht in vielen verschiedenen Formen auf. Besorgnis ist ein direkter Abkömmling der Ängste, die wir verweilen lassen. Sie entsteht aus Gedanken in unserem Kopf oder aus Projektionen imaginärer Ereignisse. Frustration ist von der Angst geprägt, dass weitere Bemühungen Sie nicht ans Ziel bringen und dass dessen Nichterreichen eine schlimmere Zukunft für Sie bedeutet als bloßes Scheitern. Ekel ist die Angst vor der Interaktion mit etwas, das für potenzielles Unbehagen oder Leid steht. Trauer ist teilweise ausgelöst durch die Angst davor, wie das Leben sich nach dem Verlust gestaltet, Angst um die Sicherheit des geliebten Menschen vor dem Hintergrund der Mysterien des Todes und Angst vor dem eigenen Tod. Verlegenheit ist die Angst vor Zurückweisung aufgrund eigener vergangener Handlungen. Neid und Eifersucht werden ausgelöst durch die Angst, weniger wert zu sein als jemand anderer. Pessimismus ist die Angst, dass das Leben Ihnen immer übelwill, dass zukünftige Augenblicke schlechter sein werden als der gegenwärtige. Jede negative Empfindung, die Sie jemals haben, ist von Spuren der Angst gekennzeichnet.

Was es auch sein mag, es gibt immer irgendetwas, das jeden von uns genügend ängstigt – oder zumindest *besorgt* –, um uns in einer wiederkehrenden Routine gefangen zu halten, wodurch wir uns die Erfahrung all der verschiedenen Ausprägungen des Lebens versagen.

Aber wir geben es nicht zu. Wir glauben, Angst sei ein Zeichen für Schwäche. Sie gibt uns das Gefühl, verletzlich zu sein. Wir stellen uns stark, werfen uns in die Brust und verbergen unsere Ängste. Wir tarnen uns so lange, bis wir selbst daran glauben. Aber denken Sie mal darüber nach: Wann bläst sich ein Kugelfisch komplett auf? Aufgeblasen zu sein ist kein Zeichen für seine Tapferkeit, sondern ein Zeichen dafür, dass er Angst hat, große Angst.

Wenn es Ihnen schwerfällt, Ihre Ängste einzugestehen, stellen Sie sich eine andere Frage: *Sind Sie frei?*

Diese Frage hat mir geholfen, meinen Ängsten nach und nach auf die Schliche zu kommen. Und es gab viele davon. Es ist mir nicht länger peinlich, sie einzugestehen – sie gehören zum Menschsein dazu. Im Laufe der Jahre habe ich es geschafft, einige Ängste zu bewältigen, aber ich habe immer noch mit vielen anderen zu kämpfen. Die stärkste davon ist die große Angst vor dem Scheitern. Sie treibt mich dazu, die Dinge unproportioniert aufzublasen und mir selbst unrealistische Ziele zu setzen. In meinen persönlichen Beziehungen scheue ich keine Mühen, um sicherzustellen, dass für meine Lieben gesorgt ist und sie die ganze Zeit erkennbar glücklich sind. Falls sie es nicht sind, werden meine Ängste wach, und ich halte es für ein Zeichen meines Versagens. Seit Jahren überzeuge ich mich selbst davon, dass ich einfach ein Perfektionist bin, aber das stimmt nicht. Ich habe Angst vor dem Scheitern.

Da, ich habe es gesagt. Ich habe zugegeben, dass ich Angst habe. Jetzt sind Sie an der Reihe.

Es ist keine Atomwissenschaft: Wenn es etwas gibt, das Sie gern täten, zu dem Sie aber nicht in der Lage sind, dann sind Sie nicht *frei*, selbst wenn Sie sich nicht in einem physischen Gefängnis befinden. Denken Sie an die unsichtbaren Wände Ihrer Gefangenschaft. Nennen Sie sie, wie Sie wollen – oder nennen Sie sie einfach Angst.

Die Angst verstehen

Jede Angst entsteht aus einer konditionierten Reaktion. In den meisten Fällen ruft unsere Konditionierung eine subtile, aber ausreichende Dosis Angst hervor, die uns davon abhält, vollkommen frei zu sein, selbst wenn der ursprüngliche Grund für diese Angst nicht mehr existiert und selbst wenn die der Gefahr zugrunde liegende Realität bedeutungslos wird.

In der ersten Hälfte des 20. Jahrhunderts wurde die Psychologie von Studien über konditionierte Reaktionen dominiert. Ein bekanntes Zitat aus dem Jahr 1924 von John B. Watson, dem Vater der Verhaltenspsychologie, lautet: »Gebt mir ein Dutzend gesunde Kinder und meine eigene spezifische Welt, um sie darin groß werden zu lassen, und ich garantiere, dass ich jedes beliebige davon ausbilden kann, jede Art von Spezialist zu werden, die ich auswähle – Arzt, Rechtsanwalt, Künstler, ja sogar Bettler und Dieb.«[15]

Für Watson war das mehr als Gerede. Im Jahr 1920 führte er ein ethisch zweifelhaftes Experiment durch, um die »klassische Konditionierung« an einem neun Monate alten Baby nachzuweisen. Dem kleinen Albert wurden eine weiße Ratte, ein Kaninchen, ein Affe und verschiedene Masken gezeigt. Da er noch keine konditionierten Ängste hatte, interagierte er mit allem positiv. Sein Liebling war die weiße Ratte, bis Watson hinter Alberts Kopf mit einem Hammer auf eine Stahlstange schlug, sobald die Ratte gezeigt wurde. Das plötzliche laute Geräusch ließ Albert in Tränen ausbrechen. Dieser Vorgang wurde im Verlaufe von sieben Wochen sieben Mal wiederholt; am Ende musste Albert die Ratte nur sehen, um augenblicklich alle Anzeichen von Angst zu zeigen. Er weinte und versuchte wegzukrabbeln, selbst wenn es kein lautes Geräusch gab. Eine lebenslange Angst war erzeugt worden.

Ich habe persönlich miterlebt, wie meine zauberhafte Tochter eine Phobie entwickelte. Aya muss ungefähr ein Jahr alt gewesen sein. An einem Sommerabend saß sie auf dem Boden und spielte friedlich. Wir hatten das Fenster geöffnet, und eine fliegende Kakerlake kam herein und landete direkt vor ihr. Da sie zuvor nicht auf Angst vor Kakerlaken konditioniert war, griff Aya danach, als handele es sich lediglich um ein weiteres Spielzeug. Sie schaute Nibal an und wedelte mit der Hand, total glücklich mit ihrem »neuen Spielzeug«.

Für Nibal sind Schaben allerdings gefährlicher als eine Atomexplosion. Und ihre Reaktion war sogar noch heftiger als der Hammer, der hinter dem kleinen Albert auf eine Stahlstange krachte. Sie schrie voller Entsetzen auf, brach in Tränen aus und brüllte nach mir, damit ich helfen komme. Sekunden später war der unwillkommene Besucher weg. Es gab keine menschlichen Opfer, aber Aya war konditioniert. Jahre später, als ich Aya einen Streich spielen wollte, der mit Kakerlaken in Verbindung stand, war ihre Angst stärker geworden. Sie schrie, weinte und rannte weg. Noch heute hat sie dies als eine meiner schlimmsten Verfehlungen ihr gegenüber in Erinnerung. Tut mir leid, meine wunderbare Aya.

Die Angst benennen

Akrophobie ist die Furcht vor großer Höhe, Klaustrophobie ist die Furcht vor geschlossenen Räumen, Nyktophobie ist die Furcht vor Dunkelheit, und Trypanophobie ist die Furcht vor Injektionen oder Spritzen (eine meiner größten Ängste). Weil diese Ängste sich auf physische Dinge beziehen, sind sie deutlich erkennbar und leicht festzustellen. Aber was ist mit der Furcht vor sozialer Zurückweisung?

Einige Ängste haben eine sehr viel fließendere Definition dessen, was wir fürchten, und das macht sie viel schwerer zu bestimmen. Es gibt so viele verborgene Ängste. Wir leben mit ihnen, doch sie nagen innerlich an uns. Manche Menschen fürchten, nicht die Mittel zu haben, um das zu kaufen, was sie brauchen; sie unternehmen den endlosen Versuch, so viel anzuhäufen, wie sie nur können, doch sie fühlen sich niemals sicher, egal wie groß ihr Reichtum ist. Andere fürchten sich vor dem Verlust ihrer Freiheit; dazu kann auch der Verlust der körperlichen Beweglichkeit gehören, der Verlust der Freiheit, die eigene Meinung zu sagen, oder der Verlust der Fähigkeit, aufgrund von fremdbestimmenden Faktoren wie einem Vorgesetzten, einer Unternehmensstruktur oder sogar einer verbindlichen Beziehung wie einer Ehe freie Entscheidungen zu treffen.

Manche fürchten das Unbekannte, das Versagen oder das Verfehlen von Erwartungen. Einige fürchten Kontrollverlust; andere fürchten sich vor Einsamkeit, sozialer Zurückweisung oder Lächerlichkeit. Wir alle fürchten uns vor dem Tod, und folglich fürchten sich viele vor dem Altwerden. Die Liste ließe sich endlos fortsetzen.

Was sind Ihre Ängste? Wenn es Ihnen schwerfällt, sie einzugestehen, kann das an einer weiteren übergeordneten Angst liegen: *der Angst, sich Ihren Ängsten zu stellen.*

Viele von uns fürchten, auf grundlegender Ebene herauszufinden, wer wir wirklich sind und was wir an uns in Ordnung bringen müssen. Das Verleugnen erlaubt uns, alles auf die lange Bank zu schieben und dabei zu lernen, unser Leben in Anpassung an unsere Ängste einzuschränken. Ist das eine Ihrer Ängste? Dann ist es Zeit, ihr ins Auge zu blicken. Zeit einzugestehen, dass Sie auch nur ein Mensch sind. Und wie alle Menschen werden Sie immer irgendeine Furcht zu bewältigen haben.

Die Angstspielchen Ihres Gehirns

Die Angst davor, Ihren Ängsten zu begegnen, ist nur eins von vielen Spielchen Ihres Gehirns, um zu gewährleisten, dass Sie gehorsam sind und unter Kontrolle gehalten werden. Wenn die Spiele beginnen, versucht Ihr Gehirn, ein logisches Konstrukt zu errichten, um die wahre Quelle Ihrer Furcht dahinter zu verstecken. Sie werden jedoch feststellen, dass diese einem ganz anderen, wohl verborgenen und tief verschütteten Schmerz zugrunde liegt. Es ist nicht einfach, Ängste zu entlarven, denn sie verbergen und verwandeln sich.

In ihrer reinsten Form ist die Furcht ein Verteidigungsmechanismus, der ausgelöst wird, um Sie vor drohendem Schaden zu bewahren. Angst versetzt Sie in Alarmzustand, sodass Sie die notwendigen Aktionen ausführen können, um einen potenziellen körperlichen oder seelischen Schmerz zu vermeiden. Doch auch der Schmerz ist nur ein Mechanismus, der von Ihrem Gehirn gesteuert wird. Der Schmerz bei Berührung einer heißen Herdplatte findet überhaupt nicht in Ihrer Hand statt. Stattdessen wird ein Signal an Ihr Gehirn übertragen, das es als Schmerz kennzeichnet. Dementsprechend können Wissenschaftler die Schmerzerfahrung simulieren, indem sie bestimmte Gehirnareale aktivieren. Schmerz wird dadurch nur zu einer anderen Art von Gedanken.

In diesem Sinne könnten Sie überlegen, dass Schmerz nicht real ist, weil ein identisches Ereignis – das Berühren einer heißen Herdplatte – eine vollkommen andere Reaktion auslösen kann. Die individuelle Schmerztoleranz ist unterschiedlich und hängt von der Situation ab. Wenn wir die frühe Kindheit hinter uns gelassen haben, können wir Hunger zum Beispiel sehr viel länger aushalten, als wir es als Säuglinge geschafft haben. Bei einer klinischen Untersuchung, die im *Journal of Psychosomatic Medicine* veröffentlicht wurde, sollten die Teilnehmer ihre Hände in Eiswasser tauchen. Das Versprechen einer finanziellen Entschädigung ließ sie den Schmerz unterdrücken und ihre Hände viel länger im Wasser behalten als diejenigen, denen keine Belohnung in Aussicht gestellt worden war.[16]

Da Schmerz nur ein Gedanke ist, kann Ihr Gehirn ihn ignorieren, und Sie können lernen, ihn zu unterdrücken. So machen es Langstreckenläufer. Manchmal können Sie sogar lernen, den Schmerz zu genießen. Muskelkater nach einem guten Trainingstag ist etwas, das wir zu schätzen lernen, weil es ein Gefühl ist, das wir mit Wachstum und Verbesserung in Verbindung bringen.

Nicht vergessen!

Wenn Sie sich darauf konzentrieren, können Sie den Schmerz überwinden.

Was für körperlichen Schmerz gilt, trifft auch auf emotionalen Schmerz zu. Wir können seelischen Schmerz je nach den Umständen anders ertragen, doch die meisten Menschen lernen, ihn zu unterdrücken oder sogar zu ihrem Nutzen einzusetzen. Der Schmerz der Zurückweisung beispielsweise ist für einen Teenager viel größer als für eine ältere Person mit weniger Selbstzweifeln.

Woran liegt es also, dass wir emotionalen Schmerz im Allgemeinen nicht unterdrücken? Weil das Gehirn genau wie im Falle des physischen Schmerzes den Seelenschmerz nutzt, um Schaden von uns fernzuhalten. Der Unterschied ist, dass körperliche Schmerzen von unserem Gehirn nicht auf Kommando produziert werden können, es kann jedoch mithilfe von Grübeleien emotionalen Schmerz wiederbeleben. Und das führt zu Leid.

Das menschliche Gehirn spielt jeden schmerzlichen Augenblick der Vergangenheit und jedes mögliche Schreckensszenario der Zukunft immer und immer wieder ab, wie eine komplexe Computersimulation, um uns von Gefahren abzuhalten, ehe sie eintreten können, unabhängig von der Wahrscheinlichkeit ihres Eintretens. Jedes Mal, wenn das Gehirn in unseren Simulationen mögliche Gefahren entdeckt, verknüpfen wir sie mit einer Form der Angst, und obwohl die Gefahren selbst gar nicht sonderlich groß sein mögen, übertreibt das Gehirn die Furcht.

Sagen wir mal, Sie fürchten sich vor öffentlichem Reden. Wenn Sie nach dem Grund dafür gefragt werden, wäre Ihre ursprüngliche Antwort womöglich bloß: »Einfach so.« Gehen Sie der Sache jedoch weiter nach, über den Verteidigungsmechanismus des Gehirns hinaus, werden Sie entdecken, woher diese Angst tatsächlich kommt.

Wovor fürchten Sie sich wirklich?

Ich habe Angst, vor einem großen Publikum etwas Dummes zu sagen.

Und warum macht Ihnen das Angst?

Ich befürchte, verurteilt zu werden oder mich lächerlich zu machen. Und warum macht Ihnen das Angst?

Weil ich infolgedessen zurückgewiesen werden könnte.

Fahren Sie fort, bis es nichts mehr zu entdecken gibt. Dann haben Sie die Schichten unnötiger Ängste offengelegt, unter denen wir aufgrund eines Gehirnmechanismus leiden, den ich als sicheres Modell bezeichne.

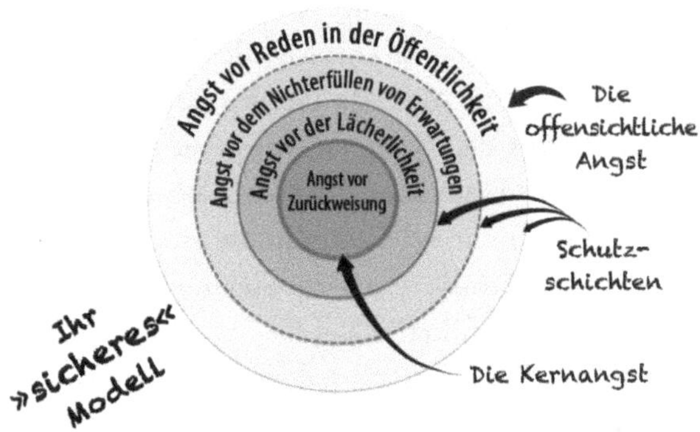

Um eine bestimmte Furcht zu vermeiden, sucht das Gehirn nach jeder möglichen Gefahr, die sie auslösen könnte – jede schmerzliche Erfahrung der Vergangenheit und jedes vorstellbare Szenario der Zukunftssorge. So ist es einfach *sicherer*, denkt Ihr Gehirn, aber ist es das wirklich?

Jede neue Befürchtung verursacht weitere, immer häufigere Unsicherheit. Anstelle einer einzigen Angst, mit der Sie zurechtkommen müssen, haben Sie jetzt ganz viele. Der Vervielfältigungseffekt verstärkt sich deutlich. Je mehr Sie zu befürchten haben, desto mehr bemüht sich Ihr Gehirn um Ihre Sicherheit. Und so setzt der Teufelskreis sich fort: *Mehr* Ängste erfordern *mehr* Schutzschichten.

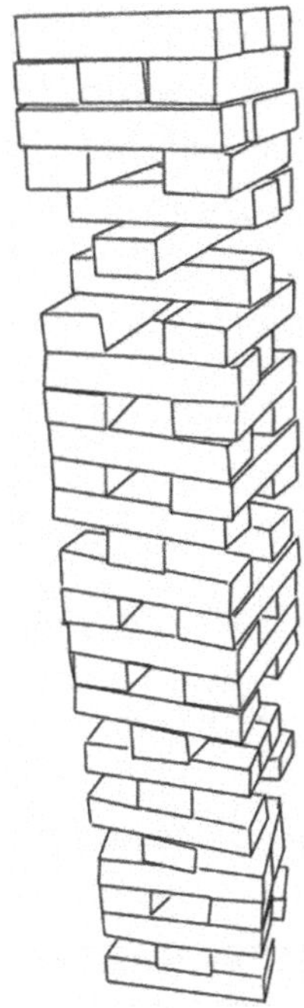

In dem hoffnungslosen Bemühen, so viel Schaden wie möglich von Ihnen fernzuhalten, konstruiert Ihr Hirn ein vermeintlich *sicheres Modell,* eine komplizierte Struktur mit einer Vielzahl von furchteinflößenden, besorgniserregenden Szenarios und weiteren Barrieren – Ängsten –, um Sie davor zu beschützen. Wir versuchen, jedes Loch zu stopfen und jeden Riss zu kitten. Doch dabei entsteht eine wacklige Konstruktion. *Je höher wir sie auftürmen, desto gefährdeter fühlen wir uns, und desto mehr Schwachstellen fördern wir zutage.* Das ist eine einfache mathematische Aufgabe: Je höher die Anzahl verwundbarer Stellen, desto mehr Schaden wird uns zugefügt.

Schicht um Schicht wird unsere Verteidigungsstruktur zur wichtigsten Quelle unserer Zerbrechlichkeit. Der wachsende Schmerz steht in keinem Verhältnis mehr zu dem Auslöser, der unserer ursprünglichen Angst zugrunde liegt. Alles wird untragbar, Angst wird zu einer Lebenseinstellung. Wenn wir uns noch mehr bemühen, unser sicheres Modell zu stabilisieren und auszubauen, scheitern wir, weil irgendein willkürliches Ereignis eintreten wird, das den einen oder anderen Teil davon in Gefahr bringt. Wann immer dies geschieht, dient es uns als Bestätigung dafür, dass unsere Angst berechtigt war, und so setzt sich der Teufelskreis fort. Das Leben wird zu einem einzigen langen Horrorfilm, und zwar ohne Werbeunterbrechungen.

sehr wichtig!

Es gibt kein sicheres Modell. Je intensiver Sie danach streben, desto mehr scheitern Sie.

Haben wir unser Modell erst mal aufgebaut, ist es schwer, es wieder loszuwerden. Wir machen das Modell zur Grundlage unserer

Erwartungen in der Glücksgleichung und vergleichen es mit dem tatsächlichen Verlauf des Lebens. Niemals passt das eine zum anderen. Wir sind enttäuscht, wir leiden und fürchten, dass nichts jemals gewiss ist.

Einfache Dinge können mühelos zu großen Bedrohungen werden,

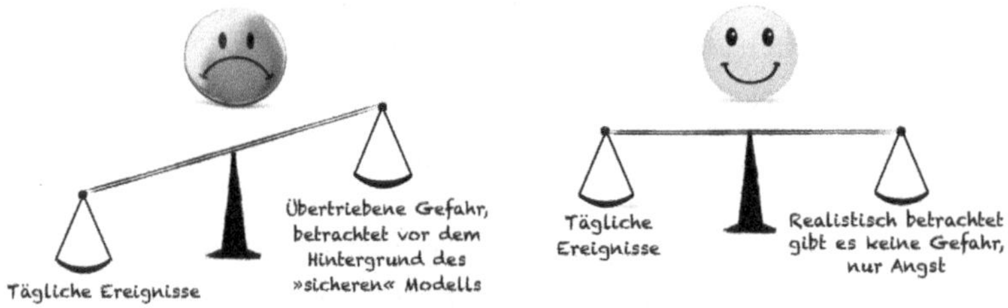

weil sie letztlich über all jene Schutzbarrieren hinweg zu Ihren größten Ängsten führen. »Wenn ich vor all diesen Leuten spreche, fange ich an zu stottern. Wenn ich stottere, nehmen sie mich nicht ernst.« »Ich kann diese Hitze nicht ausstehen. Sie lässt mein Make-up zerlaufen. Dann werden sie mich verurteilen. Wenn sie mich verurteilen, lehnen sie mich ab.« Etwas so Gutartiges wie ein warmer Tag wird zum Teil der Angst vor Ablehnung. *Alles* wird zu einem Eingriff in das sichere Modell. Wir werden ständig unglücklich, nicht weil das Leben ungerecht ist, sondern weil unsere Erwartungen von der Illusion der Angst vollkommen verzerrt sind.

Yoda, der weise Jedi-Meister aus *Krieg der Sterne*, fasst das alles zu einer Aussage zusammen: »Angst ist der Weg zur dunklen Seite. Angst führt zu Zorn. Zorn führt zu Hass, und Hass führt zu Leid.« Ich liebe Yoda.

Es gibt nur eine Möglichkeit, diesem Teufelskreis zu entkommen: Man muss ihn im Kern mit all seinen Bestandteilen zum Einsturz bringen, und zwar auf einen Schlag. Es mag Ihnen hart erscheinen, sich nach und nach mit all Ihren Ängsten zu konfrontieren, aber es ist leichter, als Sie denken.

Das Gelübde

Viele von uns machen es sich in ihrem Elend bequem und gelangen zu der Überzeugung, dass das Leben eben so ist. Wir kommen mit unseren Ängsten zurecht und wissen meist gar nicht, was es eigentlich genau ist, vor dem wir uns fürchten. Der erste Schritt auf dem Weg zu einem freien Leben ist es, Ihren Ängsten ins Auge zu sehen und sie anzuerkennen. Statt sich zu verstecken, müssen Sie sich damit konfrontieren.

Wissen Sie, wie Elefanten in Gefangenschaft gehalten werden? Durch eine kleine Kette. Diese 9000-Pfund-Giganten könnten die Kette ohne jede Anstrengung zerreißen, aber das tun sie nicht, weil die Kette sie festgehalten hat, als sie noch klein waren, und sie sind darauf konditioniert. Am Anfang haben sie versucht, sich loszureißen, aber es ist ihnen nicht gelungen, deshalb haben sie den Versuch aufgegeben. Genauso verhalten wir uns auch. Wir übertreiben unsere Ängste und geben den Versuch auf, uns zu befreien.

Ich bin fast sicher, dass Ihr Gehirn Ihnen jetzt sagt: »Aber Angst kann doch etwas *Gutes* sein. Hör nicht auf diesen Mo. Unsere Ängste sind das, was Schaden von uns abwendet. Angst hat positive Aspekte.«

Falsch! Hat sie nicht. Was uns am Leben erhält und voranbringt, sind unsere *Handlungen*, nicht unsere *Ängste*. Wenn überhaupt, werden wir von Angst gelähmt. Sie trübt unsere Urteilsfähigkeit und hindert uns daran, die bestmöglichen Entscheidungen zu treffen.

Die Furcht vor dem Versagen treibt uns nicht zu Höchstleistungen an. Sie verängstigt uns nur. Was uns wirklich den Erfolg einträgt, ist unsere harte Arbeit. Und Sie *müssen* keine Angst haben, hart zu arbeiten. Rückblickend erkenne ich, dass meine Versagensangst bei allen möglichen Erfolgserlebnissen oft das Kommando übernommen und mich veranlasst hat, voller Befürchtungen auf den nächsten Abschnitt der Reise zu schauen, und ich habe mir niemals die Chance eingeräumt, die besten Augenblicke meines Lebens zu genießen. Meine Angst hat mir unterwegs das Glücklichsein geraubt, selbst wenn es Zeit zum Feiern gewesen wäre.

Nicht vergessen!

Angst hat keine positiven Aspekte. Es sind Ihre Handlungen und nicht Ihre Ängste, die Ihnen Sicherheit geben.

Die Gedanken, die zur Angst führen, sind immer in der Zukunft verankert. Ihr Gehirn versucht Ihnen vorzumachen, dass die nächste Minute sehr wahrscheinlich schlimmer sein wird als die Gegenwart, es sei denn, Sie unternehmen etwas, um sich zu schützen. Wenn Sie verängstigt sind, glauben Sie, das Leben wolle Sie austricksen und dass Sie in Gefahr sind, falls Sie nicht etwas tun, um in Sicherheit zu bleiben.

Aber glauben Sie wirklich, dass das Leben mit all seiner Macht, mit seinen unerschöpflichen Ressourcen und uneingeschränkten Verbindungen seine nächsten Schritte nur plant, um Ihnen ein Schnippchen zu schlagen? Glauben Sie wirklich, das Kreisen der Planeten und die Lebenskreisläufe von über sieben Milliarden Menschen hätten keinen anderen Zweck, als Ihnen Angst einzujagen? Wenn das Leben Ihnen wirklich übel mitspielen wollte, glauben Sie, dass Ihre wackligen Schutzmechanismen Ihnen Sicherheit geben können? Tja, da machen Sie sich etwas vor: Sie wären im Handumdrehen vernichtet.

Nicht vergessen!

Das Einzige, was das Leben wirklich *will*, ist erlebt zu werden.

Das Leben will, dass Sie jede Geschmacksrichtung auskosten, die es Ihnen zu bieten hat. Sauer ist nicht schlechter als süß; es ist bloß anders. Das Leben versucht immer wieder, Ihre Aufmerksamkeit zu erlangen, während Sie mit aller Kraft versuchen, es draußen zu halten. Es präsentiert Ihnen ständig Erfahrungen, manche davon können Sie genießen, während Sie an anderen im Laufe Ihrer Entwicklung und Ihres Wachstums lernen können, aber Sie bleiben in Ihren Ängsten eingeschlossen und weigern sich, sie zu leben.

Seien Sie mal ehrlich: Wie oft ist Ihre schlimmste Angst wahr geworden, und wie oft hat sie das nicht getan? Wie oft hat eine glückliche Wendung des Schicksals Ihnen mehr geschenkt, als Sie erhofft hatten?

Die Zukunft ist besser, als Sie erwarten. **Das war sie immer schon. Sie wären nicht hier, wenn die Gegenwart Ihren vergangenen Ängsten entspräche, oder?**

Wenn wir in qualvollen Sorgen um die Zukunft eingeschlossen sind, vergessen wir, dass die Angst selbst ein Beweis für unser Wohlergehen ist. Denken Sie darüber nach: **Wenn Sie es sich leisten können, sich um die Zukunft zu sorgen, dann haben Sie per definitionem im Augenblick nichts zu befürchten.**

Nicht vergessen!

Jetzt in diesem Augenblick geht es Ihnen gut.

Viele Kinder weinen an ihrem ersten Tag im Kindergarten. Sie stampfen mit den Füßen auf und schreien, weil sie Angst haben. Ein paar Stunden oder Tage später geht es ihnen gut. Es gefällt ihnen sogar. Welche magische Verwandlung findet da statt? Verändert sich der Kindergarten, sodass er ihre Erwartungen erfüllt? Keineswegs. Gar nichts verändert sich. Aber wenn sie ihrer Angst ins Auge sehen, erkennen sie, dass es gar nicht übel ist, den ganzen Tag mit anderen Kindern zu spielen.

Wir tun so was immer wieder. Manche fürchten sich vor einem rüpelhaften Tyrannen, manche fürchten sich vor ihrer ersten Präsentation, manche fürchten sich, aus einer unbefriedigenden Beziehung auszubrechen, manche fürchten sich, auf einen Fremden zuzugehen und hallo zu sagen. Aber wenn wir trotz unserer Angst handeln, erkennen wir, dass es gar nichts zu fürchten gibt. Am Anfang ist es eine Herausforderung, doch sobald Sie die Angst überwunden haben, wird Ihnen bewusst, dass es die Mühe gelohnt hat.

Sind Sie bereit, sich der Herausforderung zu stellen?

Springen

Um Ihre Angst zu überwinden, müssen Sie ihr ins Auge blicken. In diesem Moment erkennen Sie, dass es nichts zu befürchten gibt.

Die einfachste Methode, alle Angstspielchen Ihres Gehirns zu umgehen, ist diese: Sobald Sie wissen, was Ihre Befürchtung ist, nehmen Sie sich vor, *ihr entgegenzutreten*. Wenn Sie sich vor öffentlichem Reden fürchten, ergreifen Sie die nächste Gelegenheit und melden Sie sich freiwillig als Redner. Sorgen Sie dafür, dass Sie keinen Rückzieher mehr machen können. *Denken Sie nicht nach. Tun Sie es einfach.* Es wird großartig. Das verspreche ich Ihnen.

Eine Reihe von einfachen Fragen leitet Sie durch die Aufgabe, Ihre Ängste zu überwinden. Da Sie Ihnen dabei helfen zu erkennen, was Ihr Gehirn vor Ihnen verborgen hält, nenne ich diese Liste **Das Verhör**.

Was ist das Schlimmste, das passieren kann?

Sobald Sie diese Frage stellen, beginnt Ihr Gehirn sich zu überschlagen und stellt sich tausend Horrorgeschichten vor. Leisten Sie keinen Widerstand. Spielen Sie mit. Lassen Sie Ihr Gehirn ruhig rotieren. Dann brechen Sie alles herunter auf den einen schlimmsten Fall. Wir sind nicht an den anderen tausend Szenarios interessiert, nur an dem absolut schlimmsten, aber realistischen Ergebnis. Nutzen Sie diese Angst als Beispiel: *Was kann schlimmstenfalls passieren, wenn ich in der Öffentlichkeit rede?*

> Es könnte extrem langweilig sein, und alle schlafen ein.
> So schlimm ist das gar nicht. Was wäre noch schlimmer?
> Sie könnten lachen.
> Ist das das Schlimmste?
> Nein, sie könnten mich ausbuhen.
> Okay, das wäre übel. Kann es noch schlimmer kommen?

Natürlich. Mein Chef könnte im Publikum sein, und ich verliere meinen Job.

Aha, jetzt kommen wir ins Gespräch. Kannst du dir ein noch schlimmeres Szenario vorstellen?

Ja, ein verrückter Heckenschütze könnte im Publikum sitzen und beschließen, mich abzuknallen.

Bleiben wir realistisch. Mal im Ernst, was ist das Schlimmste, das passieren könnte?

Hab ich dir doch schon gesagt. Ich könnte ausgebuht werden, und mein Chef ist da und schmeißt mich raus.

Okay. Ich glaube, wir sind angekommen.

Diese Fragen lassen Sie das Worst-Case-Szenario für Ihre Angst visualisieren. Ich weiß, es ist schon schrecklich, nur allein darüber nachzudenken; vergeben Sie mir bitte. Aber ich habe eine gute Nachricht für Sie. Sich den schlimmsten Fall zu vergegenwärtigen, hilft Ihnen, den untersten Punkt zu erreichen.

Und von dort aus geht es nur aufwärts.

Fangen wir an hochzugehen. Die nächste Frage könnte Sie überraschen.

Na und?

Diese Frage ist der Wendepunkt, der von der Angst wegführt und in Richtung Mut geht. Wenn ich meine Stelle verliere – na und? Wäre mein Leben dann zu Ende? Würde ich verhungern? Wenn ich ausgebuht werde – na und? Höre ich dann auf zu existieren? Abgesehen von dem Gedanken namens Scham, entsteht irgendein Schaden daraus, ausgebuht zu werden? Wenn das der schlimmstmögliche Fall ist, erkennen Sie, dass Sie überleben können, wenn Sie den damit verbundenen Schmerz ignorieren? Steigen wir weiter hoch.

Wie wahrscheinlich ist es?

Ganz ehrlich, wie wahrscheinlich ist es, dass der schlimmste Fall eintritt? Haben Sie ihn jemals erlebt? Wie oft haben Sie erlebt, dass er jemand anderem zugestoßen ist? Wie oft haben Sie entsetzliche Redner auf der Bühne gehört, und wie oft wurden sie ausgebuht? Rechnen Sie mal nach. Steigen Sie weiter hoch.

Kann ich irgendetwas tun, um dieses Szenario zu verhindern?

Das, liebe Freundin, lieber Freund, ist meine Lieblingsfrage. Denn an dieser Stelle verwandeln Sie Ihre Angst in Aktion.

Machen Sie sich an die Arbeit, und bereiten Sie sich wie verrückt vor. Halten Sie Ihre Rede 100 Mal vor dem Spiegel, vor Ihrem Ehepartner und vor dem Hund. Tun Sie das so lange, bis Sie dabei ganz locker sind. Dann tun Sie es noch mal. Gute Vorbereitung verringert zumindest noch weiter die Wahrscheinlichkeit, dass der schlimmste Fall eintritt, und gibt Ihnen das beruhigende Gefühl, Ihr Bestes getan zu haben.

Das ist übrigens der Moment, da Ihr Gehirn womöglich zu kämpfen beginnt und fragt: »Warum tust du mir das an? Mein Leben war so leicht, ehe du angefangen hast, dieses Buch zu lesen.«

Ignorieren Sie es. Sie sind fast da. Weiter geht's.

Kann ich mich wieder erholen?

Noch interessanter wird es, wenn Sie sich fragen: Was, wenn die winzige Wahrscheinlichkeit meines schrecklichsten Szenarios zur Realität wird und ich ausgebuht und gekündigt werde? Ist das eine Situation, von der ich mich wieder erholen kann? Können Sie vielleicht Ihre Ausgaben für die nächsten paar Monate einschränken? Werden

Sie eine andere Stelle finden? Das werden Sie, und hoffentlich eine mit einem besseren Chef.

Es wird ein bisschen unangenehm, das gebe ich zu, aber das geht ebenso vorüber wie jede andere unangenehme Erfahrung, die Sie in Ihrem bisherigen Leben gemacht haben.

Fühlen Sie sich jetzt besser? Wir sind dem richtigen Gedankenprozess gefolgt und haben dabei die Angst aufgedeckt, in der Ihr Gehirn sich eingeschlossen hat. Unter dieser Schreckensmaske steckt nur ein harmloses kleines Kätzchen. Der Rest ist Ihre Fantasie. Auch das schlimmste Szenario wird nicht das Ende Ihres Lebens bedeuten. Wenn Sie aktiv werden, verringern Sie die Wahrscheinlichkeit seines Eintretens sogar noch weiter. Und sollte es doch jemals geschehen, werden Sie immer eine Möglichkeit finden, wieder auf die Beine zu kommen. Was für eine Erleichterung!

Aber halt, es wird sogar noch besser. Es gibt noch mehr Stufen!

Ihr Gehirn tendiert dazu, das zu denken, was schiefgehen könnte. Auf diese Weise kann es Gefahren voraussehen und Ihr Überleben sichern. Zwei weitere Fragen können Ihnen dazu verhelfen, Ihre Gedanken von all den furchteinflößenden schlimmen Dingen auf all die guten Dinge umzulenken, die auf Sie warten, damit Sie einen großen Sprung weg von Ihrer Angst machen können.

Was passiert, wenn ich nichts unternehme?

Das ist wirklich eine gute Frage. Wie hoch ist der Preis des Status quo? Ist das ein Preis, den zu zahlen Sie bereit sind? Welchen Preis bezahlen Sie, wenn Sie in dieser schädlichen Beziehung verharren? Welcher Lebensweg wäre ein besserer? Alleine zu bleiben, auch wenn es für Ihr gesamtes restliches Leben ist (das Worst-Case-Szenario), oder sich weiterhin Schaden zufügen zu lassen? Was passiert, wenn Sie an einem Arbeitsplatz bleiben, der Sie fertigmacht? Welchen Preis müssen Sie dafür bezahlen, wenn Sie sich diesem Tyrannen nicht entgegenstellen oder sich nicht eingestehen, dass Sie Ihre Finanzen neu kalkulieren müssen?

Eins kann ich Ihnen versprechen: Was Sie erleiden müssen, wenn Sie in der Angst verharren, fügt Ihnen fast immer größeren Schaden zu, als der Angst ins Auge zu blicken. Das ist der Grund, warum Ihr Gehirn die Furcht so übertreibt: um sie zu einer größeren Gefahr zu machen als den Schmerz, den Sie augenblicklich empfinden. Das muss es tun – ansonsten würden Sie sie ja mühelos beseitigen!

Die nächste Frage ist die beste von allen.

Was ist das *Best*-Case-Szenario?

Kennen Sie diese Szene in Actionfilmen, wenn der Geheimagent einen Schalter umlegt und das Versteck des Bösewichts zu beben beginnt, um dann in einer spektakulären Explosion in die Luft zu fliegen? Genau dasselbe macht diese Frage mit der Festung Ihrer Angst, während Ihr Gehirn voller Verdruss zuschaut, sich fragt, wie Sie es geschafft haben, es in seiner Ecke zu isolieren, und plötzlich befürchtet, dass ihm die Tricks ausgehen könnten. Schlagen Sie es k.o., während es in den Seilen hängt. Gewinnen Sie diesen Kampf.

Was ist das Beste, das passieren kann? Das ist die entscheidende Frage.

Was wäre, wenn Sie Ihren Job kündigen und wieder Klavier spielen? Was wäre, wenn es den Tyrannen in die Flucht schlägt, dass Sie ihm Widerstand leisten? Was wäre, wenn alle Sterne miteinander in Einklang stünden? Würden Sie den nächsten *Harry Potter* schreiben? Und was noch wichtiger ist, wären Sie glücklich? Vieles ergibt sich einfach. Warum sollten Sie nicht obenauf sein?

Der Preis der Untätigkeit ist oft höher als der Preis, sich mit seinen Ängsten zu konfrontieren. Und wenn es gut läuft, ist dieser Vorteil das Risiko allemal wert.

Sie können sich Ihrer Angst leichter stellen, wenn Sie erkennen, dass sie übertrieben ist. Sich vorzustellen, was Sie auf der anderen Seite erwartet, gibt Ihnen die notwendige Energie, um sich aufzuraffen und aktiv zu werden. Es gibt Ihnen die Widerstandsfähigkeit, in der Hoffnung auf eine bessere Zukunft, den mit dem Prozess verbundenen Schmerz auszuhalten.

Schluss mit den Weltuntergangsszenarios Ihres Gehirns! Lehnen Sie es ab, sich weiterhin damit auseinanderzusetzen. Leben Sie jede Minute Ihres Lebens in absolutem Optimismus bezüglich des nächsten Augenblicks. Sehen Sie Ihren Ängsten ins Gesicht, einer nach der anderen, und löschen Sie sie aus. Sie waren sowieso nie real.

Es ist Zeit

Wenn Sie Ihren Befürchtungen aus dem Weg gehen, so habe ich festgestellt, lauern sie Ihnen auf und stellen sich Ihnen entgegen. Das Leben wird Sie auf die Probe stellen wie ein weiser Lehrer, eine Angst nach der anderen, um zu sehen, ob sie schon bereit sind für die nächste Lektion. Sobald Sie eine Furcht überwunden haben, ist die Prüfung bestanden, und Sie müssen sich nie wieder damit auseinandersetzen. Wenn Sie sich jedoch verstecken, kehrt die Prüfung – die Angst – immer wieder und verfolgt Sie auf Ihrem Weg.

Wie jeder andere habe auch ich mich geweigert, irgendjemandem meine Ängste einzugestehen, einschließlich mir selbst. Ich tat mutig – und log dabei. Ich fürchtete mich vor dem Scheitern. Also trieb ich mich selbst voran. Der Erfolg als Geschäftsmann war eine Antwort auf meine Angst. Wer einen großen Vertragsabschluss macht, ist erfolgreich; wer den Abschluss nicht schafft, ist ein Versager. Den größten Teil meiner Zeit verbrachte ich mit Arbeiten, und ich war regelrecht paranoid in meiner Sorge, auch nur einen einzigen Fehler zu machen.

Ich erhielt meine Angst am Leben, und so übernahm das Leben – der ultimative Lehrer – die Verantwortung und stellte mich auf die Probe. Als ich einmal eine *tierische* Meinungsverschiedenheit mit einem meiner Vorgesetzten hatte, musste ich meiner Angst ins Auge sehen. Die Situation eskalierte, und ich war nahe daran zu kündigen – oder gekündigt zu werden. Der Schmerz war nur allzu real. Arbeitslos zu sein ist die ultimative Form des Scheiterns, vor dem ich mich fürchtete. Und da erkannte ich, dass eine Veränderung gut wäre. Ich entschied mich, mitten ins Zentrum meiner Furcht vorzudringen. Meine Bereitschaft zu kündigen gab mir eine wohltuende Freiheit. Jetzt wusste ich, dass das Leben einen Weg finden würde, wenn ich meinen Job verlor. Ich verließ die Firma, und das Leben tat genau das Erwartete. Als meine Angst erst mal verschwunden war, verschwand auch die Prüfung. Heute liebe ich meine Arbeit. Es gab nichts zu befürchten.

Ich wollte das Beste für meine Familie und hatte keine größere Sorge, als ihre Erwartungen zu enttäuschen. Ich liebte die Bequemlichkeit, die Geld ihnen verschaffte, und so entwickelte ich die Angst, es zu verlieren. Ich lernte, es zu sparen und zu investieren. Ich betete es beinahe an, bis ich eines Tages eine große Fehlinvestition vornahm und beinahe alles verlor. Das Leben konfrontierte mich mit meiner Angst, und ich erkannte, dass es gar nicht so schlimm war. Ich stellte fest, dass ich viel weniger Geld benötigte, als ich geglaubt hatte, dass die an mich gestellten Erwartungen meiner Familie viel geringer waren als in meiner Vorstellung und dass das Leben auch dann einen Weg finden würde, wenn alles weg war. Ich fühlte mich befreit. Nachdem ich keine Angst mehr hatte, verschwand auch die Prüfung, und ich musste mir nie mehr wegen des Geldes Sorgen machen.

Prüfung um Prüfung verschwanden meine Ängste, bis ich eine Zeit lang das Gefühl hatte, völlig angstfrei zu leben. Ich hatte eine Menge zu verlieren, aber nichts, das zu verlieren ich mich fürchtete.

Nichts war mir wichtig, das irgendjemand mir hätte wegnehmen können. Es war ein großartiges Gefühl.

Dann starb Ali.

Keine Angst war jemals größer. Es gab niemanden und nichts im Leben, das ich stärker beschützt hätte. Ich verbarg die Angst tief in mir, aber eins meiner Kinder zu verlieren war schon immer mein größter Albtraum gewesen.

Ein letztes Mal warf das Leben mich in den Ring, damit ich meinem größten Schrecken begegnete. Der Schmerz war unerträglich. Das ist er immer noch, aber durch diesen Prozess hat das Leben meine letzte Angst ausgelöscht. Es gibt nichts mehr, das mir genommen werden kann. Mit jenem letzten Zug auf dem Schachbrett gewinne oder verliere ich. Egal wie, es wird nie wieder Angst geben.

Selbst wenn ich um das Wohlergehen von Aya bete, der Sonne meines Lebens, hoffe ich, dass diese Prüfung bestanden ist. Es ist nicht mehr notwendig, den Muttest zu machen, denn ich habe ihn bereits bestanden.

Der Tod ist die größte Angst von allen, und dem eigenen Tod ins Auge zu blicken ist die ultimative Form der Konfrontation mit den eigenen Ängsten. Ich starb, als Ali uns verließ, und das meine ich im positivsten Sinne. Das Leben rückte endlich in die richtige Perspektive. Ich verspüre ein überwältigendes Gefühl des Friedens. Es gibt nichts mehr zu verlieren; es gibt nichts mehr zu fürchten. Eckhart Tolle nennt dies »das Sterben vor dem Sterben«. Es bedeutet, das Leben in dem Bewusstsein zu führen, dass eines Tages alles vorbei sein wird, dass Sie wirklich nichts mehr haben und deshalb auch nichts zu verlieren haben.

Wie ein Marathonläufer hatte ich meine Schmerzschwelle erreicht, als Ali von uns ging. Ich weiß jetzt, dass der nächste Schritt nur ein weiterer Schritt auf dem Wege ist, bis ich im Frieden die Ziellinie erreiche.

Ich weine jedes Mal, wenn ich mich daran erinnere, dass der Preis für meine Freiheit sein Leben war. Aber auch Ali hat seinen Weg gefunden. Auch er hat seinen Frieden.

Ich weiß, dass du glücklich bist, wo immer du auch bist, Ali. Es werden einfach noch ein paar wunderbare Tage vergehen, bis ich die Umarmung bekomme, nach der ich mich sehne, und dich unsere üblichen Begrüßungsworte sagen höre: »*Ezayak ya aboya.*« Bis dann versuche ich, angstfrei zu leben. Erst dann ist die Reise vollendet.

Nicht ein einziger Tag im Leben ist es wert, in Angst zu leben. Das Leben wird Sie mit Ihren Ängsten konfrontieren, es sei denn, Sie entschließen sich, die Prüfung abzulegen, ehe sie Ihnen gestellt wird.

sehr wichtig!

Lernen Sie zu sterben, ehe Sie sterben. Es ist an der Zeit, Ihren Ängsten ins Auge zu sehen.

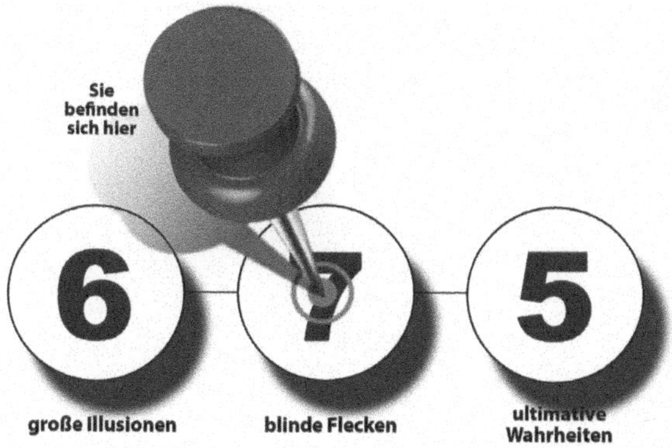

Teil 3
Blinde Flecken

7 **Blinde Flecken beeinträchtigen die Informationsverarbeitung unseres Gehirns und trüben unsere Wahrnehmung der Realität. Die sieben blinden Flecken gehen Hand in Hand mit der Neigung unseres Gehirns zum Pessimismus. Das behindert unsere Fähigkeit, die Glücksgleichung aufzulösen, und lässt uns unnötig leiden.**

Kapitel 9 – Ist das wahr?

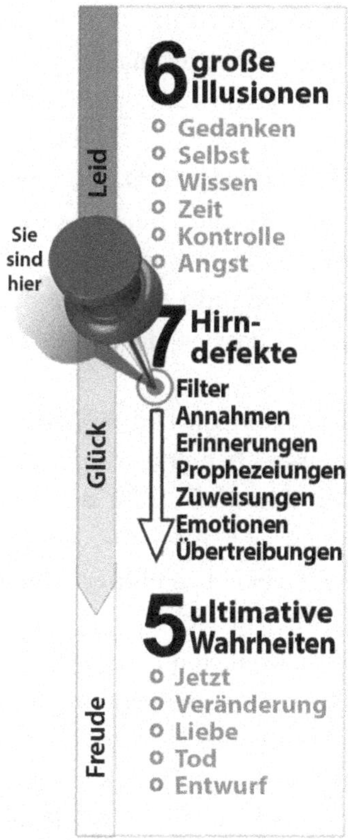

Der herausfordernden Beziehung zu unserem eigenen Gehirn liegt die Tatsache zugrunde, dass dieses Gerät vor Tausenden Jahren montiert, getestet und (fast) fertiggestellt wurde, in einer ganz anderen Umgebung mit ganz anderen Anforderungen. Funktionen, die früher einmal von Vorteil waren, blockieren nun unsere Fähigkeit zum Glück. Trotz seiner immensen Verarbeitungsleistung spuckt das menschliche Gehirn immer noch Lösungen für Gleichungen aus, die wenig mit unserer modernen Welt zu tun haben – und wenig mit Glück. Aufgrund seiner evolutionären Ursprünge ist die Welt, mit der sich Ihr Gehirn beschäftigt, alt, finster und bedrohlich. Demensprechend sind seine Strategien. Wenn wir richtig mit diesem Gerät umgehen wollen, müssen wir seine Programmierung anpassen, um es auf seine neue Betriebsumgebung einzustellen. Aber lassen Sie uns zunächst verstehen, wie alles begann.

Über den Ursprung der blinden Flecken

In dem Busch wenige Schritte hinter dem Cromagnonjäger bewegt sich ganz leicht ein Zweig. Das Geräusch weckt die Aufmerksamkeit des erfahrenen Jägers. Er hebt die Hand in Richtung seiner Leute und gibt Zeichen, sich hinzulegen und still zu sein, während er die Quelle des Geräuschs ortet. Er blinzelt, schärft sein Gehör und filtert jede andere Sinneswahrnehmung aus. Dieser Busch kriegt seine volle Aufmerksamkeit. Alles andere rückt in den Hintergrund.

Hinter ihm weht der Wind in Richtung des Busches. Das ist wohl der Grund dafür, warum er das gefürchtete Tier nicht riechen konnte. Das ist die Angriffsstrategie der Tiere. Keine Frage, das ist ein kluges Raubtier, ein Tiger vielleicht, und aufgrund der Höhe des raschelnden Zweiges *vermutet* er außerdem, dass es ein besonders großer ist.

In der Totenstille halten die Jäger den Atem an. Die Bewegung im Busch hat aufgehört, das Tier weiß, dass es bemerkt wurde. Der Steinzeitjäger *ahnt* einen bevorstehenden Kampf. Er stellt sich den Winkel und die Geschwindigkeit der Attacke genau vor. Der Angriff wird jede Sekunde erfolgen, da ist er sich sicher, also gibt er seinen Kameraden Zeichen, ein paar Schritte zurückzuweichen.

Seine Vorsicht beruht auf schmerzhaften Erfahrungen von früher. Seit er sich zum ersten Mal zur Jagd mit seinem Vater in den Dschungel gewagt hat, sind viele gute Jäger in Momenten der Unachtsamkeit wilden Tieren zum Opfer gefallen. Obwohl seitdem viele Monde vergangen sind, kann er sich immer noch daran *erinnern,* wie die Tiere sie ansprangen, ihre Opfer auf den Boden stießen und ihnen die Muskeln von den Knochen rissen. Die Erinnerung lebt auf, er sieht alles wieder vor sich, sein Herz beginnt zu rasen.

Er hat keine Zeit zu verschwenden. Die feinen Details zu verarbeiten, um die Situation besser zu analysieren, würde seine Fluchtchancen verringern. Das Risiko ist zu hoch. Er muss sich schnell entscheiden, also *ordnet* er die Situation als eindeutige und gegenwärtige

Gefahr *ein*. Da sein Leben auf dem Spiel steht, ist Schnelligkeit viel wichtiger als eine genaue Untersuchung.

Er *spürt* das überwältigende *Gefühl* der Panik in sich aufkommen. Sein Gehirn versetzt ihn in diesen Zustand, indem es seinen Körper mit Adrenalin flutet und ihn auf eine Kampf- oder Flucht-Reaktion vorbereitet.

Während die Panik zunimmt, *übertreibt* sein Gehirn und schätzt alle möglichen Szenarios viel gefährlicher ein, als sie tatsächlich sind. Das könnte eine Tigermeute sein, denkt er. Wir könnten umzingelt sein. Kämpfen ist zwecklos; wir werden alle sterben. Noch weitere Zweige geraten in heftige Bewegung. Innerhalb eines Sekundenbruchteils wendet er dem Busch instinktiv den Rücken zu und macht sich zum Losrennen bereit – während ein paar Vögel davonfliegen. Ein wenig verlegen schaut der Jäger in den Himmel und merkt, dass der Tiger nichts weiter ist als ein Vogelschwarm. Wen kümmert's, dass die letzten paar Minuten ein bisschen stressig waren, denkt sein Gehirn. Wenigstens sind wir noch am Leben.

Seit Jahrtausenden ist unser Gehirn mit sieben unglaublichen Funktionen ausgestattet, ich habe sie soeben demonstriert: Filter, Annahmen, Prophezeiungen, Erinnerungen, Zuweisungen, Emotionen und Übertreibung. In der Tat haben diese Eigenschaften früher das Überleben unserer Art gesichert. Und unsere Vorfahren haben sich über die Unannehmlichkeiten dieser Eigenschaften nicht aufgeregt, weil sie sich in einer extrem feindlichen Umgebung bewegten. Für sie war es durchaus sinnvoll, das Schlimmste anzunehmen, denn das Schlimmste trat häufig ein.

Während sich die Zivilisation entwickelte, wir die Tiger aus unseren Städten verjagten und unsere Jagdgebiete gegen den Dschungel des Arbeitsplatzes, gegen Diskos und Shoppingmalls eintauschten, haben wir nicht aufgehört, auf diese sieben Funktionen zu bauen. Aber selten nur halten wir inne und fragen uns, wie nützlich sie in dieser »neuen« Umgebung noch sind. Mit einem Schraubenzieher kann man eine Schraube festziehen oder sich ins Auge stoßen, können die Überlebensfunktionen sich in blinde Flecken verwandeln, die gegen uns arbeiten und uns unglücklich machen, insbesondere, wenn sie mit einer anderen alten Neigung einhergehen, die das Kernmerkmal des Gehirns ist.

Der Hang zur schlechten Laune

Die Art, wie unser Gehirn funktioniert, erinnert mich an mein erstes Auto, einen alten, ramponierten Gebrauchtwagen, mehr konnte ich mir nicht leisten. Das Auto hatte häufig technische Probleme – die Zündkerzen waren defekt, die Zündspule versagte und der Kühler war undicht. Dazu kam, dass das Auto nie gerade fuhr, weil die Reifen einer Auswuchtung bedurften. Das Auto war ein Wrack. Ständig traten ein oder zwei dieser technischen Störungen auf und machten Probleme. Wenn der Kühler leckte, überhitzte das Auto, und wenn die Zündkerzen den Geist aufgaben, heulte der Motor. Aber selbst nachdem ich einige der technischen Probleme behoben hatte, sorgte das Auswuchtungsproblem dafür, dass ich beim Fahren nach links abdriftete.

Dasselbe passiert mit unserem Gehirn. Oft verzerren ein oder mehrere der sieben blinden Flecken unsere Wahrnehmung. Jeder davon wirkt sich anders auf uns aus, doch unser Gehirn versucht, dem Leben Sinn zu entnehmen. Über die blinden Flecken hinaus besteht allerdings eine übergeordnete Tendenz: der Hang, schlecht gelaunt zu sein und die meisten unserer Gedanken viel zu sehr aus dem Gleichgewicht zu bringen.

Nach einer Weile wurde es gefährlich, den alten Wagen zu fahren, es sei denn, ich kümmerte mich um das Auswuchtungsproblem. Erst wenn das vom Tisch war, konnte ich mich nach und nach den anderen technischen Defekten widmen. Wie jeder gute Mechaniker führte auch meiner eine gründliche Inspektion durch, um die Ausmaße des Problems zu erfassen. Lassen Sie uns dasselbe mit Ihrem Gehirn tun.

Die Inspektion Ihres Gehirns

Lassen Sie uns Ihr Gehirn auf die Hebebühne verfrachten und zwei schnelle Tests durchführen, Check und Spur.

Check

Betrachten Sie das Bild, werfen Sie nur einen schnellen Blick darauf und schreiben Sie auf, was Sie sehen.

Ist Ihnen der Teddybär in der Hand des kleinen Mädchens aufgefallen, das aus ihrer Tasche fallende Buch oder die leere Parkuhr? Was *haben* Sie gesehen? War es das Halt-Symbol, der wegrennende Junge, das beschleunigende Auto oder das Mädchen, das sich in Gefahr begibt? Ist Ihnen der unmittelbar bevorstehende Unfall aufgefallen? So geht es den meisten.

Zoomen Sie jetzt heraus und sehen Sie den größeren Zusammenhang. Ihnen wird auffallen, dass alles in Ordnung ist. Tatsächlich parkt das Auto, ein Polizist überwacht den Verkehr, und alle sind in Sicherheit. Warum ist das nicht das Szenario, das Sie angenommen haben?

Versuchen Sie mal, die Check-Übung zu Ihrer täglichen Routine zu machen. Ihnen wird auffallen, dass Ihr Gehirn stets die Tendenz hat zu erkennen, was falsch läuft und was eine Gefahr darstellen könnte. Viel weniger wird Ihr Gehirn das aufgreifen, was richtig läuft oder was alltäglich ist. Es ist ein bisschen wie bei einem Jäger, der hinter der Bewegung eines Zweiges in einem Busch gleich einen Tiger anstatt nur ein paar Vögel vermutet.

Track

Falten Sie ein Stück Papier in der Hälfte, und markieren Sie eine Seite mit einem Pluszeichen (+) und die andere Seite mit einem Minuszeichen (–). Beobachten Sie nun Ihren inneren Dialog; achten Sie im Laufe des Tages auf jeden Gedanken, und setzen Sie je nach Art des Gedankens ein Häkchen auf eine der Seiten. Beispiele für Gedanken, die ein Häkchen auf der positiven Seite bekommen, sind: *Das Leben ist gut zu mir; sie wird mich für immer lieben; ich bin schön.* Beispiele für Gedanken, die ein Häkchen auf der anderen Seite bekommen, sind: *Ich hasse diesen Job; Schlechtes passiert immer nur mir; er ist so ein Idiot; ich bin zu dick.*

Zählen Sie jetzt die Häkchen. Bringt Ihr Gehirn hauptsächlich optimistische oder pessimistische Gedanken hervor, wertende oder kritische (negative) Gedanken?

Die meisten Menschen müssen diesen Test nicht lange machen, bevor sie verstehen, dass die Mehrheit ihrer Gedanken negativ, ängstlich, wertend und pessimistisch sind. Ist das auch bei Ihnen der Fall? Ärgern Sie sich nicht. Sie sind hier genau richtig.

Umfangreiche Forschungen belegen, **dass wir zu negativen – selbstkritischen, pessimistischen und ängstlichen – Gedanken viel stärker neigen als zu positiven Gedanken.** Der Psychologe Mihaly Csikszentmihalyi verwendet den Begriff »psychische Entropie«, um deutlich zu machen, dass Besorgnis die Grundeinstellung des Gehirns ist.[17]

Raj Raghunathan und seine Kollegen an der University of Texas haben eine Studie durchgeführt, die dem Track-Test ähnelt. Studenten wurden gebeten, zwei Wochen lang eine »brutal ehrliche« Aufzeichnung ihrer Gedanken zu führen. Die Studie ergab, dass die Gedanken eines durchschnittlichen Studenten zwischen 60 und 70 Prozent negativ waren, ein Phänomen, das als »Negativitätsdominanz« bekannt ist.[18] Dieses Verhältnis sollte nicht auf die leichte Schulter genommen werden. Laut Forschung der National Science Foundation kann sich das bis zu satten 35.000 negativen Gedanken pro Tag summieren.[19]

Aber unsere Neigung zur Negativität ist nicht auf die schiere Zahl der Gedanken beschränkt. **Wir neigen auch dazu, negativen Gedanken mehr Gewicht zu verleihen, wenn wir Entscheidungen treffen.** Die Arbeit von Roy F. Baumeister, Ellen Bratslavsky, Catrin Finkenauer und Kathleen D. Vohs zeigt, dass Menschen Entscheidungen eher aufgrund des Wunsches treffen, negative Erfahrungen zu vermeiden, als um positive Erfahrungen zu machen, ein Phänomen, das als »Prospect Theory« bekannt ist.[20] Das erklärt, wieso Sie, wenn ein Restaurant auf Yelp einmal mit einem Stern und einmal mit fünf Sternen bewertet wurde, der negativen Bewertung wahrscheinlich mehr Gewicht geben und sich gegen den Restaurantbesuch entscheiden, obwohl die Fünf-Sterne-Bewertung statistisch gesehen genauso wahr sein kann.

Auch unsere Gehirnressourcen beanspruchen wir stärker für negative Informationen. Felicia Pratto und Oliver P. John von der University of California in Berkeley haben eine Studie durchgeführt, in der die Teilnehmer gebeten wurden, eine Reihe von Wörtern, die nacheinander auf einem Computerbildschirm erschienen, laut vorzulesen. Die Wörter erschienen in verschiedenen Farben, und jedes bezeichnete ein positives oder negatives Charaktermerkmal. Die Aufgabe der Teilnehmer bestand darin, die Farbe schnellstmöglich zu benennen, das Merkmal war dabei irrelevant. Allerdings nannten sie die Farbe deutlich langsamer, wenn das gezeigte Merkmal ein negatives war. Der Unterschied bei der Reaktionslatenz zeigt an, dass die Teilnehmer bei negativen Merkmalen eine größere Aufmerksamkeit für die Verarbeitung des Merkmals an sich aufbrachten als bei positiven.[21]

Eine weitere interessante Erkenntnis war, dass die Teilnehmer ein besseres Gedächtnis für die negativen Merkmale aufwiesen als für die positiven, unabhängig vom Verhältnis der positiven zu den negativen in der Wörterreihe. Das bedeutet, dass **wir dazu neigen, uns negative Merkmale leichter einzuprägen. Infolgedessen erinnern wir uns auch eher an negative.** Wenn wir nach irgendeinem kurz zurückliegenden emotionalen Ereignis gefragt werden, berichten wir häufiger von negativen als von positiven Ereignissen. Wir neigen auch dazu zu unterschätzen, wie oft wir Positives erleben, weil wir die positiven emotionalen Erfahrungen eher vergessen als die negativen.[22]

Im gesellschaftlichen Zusammenleben **haben wir die Tendenz, negativ eingestellten Menschen mit mehr Respekt zu begegnen** als positiv eingestellten.[23] Clifford Nass von der Stanford University argumentiert, dass wir Menschen mit einer negativen Sicht auf die Welt für klüger halten als diejenigen mit einer positiven Sicht. **Auch haben wir mehr negative Begriffe in unserem Wortschatz** (dem Baustein, den wir benutzen, um unsere Gedanken zu konstruieren): Im englischen Wörterbuch sind 62 Prozent aller emotionalen Wörter negativ.

Keine dieser negativen Verzerrungen ist ein Zufall. Sie spiegeln sich deutlich in der Anordnung unseres Gehirns. Die Amygdala zum Beispiel verwendet zwei Drittel ihrer Neuronen auf das Erkennen negativer Erfahrungen, und sobald das Gehirn anfängt, nach schlechten Nachrichten zu suchen, speichert es diese sofort im Langzeitgedächtnis, während positive Erfahrungen länger als zwölf Sekunden in unserem Bewusstsein verweilen müssen, bis sie vom Kurzzeit- zum Langzeitgedächtnis übertragen werden. Rick Hanson, Senior Fellow am Greater Good Science Center an der UC Berkeley, sagt: »Das Gehirn ist wie ein Klettband für negative Erfahrungen, aber Teflon für positive.«[24]

Beweise gibt es hinreichend, und ich könnte weitere anführen, aber unterm Strich gilt:

Nicht vergessen!

Die meisten von uns neigen dazu, die meiste Zeit negativ zu sein.

Warum ist unser Gehirn bloß so schlecht gelaunt? Um das herauszufinden, müssen wir das Seminar verlassen und in die wirkliche Welt hinausgehen.

Ein sorgfältiger Anwalt

Unser Gehirn hält oft nach potenziellen Bedrohungen Ausschau. Was sollte es auch anderes tun, wenn sein alleiniger Zweck ist, Sie zu beschützen?

Stellen Sie sich mal vor, wie es wäre, wenn das Zwiegespräch in unserem alten Jägerkopf so ablaufen würde: »Chill mal, hier gibt es keine Tiger. Brauchst gar nicht nachzusehen. Lauf in die Höhle, wird schon gut gehen.« Dieses Ausmaß an Optimismus hätte uns vielleicht ein stressfreieres Leben beschert, aber wahrscheinlich auch ein erheblich kürzeres. Wenn das nackte Überleben auf dem Spiel steht, ist Vorsicht besser als Nachsicht.

Ihr Gehirn ist nicht da, um Ihnen Mut zu machen; es versucht, Sie zu beschützen. Deshalb verhält es sich oft wie ein sorgfältiger Anwalt. Mit der Aufgabe betraut, Ihr Unternehmen vor jeglichen Angriffen zu schützen, schreiben gute Anwälte Hunderte Vertragsseiten und juristische Schriftstücke, die jede Kleinigkeit vorwegnehmen, die schiefgehen könnte. Das meiste davon wird nie eintreten, aber im unwahrscheinlichen Fall, dass es das trotzdem tut, möchten sie nicht als diejenigen dastehen, die es übersehen und Ihr gesamtes Unternehmen in Gefahr gebracht haben. Weil sie unser Überleben über unser Glück stellen:

Nicht vergessen!

Unsere Gehirne kritisieren, werten und beschweren sich vorzugsweise.

Sie neigen auch dazu, die glücklichen Ereignisse zu ignorieren, da diese keinen Überlebensvorteil bieten. Das macht die meisten unserer Zwiegespräche in unseren Köpfen, na ja, schlecht gelaunt eben!

Diese schlechte Laune stellt eine Art Meinungsverschiedenheit mit dem Leben dar. Sie liefert eine Sichtweise, in der die Ereignisse der Aussicht auf ein sicheres, unbedrohtes Leben widersprechen. Berücksichtigen Sie solche Meinungsverschiedenheiten in Ihrer Glücksgleichung, und das Ergebnis ist Unzufriedenheit.

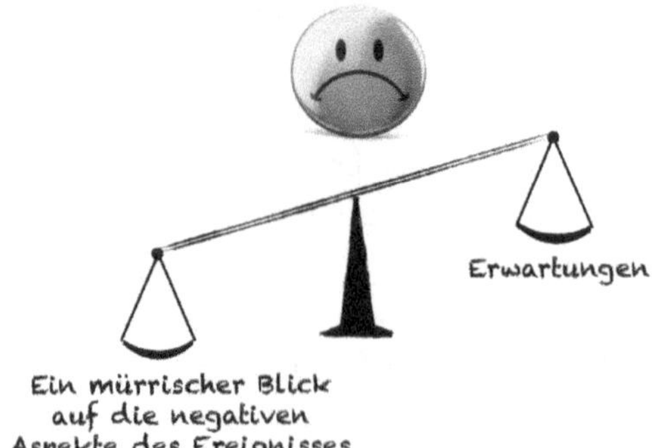

Aufgrund der blinden Besessenheit Ihres Gehirns, Sie am Leben zu halten, ignoriert es bequemerweise, was völlig offensichtlich ist: **Dass das Negative, dem wir begegnen, die Ausnahme ist, die den regulären steten Strom des Positiven unterbricht.**

Sie glauben mir nicht? Dann beantworten Sie mir bitte Folgendes: Was ist die Regel, Gesundheit oder Krankheit? Gutes Wetter oder Taifune? Wie oft müssen Sie ein Erdbeben durchleben, statt auf sicherem Boden zu stehen?

Nicht vergessen!

Das Leben besteht fast ausschließlich aus Positivem.

Die positiven Ereignisse zu ignorieren, führt zu einem schlechten Urteil. Es ist wie die schwarze Tinte auf diesem weißen Papier. Unsere Augen sind darauf trainiert, auf das Schwarze zu gucken – die Tinte –, aber das meiste, auf das wir blicken – das Papier – ist weiß.

Wenn Sie gezielt das Weiße statt das Schwarze fokussieren, werden Ihnen andere Blickwinkel und Perspektiven auffallen, die ebenfalls und vielleicht zu einem größeren Anteil vorhanden sind. Stoppen Sie die schlechte Laune.

Nicht vergessen!

Fokussieren Sie das Weiß der Seite, nicht das Schwarz der Tinte.

Die ganze Wahrheit und nichts als die Wahrheit

Lassen Sie uns nun zu den sieben blinden Flecken zurückkehren. Erinnern Sie sich, wie der Jäger auf die Bewegung des Zweiges reagiert hat? Vergleichen Sie das mit dem folgenden häufig auftretenden Szenario.

Sie kommen in Ihr Büro und legen Ihre Sachen ab, versehentlich lassen Sie dabei einen Bleistift vom Schreibtisch auf den Boden fallen. Dieses Ereignis ist, für sich genommen, unbedeutend. Ihr Gehirn könnte jedoch folgendes Zwiegespräch beginnen:

> Ich habe meinen Bleistift verloren. Ich kann ihn nirgendwo finden (*Filter*).
>
> Ich liebe diesen Bleistift (*Gefühl*). Ich kann ohne diesen Bleistift nicht leben (*Vorhersage*).
>
> Das ist mein Glücksbleistift (*Zuweisung*). Wir hatten so viele erfolgreiche Meetings zusammen (*Erinnerung*).
>
> Ohne diesen Bleistift werde ich untergehen. Meine Kinder werden nichts mehr zu essen kriegen (*Übertreibung*).
>
> Jemand hat ihn geklaut (*Annahme*). Es war Emily (*Annahme*). Sie ist gemein (*Zuweisung*).
>
> Wenn mir so was passiert, werde ich bald der Fußabtreter des Büros sein (*Prophezeiung*). Heute ein Bleistift, morgen mein Job (*Übertreibung*).
>
> Als Sie sich hinsetzen, um Ihren Schlachtplan zu entwerfen, kommt Emily vorbei und sagt: »Hey, dir ist ein Bleistift runtergefallen.«

Wir alle kennen diese Szenarios. Haben Sie jemals auf den Kommentar eines Freundes überreagiert, nur um anschließend festzustellen, dass er nicht das gemeint hat, was Sie verstanden haben? Haben Sie jemals eine zukünftige

Katastrophe vorausgesagt, ohne dass es einen echten Grund dafür gegeben hätte?

Im obigen Szenario ist es nur ein Bleistift, stimmt's? Aber die Denkweise Ihres Gehirns hat ihn zu Ihrem Fluch gemacht. Wenn unsere Gedanken ein so unbedeutendes Ereignis in ein so ernstes Drama verwandeln können, müssen wir vielleicht eine auf der Hand liegende, wenn auch selten gestellte Frage stellen:

sehr wichtig!

Wie viel von dem ständigen Gedankenstrom in meinem Kopf ist wahr?

Es gibt keinen besseren Ort, diese Frage zu beantworten, als denjenigen, der allein dem Finden der Wahrheit vorbehalten ist: einen Gerichtssaal. Aber diesmal lassen wir Ihr Gehirn nicht in seiner Komfortzone bleiben und handeln wie ein mürrischer, konservativer Anwalt. Diesmal wird Ihr Gehirn der Verdächtige sein. Sie hingegen werden die Rolle eines Geschworenen spielen, dessen Aufgabe es ist, die Wahrheit herauszufinden. In einem Gerichtssaal ist die Definition der Wahrheit, wie Sie wissen, »**die Wahrheit, die ganze Wahrheit und nichts als die Wahrheit**«.

Aufgrund dieser Definition wage ich zu behaupten, dass *nichts* von dem endlosen Gebrabbel in unserem Kopf die »reine Wahrheit« ist. ***Ja – nichts davon!*** »Das ist eine kühne Behauptung, Mo. Beweis es«, sagen Sie. Das werde ich.

Erst einmal möchte ich einen Experten in den Zeugenstand berufen, damit er uns die sieben blinden Flecken im Detail erklärt.

Filter

Unser Bild von der Welt ist immer unvollständig, weil unser Gehirn Teile der Wahrheit weglässt, um sich auf das zu konzentrieren, was es für eine Priorität hält. Was wir wahrnehmen, ist größtenteils gefiltert, übrig bleibt nur ein winziger Splitter der Wahrheit.

Die Welt überschüttet Sie jede Sekunde jeden Tages mit Informationen. Ihre Sinne geben Ihnen die Möglichkeit, jede Variable wahrzunehmen. Die Temperatur des Zimmers, die Helligkeit des Lichts, die Hintergrundgeräusche, die Bewegung einer Fliege, die Worte eines Freundes sowie Millionen andere Stimuli. Die meisten dieser Informationen sind für jedwede ihrer Entscheidungen, die Sie zu jedwedem Zeitpunkt treffen müssen, irrelevant. Ihr intellektuelles Potenzial, obwohl unübertroffen vom größten je erfundenen Supercomputer, ist trotz allem begrenzt. Infolgedessen optimiert Ihr Gehirn seine Ressourcen sorgfältig durch das Ausfiltern von Details, die für die entsprechende Situation irrelevant sind. Dies ermöglicht es ihm, sich auf die wesentlichen Daten zu konzentrieren, die für die zutreffende Entscheidung am wichtigsten sind.

Wenn Sie im Begriff sind, die Straße zu überqueren, liefert Ihnen Ihr Sehvermögen Informationen zu nahenden Autos und deren voraussichtlicher Geschwindigkeit und Richtung. Ihr Gehirn berechnet die Distanz, die Sie überqueren müssen. Mit seinem instinktiven Wissen über Trigonometrie und Dynamik berechnet es einen möglichen Kollisionspunkt. Es weist Ihre Augen an, sich zu fokussieren und nach roten Ampeln oder Verkehrsschildern Ausschau zu halten, und schärft Ihr Gehör, damit Sie das warnende Hupen der Fahrer nicht überhören. Es koordiniert Ihre Muskelbewegungen, damit Sie nach links und rechts schauen, als zusätzliche Vorsichtsmaßnahme– anschließend entscheiden Sie, einen Schritt vorwärtszugehen.

All das machen wir im Bruchteil einer Sekunde. Aber wenn Sie versuchten, diese Funktionsfähigkeit in einem Roboter zu programmieren, würden Sie schnell erkennen, wie anspruchsvoll das ist. Die Vermeidung von Hindernissen erfordert eine sehr komplexe räumliche Berechnung in Kombination mit einem hoch entwickelten Muskelkoordinationsvorgang. Und weil selbst der kleinste Fehler Ihr Leben kosten könnte, nimmt Ihr Gehirn diese Aufgabe sehr ernst und gibt ihr die volle Aufmerksamkeit. Was also macht es? Es filtert.

Während Sie die Straße überqueren, werden Sie den umliegenden Gerüchen überhaupt keine Aufmerksamkeit schenken. Sie werden auf Hupen und Sirenen horchen, die meisten anderen, irrelevanten Geräusche hingegen werden Sie stummschalten, wie etwa das Zwitschern der Vögel im Baum um die Ecke und das ferne Weinen des Babys hinter Ihnen. Wenn die nahenden Autos schnell genug sind, um Ihre volle Aufmerksamkeit zu bekommen, werden sogar eine hübsche Frau in einem kurzen Rock oder Brad Pitt die Straße auf der anderen Seite unbemerkt passieren. Ja, dermaßen effektiv ist Filtern.

Nachdem Sie das das hier gelesen haben, wird Ihnen auffallen, dass das das menschliche Gehirn Sie oft nicht darüber informiert, dass das das Wort »das« zweimal wiederholt und jedes Mal ausgefiltert wurde.

Daniel Simons und Christopher Chabris haben den selektiven Wahrnehmungstest entwickelt, um zu demonstrieren, wie dieses Filtern funktioniert. Sie baten die Teilnehmer, ein kurzes Video anzuschauen, das zwei Teams in schwarzen und weißen T-Shirts zeigt, die sich gegenseitig einen Basketball zuwerfen. Die Teilnehmer erhielten die Aufgabe, die Zahl der Pässe im weißen Team zu zählen, eigentlich nichts Schwieriges. Menschliche Gehirne aber nehmen solche Dinge sehr ernst und konzentrieren sich auf die intensivste Weise. Machen Sie den Test selbst, bevor Sie weiterlesen. Suchen Sie einfach bei YouTube »selective awareness test«.

Die meisten Zuschauer zählen die Pässe korrekt. Aber auf die Frage nach dem Gorilla (Ja, ein Mann in einem Gorillakostüm läuft etwa in der Mitte des Clips winkend durch den Bildschirm) antworteten mehr als die Hälfte von ihnen: »Welcher Gorilla?«[25]

Sie erleben diese Art des Filterns, wenn Sie ins Kino gehen. Erst fallen Ihnen die leeren Sitze auf, die Leute, der Popcorngeruch und das störende Licht des Notausgangschilds. Sobald jedoch der Film beginnt, sieben Sie all dieses belanglose Zeug aus und konzentrieren sich auf den Film. Sie nehmen Ihre Umgebung nicht mehr wahr und bemerken, wenn der Film gut ist, nicht einmal das Verstreichen der Zeit.

Filter sind dazu da, unsere Schmerzen oder emotionalen Reaktionen zu reduzieren, wenn das, was uns zustößt, unsere Bewältigungsfähigkeit überfordert. Extreme Schmerzen werden beispielsweise bei einem Knochenbruch gefiltert, damit das Gehirn sich darauf konzentrieren kann, Hilfe zu holen. Im Falle des Verlusts eines geliebten Menschen beginnt der erste Schritt des Trauerprozesses bekannterweise mit dem Leugnen, einem Mechanismus des Gehirns, um mit dem Leid umzugehen, indem es das Ereignis ausfiltert und den Verlust abtut, als wäre er nie passiert.

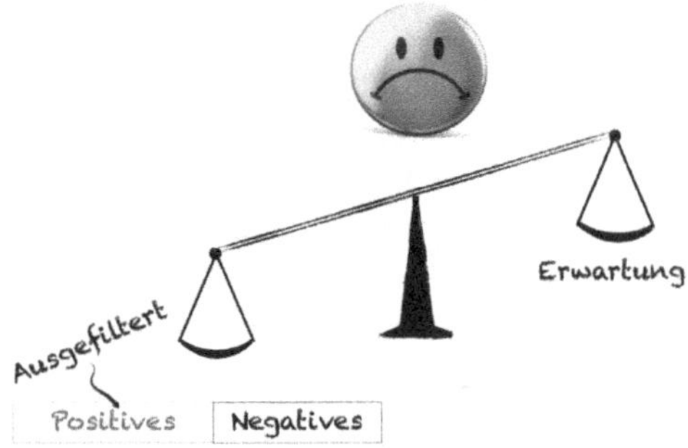

Wenn wir das Filtern ins Extrem führen, arbeitet unsere Konzentrationsfähigkeit gegen uns. Manchmal sind wir von einer Sache besessen, die uns unglücklich macht, und filtern alle positiven Signale aus, die unsere Stimmung ändern könnten. Dabei lassen wir immer mehr Signale herein, die mit unserem Filter Hand in Hand gehen und uns in unserem Unglück bestätigen. Wenn Sie die Wahrheit ausfiltern, werden die Werte für Ihre Glücksgleichung verfälscht. Sie leiden nicht, weil das Leben Ihnen das Erwartete vorenthalten hat, sondern weil Sie nicht wahrgenommen haben, was es Ihnen tatsächlich gegeben hat.

Wenn Sie es sich mal selbst ausrechnen und merken, wie viel Sie eigentlich ausfiltern, wird das Ergebnis Sie schockieren. Was Sie ausfiltern ist immer unendlich viel mehr als das, was Sie zulassen. Probieren Sie es aus. Legen Sie das Buch für einen Moment zur Seite, und schauen Sie sich um. Beachten Sie all die komplexen Details, die Sie verpasst haben – ausgefiltert haben –, während Sie sich auf die Seiten dieses Buches konzentrierten. Zählen Sie die Anzahl der Objekte, die Sie jetzt beginnen wahrzunehmen, die Farben, Gerüche und Geräusche, die Sie verdrängt haben, bis Sie Ihre Filter entfernt haben. Berechnen Sie jetzt schnell, wie viel an Wahrheit das ausmacht, und Ihnen wird einiges klar.

Nicht vergessen!

Die Geschichte, die Ihnen Ihr Gehirn erzählt, ist immer unvollständig.

Annahmen

Um seine Entscheidungen zu treffen, braucht das Gehirn einen zusammenhängenden, verständlichen Satz von Informationen. Nachdem es den Großteil der Wahrheit ausgefiltert hat, fährt es fort, die fehlenden Informationen anzunehmen. Ein falsch geschriebenes Wort zu lesen ist eine deutliche Demonstration solcher Fähigkeiten.

-s f-llt d-m G-h-rn n-cht schw-r anzunehmen, w-s h--r f-hlt.

Annahmen verzerren die Wahrheit sogar auf der physischen Ebene der visuellen Wahrnehmung. Der Begriff, den ich hier benutze, blinder Fleck, wird für gewöhnlich verwendet, wenn jemand etwas Wichtiges übersieht. In anatomischer Hinsicht bezeichnen blinde Flecken die Stellen Ihres Gesichtsfeldes, wo Sie nicht sehen können, weil Ihrer Netzhaut die nötigen Zellen fehlen, die sie mit dem Sehnerv verbinden. Ohne diese lichterkennenden Zellen wird ein Teil des Sehfelds nicht wahrgenommen; ohne die Fähigkeit Ihres Gehirns, Annahmen zu machen, würden Sie diesen Teil als schwarzen Fleck wahrnehmen. Das Gehirn interpoliert den blinden Fleck auf Basis der umliegenden Details und der verfügbaren Informationen aus dem anderen Auge, sodass der blinde Fleck durch das Bild ersetzt wird, das es wahrscheinlich enthält. Das resultierende Bild sieht zwar perfekt aus, entspricht aber nicht ganz der Wahrheit, denn Teile davon hat Ihr Gehirn erzeugt.

Das Fehlende einfach anzunehmen, ist vielleicht nichts Schlimmes, aber zu verändern, was Sie tatsächlich sehen, um die Erwartungen des Gehirns zu erfüllen, geht ein bisschen zu weit. Ein berühmtes Experiment von Edward Adelson vom MIT demonstriert, wie unser Gehirn dabei vorgeht, indem er das Bild eines Schachbretts verwendet. Welches der Quadrate ist dunkler, (A) oder (B)? Die Antwort ist klar, oder? (A) ist deutlich dunkler als (B).

Das ist leider die falsche Antwort! Werfen Sie einen erneuten Blick auf das Bild, und blenden Sie dabei alle Quadrate außer den infrage stehenden aus (Sie können das tun, indem Sie Teile des Bildes verdecken). Welches Quadrat ist jetzt dunkler? Wenn Sie das Bild auf diese Weise ansehen, erkennen Sie die Wahrheit. Der Schatten des Zylinders verdunkelt das weiße Quadrat (B), sodass seine Helligkeit der des gut beleuchteten Quadrats (A) entspricht. Aber aufgrund unserer Vertrautheit mit dem Schachbrettmuster nimmt unser Gehirn an, was die passende Schattierung von (B) sein »müsste«, und übernimmt dies als die Ansicht, die Sie am Ende tatsächlich wahrnehmen.

Das Faszinierendste an diesem Gehirntrick ist, dass Ihnen Ihr stures Gehirn nach wie vor das »angenommene« Bild liefert, wenn Sie einen erneuten Blick auf Bild eins werfen, selbst wenn Sie jetzt die Wahrheit kennen – nämlich dass beide Quadrate genau dieselbe Schattierung haben. Versuchen Sie es!

Übertragen Sie nun das Konzept des Sehens auf Gedanken im Allgemeinen, dann verstehen Sie, dass wir den ganzen Tag Annahmen treffen. Wir nehmen an, dass ein Mann stärker ist als eine Frau, dass graue Haare ein Zeichen der Weisheit sind, dass reich gleich erfolgreich ist, dass Hautfarbe ... Lassen Sie mich gar nicht erst damit anfangen. Pausenlos fallen wir diesen falschen Annahmen zum Opfer.

Und in unserer heutigen Gesellschaft mehren sich die Annahmen und verzerren unsere Realitätswahrnehmung sehr stark. Hier geht es plötzlich nicht mehr um die Bedrohungen, die von Tigern ausgehen, sondern um fiese Kollegen, untreue Partner und Wirtschaftskrisen. Solche Dinge sind derart komplex, dass es jenseits unserer Fähigkeit liegt, die unendlichen und komplizierten Details zu erfassen, die sie ausmachen. Indem wir die Lücken dieser komplexen Szenarios füllen, verwandeln sich Ereignisse in ausgefeilte Geschichten, die einen bedeutenden Teil der Wahrheit verändern. Wenn die Realität, die sich Ihrem Gehirn darbietet, lautet: »Meine Chefin hat ihr Ziel im letzten Quartal nicht erreicht«, folgern Sie möglicherweise, dass sie unter Druck ist und daher fürchtet, dass Ihre Erfolge sie ersetzbar machen. Vielleicht nehmen Sie an, dass sie etwas gegen Sie hat, und denken, nach wie vor ohne guten Grund, dass sie versuchen wird, Sie auflaufen zu lassen. Schließlich werden Sie annehmen, dass Ihre Chefin Ihr Feind ist, und sich entsprechend verhalten.

Haben Sie dagegen eine positivere Denkweise angenommen, werden Sie dieselbe Tatsache feststellen: »Meine Chefin hat ihr Ziel im letzten Quartal nicht erreicht«, und eine ganz andere Geschichte konstruieren. Sie könnten davon ausgehen, dass es notwendig für Ihr Team ist, das Quartal zu schaffen, und dass Ihre Chefin daher alles in ihrer Macht Stehende tun wird, Ihnen zum Erfolg zu verhelfen. Schließlich werden Sie annehmen, dass Ihre Chefin Ihre Verbündete ist, und sich entsprechend verhalten.

Beide Szenarios sind plausibel, aber keines der beiden ist eindeutig wahr. Beide sind nur eine Aneinanderreihung von Annahmen.

Dutzende ähnliche Situationen geschehen jeden Tag. Um Schritt zu halten, trifft unser Gehirn immer mehr und immer schnellere Annahmen – und zieht weiter. Häufig führt das zu Geschichten, die mehr Annahmen enthalten als Tatsachen.

Weil das mürrische Gehirn dazu ausgelegt ist, Ihr Überleben an oberste Stelle zu setzen, wird es leider meistens eine miese Geschichte erfinden, die Sie zwangsläufig traurig und besorgt machen wird. Aber denken Sie daran, diese Geschichten sind nicht wahr, denn:

Nicht vergessen!

Eine Annahme ist nichts anderes als eine vom Gehirn erzeugte Geschichte. Sie entspricht nicht der Wahrheit!

Vorhersagen

Unser Gehirn macht Vorhersagen, um die Lücken zu füllen. Und was ist die größte Lücke? Die Zukunft. Wir wissen überhaupt nicht, was uns bevorsteht. Die Zukunft kann sich auf eine Million verschiedene Arten zutragen. Nichts davon ist gewiss, aber das hält unser Gehirn nicht auf. Schamlos füllt es die Lücken.

Unser Gehirn kann zwei oder mehr Datenpunkte der Vergangenheit und Gegenwart verbinden und eine Art Trend voraussagen, um dann fiktive Zukunftsszenarios allein auf Basis einer Hochrechnung zu entwerfen. Wenn Ihre beste Freundin von ihrem Freund betrogen wurde und auch der heiße Typ in der morgendlichen Seifenoper *seine* Freundin betrogen hat, könnte ihr Gehirn diese beiden Punkte verbinden und einen Trend prognostizieren: *Alle* Männer sind Betrüger. Es rechnet diesen Trend dann hoch und geht davon aus, dass *Ihr* Partner Sie zwangsläufig betrügen wird. Ihr vorausschauender Motor beginnt, eine Geschichte zu entwickeln: Sie erinnern sich daran, dass Ihr Partner letzte Woche »Hallo« zu Ihrer Nachbarin gesagt hat, derjenigen, die vor einem Jahr mit ihm geflirtet hat. *Was für ein Betrug!* Sie wissen genau, wohin das führt. Sie halten Ihre Vorhersage unzweifelhaft für zutreffend und können sogar schon das Ende der Geschichte voraussagen. Ob Sie richtigliegen? Nicht im Entferntesten – aber immerhin, die Geschichte ist rund. Und hier wird es interessant.

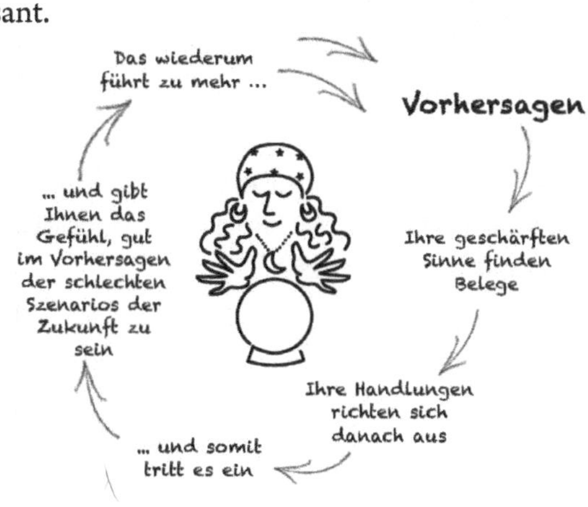

Wenn Sie davon ausgehen, dass Ihr Partner Sie betrügen wird, fangen Sie an, sich zu verhalten, als hätte er es schon getan, und dann tut er es vielleicht wirklich. Daraufhin werden Sie sagen: »Siehst du? Ich habe dir doch gesagt, dass das passieren würde. Triumph, mit meiner Vorhersage lag ich richtig!« Aber war es eine Vorhersage oder eine Ursache? Wie oft wirken unsere Zukunftsängste dabei mit, die Realität zu erschaffen, vor der wir Angst haben? Wir werden es nie wissen.

Ich weiß nur eins:

Nicht vergessen!

Die Vorhersage eines Ereignisses schafft häufig die Grundlage für sein Eintreten.

Wir extrapolieren, prognostizieren und prophezeien die ganze Zeit, und weil unsere Vorhersagen unser Verhalten verändern, bescheren sie uns oft das, was wir prognostiziert haben. Je häufiger das geschieht, desto mehr glauben wir, dass unsere Vorhersagen wahr sind. Ihr cleveres Gehirn präsentiert Vorhersagen nicht länger als mögliche Zukunftsszenarien, die möglicherweise passieren oder eben nicht passieren, sondern stattdessen als Tatsache, die Sie in Ihre Beurteilung der gegenwärtigen Ereignisse mit einbeziehen müssen – und Ihre Hoffnung auf Glück geht den Bach runter.

Aber das ist eine Tatsache:

Nicht vergessen!

Ihre Vorhersagen sind nichts anderes als von Ihrem Gehirn generierte zukünftige Möglichkeiten. Sie sind nicht passiert. Sie sind nicht die Wahrheit!

Erinnerungen

Das Gehirn blickt anschließend zurück, um unsere Wahrnehmung der aktuellen Ereignisse mit Erinnerungen aus der Vergangenheit zu vermischen. Bei der Arbeit zum Beispiel denken wir, dass etwas nicht klappen wird, nur weil wir es vorher schon probiert haben und es da nicht funktioniert hat. Solche Vorurteile lassen die Möglichkeit außer Acht, dass die Umstände des vorherigen Versuchs radikal andere waren. Die Vermischung der aktuellen Verhältnisse mit den Erinnerungen an vorherige Schwierigkeiten führt zu Entscheidungen, die nicht vollständig auf der Realität der gegebenen Situation basieren.

Wir alle vermischen auf diese Weise. Im Privatleben erschaffen wir uns häufig einen Eindruck von einer Person, der wir zum ersten Mal begegnen, auf Basis einer Erinnerung an jemanden, der ihr ähnlich sieht. Wir vermischen unsere Erinnerungen mit unserer gegenwärtigen Realität und schaffen uns eine Sichtweise, die von der Vergangenheit gefärbt ist.

Wenn Sie einen Liter reines Wasser mit einem winzigen Tropfen Tinte vermischten, wäre die entstandene Flüssigkeit, wie verdünnt auch immer, nicht mehr rein. Erinnerungen sind wie dieser Tropfen Tinte. Sie in die aktuelle Realität zu mischen, schafft eine umfassendere, vertrautere und überhöhte Geschichte, aber eine, die nicht mehr die pure Wahrheit widerspiegelt. Und es wird sogar noch schlimmer.

Wenn Sie eine unsichtbare kontaminierte Substanz in den Liter Wasser gemischt haben – sagen wir ein Virus –, ist das Risiko für Sie relativ überschaubar. Aber wenn Sie jetzt den Liter in die Hauptwasserzufuhr kippen, können Sie sicher sein, dass jeder Tropfen Ihres Wassers noch lange verunreinigt sein wird. Und leider machen wir genau das, wenn wir Erinnerungen mit der gegenwärtigen Realität verknüpfen.

Wir sehen Erinnerungen als Archive vergangener Ereignisse an, echter Ereignisse. Tatsächlich aber sind Erinnerungen nicht mehr als

Beschreibungen von Ereignissen, die wir für echt *halten*. Und weil unsere Annahmen immer von den blinden Flecken unseres Gehirns verzerrt werden, sind sie häufig unwahr. Ungeachtet ihres Wahrheitsgehaltes erweitern wir unsere Geschichten aus der Vergangenheit durch die pure Realität der aktuellen Ereignisse und schaffen damit eine gefährliche Mischung, die wir für die Wahrheit halten.

Vielleicht besuchen Sie und Ihre Freundin einen schönen Ort zum ersten Mal, streiten sich am Ende aber, womit die Erinnerung an diesen Ort als traurig protokolliert wird. Wenn Sie das nächste Mal hingehen, ist Ihre Wahrnehmung des Ortes von dieser Erinnerung kontaminiert, und Ihre Meinung darüber wird von Trauer vorgeprägt sein. Hier haben Sie Ihren verseuchten Liter. Aber es wird noch schlimmer. Sie speichern die neue Erfahrung – bestehend aus der gegenwärtigen Realität, die um die traurige Erinnerung erweitert wurde – als eine neue traurige Erinnerung, die bald in der nächsten Geschichte wiederverwendet wird. Die Fehlergrenze in Ihrer Wahrnehmung wird mit jeder Wiederholung des Zyklus der Vermischung von Vergangenheit und Gegenwart erweitert. Die endlose Schleife verzerrt schrittweise Ihre Wahrnehmung in aufeinanderfolgenden Zyklen und entfernt sich immer weiter weg von der Wahrheit.

Verunreinigen Sie nicht Ihre Wahrnehmung der gegenwärtigen Realität.

Nicht vergessen!

Ihre Erinnerungen sind nicht mehr als ein Protokoll dessen, was Sie für das Geschehene halten. Oft entsprechen sie nicht der Wahrheit!

Zuweisungen

Erinnerungen erweitern die Wahrheit um eine Reihe von Ereignissen aus der Vergangenheit. Auch Zuweisungen kommen aus der

Vergangenheit, sind allerdings wirkungsvoller. Sie nehmen die Form eines einfachen Etiketts an, ohne die Erinnerung an ein bestimmtes Ereignis als Anhang. Unsere Gehirne beurteilen und etikettieren alles, dann verwandeln sie die Ergebnisse dieser Analysen in kurze Codes, indem sie Kontext und Details entfernen. Sie nutzen diese Zuweisungen, um schnelle Entscheidungen zu ermöglichen, dabei verzichten sie auf Genauigkeit.

Ein Mann aus dem Nahen Osten mit einem langen schwarzen Bart wird automatisch für einen Terroristen gehalten. Ein regnerischer grauer Tag gilt als trübselig und ein exotisches Auto als schnell. Solche Zuweisungen sind das Ergebnis von wiederholten Assoziationen. Wenn Menschen eines bestimmten Aussehens auf Ihrem Lieblingsnachrichtensender ständig zusammen mit einem ängstlichen Moderator erscheinen, der das Wort *Terrorist* wiederholt, assoziiert Ihr Gehirn ganz einfach das eine mit dem anderen. Das ermöglicht es ihm, viel schneller zu agieren. Es muss die gesamte Analyse und die Assoziationen nicht wiederholen; stattdessen kann es mit einem einzigen schnellen Zugriff auf seine Datenbank innerhalb eines Sekundenbruchteils auf Basis der vorliegenden Zuweisung eine Entscheidung treffen.

Wenn Sie sich das nächste Mal in einer Menschenmenge befinden, achten Sie darauf, wie viele Urteile Sie in Form von Zuweisungen fällen. Sie ist *klein*. Er ist *gruselig*. Es ist *zu hell*. Das ist *zu teuer*. Was für ein *Schnäppchen*. All diese Zuweisungen reduzieren etwas oder jemanden auf eine Kategorie – Lob oder Kritik – und halten Sie gleichzeitig davon ab, näher hinzusehen und die ungeschminkte Realität zu betrachten.

Zuweisungen erfolgen instinktiv, sogar Affen nehmen sie vor. In einem berühmten Experiment wurden mehrere Affen in einen großen Käfig gesetzt, in dem ein paar Bananen von der Spitze einer Leiter hingen. Wenn ein Affe die Bananen entdeckte und die Leiter zu erklimmen begann, um sie sich zu holen, besprühte der Forscher ihn mit kaltem Wasser. Anschließend besprühte er auch alle anderen Affen. Der Affe auf der Leiter kletterte wieder herunter, während die anderen auf dem Boden saßen, nass, kalt und ziemlich unglücklich. Bald überwältigte die Versuchung nach Bananen wieder einen, und er stieg die Leiter hinauf. Und wieder besprühte der Forscher alle Affen mit kaltem Wasser. Es dauerte nicht lange, bis die Truppe ihre Lektion gelernt hatte; wenn der nächste kühne Affe versuchte, sich der Leiter zu nähern, hielten ihn die anderen schnell davon ab und schlugen ihn nieder, um zu vermeiden, besprüht zu werden. Diese Affen assoziierten den Akt des Leiterkletterns mit einem unangenehmen Erlebnis und schufen eine Zuweisung. Selbst als das Sprühen eingestellt wurde, vermieden sie es immer noch, nach den Bananen zu greifen, denn für sie war die Assoziation klar: Leiter = kaltes Wasser. Sie ließen sich etwas entgehen, weil Zuweisungen grundsätzlich einen interessanten Teil der Wirklichkeit überdecken.

Zuweisungen kommen einer weiteren Analyse zuvor, was uns dazu veranlasst, den Kontext außer Acht zu lassen. Als Klettern kaltes Wasser nach sich zog, ergab es Sinn, die Leiter zu vermeiden, aber als sich der Kontext änderte, machte die Zuweisung die Affen nur unnötig hungrig.

Wir verpassen so viel von der Wirklichkeit, weil der Kontext der Zuweisung variiert, je nach kulturellem Hintergrund, Altersgruppen und einer Million anderen Variablen. Im Westen zum Beispiel wird eine schlanke, gebräunte Frau für reich gehalten und dementsprechend etikettiert. Diese Merkmale scheinen darauf hinzuweisen, dass sie genügend Freizeit hat, sich um ihre Figur zu kümmern und Zeit in der Sonne zu verbringen. In vielen Teilen Afrikas hingegen haben reiche Frauen eher fülligere Figuren und hellere Teints; solche Merkmale weisen darauf hin, dass sie viel zu essen haben und nicht im Freien arbeiten müssen. Eine schlanke, dunkelhäutige afrikanische Frau würde wahrscheinlich als arm gelten.

Alles, was unsere Fähigkeit hemmt, mit der Wahrheit in Berührung zu kommen, hemmt unsere Fähigkeit zur Lösung der Glücksgleichung. Wenn wir Zuweisungen vornehmen, reduzieren wir die vielfältigen Möglichkeiten echter Ereignisse bestenfalls auf eine grobe Schätzung – ein spontanes Urteil, das die Wahrheit möglicherweise nicht widerspiegelt. Und jedes Mal, wenn wir etwas Falsches in unsere Glücksgleichung eingeben, lösen wir sie nicht richtig und leiden. Davon abgesehen hindern uns Zuweisungen, das Leben in vollen Zügen zu genießen, indem es sich uns nur noch in einer Hand voll verschiedener Erscheinungsformen darbietet, dabei ist die Welt in Wirklichkeit ein unendlich vielfältiges Patchwork. Wenn wir Zuweisungen vornehmen, schmälern wir den Reichtum, den uns das Leben zu bieten hat.

Ich habe einen persönlichen Bezug zu Zuweisungen, da sie der blinde Fleck sind, den Ali am wenigsten ausstehen konnte. In seinem Aufsatz für die Bewerbung an der Universität schrieb er darüber, wie er als Teenager mit supercoolen Dreadlocks auf seinen Reisen zwischen Ost und West litt. Im Westen wurde er aufgrund seines Namens, seiner Rasse und seiner Religion abgestempelt, im Osten hingegen aufgrund seines gesellschaftlich inakzeptablen Äußeren. Er schrieb: »Wie will irgendwer die Wahrheit über mich herausfinden, wenn er sich erst durch meine Rasse und meine Dreadlocks durcharbeiten muss?« Zuweisungen haben ihn allerdings nie wirklich verändert. Als er 14 war, bat ihn der Vater des Mädchens, das er sehr liebte, wegen seiner östlichen Herkunft, die Hände von seiner Tochter zu lassen. Anständig, wie er war, unterließ er die Anrufe und Nachrichten an sie über 18 Monate lang, bis diese Anständigkeit den Vater verstehen ließ, mit welchen Vorurteilen er Ali begegnet war. Irgendwann änderte der Vater dann seine Meinung und erlaubte den beiden, zusammen zu sein. Ali blieb sich treu, ungeachtet der vielen Vorurteile, denen er ausgesetzt war. Als er starb, beschrieb sein Englischlehrer ihn als »den Jungen, der unbeeindruckt seinem eigenen Rhythmus nachging«. Ich hingegen erinnere mich an den Jungen, der mir beibrachte, die Wahrheit auf die unterschiedlichsten Arten zu betrachten, nicht zuletzt so:

Nicht vergessen!

Aus dem Kontext gerissen verdecken Zuweisungen häufig die Wahrheit.

Emotionen

Emotionen machen uns menschlich, aber wenn wir sie mit Logik vermischen, können sie unsere Urteilsfähigkeit mindern. Während die meisten unserer Entscheidungen (idealerweise) von Logik geleitet werden, sind die meisten unserer Handlungen tatsächlich von Emotionen getrieben. Wir arbeiten hart aufgrund von Ehrgeiz, Liebe und Sehnsucht. Wir verstecken uns aufgrund von Angst oder Schüchternheit. Sogar scheinbar kaltherzige Politiker und Führungskräfte handeln aufgrund ihrer Gefühle von Stolz, Sorge und Angst. Unsere Gefühle sind immer da, weil sie eine entscheidende Komponente unseres Überlebensmotors sind.

Wenn der Tiger, der unsere Spezies zur Zeit des Höhlenmenschen in Angst und Schrecken versetzte, eines Tages wirklich auftaucht, ergreift ein extremes Gefühl – Panik – von Ihnen Besitz. Ihr Gehirn geht in einen Zustand höchster Aufmerksamkeit über und versteht, dass keine Zeit für einen Plausch bleibt. Es setzt Ihren normalen Gedankengang aus und widmet alle Ihre körperlichen Ressourcen der gegenwärtigen Situation. Adrenalin flutet Ihren Körper – der Moment, in dem das Wunder geschieht. Zack, Sie entfliehen der Gefahr oder stürzen sich auf den Tiger, um ihm mit einem selbstbewussten Hieb die Kehle aufzuschlitzen. Um solche Superkräfte freizusetzen, müssen Gefühle die Kontrolle übernehmen.

Heutzutage sitzt unser Gehirn trotz fehlender körperlicher Bedrohungen nicht tatenlos herum. Es beschäftigt sich, indem es sich auf Gefühle rund um imaginäre Bedrohungen einlässt. Ereignisse, über die unser Höhlenmenschvorfahre keine Sekunde nachgedacht hätte, scheinen für unser Wohlbefinden zentral. Hätte man den Höhlenmenschen fragen können, woher sein »Einkommen« kommt, hätte er ratlos geschaut und gesagt: »Morgen gehen wir jagen.« Und wenn es nichts zu jagen gibt? »Dann gehen wir am Tag danach.« Und was willst du machen, wenn du alt bist und nicht mehr jagen kannst?

»Mein Stamm geht jagen.« Und wie steht's mit deiner Krankenversicherung, den Studiengebühren der Kinder und der Altersvorsorge? »Hä?«

Wenn Sie den modernen Lebensstil mit dem der Vergangenheit vergleichen, verstehen Sie, warum das Leben so stressig geworden ist. Obschon härter, war das Leben damals viel einfacher, weil die Gefühle unserer Vorfahren mehr in Einklang mit den Regeln des Tierreiches standen. Wie wir können Antilopen Angst erleben. Wenn ein Tiger eine unmittelbare Bedrohung darstellt, verfällt die Antilope schnell von einem Zustand der Ruhe in Angst und schließlich in Panik. Ihr Herz beginnt schneller zu pumpen, und ein Wunder geschieht: Sie galoppiert schnell wie der Wind. Während der Hatz schlägt die Antilope Haken, springt in Schluchten und wieder heraus und lässt den mächtigen Tiger hinter sich. Ein paar Minuten später gelingt es ihr, sich aus der Gefahrenzone zu bewegen, und schließlich kehrt sie genauso plötzlich in ihren ruhigen Zustand zurück und bleibt stehen, um ein bisschen frisches Gras zu fressen, als wäre nichts passiert. Gleichzeitig hält sich der Tiger nicht weiter damit auf, dass ihm die Beute entkommen ist. Er macht sich nicht zum Vorwurf, dass er bei dieser letzten Linkskurve zu langsam war, und schämt sich auch nicht vor den anderen Tigern. Sobald die Beute entkommen ist, kehrt auch der Tiger in seinen ruhigen Zustand zurück und sitzt ruhig da, ohne sich an den Fliegen auf seinem Gesicht zu stören. Beeindruckend!

Wir modernen Menschen verhalten uns anders. Wir sind häufig mit irgendwelchen Emotionen beschäftigt, oftmals mit mehreren – manchmal widersprüchlichen – auf einmal. Viele dieser Emotionen versetzen uns in einen Zustand der Unzufriedenheit. Trotzdem halten wir sie am Leben – manchmal ein Leben lang –, obwohl wir ihren Einfluss nicht immer zugeben.

Diese endlose Flut menschlicher Emotionen wirft die Frage auf, ob wir so rational sind, wie wir glauben. In einem von Platons Dialogen beschreibt Phaidros die Vernunft als einen Wagenlenker, der die wütenden Emotionen der Pferde zügelt. Dieses Bild spiegelt das westliche Misstrauen gegenüber Emotionen wider, das zu einer Kultur geführt hat, die der Rationalität huldigt. Wir haben gelernt, vor allem in beruflichen Beziehungen Logik an oberste Stelle zu setzen, unsere Gefühle zu unterdrücken und sie zu verstecken, wenn sie aufkommen. Die Ironie dabei ist, dass unsere Gefühle nach wie vor die volle Kontrolle haben. Die Realität, die wir nicht anerkennen wollen, ist, dass wir eine Entscheidung zunächst auf Basis unserer Gefühle treffen und anschließend die Fakten zusammentragen, die diese Entscheidung untermauern. Wenn Sie unbedingt einen neuen Fernseher kaufen möchten, werden Sie vielleicht innerhalb weniger Sekunden zu dem Schluss kommen, dass Sie ein echtes Schnäppchen gefunden haben, und dann nach Argumenten dafür suchen. Während Sie überlegen, was die Vorteile des präsentierten Angebots sind, blenden Sie die Nachteile aus und tragen den Fernseher schließlich nach Hause. Auch das Gegenteil trifft zu. Wenn Sie einer bestimmten politischen Partei angehören, entschließen Sie sich, die Rede eines Kandidaten der Konkurrenzpartei nicht zu mögen, noch bevor er sie gehalten hat. Und anschließend sammeln Sie Beweise dafür, dass es eine schlechte Rede war. Wenn Sie all das in Betracht ziehen, realisieren Sie, dass Platons Pferde die volle Kontrolle haben. Vielleicht ist es an der Zeit, diese einfache Wahrheit anzuerkennen, damit Sie die Pferde dahin lenken können, wo Sie wirklich hinmüssen.

Nicht vergessen!

Wir sind nicht so rational, wie wir denken. Unsere Realitätswahrnehmung wird oft von irrationalen Emotionen getrübt.

Übertreibungen

Die erstaunliche Beharrlichkeit unseres Gehirns muss man einfach bewundern. Sein oberstes Prinzip lautet: *Du kannst nie vorsichtig genug sein.* Wenn die schlichte Wahrheit nicht ausreicht, uns zum Handeln zu bewegen und in Deckung zu gehen, übertreibt unser Gehirn die Wahrnehumg, um unsere Aufmerksamkeit auf sich zu ziehen.

Und Übertreibung funktioniert. Sie wirkt auf Sie – und auf alle anderen Lebewesen dieser Erde. Es ist nicht schwer, eine Laborratte dazu zu erziehen, ein Rechteck von einem Quadrat zu unterscheiden. Sie müssen ihr dafür bloß jedes Mal Käse geben, wenn sie das Rechteck aussucht. Diese Assoziation verstärkt das Verhalten, und bald wird sie jedes Mal das Rechteck aussuchen. Sobald die Ratte diese Vorliebe entwickelt, können Sie eine Eigenschaft namens »Spitzenverschiebung« beobachten, eine Präferenz für »übertriebene« – längere, schmalere – Rechtecke. Was das Nagetier zu erkennen gelernt hat, ist nicht ein bestimmtes Rechteck, sondern Rechteckigkeit an sich: Je rechteckiger eine Form ist, desto mehr Aufmerksamkeit wird ihr zuteil. Die stärksten Reaktionen erfolgen auf die übertriebensten Abweichungen von der Norm.[26]

Diese Eigenschaft führt dazu, dass weibliche Pfauen Männchen mit langen Schleppen bevorzugen und dass die stärksten männlichen Löwen oder Gorillas alle Weibchen abkriegen. Und bei hochentwickelten Spezies wirken Spitzenverschiebungen sogar noch intensiver. Frauen, die auf der Suche nach einem passenden Vater für ihre Nachkommen sind, werden einen Partner mit guten Genen und Stabilität attraktiv finden. Sie fühlen sich zu großer, sichtbarer physischer Stärke hingezogen, Anzeichen für gute Gene, aber auch zu erkennbarem Reichtum, steiler Karriere und Erfolg. Je extremer diese Eigenschaften sind, desto stärker die Anziehung. Daher der Erfolg der Industrien, die ihre Marken als Statussymbole für Reichtum und Erfolg anpreisen. Männer dagegen werden instinktiv von Frauen mit übertriebenen Körpermaßen angezogen, die auf Furchtbarkeit hinweisen. Sie fühlen sich zu größeren, na ja, Sie wissen schon, was ich meine – Merkmalen hingezogen. Daher auch der enorme Erfolg der plastischen Chirurgie.

Aber diese Extreme sind nicht zwingend echte Eigenschaften. Vielleicht sind sie nur übertriebenes Schauspiel, ohne mit echtem Reichtum oder mit Fruchtbarkeit einherzugehen. Die Übertreibung täuscht uns, aber wichtiger noch: Sobald das Negative übertrieben wird, führt es zu Leid.

Wenn ein negatives Ereignis übertrieben wird, machen wir uns Sorgen, selbst wenn es statistisch unwahrscheinlich ist, dass es uns Schaden zufügt. Flugzeugabstürze, Haiangriffe oder Terrorismus beschäftigen unsere Gedanken, während alltägliche Gefahren, die Tausende das Leben kosten, unbemerkt bleiben. Der Princeton-Professor und Nobelpreisträger Daniel Kahneman nennt das »Verfügbarkeitsheuristik«: Wenn Sie an einen Zwischenfall denken, in dem ein Risiko bestätigt wird, werden Sie – Ihr Gehirn – seine Wahrscheinlichkeit übertreiben. »Irgendwie erhöht sich die Wahrscheinlichkeit eines Unfalls [in Ihrer Wahrnehmung], nachdem Sie ein umgekipptes Auto am Straßenrand gesehen haben«, sagt Kahneman.[27]

Auf der anderen Seite werden nicht übertriebene Ereignisse ungeachtet ihres wahren Ausmaßes verkannt. Denken Sie an Ereignisse, die wenig Medienaufmerksamkeit erhalten. Paul Slovic, Professor für Psychologie an der University of Oregon, sagt: »Bei den Anschlägen vom 11. September sind 3.000 Menschen an einem Tag gestorben, aber 1994 wurden in Ruanda 800.000 Menschen in 100 Tagen ermordet – das sind 8.000 pro Tag, 100 Tage lang –, und die Welt hat darauf überhaupt nicht reagiert.«[28]

Indem sie ihre übertriebenen Ansichten in unseren Köpfen verbreiten, nutzen unsere Gehirne die Spitzenverschiebung und die Verfügbarkeitsheuristik, um unsere Aufmerksamkeit zu erregen. Und wenn es ihnen gelingt, unsere Konzentration zu erlangen, ist der Preis, den wir am Ende zahlen, unnötiges Leid. Wir deuten zu viel in den Kommentar eines Freundes hinein, übertreiben das Risiko, arbeitslos zu werden, und blähen Ängste und Sorgen auf. In einer modernen, zu lauten Welt gerät die Übertreibung außer Rand und

Band und überzeichnet einen beträchtlichen Anteil dessen, was unsere Gehirne als Wahrheit präsentieren.

Übertreibungen jeglicher Art verzerren unsere Erwartungen und zerstören unsere Lebenszufriedenheit, egal, wie angenehm das Leben tatsächlich ist. Übertriebene Ansichten können Sie nur unglücklich machen. Wichtiger aber ist, dass sie nicht einmal zutreffend sind. Übertreibung bedeckt die Realität mit Schichten von Erfundenem, und das führt zur Lüge.

Nicht vergessen!

Was mehr als die Wahrheit ist, ist alles andere als wahr.

Schlussbemerkungen

Im Strafrecht ist ein Angeklagter unschuldig, bis er sich als schuldig erwiesen hat. Aber bei unserem Gehirn ist das nicht der Fall. **Im »Gehirnrecht« ist Ihr Gehirn schuldig, bis es sich als unschuldig erwiesen hat!**

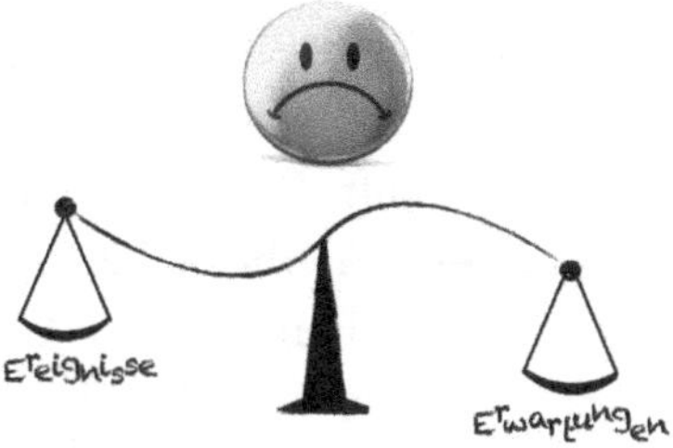

Das Leben durch die Brille unserer blinden Flecken gesehen

Shawn Achor, Professor für Positive Psychologie in Harvard, sagt: »Wir stellen fest, dass es nicht zwangsläufig die Realität ist, die uns ausmacht, sondern die Brille, durch die Ihr Gehirn die Welt betrachtet, macht Ihre Realität aus. Weiß ich alles über Ihre Außenwelt, kann ich nur 10 Prozent Ihres langfristigen Glücks vorhersagen. 90 Prozent Ihres langfristigen Glücks werden nicht durch die Außenwelt bestimmt, sondern durch die Art und Weise, wie Ihr Gehirn die Welt verarbeitet.«[29]

Das Ungleichgewicht zwischen Ereignissen und Erwartungen in Ihrer Glücksgleichung hat häufig damit zu tun, wie Sie Ihr Denken mit falschen Informationen versorgen, nicht mit dem Leben und

was es Ihnen wirklich bietet. Die Ereignisse, die wir mit einrechnen, sind verzerrt und unsere Erwartungen überzogen. Beide Seiten der Gleichung sind fehlerhaft – aber ein Fehler hebt den anderen nicht auf. Zwei Fehler machen die Dinge tatsächlich einfach nur sehr falsch! Also genug des unnötigen Leidens.

Bringen Sie Ihrem Gehirn bei, die Wahrheit zu sagen, die ganze Wahrheit und nichts als die Wahrheit.

Debuggen Sie den Gehirncode

Wie jedes Softwareprogramm folgt unser Gehirn fest eingebauten Routinen. Hat das Programm einen Fehler, führt es den gleichen suboptimalen Prozess wieder und wieder aus, jedes Mal, wenn das Programm läuft. Der schwierige Teil des Programmierens ist, den Fehler zu finden. Aber sobald man das Problem erkennt, ist es in der Regel leicht zu beheben. Das Gleiche gilt für unsere Gehirne.

Das Filtern ist als Fehler leicht zu erkennen, wenn Sie daran denken, dass nichts, was Sie wahrnehmen, jemals vollständig ist. Es gibt immer noch mehr zu entdecken. Wenn Ihnen auffällt, dass Ihr Gehirn eine Reihe komplexer Ereignisse in einem kurzen Satz zusammenfasst oder obsessiv um einen bestimmten Gedanken kreist, fragen Sie es: »Welchen Teil der Sache lässt du aus, Gehirn? Gibt es noch etwas, das ich wissen muss, bevor ich eine Entscheidung fälle?« Ihr Gehirn ist nur ein Werkzeug. Stellen Sie diese Fragen, und es wird Ihnen antworten. »Oh, ich habe vergessen, dir Folgendes mitzuteilen«, wird es sagen. Fragen Sie wieder und wieder, bis Sie so viel wie möglich von der Wahrheit sehen, um einen objektiven Eindruck zu bekommen.

Die nackte Wahrheit ohne Annahmen zu erkennen, beginnt mit dem Herausfiltern dessen, was Sie mithilfe der sinnlichen Wahrnehmung verifizieren können. Wenn Sie es nicht sinnlich wahrgenommen haben, erfinden Sie es. Eine einfache Methode, Annahmen zu erkennen, ist zu verstehen, dass wahre Ereignisse in unserem Leben mit Begriffen wie *ich habe gesehen, ich habe gehört, mir wurde gesagt* und *ich habe bemerkt* beschrieben werden, während die Geschichten, die wir erfinden, Formulierungen enthalten wie *ich schätze, ich fühle, ich nehme an, ich denke* und sogar *ich bin mir sicher.*

Diese Art der sprachlichen Wachsamkeit hilft Ihnen auch, Erinnerungsfehler zu identifizieren. Erinnerungen tauchen in Ihrem Kopf in der Vergangenheitsform auf. Gedanken wie *so war es früher* und *ich kannte ihn schon, als* und *das waren noch Zeiten* sind Beispiele für Gedanken, die in der Vergangenheit verankert sind.

Vorhersagen hingegen werden in der Zukunftsform ausgedrückt. Nehmen Sie sie als das, was sie sind: gehaltlose Vorhersagen. Wenn etwas noch nicht passiert ist, ist es nur eine Prophezeiung, nicht die Wahrheit, egal wie überzeugt Sie sind, dass es passieren wird.

Zuweisungen tauchen normalerweise in Form von kurzen, zugespitzten, aber selbstbewussten Urteilen auf: *Er ist ein Idiot* oder *Die Bude ist ein Drecksloch.* Sie kommen sogar als einzelne Wörter vor: *hübsch, gruselig, albern* und eine Million andere Begriffe des Lobes oder der Anklage. Sie scheinen ein komplexes Thema mit einem Wort zu beschreiben, damit eine schnelle Entscheidung getroffen werden kann. Wenn sie Ihnen unterkommen, haben Sie ein Urteil entdeckt, das Sie näher untersuchen sollten, und eine Etikettierung, auf die Sie verzichten sollten.

Das Entfernen aller Emotionen aus Ihrem Denkprozess ist weder möglich noch erstrebenswert. Aber während Sie den Dialog in Ihrem Kopf beobachten, halten Sie nach Anzeichen von Emotionen Ausschau, die Ihre Wahrnehmung färben. Formulierungen wie *ich fühle, ich liebe* und *ich hasse* sowie Sätze der erhöhten emotionalen

Anteilnahme wie *sie ist total anstrengend, er ist unerträglich* und *du nervst* sind Anzeichen, dass Emotionen im Spiel sind. Sobald Sie sie erkennen, fällt es Ihnen leichter, die Wahrheit herauszufiltern.

Übertreibungen sind normalerweise durch Pauschalaussagen gekennzeichnet, die zur Verallgemeinerung neigen: *riesig, winzig, nie, immer* und so weiter. Wenn Sie eines dieser Wörter sehen oder hören, merken Sie auf. Ihr Gehirn bläht die Dinge gerade unverhältnismäßig auf.

Denken Sie daran, dass die von blinden Flecken freie Wahrheit normalerweise sachlich klingt. »Sie ist zum Niederknien« zum Beispiel wird zu: »Sie hat symmetrische Gesichtszüge, große blaue Augen, lange Haare und einen reinen Teint.« Während Ihnen das als Kompliment bei einem Date wahrscheinlich nicht viel nützen wird, bringt es Sie bei der Lösung Ihrer Glücksgleichung sehr viel weiter.

Die Fehler jedes blinden Flecks einzeln zu beheben, bringt Sie in großen Schritten voran. Aber denken Sie daran, diese Eigenschaften bestehen seit Jahrtausenden, und so schnell werden sie nicht verschwinden. So wie mein altes Auto ein technisches Problem nach dem anderen aufwies, werden auch unsere Gehirne immer von dem einen oder anderem blinden Fleck beeinflusst. Als mein Auto jede zweite Woche den Geist aufgab, wünschte ich, es gäbe einen Zaubertrick, der es ein für allemal reparieren könnte. Den gab es nicht für mein Auto, aber den gibt es für unsere Gehirne.

Alles lässt sich in einer einfachen Frage zusammenfassen: Ist es wahr?

Ist es wahr?

In Byron Katies Buch *Lieben was ist* steht diese Frage im Zentrum ihrer Methode. Katie hat eine Methode der Selbstbefragung entwickelt, die sie »The Work« nennt, ein System, mit dem wir die Märchen, die wir uns selbst erzählen, durch die Wahrheit (»was ist«) ersetzen können.

Lassen Sie uns mit einem einfachen Beispiel beginnen:

Meine Tochter ist im Teenageralter und unausstehlich.

Ist das wahr? Sie können sie nicht ausstehen?

Ach, Sie wissen schon, was ich meine. Man kann einfach nicht mit ihr reden.

Ist das wahr? Wie kann das denn sein, wenn Sie doch bisher mit ihr geredet haben?

Ich mein ja nur, sie ist immer so patzig.

Ist das wahr? Immer? Also jede einzelne Sekunde jedes Tages?

Nein, nicht immer, aber sie sollte überhaupt nicht patzig sein.

Ist das wahr? Sind Teenager also nicht ab und zu mal patzig? Auf welchem Planeten leben Sie?

Stellen Sie die Frage »Ist das wahr?« so lange, bis Sie verstehen, wie lächerlich die Aussagen tatsächlich sind, die unser Gehirn uns anbietet. Hinterfragen Sie immerzu, bis Sie eine Beschreibung des Ereignisses erreicht haben, die einen faktischen Sachverhalt wiedergibt, eine Schilderung, die nicht mehr ist als die Wahrheit: Das Verhalten meiner Tochter in letzter Zeit deutet darauf hin, dass sie möglicherweise etwas gereizt ist. Das ist die schlichte Wahrheit.

Üben Sie diese Technik so oft wie möglich. Ich bin sicher, Ihr Gehirn stellt Ihnen einen endlosen Vorrat an Übungsmaterial zur Verfügung.

Die Wahrheiten

Meistens ist das Einzige, was in unserem Leben falsch läuft, die Art und Weise, wie wir darüber denken. Wenn Sie die Welt als das ansehen, was sie wirklich ist, lösen Sie die Glücksgleichung richtig auf. Und je öfter Sie das tun, desto deutlicher wird Ihnen, wie oft die Ereignisse in Ihrem Leben – richtig betrachtet – fast immer Ihren Erwartungen entsprechen, sofern diese realistisch waren.

Das bringt Sie schließlich zu folgender Frage: Wenn die Lebensrealität meistens den realistischen Erwartungen entspricht, warum müssen wir uns dann überhaupt mit der Glücksgleichung beschäftigen? Das, liebe Leserin und lieber Leser, ist eine *sehr* gute Frage. Beantworten werden wir sie in

5

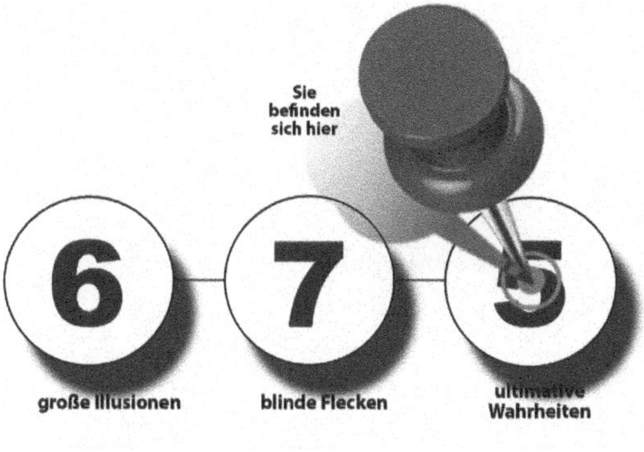

Teil 4
Ultimative Wahrheiten

5

Ultimative Wahrheiten sind alles, was Sie brauchen, um zu erkennen, dass das Leben sich stets wie erwartet verhält. Diese Wahrheiten werden Ihre Glücksgleichung ein für allemal lösen. Selbst bedrückende Ereignisse erfüllen stets die Erwartungen eines weisen Verstands, der weiß, wie das Leben wirklich abläuft, nicht wie er es sich wünscht. Keine der Wendungen im Laufe Ihres Lebens hat mehr Bedeutung, denn Sie erwarten sie und wissen genau, wie mit ihnen umzugehen ist. Wenn Sie sich in der Wahrheit verorten, gelangen Sie über das Denken hinaus hin zur Glückseligkeit des Friedens, wo nichts Ihr Glück erschüttern kann. Sie gelangen über Glück, das von äußeren Ereignissen abhängig ist, hinaus in einen Zustand der fortwährenden Freude.

Bevor ich den Mut aufbringe, das, was ich als Wahrheit erachte, mit Ihnen zu besprechen, muss ich einige Dinge klären.

Die Wahrheit wird Sie befreien. Ich weiß, es ist ein Klischee, aber es stimmt. Verlust, Mangel und Schmerz, Liebe, Wachstum und Inspiration – all diese Dinge sind Teil des Lebens. Jeder hat seinen Anteil an ihnen, und auch wenn sie in der Regel auftauchen, wenn wir sie am wenigsten erwarten, ist es schwer, sich ein Leben ohne sie vorzustellen.

Als Ali von uns ging, wurde der Verlust eines geliebten Menschen zum zentralen Thema in meinem Leben. Freunde kamen auf mich zu und erzählten mir von ihren eigenen Verlusten. Viele der Geschichten, die ich da hörte, waren sogar noch schockierender als meine. Ich war überrascht, wie viele Menschen quälenden Schmerz erlebt hatten und doch mit ihrem unbeachteten Leid mitten unter uns lebten. Ich begann mich zu fragen, ob es irgendjemanden gab, der eine solche Tragödie nicht ertragen musste. Seit ich Alis Grab besuche, sind Hunderte andere in seiner Nachbarschaft dazugekommen. Ständig schaufeln Friedhofsgärtner neue Gräber. Ich sehe Familien und Freunde zu Besuch kommen. Häufig folgen sie einem Muster. Dem Chaos der ersten Begegnung folgen Monate der tiefen Trauer. Besucher weinen und verzweifeln. Sie kommen oft und bleiben lange. Ich sitze still neben Ali und beobachte, und eines Tages lächelt einer der Besucher. Das passiert normalerweise nach ein paar Monaten. Sie erzählen ihrem Verstorbenen vielleicht eine Geschichte und sagen ihm, dass sie ihn vermissen. Nach und nach kommen sie seltener zu Besuch, und dieser Teil des Friedhofs liegt verlassen da, während die vormals unbesetzten Stellen sich mit neuen Gräbern füllen. Das führt mich zu der Frage, ob der Tod irgendwie erwartet wird. Der Tod ist sicherlich unwillkommen, aufdringlich, schmerzhaft und ungelegen, aber niemand würde behaupten, dass er *unerwartet* ist. Der Tod ist sehr real. Er ist zu erwarten.

So ist es mit jeder Wahrheit. Wir lehnen sie ab und wünschten, sie wäre nicht wahr, aber sie überwältigt uns. Wir hängen an der

Vergangenheit und sorgen uns um die Zukunft, dabei können wir einzig die Gegenwart beeinflussen, denn *das Jetzt* ist real. Wir versuchen, die Kontrolle zu behalten und unser Leben vorhersehbar zu machen, aber schließlich werden wir von schwarzen Schwänen und Schmetterlingen überwältigt, denn *Veränderung* ist real. Wir wehren uns und wollen es nicht glauben, aber vergebens, denn:

Nicht vergessen!

Jede Wahrheit tritt wie erwartet ein, selbst wenn Sie sie am wenigsten erwarten.

Und das ist gut so, denn wenn die Realität Ihren Erwartungen entspricht, ist Ihre Glücksgleichung gelöst. Das Leben mit all seinen Härten schockiert sie nicht, und Sie schließen endlich Frieden.

Ich hätte den Verlust Alis nicht überleben können, hätte ich keinen Lebensstil aufgebaut, der auf der Akzeptanz des Todes beruht. Ich gebe zu, das ist leichter gesagt als getan. Wie ein meisterhafter Bogenschütze müssen Sie nicht nur Ihr Ziel sehen, sondern vor allem nichts *anderes* als Ihr Ziel. Ihr Ziel ist die Wahrheit. Aber erinnern Sie sich an Gloria Steinems Warnung:

Nicht vergessen!

Die Wahrheit wird Sie befreien, aber erst mal macht sie Sie wütend.

Zusammen sind wir bis hierhin gekommen, hoffentlich als gute Freunde, und so soll es auch bleiben. Hier also mein Dementi in Bezug auf die von mir *behaupteten* fünf ultimativen Wahrheiten: Die Behauptung, dass etwas der Wahrheit entspricht, und erst recht der ultimativen Wahrheit, steht in einem großen Widerspruch zur Wissensillusion.

Nichts ist unbestreitbar wahr. Das sind *meine* fünf Wahrheiten. Sie haben *mir* geholfen, Freude zu finden und die Trauer um Alis Tod zu überleben. Jedes Ereignis, mit dem ich in meinem Leben konfrontiert wurde, ob schwer oder angenehm, schien durch die Brille dieser Wahrheiten betrachtet den Erwartungen zu entsprechen. Auch wenn viele dieser Ereignisse mich zerschmetterten, hatte ich sie doch erwartet, und meine Glücksgleichung wurde dadurch dauerhaft gelöst.

Einigen meiner Wahrheiten werden Sie zustimmen, nehme ich an. *Das Jetzt, die Veränderung* und *der Tod* sind real. Die anderen, nämlich *Liebe* und der *große Entwurf*, könnten strittig sein. Wie viele andere auch habe ich mich diesen letzteren beiden Wahrheiten jahrelang verweigert, aber schließlich stieß ich auf Antworten in Logik und Mathematik, die meine Meinung geändert haben. Ich bitte Sie lediglich, meine Logik zur Kenntnis zu nehmen und für eine alternative Sichtweise offen zu sein. Wenn Sie danach noch immer nicht einverstanden sind, ist das natürlich völlig in Ordnung. Sie können Ihre eigenen Wahrheiten suchen. Was Sie dabei finden, spielt keine Rolle, solange Sie *Ihre* Wahrheiten als *Ihren eigenen* Wegweiser zu *Ihrem eigenen* Glück ansehen.

Die Wahrheit ist – immer – nur ein einzelner Punkt auf einer langen Linie unendlicher Möglichkeiten. Jeder andere Punkt darauf ist eine Illusion. Deshalb ist die Wahrheit so schwer zu finden. Aber es gibt einen einfachen Test: Wenn Sie feststellen, dass ein bestimmtes Konzept Sie ins Leiden führt, sollten Sie seine Gültigkeit vielleicht in Zweifel ziehen. Wir sind nicht hier, um zu leiden, sondern eher, wie Arianna Huffington sagte, »um geschnitzt und geschmirgelt zu werden, bis nur noch unser wahres Selbst übrig ist.«[30]

Wenn Sie auf der Suche sind, werden Sie einige Konzepte leicht als Illusion identifizieren, andere hingegen leuchten als offensichtliche

Wahrheiten. Es gibt allerdings Punkte auf der Wahrheitsskala, die nicht leicht beweisbar sind. An dieser Stelle müssen Sie eine wichtige Entscheidung treffen und **der Goldenen Regel des Glücks** folgen: *Glauben Sie an das, was Sie glücklich macht.* Das ist wahrscheinlich näher an der Wahrheit dran.

Wenn es mir schwerfällt, mich für oder gegen eine bestimmte Sicht zu entscheiden, wähle ich die Seite, die mich glücklich macht. Sich ohne Richtigkeitsbeweise für etwas zu entscheiden, das einen leiden lässt, ist, na ja, nicht besonders klug.

Nicht vergessen!

Wenn nichts gewiss ist – und das ist es ja nie –, entscheiden Sie sich, glücklich zu sein.

Diese Regel dient uns als Grundgerüst, wenn es um umstrittenere Wahrheiten geht. Aber lassen Sie uns fürs Erste mit einer beginnen, die unumstritten ist:

Das Jetzt ist real.

Kapitel 10 – Genau hier, genau jetzt

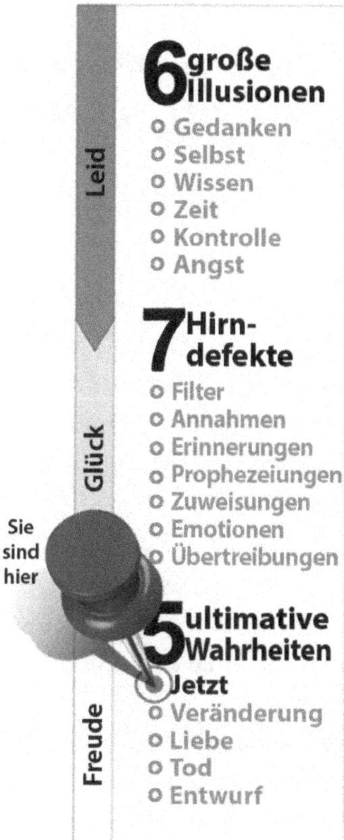

Das ganze Leben ist *hier und jetzt.* Warum also leben die meisten von uns stattdessen *dort und damals*? Warum leben wir in unseren Köpfen, außerhalb des gegenwärtigen Moments, vollkommen geblendet von der Gedankenillusion und ungeachtet der Schönheit des Lebens um uns herum? Warum lassen wir zu, dass unsere Abwesenheit von der Gegenwart uns so viel Leid zufügt? Weil wir so erzogen worden sind.

Matt Killingsworth von Trackyourhappiness.org hat eine Studie mit über 15.000 Teilnehmern durchgeführt, die manchmal im Minutentakt angaben, wie sie sich fühlten und was sie gerade machten. Die Studie versammelt mehr als 650.000 Berichte und bietet eine tiefgründige Entdeckung: Egal was die Leute in irgendeinem Augenblick machten, sie waren auffallend glücklicher, wenn sie vollkommen im Jetzt lebten. Es spielte nicht einmal eine Rolle, worüber sie gerade nachdachten. Es war unerheblich, ob sie angenehme, neutrale oder unangenehme Gedanken hatten; wenn sie auf etwas außerhalb der Gegenwart fokussiert waren, waren die Leute weniger glücklich. Punkt.[31]

Matt erklärt: »Wenn abschweifende Gedanken ein Glücksspielautomat wären, hätten Sie die Möglichkeit, 50, 20 oder ein Dollar zu verlieren.« Zu unangenehmen, neutralen oder angenehmen Gedanken zu schweifen, lässt Sie so oder so verlieren. Besser, Sie spielen gar nicht erst mit.

Nicht vergessen!

Sich des gegenwärtigen Moments vollkommen bewusst zu sein erhöht Ihre Chancen, glücklich zu sein, um ein Vielfaches.

Was ist Achtsamkeit?

Achtsamkeit – das Gespür für das Erfassen oder Wahrnehmen einer Situation – ist unsere Fähigkeit, die Welt in jedem Augenblick zu erkennen. Präsenz – der Zustand des Existierens, Stattfindens oder Aufmerksamseins – ermöglicht diese Achtsamkeit.

Stellen Sie sich vor, ich hielte einen Vortrag zum Thema Glück. Sie wären sich nicht »bewusst«, worüber ich rede, es sei denn, Sie schaffen es, »physisch anwesend« zu sein und zu hören, was ich sage. (Ich werde diese Aussage weiter unten noch mal aufgreifen, also nehmen Sie sie noch nicht als gegeben an.)

Physische Anwesenheit allein reicht allerdings nicht aus. Sie könnten dasitzen und sich langweilen. Die Schallwellen würden Ihre Ohren erreichen, sodass Sie Geräusche hören, aber Sie wären sich nicht dessen *bewusst,* was ich gerade sage. Ohne die Absicht der Bewusstmachung gibt es nur *Aufnahme* ohne Bewusstheit – ein Zustand, der in unserer heutigen Welt nur allzu normal ist.

Manchmal fallen wir sogar in einen darunter liegenden Zustand, nämlich in den der *Ablehnung*. Wenn Sie sich während meines langweiligen Vortrags etwas in die Ohren stopften, würden die

Schallwellen nach wie vor versuchen, Ihr Trommelfell zu erreichen, aber Sie würden nicht einmal die Geräusche einlassen.

Achtsamkeit beginnt, wenn Sie aufmerksam sind. In diesem Zustand sind Sie am Geschehen interessiert. Sie öffnen sich aus Interesse und verstehen die Wellen, die Ihr Trommelfell treffen, als Worte und Ideen. Das ist *Wahrnehmung.*

Je stärker Ihre Absicht der Achtsamkeit ist, desto aufmerksamer sind Sie, und desto mehr nehmen Sie wahr. Wenn das Thema Sie wirklich interessiert und ein Zuschauer aus dem Publikum in der hintersten Ecke des Raumes aufsteht, um eine Frage zu stellen, wenden Sie den Kopf und schärfen Ihre Sinne, um genau hinzuhören. Sie möchten nichts verpassen. Das ist *Achtsamkeit – wenn Sie ganz im Augenblick aufgehen,* sich vollkommen bewusst sind, was passiert. Für mich ist das das Stadium, in dem ich mich lebendig zu fühlen beginne.

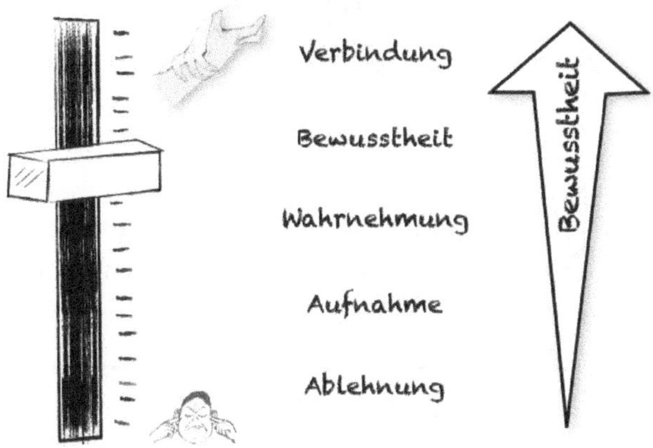

Manchmal werden Sie so stark absorbiert, dass Sie Signale wahrnehmen, die kein anderer bemerkt. Zum Beispiel könnten Sie anhand des Gesichtsausdrucks und der Körpersprache Ihres Sitznachbarn erspüren, dass er nicht mit dem einverstanden ist, was gerade gesagt wird. Sie sind vollkommen eingetaucht und versuchen, alle Informationen ringsum aufzunehmen, bis es Sie sogar selbst überrascht, wie vieler Dinge Sie sich bewusst werden. Das ist das, was ich *Verbindung* nenne.

Achtsamkeit ist kein Ein-/Aus-Schalter. Sie ist ein Helligkeitsregler. Wenn Sie ihn aufdrehen, wird Ihnen mehr bewusst.

Achtsamkeit aufrechtzuerhalten fällt vielen schwer, vor allem in unserer zunehmend ablenkungsintensiven Welt. Um die Gründe dafür zu begreifen, beginnen wir mit einer Frage: Was können Sie alles tun, um volle Achtsamkeit zu erlangen? Ich gebe Ihnen einige Minuten Zeit, um darüber nachzudenken. Schummeln Sie nicht, indem Sie die Antworten unten nachschauen.

Lassen Sie uns jetzt unsere Antworten vergleichen.

Im Kasten sehen Sie einige Dinge aufgelistet, die Sie tun können, um volle Achtsamkeit zu erlangen. Ja, bitte verzeihen Sie mir, das war eine Fangfrage.

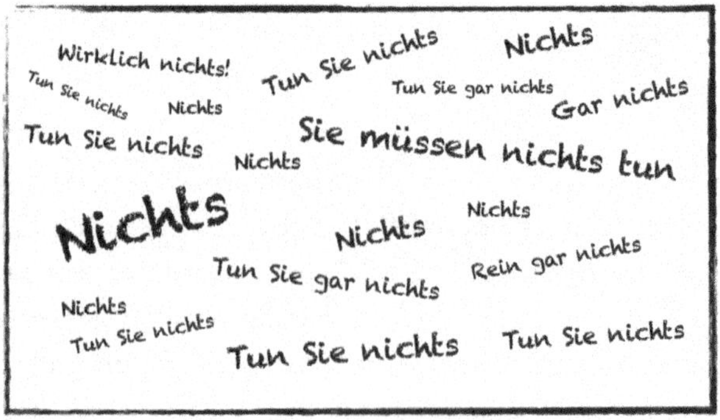

Die Verbindung aufbauen

Erinnern Sie sich an den Aufmerksamkeitstest aus Kapitel 6, bei dem Sie Ihre Augen schließen, sie dann für einige Sekunden öffnen und einfach nur versuchen, den Raum um sich herum wahrzunehmen? Erinnern Sie sich, wie viel Sie innerhalb weniger Sekunden aufnehmen konnten? Mussten Sie irgendetwas tun, um all das zu sehen, was Sie umgibt? War dafür irgendein *Handeln* nötig? Nein. In der Sekunde, in der Sie Ihre Augen mit der Absicht öffnen, achtsam zu sein, sind Sie achtsam. Ihr Bewusstsein ist immer aufnahmebereit. Sie können es lediglich verschließen.

Vielleicht lehnen Sie einen Redner ab. Dieses Gefühl zehrt an Ihnen und mindert Ihre Achtsamkeit. Sie fangen an, Herzchen zu zeichnen, und konzentrieren sich auf Ihre Zeichnung, oder Sie lenken Ihre Gedanken auf eine andere Zeit oder an einen anderen Ort. Handeln lenkt Sie von der Absicht zur Achtsamkeit ab. Wenn Sie einfach aufhören zu handeln, sind Sie wieder da. Und Dasein ist der einzige Zustand, in dem Sie vollkommen achtsam sind.

Der Aufmerksamkeitstest gibt Ihnen zwei Sekunden Zeit, um einfach mal *aufzuhören, etwas zu tun*. Es braucht nicht mehr als zwei Sekunden, um Ihr wahres Selbst zu finden und ganz achtsam zu werden.

sehr wichtig!

Sie müssen nichts tun, um achtsam zu sein. Ihre Standardeinstellung ist Achtsamkeit. Um sie zu erreichen, müssen Sie mit dem Tun aufhören!

Aber das Leben fordert von uns, zwischen dem Zustand des Seins und des Tuns hin und her zu wechseln. Einige Menschen verbringen mehr Zeit mit dem einen als mit dem anderen. Die meisten *tun* mehr, als dass sie *sind*. Die moderne Welt erwartet es von uns. Wir wachen jeden Morgen auf und rasen durch ein Leben, das vollkommen mit dem Tun gefüllt ist. Dieser schnelllebige, intensive

Lebensstil ist das Gegenteil unserer menschlichen Natur. Es ist wie unter Wasser zu leben und dabei schwere Schuhe zu tragen. Alles um Sie herum ist vage, unvertraut, zäh. Es ist schwierig, sich zu bewegen oder normal zu funktionieren. Ermattet kämpfen Sie gegen das Gewicht des Wassers an. Sie spüren den Druck der Tiefe und den Sauerstoffmangel. Das salzige Wasser brennt Ihnen in den Augen, aber Sie versuchen, Ihren Weg zu finden, total erschöpft und hinter Ihrem Potenzial zurückbleibend. So hart diese Definition auch klingen mag, sie ist ziemlich nah dran an der Art und Weise, wie wir völlig unachtsam durchs Leben gehen.

Kommt Ihnen das bekannt vor? Mir schon.

All dieses Tun und Denken des modernen Lebens lässt keinen Raum, um Achtsamkeit zu empfinden. Erst wenn wir innerlich aufräumen, werden wir präsent, werden aufmerksam und nehmen wahr. Man kann kein Glas füllen, das bereits voll ist. Man muss erst das abgestandene Wasser ausschütten, um frisches Wasser einzuschenken.

Man *tut* nicht achtsam. Man *ist* achtsam.

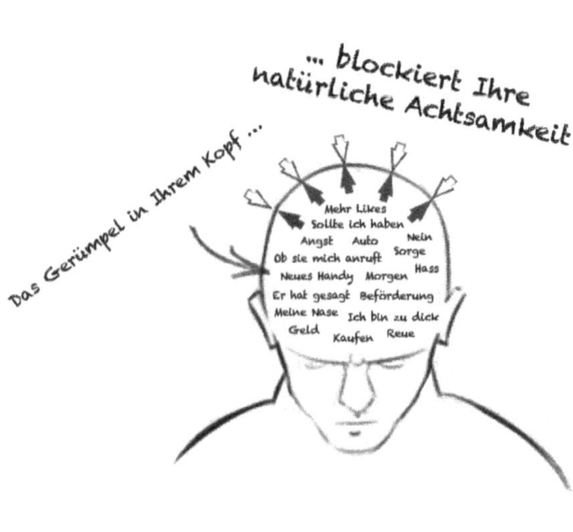

Nicht vergessen!

Hören Sie auf zu tun und seien Sie einfach.

Wenn Sie das befolgen, werden Sie fasziniert feststellen, dass Tun oft nicht der einzige Weg ist, um Fortschritt und Ergebnisse zu erzielen.

無為

Manchmal können Sie vorankommen, indem Sie einfach sind – eine Idee, die in einem starken Kontrast zur modernen westlichen Kultur steht.

Die taoistische Tradition beschreibt das in einer Idee namens *wu wei,* was übersetzt »Nichtstun« heißt. Eine im Rahmen dieser Philosophie häufig zitierte Metapher handelt von der Landwirtschaft. Wenn es Ihr Ziel ist, eine Pflanze anzubauen, tun Sie, was nötig ist. Sorgen Sie für Sonnenlicht, Dünger und Wasser. Nachdem Sie das getan haben, fangen Sie mit dem Nichtstun an, indem Sie die Pflanze in Ruhe von selbst wachsen lassen. Sind die Bedingungen für das Wachstum der Pflanze einmal geschaffen, bringt weiteres Tun mehr Schaden als Nutzen hervor. Der weise Bauer weiß, dass optimaler Fortschritt durch Untätigkeit erreicht wird. Nichts zu tun, ist das Beste, was man tun kann.

Nicht vergessen!

Achtsamkeit bringt positive Ergebnisse, selbst wenn es dabei nichts zu tun gibt.

Das Ausmaß Ihrer Achtsamkeit

Viele Meditationsübungen bestimmen vier Ecken als das Ausmaß unseres »Achtsamkeitsraums«. Wenn Sie Ihre Aufmerksamkeit auf eine beliebige Ecke richten, finden Sie eine endlose Bandbreite an Dingen, die Ihre volle Achtsamkeit verdienen. Diese vier Ecken sind:

- **Die Außenwelt**. Durch Sinneswahrnehmungen können Sie die Welt um Sie herum erfassen. Nehmen Sie Visuelles, Geräusche, Gerüche, Geschmacksrichtungen und Berührungen wahr.
- **Innerhalb Ihres Körpers**. Wenn Sie Ihre Aufmerksamkeit nach innen lenken, können Sie sich Ihres eigenen Körpers bewusst werden. Achten Sie auf Schmerzen, Empfindungen, Atmung, Herzschlag und so weiter. Sie können Ihre Aufmerksamkeit auf verschiedene Teile Ihres Körpers lenken und das Leben darin spüren.
- **Ihre Gedanken und Gefühle**. Wenn Sie achtsam genug sind, können Sie den Dialog und das Drama beobachten. Sie können Ihren Gedanken und Emotionen dabei zusehen, wie sie durch Sie hindurchfließen, und Sie dann nach Belieben davonziehen lassen.
- **Ihre Verbindung zur restlichen Schöpfung**. Auf der höchsten Stufe der puren Achtsamkeit stellen Sie Ihre Verbindung mit dem Rest der Schöpfung her: Ihre Liebe zu den Wellen des Ozeans, Ihre Bewunderung für Schmetterlinge und Ihr Mitgefühl mit den weltweit leidenden Mitmenschen. Diese Verbindungen sind keine sinnlichen Wahrnehmungen der Außenwelt; sie sind keine Empfindungen Ihres eigenen Körpers, und sie sind keine Gedanken oder Gefühle. Sie sind reine Verbindungen und geben Ihnen das Gefühl, Mitglied einer größeren Gemeinschaft zu sein, die weit über Ihre individuelle Erfahrung der Welt reicht.

Nehmen Sie sich jetzt Zeit, es selbst auszuprobieren. Erkunden Sie die entferntesten Ecken Ihrer Achtsamkeit. Das ist es, wofür Sie geschaffen wurden.

Vom Sein

Uns heutigen Kriegern fällt es schwer, einfach nur zu sein. Wir haben gelernt, ständig etwas zu tun. Unsere Gedanken schweifen umher.

Unser gehetztes Leben lässt uns keine Zeit, präsent zu sein. Es gibt endlos viel Literatur und Übungen, die sich mit diesem Thema beschäftigen, aber ich fand es schwer, diese in meinen schnelllebigen Alltag zu integrieren. Zum einen gingen viele der besten Ratschläge mit einem gewissen Mystizismus einher, waren von verträumten Stimmen gesprochen und von langen Schweigepausen unterbrochen, dargestellt in Worten, die mir fremd sind. Zum anderen brauchte ich Übungen, die ich am Arbeitsplatz und auf Flughäfen ausführen konnte, nicht solche, die einen ruhigen Platz zum Meditieren erfordern.

Also habe ich meine eigene Liste mit für mich hilfreichen praktischen Ratschlägen und Übungen erstellt, die Ihnen, so hoffe ich, dabei helfen wird, tief in sich zu gehen und Ihre Achtsamkeit trotz Ihres täglichen Zeitplans zu entdecken. Diese Ratschläge helfen Ihnen, mit dem Tun aufzuhören, indem sie Sie für Ihr Bedürfnis nach mehr Achtsamkeit sensibilisieren, Sie innerlich aufräumen und Ihnen den nötigen Raum geben, um die Welt zu beobachten und einfach mal zu sein.

Seien Sie ein Achtsamkeitsfanatiker

Achtsamkeit zu Ihrer Priorität zu machen ist der Anfang. Seien Sie begierig, alles herauszufinden, was um Sie herum und in Ihnen vorgeht. Seien Sie neugierig. Seien Sie ein Entdecker. Seien Sie ein Fanatiker.

Erinnern Sie sich an den Aufmerksamkeitstest, bei dem Leute den durch das Bild laufenden Gorilla übersahen, während sie sich aufs Basketballspielen konzentrierten? Nutzen Sie diese Fokussierungsneigung Ihres Gehirns zu Ihrem Vorteil. Richten Sie allmorgendlich Ihr Gehirn darauf ein, offen für Neues zu sein.

Versuchen Sie herauszufinden, wie vielen verschiedenen Baumarten Sie über den Weg laufen, wenn Sie durch Ihren morgigen Tag gehen. Messen Sie den Rest der Woche die Zeit, die Sie beim

Zurücklegen verschiedener Strecken benötigen. Achten Sie darauf, wie Sie andere Menschen behandeln. Beobachten Sie, ob Sie Ihren Chef bei der Arbeit anders behandeln als die Leute, denen Sie vorgesetzt sind. Überwachen Sie Ihren täglichen Wasserverbrauch oder Ihre Körperhaltung beim Sitzen. Es spielt keine Rolle, was Sie sich zu beachten vornehmen, geben Sie sich selbst einfach einen Grund, aufmerksam zu sein. Wenn Sie nach Hause kommen, versuchen Sie, sich an so viel wie möglich von Ihrem Tagesablauf zu erinnern. Sollten Sie manches davon vergessen haben, verwenden Sie Zeit auf den Versuch, sich an die Ereignisse zu erinnern.

Fangen Sie an, ein »Tagebuch für positive Erlebnisse« zu führen. Bleiben Sie den ganzen Tag über aufmerksam für die guten Dinge. Schreiben Sie sie auf. Sobald Sie sie zu Ihrem Ziel machen, werden sie den ganzen Tag über auftauchen und Ihnen einen positiven, glücklichen Tag bescheren.

Wenn Sie das Gefühl haben, den Dreh herauszuhaben, stellen Sie sich der ultimativen Herausforderung und messen Sie die Zeit, in der Sie nicht achtsam sind (denn das sind Gelegenheiten, deren Sie sich ebenfalls bewusst sein sollten). Üben Sie, nach den Momenten Ausschau zu halten, in denen Ihre Gedanken außerhalb der Gegenwart umherwandern. Sie müssen nichts daran ändern. Nehmen Sie es einfach zur Kenntnis und sagen Sie: »Ups, meine Gedanken sind gerade für eine Minute abgeschweift.« Sobald Sie es bemerken, gelangen Sie wieder zurück in die Gegenwart.

Nicht vergessen!

Zu merken, wenn man nicht achtsam ist, ist der schwarze Gürtel der Präsenz.

Reduzieren Sie die Ablenkungen

Heutzutage ist es schwer, achtsam zu bleiben, denn den Raum dafür erlauben wir uns nicht. Häufig lassen wir uns von Handys, E-Mails, Facebook und all den aufdringlichen modernen Technologie ablenken. Schauen Sie um sich, wenn Sie unterwegs sind, und zählen Sie, wie viele Leute Sie sehen, die auf ihre kleinen Bildschirme starren. Unsere Tage sind stressig, unablässig gehen wir unsere To-do-Listen durch. Wenn uns ein kleines Zeitfenster vergönnt ist, schnappen wir uns das Handy und überprüfen es auf Nachrichten, Videos und Posts. Im Auto auf der Heimfahrt schalten wir das Radio ein, und wenn wir zu Hause ankommen, setzen wir uns vor den Fernseher oder gehen ins Internet, bis es Schlafenszeit ist. Ganze Tage vergehen ohne eine einzige Minute der Stille. Beziehen Sie Stellung und holen Sie sich Ihr Leben zurück.

Entfernen Sie Ablenkungen. Machen Sie es sich zum Prinzip, Ihr Handy in der Tasche zu lassen, wenn Sie gerade eine ruhige Minute haben. Schalten Sie das Radio auf der Fahrt nach Hause aus, und verbringen Sie Zeit mit absolutem Nichtstun, statt vor dem Fernseher zu hocken.

Tragen Sie »Ich-Zeit«-Termine in Ihren Kalender ein, kurze Pausen, die Ihnen die Zeit geben, allein mit sich zu sein. Halten Sie sich an diese Termine. Behandeln Sie sie wie ein Vorstellungsgespräch. Trotz meines notorisch vollgepackten Lebens stellte ich fest, dass meine volle Agenda sich hervorragend arrangierte, wenn ich diese Ich-Zeit in meinen Kalender schrieb und sie als einen wichtigen Termin wahrnahm. Nach wie vor erledigte ich meine Aufgaben, aber ich kümmerte mich auch durch kurze Momente der Präsenz um meine Gesundheit.

Kappen Sie Ihre Datenverbindung, zumindest ein Wochenende lang. Konzentrieren Sie sich auf das, was Sie brauchen, wenn Sie etwas im Internet suchen, und loggen Sie sich dann wieder aus. Widmen Sie sozialen Netzwerken nur zehn Minuten am Morgen und zehn Minuten am Abend. Werden Sie die Ablenkungen los, um Platz zu machen für das, was Sie brauchen, um vollkommen präsent zu sein.

Nicht vergessen!

Weniger ist mehr.

Hören Sie auf

Ja, ganz recht. Hören Sie einfach auf. Wann immer Sie merken, dass Ihre Gedanken rasen oder dass der Tag vorüberjagt, hören Sie einfach auf. Sagen Sie sich, dass Sie so lange nicht zum Lärm des Lebens zurückkehren, bis Sie zehn Dinge in Ihrer Umgebung beobachtet haben, eines für jeden Ihrer Finger. Da ist ein Baum, da ist eine dicke Katze, da kommt etwas frische Luft herein, da ist ein Ziehen in meiner linken Schulter und das Geräusch des Wasserspenders hinter mir. Zählen Sie bis zehn, atmen Sie dann tief ein, und stürzen Sie sich wieder in den Tag.

Legen Sie sich ein Totem zu

In *Inception,* meinem absoluten Lieblingsfilm, vermischen sich Traumwelt und reale Welt. Die Träumenden benutzen ein Totem, um zwischen Traumzustand und Wachzustand zu unterscheiden. Das können Sie auch. Tragen Sie immer etwas bei sich, das Sie an die Achtsamkeit erinnert. Es sollte kein nützliches Alltagsobjekt sein, sondern etwas, das sonderbar genug ist, um als Erinnerung zu dienen, wann immer Sie es sehen, etwas Schlichtes wie ein Stein in interessanten Farben oder ein Kreisel oder ein Yo-Yo. Jedes Mal, wenn Sie es erblicken, erinnern Sie sich daran, dass es Zeit ist, für einen Augenblick innezuhalten. Interagieren Sie mit Ihrem Totem, wenn Sie es herausnehmen. Schalten Sie ein paar Gänge in Ihrem rasenden

Gehirn herunter, und seien Sie präsent. Ich trage eine Gebetskette bei mir. Wenn ich sie heraushole, zähle ich eine Beobachtung für jede einzelne der 33 Perlen. Ich öffne mich und lasse alles hereinströmen. Eine Blume, eins. Den Geruch des Kaffees, zwei. Ich nehme das nicht nur wahr. Ich bewundere es. Ich baue eine Beziehung dazu auf und bewundere die Schönheit. Ich denke darüber nach, wie die Gegenstände zu existieren begonnen haben und wie ihre Lebensgeschichte wohl lauten mag. In diesem Zustand sehe ich eine Fliege nicht nur als Fliege. Ich sehe mir die unglaubliche Anatomie an, die ein so winziges Wesen so reibungslos funktionieren lässt. Ich frage mich, wieso sich die Holzmaserung so lebendig anfühlt. Ich denke über die Wahrscheinlichkeit der Zufälle nach, die ein Ding hervorgebracht hat, oder die intelligente Gestaltung, die hier möglicherweise am Werk war. Ich gehe vollkommen darin auf – und befreie mich von meinen Gedanken. Ich werde ganz achtsam.

Sie können sich auch ein digitales Totem machen. Verwenden Sie den Bildschirmhintergrund Ihres Handys als Erinnerung. Hinterlassen Sie sich selbst eine Nachricht. Stellen Sie mehrere Wecker über den ganzen Tag verteilt, mit einem beruhigenden Klingelton, der Sie daran erinnert, dass es Zeit für ein bisschen Präsenz ist. Lassen Sie keinen Tag ohne diese Pausen verstreichen.

Bewahren Sie Ihr Totem an einer Stelle auf, über die Sie mehrmals am Tag stolpern. Ich trage meine Gebetskette in der rechten Hosentasche meiner Jeans, und jedes Mal, wenn ich in meine Hosentasche greife, berühre ich sie und erinnere mich:

Nicht vergessen!

Zeit für eine Achtsamkeitspause.

Zeitlose Zeit

Gönnen Sie sich mindestens einmal wöchentlich den Luxus einer zeitlosen Erfahrung. »Zeitlos« meine ich wörtlich. Suchen Sie am Ende des Tages einen ruhigen Platz auf, an dem Sie keinen Zugang zu Zeitmessgeräten aller Art haben. Gehen Sie ans Meer oder in den Wald – oder bleiben Sie einfach in einem ruhigen Raum. Stellen Sie sicher, dass Sie nicht mit der Zeit verknüpft sind – keine Uhren, keine Handys und keine äußeren Ereignisse in Verbindung mit der aktuellen Zeit. Bei den ersten Versuchen wird sich das wahrscheinlich komisch anfühlen. Gedanken strömen in Ihr Gehirn und geben Ihnen tausend Gründe zur Sorge. Halten Sie durch. Mit der Zeit gibt Ihr Gehirn auf und sich der Wonne hin. Plötzlich merken Sie, dass alles still wird und die Zeit wie im Flug vergeht. Keine Sorge wegen des albernen Grinsens in Ihrem Gesicht. Das ist ein gutes Zeichen.

sehr wichtig!

Sie sind vollkommen präsent, sobald Sie die Verbindung zur Zeit kappen.

Was auch immer Sie machen, machen Sie es gut

Achtsamkeit ist ein Seinszustand, das wissen Sie bereits. Aber natürlich können wir nicht einfach den ganzen Tag bloß *sein*. Wir müssen zwischen Sein und Tun abwechseln, um produktive Mitglieder der Gesellschaft zu sein. Wenn Ihre aktuelle Tätigkeit zu leicht ist oder sich zu oft wiederholt, um Ihre Aufmerksamkeit zu erregen, schweifen Ihre Gedanken manchmal ab. Sie führen die Tätigkeit nur noch aus und lenken Ihre Aufmerksamkeit weg von der realen Welt hinein in Ihren Kopf. Es gibt keinen Grund, Ihre Präsenz und Ihre Achtsamkeit zu verlieren, wenn das passiert. Sie können achtsam bleiben, indem Sie Ihre Aufmerksamkeit auf den Prozess des Tuns fokussieren, nicht auf das Endergebnis.

Der Trick ist, bei all Ihrem Handeln immer Ihr Bestes zu geben. Geben Sie bei jedem kleinen Schritt alles, und führen sie ihn aus, als wäre es das allererste Mal. Machen Sie es besser als das letzte Mal, und seien Sie stolz darauf, es richtig gut zu machen, was auch immer es ist.

Das gilt nicht nur für Ihre Arbeit. Das gilt für alles, vom Geschirrspülen bis hin zur gemeinsamen Zeit mit Ihren Lieben. Versuchen Sie es während der Fahrt. Nutzen Sie die Zeit des Fahrens, um den Arbeitsweg zu einer genüsslichen und vollkommen bewussten Erfahrung zu machen, ungeachtet der Staus. Achten Sie auf das, was Sie umgibt, oder nutzen Sie die Zeit, um ein Hörbuch zu hören oder ein sinnvolles Gespräch mit Ihrem Freund zu führen. Sie werden sich wünschen, die Fahrt würde länger dauern, wenn Sie etwas tun, das Ihre Zeit verdient.

Nicht vergessen!

Seien Sie sich der Reise bewusst. Dabei spielt sich das ganze Leben ab.

Hier noch ein letzter Ratschlag: Machen Sie immer nur eins nach dem anderen. Schauen Sie nicht fern, während Sie zu Abend essen. Spielen Sie nicht mit Ihrer Tochter, während Sie »eben schnell Ihre E-Mails checken«. Multitasking ist ein Mythos. Seien Sie vollkommen präsent.

Nicht vergessen!

Was auch immer Sie tun, schenken Sie der Sache Ihre volle Aufmerksamkeit.

Je mehr Sie oder andere diese Ratschläge nutzen, um achtsam zu bleiben, desto einfacher wird es sein, den friedlichen, gegenwärtigen Zustand zu erreichen. Und desto mehr werden Sie sich fragen, wie Sie die gedanklichen Abschweifungen je ausgehalten haben. Also nehmen Sie alles in sich auf, jede Erfahrung, die Ihnen das Leben entgegenwirft. Verpassen Sie nichts.

Nicht vergessen!

Leben Sie Ihr Leben im Hier und Jetzt, nicht in Ihrem Kopf.

Kapitel 11 – Das Schwingen des Pendels

Veränderung ist real. Eines kann man genaustens vorhersagen, nämlich dass die Welt von morgen eine andere sein wird als die von heute. Ausschließlich die schwarzen Schwäne werden in den Schlagzeilen der Nachrichten auftauchen: »Erdbeben erschüttert Island« oder »Tausende Kriegsopfer«, allerdings nicht die Milliarden subtiler Veränderungen, die diese großen Ereignisse hervorrufen, die Schmetterlingseffekte. Von einer Sekunde auf die andere verändert sich unsere Welt so drastisch, dass man mit Gewissheit sagen kann: Es gab in der gesamten Geschichte des Universums nie zwei identische Augenblicke.

Jede subtile Veränderung formt jeden Moment unseres Lebens neu. Keine Veränderung ist bedeutungslos. Eine Linkskurve eine Sekunde zu früh könnte Ihr Leben retten, und die Entscheidung einer kleinen Mücke, rechtsherum zu fliegen, kann es Ihnen nehmen.

Ein Multiversum

Um Ihnen verständlich zu machen, wie bedeutsam jede kleine Veränderung ist, lassen Sie uns eine bizarre Seite der Wissenschaft untersuchen. Stellen Sie sich vor, kleine, vom Schmetterlingseffekt verursachte Veränderungen könnten viel mehr ausrichten, als nur Ihren Lebensweg zu beeinflussen. Stellen Sie sich vor, jeder könnte ein ganzes neues Universum erschaffen! In den letzten Jahrzehnten haben Wissenschaftler in einer Theorie der Multiversen genau das behauptet. Sie lächeln einen Fremden an – ein neues Universum. Sie runzeln die Stirn – wieder ein anderes. Ein Stein fällt – noch ein weiteres. Jedes dieser Universen wiederum wird eine endlose Anzahl anderer Universen mit einer endlosen Anzahl von Kopien erschaffen. In einer der Kopien lesen Sie das hier noch, während Sie in einer anderen entschieden haben, Kaffee kaufen zu gehen, und dabei finden Sie schließlich ein anderes Buch, das Ihr Leben verändert und Sie zum nächsten Präsidenten der USA macht. Allein schon diese kleine Veränderung kann zu so einem großen Unterschied führen, dass man die resultierenden Lebenswege durchaus als zwei unterschiedliche Universen bezeichnen könnte.

Die Multiversumstheorie klingt etwas übertrieben, die Idee dahinter allerdings ist ein brauchbares Bild, um den Einfluss kleiner Veränderungen zu demonstrieren. Wenn Sie den tief greifenden Einfluss jeglicher kleinen Veränderung mit der Häufigkeit multiplizieren, mit der solche Veränderungen passieren, wird all das zu komplex, um es sich vorzustellen, geschweige denn damit umzugehen.

Unsere Versuche, Kontrolle über den grenzenlosen Fluss der Veränderungen auszuüben, scheitern. Egal wie sehr wir uns bemühen, unsere Erwartungen werden nicht erfüllt, solange jede Veränderung eine Kaskade an unerwarteten, unkontrollierbaren

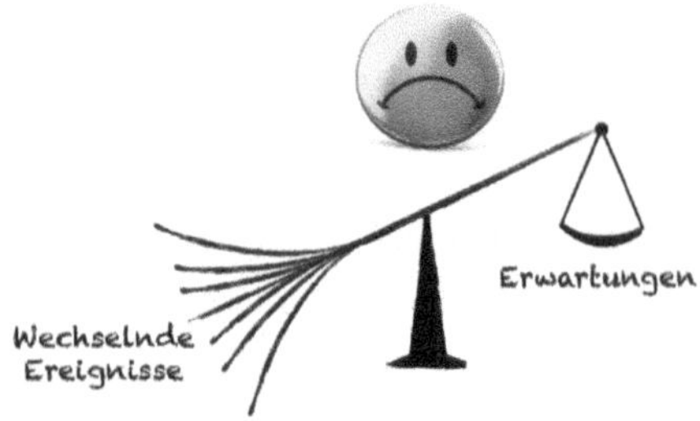

Ereignissen anstößt. Wir strengen uns mehr und mehr an, aber vergebens.

Wir merken nicht, wie verzweifelt dieses Bemühen tatsächlich ist. Wir fühlen uns einfach erschöpft und fragen uns, warum das Leben ein ständiger Kampf zu sein scheint. Wir merken nicht, dass *wir* diejenigen sind, die das Leben schwerer machen, als es sein muss.

Das Cockpit-Projekt

Stellen Sie sich mal vor, Spitzentechnologie hätte uns in die Lage versetzt, ein Cockpit zu bauen, das über alle nötigen Schalter verfügt, um jeden Aspekt des Lebens zu kontrollieren. Wäre es nicht toll, alles unter Kontrolle zu haben? Ich wäre imstande, meine nächste Beförderung zu kontrollieren, das Verhalten meiner Tochter, den Stau auf dem Weg zur Arbeit und jedes andere kleine Detail, das mich jeden Tag betrifft. Dieses Cockpit allerdings müsste riesig sein! Bei so vielen Parametern, die unser Leben beeinflussen, müsste es die Größe eines Fußballstadiums haben, jeder Quadratzentimeter wäre mit Schaltern und kleinen Messgeräten belegt, um die Dinge aufeinander abzustimmen und unter Kontrolle zu halten. Zunächst denken Sie, das Verwalten der Knöpfe werde einfach sein, aber sobald die Lichter zu blinken und die Maschinen zu surren beginnen, um alle kleinen Veränderungen anzuzeigen, sind Sie überfordert. Geht ein Licht aus, geht ein anderes an. Sie rennen schneller und strengen sich mehr an, werden vielleicht panisch, während die Dinge außer Kontrolle geraten, bis Sie verstehen, dass Sie nicht jeden Schalter auf einmal kontrollieren können – selbst wenn es doch nur ein paar einfache Schalter sind, die Sie zu drehen haben. Über kurz oder lang brechen Sie erschöpft zusammen, enttäuscht über den totalen Verlust der Kontrolle.

Ich als ehemaliger Kontrollfreak sage Ihnen: Genau so lief mein Leben jeden Tag ab – ein erfolgloses Streben voller Enttäuschung und Mühen ohne Ende. Bis ich eines Tages begriff, dass Kontrolle auf der Mikroebene nicht zu erlangen ist. Ich würde sie nicht in dem finden, *was* ich tun musste, sondern in der Art und Weise, *wie* ich jede Kleinigkeit tat.

Man braucht kein Cockpit mit einer Million Schalter. Alles, was man braucht, sind ein paar einfache Veränderungen in der Lebensweise. Finden Sie den Weg, und schauen Sie dann herunter.

Finden Sie den Weg

Spirituelle Lehren bieten einen Weg zu einem friedlichen Leben. In der alten chinesischen Weisheit wird das Finden eines ausgeglichenen Weges durch die veränderlichen Aspekte des Lebens als Weg des Tao bezeichnet. Buddhisten nennen es den Weg, der Islam nennt es den geraden Weg. Diese Lehren empfehlen, den Großteil der möglichen Einstellungen ihr eigenes Gleichgewicht finden zu lassen, anstatt zu versuchen, eine Million kleiner Variablen zu kontrollieren.

Jeder Faktor, der Ihr Leben beeinflusst, verhält sich wie der Schwung eines Pendels. Als physikalisches System sucht das Pendel den Punkt des Gleichgewichts – den Punkt der Balance, an dem es mühelos stillsteht. Sie müssen Aufwand betreiben, Kraft anwenden, um ein Pendel aus dem Gleichgewicht zu bringen. Sobald die Kraft entfernt wird, wird das Pendel in seinen natürlichen Zustand zurückkehren, hin- und herschwingend, bis es sich endlich am Nullpunkt zur Ruhe setzt. Dort, wo keine Kraft nötig ist, kann das Pendel für immer friedlich in Balance bleiben.

Wenn Sie Tausende Pendel ununterbrochen ruhig halten wollen, lassen Sie jedes einzelne davon seine eigene Balance finden. Auch wenn Sie die Tausenden kleinen Entscheidungen steuern wollen, die Ihr Leben bestimmen, müssen Sie das Gleichgewicht für jede einzelne finden und

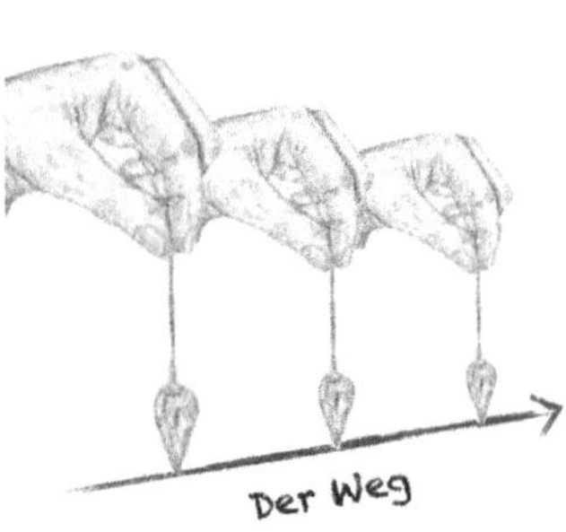

aufrechterhalten, fern von Extremen. Es kostet Sie einen minimalen Aufwand, ein Leben im Gleichgewicht zu führen. Wenn jedes Pendel in seinem Equilibrium steht, ist die Linie, die alle Punkte verbindet, der Weg.

Nicht vergessen!

Jedes System kann mühelos im Gleichgewicht gehalten werden. Wenn all Ihr Handeln sich mühelos anfühlt, haben Sie Ihren Weg gefunden.

Extreme zehren uns auf. Wenn Sie zu viel arbeiten, kommt Ihnen die Lebensfreude abhanden; arbeiten Sie hingegen zu wenig, leiden Sie unter dem Gefühl der Wertlosigkeit. Verbringen Sie zu viel Zeit mit einem Geliebten, werden Sie sich auf die Dauer langweilen und zu streiten beginnen; verbringen Sie hingegen zu wenig Zeit miteinander, gefährdet das Ihre Beziehung. Reden Sie zu viel, hören Sie nie zu; reden Sie zu wenig, werden Sie nie gehört und verstanden.

Alles, was wir tun, hat einen Punkt der Ausgewogenheit. Wenn Sie über diesen Punkt hinausgehen, müssen Sie sich bemühen, das System in einem unnatürlichen Zustand zu halten. So gering die Anstrengung auch sein mag, sie erhöht sich exponentiell mit der Zunahme an Systemen, die Sie zu bewältigen haben. Es wird immer stärker vergleichbar mit dem Cockpit und seinen Millionen Schaltern – unmöglich zu handhaben.

Nicht vergessen!

Lassen Sie alles seine natürliche Ausgewogenheit finden.

In der chinesischen Philosophie beschreibt das Zweigespann Yin und Yang, wie zwei scheinbar gegensätzliche Kräfte sich eigentlich ergänzen, miteinander verbunden und voneinander abhängig sind. Alles hat sowohl ein Yin, das weibliche oder negative Prinzip (charakterisiert durch Dunkelheit, Nässe, Kälte, Passivität, Zerfall usw.), als auch ein Yang, das maskuline oder positive Prinzip (charakterisiert durch Licht, Wärme, Trockenheit, Aktivität usw.). Zum Beispiel gibt es keinen Schatten ohne Licht und andersherum. In einem harmonischen Leben ergänzen sich Yin und Yang. Wenn Sie einen Stein in einen See werfen, haben die entstehenden Wellen Täler und Spitzen, die sich gegenseitig beruhigen, bis das Wasser wieder still ist. Um ein ausgeglichenes Leben zu finden, sollte man beide Seiten annehmen und die jeweiligen Extreme vermeiden.

Nicht vergessen!

Leben Sie an der Grenze zwischen Yin und Yang.

In der griechischen Philosophie wird dieser Zugang zum Gleichgewicht als »die goldene Mitte« bezeichnet, der anzustrebende Mittelpunkt zwischen dem Extrem des Überflusses und dem des Defizits. Selbst die wünschenswertesten Eigenschaften sollten demnach ausgeglichen werden. Obwohl beispielsweise Mut eine Tugend ist, würde er sich im Überfluss als Rücksichtslosigkeit äußern und im Defizit als Feigheit.

So einfach es auch klingen mag, diese Lebenseinstellung ist fast das genaue Gegenteil von dem, was wir im Westen von Kindheit an lernen. Wir lernen, es mit dem Leben aufzunehmen und den Weg maximalen Gewinns anzustreben, ohne Rücksicht darauf, wie anstrengend das vielleicht ist. Wir lernen, unsere Schwächen zu überwinden (der schwierigste Weg), anstatt unsere Stärken auszuspielen (der einfachste Weg). Wir werden dazu ermuntert, die Grenzen zu sprengen und den höchsten Grad des Wohlstands, der Schönheit und des Erfolgs zu erzielen. Daher strengen wir uns an und leiden.

Den schwierigsten Weg zu wählen ist in meiner Branche ein Nationalsport. Ich treffe häufig »Powerführungskräfte«, die Überstunden machen, unter großem Druck stehen und sich stets durchs Leben kämpfen. Unaufhörlich versuchen sie, sich aus ihrer »Komfortzone« zu stoßen und etwas zu bewegen. Sogar ihr Privatleben versuchen sie zu steuern wie eine Maschine. Ihre Abende werden für Networking-Abendessen und Business-Events freigehalten. Ihre Kinder werden vom Tennistraining zum Musikunterricht gekarrt. Jede Minute ist durchgetaktet und muss präzise geplant werden. Die seltenen kurzen Pausen, die diese Powerführungskräfte sich gönnen, füllen sie mit einem anderen Extrem, trainieren vielleicht für den Ironman-Wettbewerb oder laufen einen Marathon. Über die Balance, die nötig ist, um gesund und fit zu bleiben, gehen sie hinaus. Möglicherweise erreichen sie ihr Ziel, aber sie bezahlen immer den Preis dafür.

Wir begeben uns oft in einen Kampf, aber in Kämpfen ist immer mehr verloren als gewonnen. Und hinterher beschweren wir uns dann darüber, dass das Leben hart ist.

Das Leben kann einfach sein. Hart ist nur der Weg, den wir uns aussuchen.

Nicht vergessen!

Streben Sie den Weg des geringsten Widerstands an.

In dem Film *Forrest Gump* spielt Tom Hanks den geistesschwachen Forrest, dessen »Einfachheit« ihm erlaubt, mit geringem Widerstand durchs Leben zu gehen. Das führt dazu, dass er Mitglied des All-Star-American-Football- und des Ping-Pong-Teams wird, drei US-Präsidenten kennenlernt, die Congressional Medal of Honor verliehen bekommt, Kapitän eines Krabbenkutters wird, ein großes Unternehmen gründet und sich als einer der ersten Investoren an Apple beteiligt. Manchmal ist es das Beste, sich wie eine Feder treiben zu lassen, wohin der Wind uns weht. Die Balance, die wir anstreben sollten, liegt sicherlich zwischen unserem hektischen modernen Leben und dem Forrests.

Sehr wichtig!

Folgen Sie dem Weg des Lebens.

Schauen Sie hinunter

Neben Erfolg und Fortschritt ist auch Ehrgeiz einer der wichtigen Werte unserer modernen Kultur. Wir streben nach Höherem, Weiterem, Größerem und mehr. Wir bringen unseren Kindern bei, ihren Wert nach ihren Errungenschaften zu bemessen, nicht nur im absoluten Sinn von Erfolg, sondern im kompetitiven, vergleichenden Sinn. Es reicht nicht, etwas zu leisten; was zählt, ist mehr zu schaffen als andere. *Das* ist es, was wir Erfolg nennen. Es reicht nicht, einfach nur zu lernen; man muss ein besseres Ergebnis erzielen als der Kollege. Es reicht nicht, ein angenehmes, erfülltes Leben zu haben; man sollte ein besseres Leben haben als die Nachbarn. Es reicht nicht, das Fußballspielen zu genießen; sondern auf das Gewinnen kommt es an.

Aber indem wir wie besessen vergleichen, laden wir uns die Enttäuschung ins Haus, denn es wird immer jemanden geben, der weiter gekommen ist oder etwas besser gemacht hat.

Es ist unschwer zu erkennen, dass wir mit unterschiedlichen Voraussetzungen auf die Welt kommen. Manche sind größer und andere kleiner, reicher oder ärmer, gesünder, lustiger oder hübscher. Wenn Sie einen bestimmten Teil Ihres Lebens unter die Lupe nehmen, finden Sie deshalb immer jemanden, der »mehr« hat als Sie selbst. Wir vergessen die andere Seite der Verteilungskurve: Jeder dieser Menschen hat »weniger« als Sie in mindestens einem anderen Bereich. So läuft das Spiel des Lebens eben.

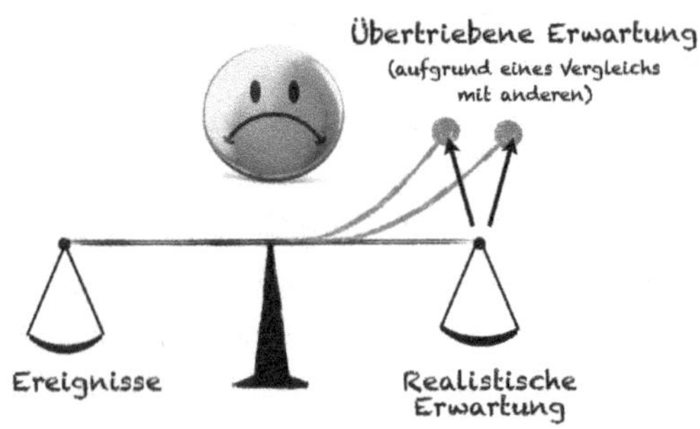

Sich selbst mit anderen zu vergleichen, denen es besser zu gehen scheint, ist ein Verhalten, das ich »Aufschauen« nenne. Indem wir aufschauen, konzentrieren wir uns auf die Bereiche, in denen wir zurückbleiben. Wir versuchen einzuschätzen, wie viel weiter wir gehen müssen, um mit den Rudelführern Schritt zu halten. Wir erliegen dem Irrtum, nie gut genug zu sein, bis wir an der Spitze sind. Schließlich sind die Erwartungen an uns selbst überspannt und damit verfehlt. Am Ende denken wir, das Leben sei uns gegenüber ungerecht im Vergleich zu anderen, und dieser Gedanke lässt uns leiden.

Es ist nichts falsch an dem Wunsch, im Leben voranzukommen, aber das vergleichende Aufschauen führt zu nichts. Es wird immer einen Grund für die Annahme geben, das Erreichte sei nicht gut genug. Arbeitnehmer schauen zu Abteilungsleitern auf und Abteilungsleiter zu Geschäftsführern. Models schauen zu dünneren Supermodels auf, und Millionäre schauen zu Milliardären auf.

So lautet die Aufgabe: Versuchen Sie, Ihren Ehrgeiz neu auszurichten, sodass der Fokus auf dem Ziel liegt, ein besserer Mensch zu werden, unabhängig davon, wie Sie im Vergleich zu anderen abschneiden. *Blicken Sie hinunter.* Arbeiten Sie fleißig, wachsen Sie, bewirken Sie etwas, aber bitte fühlen Sie sich wohl. Bitte hören Sie auf, nach dem zu schielen, was Sie nicht haben. Was Sie nicht haben, kennt keine Grenzen. So wird Ihr Richtwert ein sicheres Rezept für Enttäuschung – und ein sicherer Weg, um an der Glücksgleichung zu scheitern. Anstatt auf die wenigen zu schauen, die mehr als Sie zu haben scheinen, schauen Sie auf die Milliarden, die weniger haben. Ja – Milliarden!

Wenn Sie es sich leisten können, einen Kaffee für ein paar Dollar zu kaufen, seien Sie dankbar, denn mehr als drei Milliarden Menschen leben von weniger als 2,50 Dollar pro Tag, und mehr als 1,3 Milliarden Menschen leben von weniger als 1,25 Dollar pro Tag. Wenn Sie ein Glas Wasser trinken können, seien Sie dankbar, denn 783 Millionen Menschen haben keinen Zugang zu Trinkwasser. Wenn Sie ein Zuhause haben, seien Sie dankbar, denn allein in den USA frieren nahezu 750.000 Obdachlose auf den Straßen der Großstädte.

Und das sind nur die materiellen Dinge. Wenn Sie genau hinschauen, erkennen Sie, dass Leid und Unglück – obwohl versteckt – viel weiter verbreitet sind, als man denkt. Das vielleicht schönste

Beispiel dafür, wie wir das Leid anderer Leute übersehen, spiegelt sich im Rätsel des japanischen Lächelns. Während ein Lächeln für die meisten Menschen Freude ausdrückt, kann ein Lächeln für Japaner eine Vielzahl an Gefühlen bedeuten, unter anderem Unbehagen, Zweifel, Angst, Scham und Verlegenheit. In Japans Kultur der Stille ist es nicht üblich, extremen Gefühlen Ausdruck zu verleihen, besonders negativen. Wenn eine Person zum Beispiel einen Fehler macht, lächelt sie. Dieses Lächeln maskiert das Schamgefühl. Ich fragte einmal eine Freundin, warum in Tokio jeder ständig lächelt, wo ich doch wusste, dass das berüchtigte Lebenstempo dort viel Elend verursacht. Ihre schön formulierte Antwort lautete: »Wir behalten unser Leid für uns und schenken dir unser Lächeln.« Ich bewundere Japan sehr, und es fasziniert mich, dass eine ganze Nation ihren Schmerz mit so viel Würde verbergen kann.

Rundum gibt es so viel Leid, also falls Sie Ihr Leben unbedingt vergleichen müssen, wechseln Sie Ihre Perspektive, und vergleichen Sie sich mit jenen, denen es weniger gut geht. Wenn Sie Ihren Blickwinkel ändern, erkennen Sie viele Gründe dafür, mit Ihren Segnungen glücklich zu sein.

Ein Freund von mir, ein erfolgreicher und ehrgeiziger Geschäftsmann, setzte sich immer höhere Ziele. Dann wurde bei ihm eine akute Bauchspeicheldrüsenentzündung diagnostiziert, eine Krankheit, bei der die Magensäure, die für die Verdauung von Essen verantwortlich ist, in die Bauchhöhle fließt und stattdessen das eigene Fleisch des Patienten verdaut. Monatelang lag er mit Schläuchen am Körper im Bett, wurde mithilfe von Medikamenten und Infusionen am Leben gehalten. Während sich seine Gesundheit verschlechterte, schrumpften auch seine Ambitionen. Er war nicht länger an materiellem Gewinn oder Karriere interessiert. Er hörte auf, sich mit der Kollegin zu vergleichen, die vor ihm befördert wurde, oder dem Nachbarn, der ein schickeres Auto fuhr. Als sich seine Gesundheit endlich stabilisierte, verlagerten sich seine Zielsetzungen vom Erwerb des nächsten materiellen Erfolgs darauf, wie er es nannte, »in der Lage zu sein, mich im Bett auf die Seite zu drehen«.

Sehr wichtig!

Erst wenn wir *herunterschauen*, merken wir, wie sehr wir tatsächlich vom Glück begünstigt sind!

Nach unten zu blicken hilft Ihnen, die guten Dinge in Ihrem Leben zu schätzen. Und es ist kein Geheimnis, dass Dankbarkeit uns glücklich macht.

Die Psychologen Robert A. Emmons von der University of California und Michael E. McCullough von der University of Miami führten eine Studie durch, in der sie drei Teilnehmergruppen baten, jede Woche ein paar Sätze über ein bestimmtes Thema zu schreiben. Die eine Gruppe schrieb über Dinge, für die sie dankbar waren; die zweite schrieb über Dinge, die ihnen missfielen; die dritte schrieb über Ereignisse, von denen sie entweder positiv oder negativ betroffen waren. Nach zehn Wochen fühlten sich diejenigen, die über Dankbarkeit schrieben, zufriedener in ihrem Leben. Sie machten auch mehr Sport und gingen seltener zum Arzt als diejenigen, die sich auf die Gründe ihres Missmuts konzentrierten.[32]

Martin E. P. Seligman von der University of Pennsylvania testete den Einfluss von Dankbarkeit mit Hunderten von Teilnehmern. Zunächst wurde jeder gebeten, über eine frühe Erinnerung zu schreiben, anschließend wöchentlich einen Brief der Dankbarkeit, den sie jemandem, dem sie danken wollten, persönlich überreichen sollten. Die Teilnehmer wiesen enorm steigende Glückswerte auf, wenn sie Dankbarkeit ausdrückten, und die Wirkung dauerte manchmal einen ganzen Monat an.[33]

Nicht vergessen!

Dankbarkeit ist ein sicherer Weg zum Glück.

Und *Dankbarkeit* ist eine Frage der Einstellung. Wenn sie herunterschauen, lernen Sie, mehr davon in ihr Leben einzulassen. Wenn Sie erkennen, dass es immer jemanden mit tieferen Wunden gibt, lernen Sie vielleicht sogar, dankbar für Ihre eigenen Sorgen zu sein. Im

Vergleich erkennen Sie, dass Sie aufgrund eines glücklichen Zufalls verschont wurden.

Nehmen Sie mein eigenes Beispiel, den Verlust Alis. Kann ich nach unten schauen und mich dankbar fühlen trotz dieses tragischen Verlusts? Gibt es etwas Schlimmeres, als jemanden zu verlieren, der so wundervoll ist wie Ali? Selbstverständlich! Es hätte viel schlimmer sein können. Bei vielen jungen Männern wird zum Beispiel in ihren Zwanzigern Krebs diagnostiziert. Monateland ertragen sie die Schmerzen von Chemotherapie und Bestrahlungen, und manche schaffen es dennoch nicht. Wäre das ein besserer Tod für Ali gewesen? Nein! Viele Universitätsstudenten geraten in die falschen Kreise, enden als Drogenabhängige und sterben an einer Überdosis. Wäre das ein besserer Tod für Ali gewesen? Nein! Oder noch einfacher, hätten wir gewollt, dass Alis Schicksal genau dasselbe gewesen wäre, nur in Boston, wo er lebte und studierte, anstatt zu Hause, wo er uns für ein paar wenige wundervolle Tage besuchte, bevor er starb? Natürlich nicht!

Wenn ich *aufschauen* und darüber nachdenken wollte, wie viel länger wir zusammen hätten leben können, würde ich leiden, denn Fakt ist, dass er gegangen ist und ich nichts daran ändern kann. Stattdessen entscheide ich mich, *herunterzuschauen* und dankbar zu sein für die 21 wundervollen Jahre, in denen er uns mit seiner Anwesenheit gesegnet hat. **Anstatt verbittert darüber zu sein, dass er gestorben ist, bin ich dankbar dafür, dass er gelebt hat.**

»Ali war nie sehr ängstlich«, sagte einer seiner Freunde einmal. »Er fühlte sich nicht so wohl in großer Höhe, aber nichts machte ihm wirklich Angst. Ich erinnere mich, ihn gefragt zu haben, was seine größte Angst war, worauf er antwortete, seine größte Angst sei, jemanden zu verlieren, den er wirklich liebt. Das schloss seine Familie und seine engsten Freunde ein. Als er von uns ging, begriff ich, dass Ali das Unvermeidliche nie passiert ist. Er konnte leben, ohne dass seine größte Angst sich jemals bewahrheitete. Und das ist ziemlich eindrucksvoll, finde ich.«

Wenn es darum geht, aus dieser Welt zu gehen, war es nicht das Schlimmste, im Schlaf und im Kreise seiner liebenden Familie zu sterben. Schaut man mal herunter, so sieht man unzählige schlimmere Fälle als den, den wir durchlebt haben. Wie das Leben so ist: Es wäre natürlich schöner gewesen, ihn einen Tag länger bei uns zu haben, aber ich sehe ein, dass selbst das viel schlimmer hätte sein können!

Nun sind Sie an der Reihe, über Ihre Probleme nachzudenken. Seien Sie gerecht dabei, und vergegenwärtigen Sie sich, dass Sie, wenn auch nicht der glücklichste lebende Mensch, sicherlich auch nicht der unglücklichste sind. Sollten Sie es jemals vergessen, dann bitte:

Nicht vergessen!

Schauen Sie herunter!

Kapitel 12 – Love is all you need

Ich liebe Schmetterlinge. Egal welcher Art, Farbe oder Größe. Ich liebe sie einfach. Ich möchte sie nicht besitzen, und ich muss sie nicht zwingend sehen. Ich bin einfach froh, dass es sie gibt. Ich liebe sie so sehr, dass ich sie am liebsten umarmen würde. Aber das tue ich natürlich nicht. Ich überschütte sie einfach mit dem überwältigenden Gefühl der Liebe, wann immer sich unsere Wege kreuzen. Ich vermute, das wissen sie, denn sie scheinen häufig des Weges zu kommen. Manchmal flattert ein Schmetterling voller Anmut vor mir her, während ich zur Arbeit laufe. Er lässt sich dann ruhig auf einem Zweig entlang meines Weges nieder, als wolle er sagen: »Ich bleibe jetzt genau hier und tue so, als ob ich nicht gucke, damit du dich an mir erfreuen kannst.« Wenn ich an ihm vorbeigehe, fliegt er um mich herum und landet wieder vor mir. Ich höre nicht damit auf und er auch nicht. Zufall? Ich denke nicht. Wie auch immer, es ist mir egal, denn ich *liebe* einfach jeden einzelnen Schmetterling, den es jemals gegeben hat.

Ich *mag* sie auch. Ich mag ihre Muster, ihre Schönheit und Anmut. Ich bewundere ihren Lebensweg von der Raupe zur Schönheitskönigin, wie sie die Härte und Ungewissheit des Kokons hinter sich lassen. Ich weiß ihre Arbeit für uns zu schätzen, das Bestäuben der Blumen, und respektiere sie für das Durchhaltevermögen, das sie trotz ihrer Zerbrechlichkeit in ihrem kurzen Leben beweisen.

Mögen, bewundern, wertschätzen und respektieren sind unterschiedliche Gefühle, und sie unterscheiden sich alle von der Liebe. Ich mag und bewundere aus bestimmten Gründen. Liebe dagegen ist einfach da: unerklärlich, unbegründet und unerschütterlich.

Liebe – wahre Liebe – ist echt. Alle anderen Gefühle sind vorübergehend. Sie werden durch etwas ausgelöst und verschwinden, wenn diese Ursache nicht mehr da ist. Das Muster eines Schmetterlings zu mögen hängt davon ab, wie schön ein bestimmter Schmetterling ist. Ist es ein unattraktives, helles Grau, schwindet die Bewunderung möglicherweise. Meine *Liebe* für ihn aber bleibt.

Denken Sie an die fast universelle Erfahrung der Mutterliebe. Nach dem Durchleiden der unangenehmen Schwangerschaftsmonate und dem heftigen Schmerz der Geburt werden fast alle neuen Mütter von einem Schwall der Liebe überwältigt, sobald das winzige, zerknautschte Ding in ihre Arme gelegt wird. Dieses überwältigende Gefühl bleibt, unabhängig von den Umständen. Ein Kind mag wachsen, von zu Hause weggehen und nie anrufen – aber die Liebe bleibt dieselbe. Das Kind mag sogar für immer von dieser Welt gehen, so wie Ali von uns gegangen ist, aber die unerschütterliche Mutterliebe wächst weiter.

Welche Art Liebe?

Die Popkultur macht Liebe zu einer Art schmerzhaftem Ausdauertest. Herzschmerz und Sehnsucht inspirieren unzählige Songtexte und füllen die Seiten von Romanen. Ja, es gibt eine Art der Liebe, die Schmerz verursacht. Die andere Art allerdings führt zu purem, ununterbrochenem Glück. Die Liebe der Popkultur ist eine Illusion, während jene Liebe, über die selten gesprochen wird – die aber so viel tiefer empfunden wird –, echt ist.

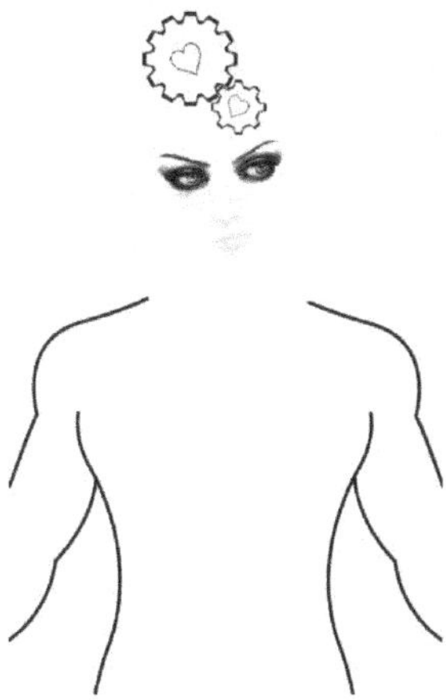

Vorbehaltliche Liebe ist vom Gedanken motiviert »Ich liebe, weil ...«, und wie alles, das auf einem Gedanken fußt, ist sie eine Illusion, nicht von Dauer und wird, während der Gedanke sich entwickelt, letztlich und unweigerlich zu Leid führen.

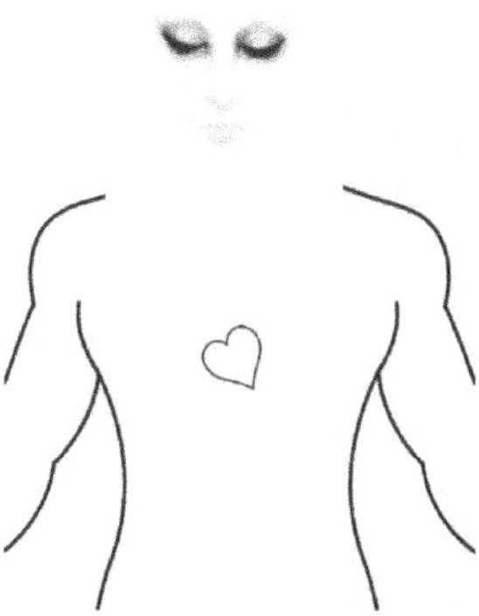

Im Gegensatz dazu wird *bedingungslose* Liebe empfunden, aber nicht verstanden. Sie basiert aufrichtig auf »Ich liebe« und nichts sonst – keine Gründe oder Voraussetzungen, keine Erwartungen oder Ansprüche und infolgedessen keine Enttäuschungen. Keine Gedanken! Das ist die einzige Art der wahren Liebe. Sie ist schwer zu finden, aber echt.

Nicht vergessen!

Bedingungslose Liebe ist echt. Sie ist die einzige Emotion, die nicht von einem Gedanken in unserem Kopf hervorgerufen wird.

Fühlen statt denken

Die wahre Essenz dessen, was bedingungslose Liebe echt macht, ist die Tatsache, dass sie außerhalb der Welt der Gedanken lebt. Alle anderen Gefühle basieren auf einem Gedanken. Neid entsteht durch den Gedanken *Sie hat, was ich nicht habe*. Hass kommt vom Gedanken *Etwas an diesem Menschen widerspricht meinem Lebensmodell sehr*. Bewunderung fußt auf dem Gedanken *Ich habe die Eigenschaften einer Person analysiert und bin zu dem Schluss gekommen, dass sie meine Erwartungen übertreffen*. Ärger wird durch den Gedanken hervorgerufen *Das Verhalten des anderen bedroht mich. Ich muss stark sein, um mich sicher zu fühlen*. Der Gedanke erzeugt das Gefühl.

Auch die vorbehaltliche Liebe basiert auf einem Gedanken: *Sie macht mich glücklich, und daher liebe ich sie* oder *Er gibt mir das Gefühl der Sicherheit, und deshalb liebe ich ihn*. Dasselbe Modell trifft auf unsere Liebe zu Dingen zu: *Dieses Auto verleiht mir Status, daher liebe ich es. Meine Schuhe sind bequem, deshalb liebe ich sie*. Solange der Grund da ist, bleibt die vorbehaltliche Liebe erhalten, verschwindet er jedoch, verändert sich das Denken, und das Gefühl verblasst. Manchmal mutiert es sogar durch ständiges Grübeln zu Hass, Wut, Angst oder einem anderen gedanklich motivierten Gefühl.

Das ist der Grund, warum Beziehungen leiden: Sie sind in einer sich ständig verändernden Welt auf vorbehaltlicher Liebe aufgebaut. Erwartungen an Schönheit, Unterhaltungswert, körperliche Freuden und andere Hoffnungen sind zu Vorbedingungen für die Liebe geworden. Ändert sich der geliebte Mensch, werden die Erwartungen enttäuscht und das Märchen zum Alptraum.

Bedingungslose Liebe dagegen widersteht allen Veränderungen. Sie durchkreuzt die Zeitillusion. Selbst wenn ich meine wundervolle Tochter monatelang nicht sehe, ist mein Herz von unwandelbarer, beständig wachsender Liebe für sie erfüllt. Wahre Liebe durchkreuzt die Wissensillusion. Wir lieben das Meer, die Sterne, die Vögel und die wilden Tiere; wir fühlen eine Verbindung zu ihnen, obwohl wir ihre sich ständig wandelnde Natur nicht verstehen. Sie durchkreuzt die Selbstillusion, indem sie uns erlaubt zu lieben, was weit über das Körperliche hinausgeht. Das ist die einzige Art Liebe, die ewig währt und sogar über das Leben hinausgeht. Alis Liebe wird immer in meinem Herzen fortleben, obwohl er weitergezogen ist und unsere materielle Welt verlassen hat.

Das Wort *immer* gebrauche ich hier bewusst. Wahre Liebe wird *immer* empfunden, jede Sekunde jeden Tages. Zeit ist keine Bedingung für eine Liebe, die keiner Bedingungen bedarf.

Die wahre Freude der Liebe

Ohne Liebe gibt es kein Glück. Und während vorbehaltliche Liebe häufig Leid verursacht, bringt wahre Liebe dauernde Freude mit sich. Es gibt kein Nehmen in der wahren Liebe. Wenn es nichts zu nehmen gibt, haben wir auch nichts zu erwarten, und jenes Leiden, das von den entttäuschten Erwartungen der vorbehaltlichen Liebe herrührt, kann uns nicht treffen. Verlangen, Belohnung, Befriedigung und sogar die Erwiderung von Liebe sind alle konditional.

Ich verdiene es, als Voraussetzung für mein Glück geliebt zu werden ist ein vom Ego motivierter Gedanke, ein weiterer Versuch zu beweisen, dass wir »gut genug« und es damit wert sind, geliebt zu werden. Jeder Gedanke, der vom Ego herrührt, kann nur enttäuschen, und weil diese illusionäre Liebe schwindet, ist Leid die Folge. Aber ohne Erwartungen – ohne Ansprüche des geliebten Menschen – stellt sich das Liebesglück ein, denn:

Nicht vergessen!

»Keine Erwartung« wird nie zu einer enttäuschten Erwartung.

Bei allem, was es über bedingungslose Liebe zu wissen gibt, ist ihr Einfluss auf Ihr Glück überraschend simpel:

Sehr wichtig!

Die wahre Freude an der wahren Liebe liegt darin, sie zu schenken.

Die Ökonomie der Liebe

Erfüllen Sie die Welt um sich herum mit Liebe, und sie wird außer Form geraten, vor Unsicherheit erzittern und Ihnen mehr von sich schenken, als Sie erwartet haben. Versuchen Sie es einfach, und schauen Sie dann, was passiert.

Sehr wichtig!

Je mehr Liebe Sie geben, desto mehr bekommen Sie zurück.

Ich wünschte, es gäbe wissenschaftliche Studien, die das beweisen, dann könnte ich Sie mit einem Diagramm oder einer beeindruckenden Statistik blenden. Liebe ist kein wissenschaftlich eingehend erforschtes Thema, aber beachten Sie diese Analogie: Das Energieerhaltungsgesetz bedeutet in der Physik, dass Energie nie verschwindet. Sie verringert sich auch nicht. Sie verändert ihre Form, aber in jedem geschlossenen System ist die Menge an Energie zu Beginn dieselbe wie am Ende. Liebe folgt demselben Gesetz: wahre Liebe kann nicht zerstört werden; sie wandelt sich nur von einer Form in eine andere. Wegen dieser Erhaltung verwandelt sich die

Liebe, die Sie in ein System einspeisen, und kommt von dort zu Ihnen zurück, wo Sie es am wenigsten erwarten. Eines macht sie sogar noch besser als die Energie: Sie zieht die Liebe aller Lebewesen an. Je mehr Liebe Sie einzahlen, desto mehr wächst sie und vervielfacht sich wie bei einem Sparkonto, sodass sogar noch mehr für Sie zur Verfügung steht, wenn Sie etwas vom Konto abheben wollen.

Nennen Sie es das Gesetz der Erhaltung – oder Vervielfachung – der Liebe.

sehr wichtig!

Liebe ist nie verschwendet. Je mehr Sie davon abgeben, desto geliebter werden Sie sich fühlen.

Sehen Sie sich die Menschen an, die friedlich und bedingungslos die Welt und jeden ihrer Bewohner geliebt haben, obwohl sie ihnen Leid gebracht hat: Mutter Teresa, Gandhi, Seine Heiligkeit der Dalai Lama. Milliarden Menschen aller Glaubensrichtungen, Nationen und Lebenswege lieben sie. Diese Liebe setzt sich noch lange nach ihrem Tod fort. Wir lieben sie, sogar ohne die Details ihrer Biografien zu kennen. Sogar Sie müssen so jemanden lieben. Wie könnte es anders sein?

Von einer kostenlosen und erneuerbaren Ressource, die derart spektakuläre Erträge bringt wie die Liebe, habe ich in der Wirtschaft noch nie gehört. Es ist ein bisschen wie bei der Ökonomie der Rockstars. Ein talentierter Musiker kann alleine in einem Raum sitzen und ein Meisterwerk nur aus seiner Inspiration erschaffen, das ihm jahrzehntelang Bewunderung und Reichtum einbringt. Auch wenn ein solches Talent wahrscheinlich äußerst selten ist, sind wir alle fähig, Meisterwerke der bedingungslosen Liebe zu erschaffen. Ein so mächtiges Gut erfordert eine besondere Handhabung. Ich folge drei praktischen Ratschlägen, die ich Bedienungsanleitung der Liebe nenne.

Bedienungsanleitung der Liebe

Drei einfache Schritte helfen Ihnen, von der spektakulären Ökonomie der Liebe zu profitieren.

Lieben Sie alles und jeden

Eine Schlange mag scheußlich aussehen und sich heimtückisch verhalten, aber sie ist nicht böse; sie macht einfach genau das, wofür sie gemacht ist. Sie macht nie mehr davon als nötig und zögert nie. Wenn Sie Schlangen hassen, lehnen Sie im Grunde nur die Geschichte ab, die Sie sich im Kopf über sie zurechtgelegt haben und der zufolge Schlangen böse und schleimig sind. Aber das sind sie nicht. Keine Schlange hat die Absicht, etwas aus Spaß zu verletzen. Sie jagt, um sich zu ernähren, genau wie wir. Der Großteil unserer eigenen Jagd findet heutzutage in den Gängen des Supermarkts statt, aber besser als die Schlange sind wir nicht, wenn es ums Überleben geht. Wir sind bei Weitem der größte Fleischfresser aller Lebewesen. Trotzdem fühlen wir uns alle sicherlich der Liebe würdig.

Mal abgesehen von den Gedanken, Ihren Vorstellungen davon, wie die Schlange Ihrer Meinung nach auszuschauen oder sich zu verhalten hat, was bleibt übrig? Kein Grund für materielle Emotionen, nur bedingungslose Liebe. Meiden Sie Schlangen, um keinen Schaden zu nehmen, aber hassen Sie sie nicht einfach nur deshalb, weil sie sind, wie sie sind.

Wenn Sie eine Schlange lieben können, können Sie alle anderen Wesen lieben – die Bäume, die Steine und die Bienen. Auch wenn es um menschliche Schlangen geht, wenn Sie hinter die Maske des Egos schauen, ist da nichts weiter als pure Liebe. Sogar die nervigsten, scheinbar abscheulichsten Leute verbergen hinter ihren Egos, Ängsten und gedankenorientierten Verhaltensweisen nur ein friedliches Kind, das geliebt und anerkannt werden will. Die meisten lassen die Maske fallen und zeigen ihr wahres Gesicht, sobald sie geliebt werden.

Nicht vergessen!

Entfernen Sie sanft die Maske des Egos und lieben Sie, was darunter zum Vorschein kommt.

So idealistisch das auch wirken mag, ich bin auch realistisch. Ich weiß, dass die Menschheit uns Beispiele geliefert hat – Tyrannen, Mörder und Schurken aller Art –, welche die Idee der bedingungslosen Liebe wenig glaubhaft machen, allerdings sind das die Ausnahmen, nicht die Regel. Ich habe mit einigen der schwierigsten Politiker weltweit gearbeitet, und sogar unter diesen waren etliche im Inneren zutiefst menschlich.

Für jene (sehr wenigen), die so sehr in ihrem Ego gefangen sind, dass ihr wahres Selbst nie zum Vorschein kommt, habe ich von Ali eine sehr effektive Strategie gelernt, als er ein kleines Kind war. Er gab Leuten mit einem unerschütterlichen Ego drei Chancen. Danach ging er ihnen aus dem Weg oder sagte ihnen offen, aber höflich, dass sie einfach nicht kompatibel seien. Aber selbst wenn er aufgehört hatte, mit ihnen zu verkehren, er liebte sie weiterhin, und irgendwo tief drinnen liebten sie ihn zurück, da bin ich mir sicher.

Beachten Sie bitte, dass alles und jeden zu lieben kein naiver, romantischer oder idealistischer Zugang zum Leben ist. Eigentlich ist diese Strategie ein bisschen egoistisch. Neben all der Liebe, die Sie zurückbekommen, löst die bedingungslose Liebe Ihre eigene Glücksgleichung. Sie schenkt Ihnen die Freude der Liebe, die daraus entspringt, Liebe zu geben und nichts als Gegenleistung zu erwarten. Keine enttäuschten Erwartungen. Nur Frieden. Eine wirklich weise Entscheidung!

Lieben Sie sich selbst

Wie können Sie etwas lieben oder von etwas Liebe erwarten, wenn Sie sich selbst nicht lieben?

Nichts ruft in der heutigen westlichen Welt mehr Unglück hervor als der weit verbreitete Mangel an Selbstliebe. Studien zeigen, dass nur vier Prozent aller Frauen in westlichen Gesellschaften der Meinung sind, hübsch zu sein, und mehr als 60 Prozent finden, sie müssten schlanker sein, um der Liebe würdig zu sein! Das ist leider wenig überraschend. Wir werden systematisch dazu erzogen, uns nicht zu lieben, es sei denn, wir erfüllen strenge Erwartungen.

Als erfolgsorientierte Gesellschaft sind wir zu der Überzeugung gelangt, dass es nicht »gut genug« ist, durchschnittlich zu sein – also so wie die meisten anderen Leute. Bei näherem Nachdenken lässt das auf eine ungeheure Arroganz schließen, da diese Auffassung impliziert, die meisten Leute seien nicht gut genug! Eine durchschnittliche Figur ist nicht attraktiv genug; wir müssen Supermodels sein. Aber selbst Supermodels fühlen sich nicht gut genug, denn es gibt immer ein noch attraktiveres Supermodel. Durchschnittlich zu sein fühlt sich bedrohlich an, denn das bedeutet, dass uns die Überdurchschnittlichen die Möglichkeit nehmen, in einer wettbewerbsfähigen Welt erfolgreich zu sein. Es versteht sich jedoch von selbst, dass wir nicht alle überdurchschnittlich sein können. Das würde unseren Mathematikkenntnissen aus der dritten Klasse widersprechen. Jemand muss oben und jemand unten sein, damit es überhaupt einen Durschnitt gibt!

Sich auf unrealistische Weise voranzupeitschen ist ein sicherer Weg zu enttäuschten Erwartungen, Enttäuschung und Leid. Mit anderen Worten, es ist ein sicherer Weg, um die Glücksgleichung zu vermasseln. Mit der wachsenden Enttäuschung verschlimmert sich der Stress, bis wir es nicht mehr aushalten.

Bitte halten Sie hier für eine Minute inne und fragen Sie sich, ob das die Art und Weise ist, wie Sie jemanden behandeln würden, den Sie lieben. Nein, Sie geben ihm Wärme und Bestätigung. Warum also behandeln Sie sich selbst so?

Schließlich sind Sie ein Säugetier. Und Säugetiere kümmern sich instinktiv um Neugeborene, die noch nicht imstande sind, das Leben zu meistern. Wir sind darauf programmiert, jene Gefühle ausfindig zu machen und herbeizusehnen, die uns Sicherheit vermitteln, wenn wir verletztlich sind. Die Wärme, die sanften Berührungen und die einfühlsame Kommunikation, die unsere Eltern uns als Neugeborenen schenken, reduzieren unseren Stress. Wenn wir uns sicher fühlen, löst das die Produktion von Wohlfühlhormonen in unserem Gehirn aus, mit deren Hilfe wir mehr leisten und glücklicher sind. Genau so sollten wir uns auch um uns selbst kümmern. Behandeln Sie sich selbst wie ein geliebtes Kind. Erlauben Sie sich Wärme, Liebe und Zärtlichkeit. Von Härte kommt nie Gutes. Liebe ist alles, was wir brauchen.

Selbstliebe funktioniert und ist erreichbar. Auch das habe ich von Ali gelernt. Er war besonders gut darin, sein wahres Selbst zu akzeptieren. Er gab immer sein absolut Bestes – und schätzte sich selbst dafür, es versucht zu haben, unabhängig vom Ergebnis. Solange er sein Bestes gab, machte er sich nie Vorwürfe, ein bestimmtes Ziel nicht erreicht zu haben. Er war gut in Musik, aber nicht in Sport, und das störte ihn nie. Er hatte Glück in der Freundschaft, aber nicht immer Glück in der Liebe, und das war okay, denn er war, wie er war, und das gefiel ihm. Das gefiel auch allen, die ihn kennenlernten.

Nicht vergessen!

Lieben Sie sich dafür, Ihr Bestes zu geben.

Aber das ist leichter gesagt als getan, denn wir erinnern uns lieber an das, was wir *nicht* an uns mögen und was andere an uns kritisieren, als an das, was wir an uns *mögen*. Diese Tendenz hat eine negative Wirkung auf unsere Selbstwertschätzung, aber es gibt eine einfache Methode, das zu ändern. Fangen Sie an, ein Tagebuch zu führen, oder schicken Sie sich einfach E-Mails. So oder so, schreiben Sie jedenfalls schnell alles auf, was positiv und bewundernswert an Ihnen ist. Zwingen Sie sich dazu, pro Tag mindestens eine Sache aufzuschreiben, auf die Sie stolz sind. Schreiben Sie jedes Kompliment auf, das Sie bekommen: worin es bestand, wer es gesagt hat und was es ausgelöst hat. Kehren Sie zu Ihrem Tagebuch zurück und schlagen Sie es auf, wann immer Sie das Gefühl haben, nicht gut genug zu sein. Es wird die negativen Gedanken entlarven und Sie daran erinnern, dass Sie wirklich gar nicht so schlecht sind.

Wichtiger noch ist, dass Sie sich mit Leuten umgeben, die Ihnen ein gutes Gefühl geben. Lassen Sie niemals Tyrannen oder destruktive Kritiker in Ihr Leben, nicht einmal eine Minute lang. Seien Sie offen gegenüber positivem, konstruktivem Feedback, das mit Liebe, Mitgefühl und Vorsicht vermittelt wird, aber schließen Sie das entschieden Negative aus. Sollte ein Freund irgendein Zeichen dieser Negativität aufweisen, halten Sie es, wie Ali es mir beigebracht hat, und geben Sie demjenigen drei Chancen. Sagen Sie ihm:

Ich fühle mich schlecht wegen dem, was du gerade gesagt hast, und ich mag es nicht, in der Gesellschaft von Leuten zu sein, die mir ein schlechtes Gefühl geben, also mach das nicht noch einmal.

Wenn der andere nicht aufhört, negativ zu sein, ziehen Sie diese Grenze noch mal klar und deutlich, und wenn er es ein drittes Mal tut, packen Sie Ihre Sachen und gehen Sie! Sagen Sie es dem anderen ins Gesicht:

Sehr wichtig!

Du gibst mir ein schlechtes Gefühl. Ich verdiene etwas Besseres!

Selbst wenn er bettelt und fleht, kehren Sie nicht um. Drei Chancen sind mehr als genug. Durchsetzungsvermögen wird Ihr Leben retten und ihm außerdem beibringen, seinen nächsten Freund besser zu behandeln.

Denken Sie schließlich daran, dass keine Gründe notwendig sind, um sich selbst bedingungslos zu lieben. Sie sind nicht Ihr Ego. Sie sind nicht Ihre Erfolge und Besitztümer. Sie sind nicht der Erfolg oder der Status oder etwas, das Sie von sich selbst als Voraussetzung für Ihre Eigenliebe fordern. Ihr wahres Ich, Pucki, verdient es, stets geliebt zu werden.

Nicht vergessen!

Sie – Ihr Ego ausgenommen – sind wahrhaft liebenswert.

Seien Sie nett

Was machen Sie, wenn Sie wahrhaft lieben? Sie geben bereitwillig. Jemandem etwas zu geben, den Sie lieben, fühlt sich genauso gut an, als wenn Sie es für sich selbst behalten. Meistens fühlt es sich sogar besser an.

Sollten Sie lernen, alles und jeden zu lieben, geben Sie bedingungslos. Spenden Sie ein paar Cent, oder werfen Sie einen Dollar in den Hut eines Straßenkünstlers. Ein einziger Dollar kann eine Familie in den Entwicklungsländern einen Tag lang ernähren, also verzichten Sie einmal auf Ihren täglichen Kaffee, und ernähren Sie eine Woche lang ein Kind.

Aber verschenken Sie mehr als nur Materielles. Ich fordere Sie auf, ein Lächeln, ein Wort der Anerkennung, ein gutes Gespräch oder ein Kompliment zu verschenken. Schenken Sie Liebe, Akzeptanz und Verständnis ohne Urteil. Würdigen Sie alle, die Ihren Weg kreuzen: eine Kellnerin, einen Verkäufer. Behandeln Sie sie nicht wie zweidimensionale Wesen, wie dienstbare Objekte. Respektieren Sie Ältere. Machen Sie einen Freund, der Kontakte braucht, mit anderen bekannt. Leiten Sie einen Lebenslauf an Ihre Personalabteilung weiter. Rufen Sie diejenigen an, die gerade eine schwere Zeit durchmachen, und hören Sie nur zu. Helfen Sie, wenn Sie können. Geben Sie anderen das Gefühl, dass sich jemand um sie kümmert. **Behandeln Sie alle so, wie Sie selbst behandelt werden möchten**. Das ist die goldene Regel der Liebe.

Beschenken Sie nicht nur die Menschen in Ihrer Umgebung. Gießen Sie einen Baum, streicheln Sie eine Katze, füttern Sie einen Vogel, verschonen Sie das Leben einer Fliege. Pflegen Sie Ihr Auto, Ihre Bücher und sogar Ihren Kaffeebecher.

Wenn Sie geben, gibt das Leben immer zurück. Stellen Sie sich vor, das ganze Universum zu beschenken, wenn Sie etwas geben. Es schuldet Ihnen etwas und wird es Ihnen samt Zins zurückzahlen! Nichts wird verschwendet.

Nicht vergessen!

Lieben heißt alles geben.

Verschenken Sie, was Sie nicht benutzen. Schuhe, Jeans und Kleider sind dazu da, getragen zu werden; wenn Sie sie nur in einem Schrank aufbewahren, töten Sie sie. Hauchen Sie ihnen Leben ein, indem Sie sie jemandem geben, der sie lieben und gebrauchen wird. Das Leben blüht auf, wenn es fließt. Ein Leben des Gebens ist wie ein Fluss, frisch, fließend und voller Leben, schön und glücklich. Wasser, dem die Bewegung genommen wird, ist nur ein Sumpf, abgestanden und traurig. Was davon möchten Sie gerne sein?

Nicht vergessen!

Lassen Sie das Leben fließen. Behalten Sie, was Sie benutzen, und verschenken Sie den Rest.

Wenn Sie etwas hergeben, das Sie lieben und schätzen, erhalten Sie es vom Universum samt Zinsen zurück. Das mag auf individueller Ebene schwer zu begreifen sein, wird jedoch klarer, wenn man die Gesellschaft als Ganzes betrachtet. Es ist ein ökonomischer Fakt, dass die ganze Wirtschaft wächst und die Gebenden letztlich mehr profitieren und erwirtschaften, als sie ursprünglich investiert haben, wenn diejenigen, die in Fülle leben, den Notleidenden etwas abgeben. Deshalb drängen Wirtschaftsexperten und Politiker die Verbraucher in Zeiten der Konjunkturschwäche, weiterhin Geld auszugeben. Das klingt mit Blick auf die instinktive Spartendenz der Verbraucher in schwierigen Zeiten wenig einleuchtend, aber es ist ganz einfach: Wenn sie aufhören, Geld auszugeben, kommt die Welt zum Stillstand, aber wenn sie weiter konsumieren, gedeiht die Gesellschaft auf lange Sicht. Je mehr wir geben, desto mehr Wohlstand schaffen wir.

Sehr wichtig!

Geben macht den Kuchen nicht kleiner. Es kommt immer mehr zurück.

Darüber hinaus vermehrt sich Ihre Rendite, je größer der Kreis der von Ihnen Beschenkten ist. Wenn Sie jemandem helfen, den Sie gar nicht kennen, tun Sie dies ohne die Erwartung einer Rückerstattung – und hier stoßen Sie auf Gold. Geben wir selbstlos, so übernimmt das Leben selbst die Schulden und zahlt sie goßzügig mit seinen unbegrenzten Ressourcen zurück. Gehen Sie einen Schritt weiter, und geben Sie jemandem, den Sie nicht leiden können, das Geschenk eines freundlichen Wortes oder das Geschenk eines zurückgehaltenen Urteils, und der Kreislauf setzt sich fort.

Im Laufe der Jahre habe ich mich entschieden, das zu glauben. Mein Ingenieurgehirn wurde neugierig, und so entschied ich, das

System zu testen. Wann immer ich etwas gab, nahm ich das zur Kenntnis und erhielt Geschenke aus unerwarteten Quellen, oftmals von einem Wert, der den des Gegebenen weit übertraf. Wenn ich aufhörte zu geben, wurde das Leben viel schwerer, und es fühlte sich an, als ob ich für alles kämpfen müsste, das ich verdiente.

In einer Studie der Harvard Business School gaben Michael Norton, Elizabeth Dunn und Lara Aknin Fremden einen Geldbetrag (5 oder 20 Dollar) mit dem Auftrag, ihn noch am selben Tag auszugeben. Die Hälfte bekam den Auftrag, das Geld für sich selbst auszugeben, die andere Hälfte sollte es für andere ausgeben. Wer das Geld für sich selbst ausgab, kaufte Dinge wie Kaffee und Essen, während die anderen angaben, es für Dinge wie Geschenke für ihre Geschwister und Spenden an Obdachlose ausgegeben zu haben. Das Ergebnis? Diejenigen, die das Geld für andere ausgegeben hatten, gaben an, sich am Ende des Tages viel glücklicher zu fühlen als diejenigen, die es für sich selbst ausgegeben hatten. Das war durchweg der Fall, unabhängig davon, wie viel Geld ausgegeben wurde.[34]

Mehrere ähnliche Studien bestätigen, dass **Glück tatsächlich für Geld zu haben ist – wenn Sie es verschenken**. Also geben Sie Ihr Bestes, um zu schenken: Ihr Lächeln, Ihre Zeit, Aufmerksamkeit, Wissen, was auch immer. In diesem Sinne:

Nicht vergessen!

Geben ist die gute Seite des Egoismus! Es macht den Gebenden glücklich.

Die ultimative Form des Gebens schließlich ist, denen zu *ver*geben, deren Verhalten das nicht zu rechtfertigen scheint. Vergeben Sie dem Fahrer, der Sie am Morgen schneidet, dem Kollegen, der Sie verrät, dem »Freund«, der einen fiesen Kommentar bei Facebook gepostet hat.

Es kann tausend verschiedene und ganz gute Gründe dafür geben, warum der Fahrer sich so verhalten hat. Vielleicht lag seine Frau in den Wehen, und er wollte schnellstmöglich zu ihr; vielleicht hat ihm ein schlechter Fahrschullehrer das Fahren beigebracht; vielleicht wich er einem anderen Auto aus, das ihn schnitt; oder vielleicht hat er versucht, das Leben eines Eichhörnchens zu retten, das gerade die Straße überquerte. Irgendwann werden Sie in seiner Haut stecken. Vergeben Sie, und Ihnen wird vergeben werden. Es kommt alles irgendwann zurück.

Verzeihen Sie denen, die mit Ihnen streiten, selbst wenn Sie sie im Unrecht glauben. Eine Sache, die ich an Ali geliebt habe, war sein Nachgeben bei Auseinandersetzungen, obwohl er nicht überzeugt worden war. Er hörte aufmerksam zu und trug dann seine Argumente vor. Er hatte keinen Drang zu beweisen, dass er Recht hatte, aber er hatte einen unkontrollierbaren Drang, nett zu sein. Ich versichere Ihnen, im Gegenzug war die ganze Welt nett zu ihm.

sehr wichtig!

Entscheiden Sie sich dafür, nett zu sein statt im Recht!

So, das war mein sentimentales, unwissenschaftliches Kapitel. Aber vielleicht ist es das passendste Kapitel, damit Sie mir das verzeihen. So unerklärt (und unerklärlich) sie auch sein mag, bedingungslose Liebe ist eine der Säulen unseres Universums. Wenn es darum geht, den Zustand der Freude zu finden, haben es die Beatles auf den Punkt gebracht:

sehr wichtig!

Love is all you need.

Kapitel 13 – L. I. P.

Der Tod ist real. Kein Lebewesen ist dem Tod jemals entkommen. Er mag sogar realer sein als das Leben selbst. Dieses Kapitel war das Schwerste, das ich jemals schreiben musste. Etwas Unheimliches umgibt den Tod – und wie Sie sich vorstellen können, fällt mir das hier nicht leicht.

Der Tod macht uns Angst, deshalb schweigen wir darüber. Aber heute nicht. In diesem Kapitel werde ich brutal ehrlich sein im Umgang mit diesem Thema. Ich bitte im Voraus um Entschuldigung, falls Teile davon hart klingen oder im Widerspruch zu Ihren Glaubensüberzeugungen stehen.

Die Endgültigkeit von Alis Tod hat mich unmittelbar mit der fundamentalen Wahrheit von Leben und Tod konfrontiert. Indem sie mein Verständnis verbesserte, vergrößerte sich meine Motivation, ein Leben zu führen, das lebenswert ist. Sie hat mir außerdem meine letzte Angst genommen: Ich habe keine Angst mehr vor dem Sterben.

Wenn wir nun den Tod erforschen, merken Sie vielleicht wie ich, dass unsere größte Angst eigentlich nicht gerechtfertigt ist und dass der Tod unser wichtigster Lehrmeister ist. Es ist keine leichte Lektüre, aber Ihre Zeit mit Sicherheit wert.

Die meisten Menschen in westlich beeinflussten Kulturen vermeiden es, über den Tod zu sprechen. Infolgedessen gibt es viele Dinge, die wir nicht über ihn wissen, und das wiederum vergrößert unsere Angst. Viele andere Kulturen gehen offen mit dem Tod um, und manche haben sogar traditionelle Feierlichkeiten, in denen er verbildlicht wird. Die Oaxacaner zum Beispiel feiern ihre Verstorbenen einmal im Jahr am Tag des Totenfestes. Die Feierlichkeiten unterscheiden sich von westlichen Traditionen in einem entscheidenden Punkt: Diese besondere Gelegenheit ist eine Einladung, *mit* den Toten zu feiern, nicht *für* die Toten. Die Toten sind anwesend, nicht nur in Erinnerung und Gedächtnis. Es gibt eine Fülle von Speisen, Geschenken und Blumendekorationen. Die Lebenden erzählen Geschichten über ihre Lieben und begrüßen die Seelen der Verstorbenen, wenn sie zu Besuch kommen. Ähnlich feiern die Sufis am jährlichen Todestag von Angehörigen ein Fest, das den traditionellen Wirbeltanz und Schlemmereien beinhaltet. In Rajasthan feiern die Menschen nach zwölf Tagen der Trauer ein Fest für ihre verstorbenen Lieben. Die Iren halten eine Totenwache ab, eine lärmende Feier mit Gelächter und Musik für die Heimgegangenen. Wie kann es so vielfältige Ansichten desselben Themas geben? Leute aus diesen Kulturen sterben sicherlich nicht anders als wir. Also muss es eine Frage der Sichtweise sein, ein anderer Blickwinkel.

Die Mythen, an die wir glauben

Würden wir uns erlauben, den Tod genau zu betrachten, statt wegzuschauen, fänden wir für ihn vielleicht einen sinnvollen Platz in unserem Leben, anstatt ihn als Feind vor unseren Toren zu betrachten. Die erste Phase in diesem Prozess bedeutet, mit einigen Mythen aufzuräumen.

Es kommt der Tag, an dem man sterben muss

Sterben ist ein integraler Bestandteil des Lebensprozesses. Der Augenblick, in dem wir geboren werden, ist derselbe, in dem wir zu sterben beginnen. Sie sterben, während Sie dies lesen. Ihre roten Blutkörperchen, alle 25 Billionen, sterben innerhalb der nächsten vier Monate. Sobald Sie dieses Kapitel beendet haben, sind mehr als 150 Millionen Zellen in Ihrem ganzen Körper abgestorben. 2000 davon sind Gehirnzellen, die nie wieder ersetzt werden. Der Tod ist kein Ereignis – er ist ein Prozess. Der Tag unseres Abschieds ist nichts Besonderes.

Nicht vergessen!

Wir sterben jeden Tag ein bisschen.

Der Tod ist der Feind

Der Tod ist ein unverzichtbarer Bestandteil der Nahrungskette, die jede Lebenform auf diesem Planeten versorgt. Jede Spezies lebt vom Tod des nächstschwächeren Glieds in der Kette. Ohne den Tod eines anderen im System würde das Leben eingehen. Wir Menschen ernähren uns bis zu unserem Tod von den meisten seiner Bestandteile, ein Stückchen Gras und vielleicht ein Rosenstrauch wiederum finden Nahrung in unserem Zerfall.

Nicht vergessen!

Ohne den Tod gäbe es kein Leben.

Einige Lebensformen währen länger als andere, aber ausnahmslos alle müssen eines Tages gehen. Jede Minute sterben Milliarden friedlich, nachdem sie ihre Rolle im Erhalt des Ökosystems gespielt haben. Die einzige Spezies, die viel Aufhebens davon macht, ist unsere eigene.

Der Tod kommt immer ungelegen

Tief im Inneren wissen wir, dass es kein Entkommen gibt. Wir wünschten allerdings, der Tod würde einen Termin ausmachen, anstatt ungebeten aufzukreuzen. Und wir hätten gerne einen späten Termin. »Hey, ich bin immer noch gesund und genieße hier das Leben, also komm in 30 – nein, 330 Jahren wieder. Obwohl, lass mal. Gib mir deine Nummer, und ich ruf dich an, sobald es passt.«

Wenn das Leben gut läuft, wollen wir niemals sterben. Viele von uns jedoch haben die andere Seite erlebt. Verläuft das Leben entgegen unseren Wünschen, kann sich unsere Einstellung ändern. Im Falle einer schmerzhaften Krankheit oder wenn unser Körper alt und gebrechlich wird, beginnen wir uns zu fragen, selbst wenn wir es schwer zugeben können: »Warum braucht der Tod so lange?«

Wir sind mit dem Timing des Todes nicht einverstanden, und das gilt auch für die Sterblichkeit derjenigen, die wir lieben. Wenn ein geliebter Mensch stirbt, fühlen wir uns verraten. Wir werden wütend auf den Tod, weil er uns den geliebten Menschen zu früh genommen hat. »Hätten wir nur eine letzte Umarmung haben können«, denken wir. Stellen Sie sich jedoch diese Frage: Wie früh ist zu früh? Was wäre gewesen, wenn ich es geschafft hätte, einen Handel abzuschließen, der Ali für eine letzte Umarmung oder sogar ein Jahr länger hierbehalten hätte? Hätte ich dann gesagt: »Okay, du kannst ihn dir jetzt nehmen«? Nein! Es wäre immer noch zu früh gewesen. Ich hätte mich immer nach einer weiteren Umarmung gesehnt.

Doch wenn das Leben nicht länger die bessere Option ist, hadern wir weniger mit dem Tod. Als Alis starke Blutung seine lebenswichtigen Organe anzugreifen begann, fiel eines nach dem anderen aus. Stundenlang hoffte, bettelte, betete ich, dass er sich erholen würde. Ich glaubte, seine Zeit sei noch nicht gekommen, aber als ein ehrlicher Arzt schließlich die Schicht auf der Intensivstation übernahm und mich über das Ausmaß des Schadens informierte, den Alis Körper erlitten hatte, änderte sich meine innere Einstellung. Ich fragte mich, ob es wirklich der bessere Weg für meinen schönen Sohn wäre, länger am Leben zu bleiben und unter einem geschädigten Gehirn zu leiden. Vielleicht war dieser Moment ein besserer Zeitpunkt zu gehen als später.

Ob Sie es wollen oder nicht, der Tod hat bereits einen Termin mit jedem von uns ausgemacht. Er hat ihn uns nur noch nicht mitgeteilt. Vielleicht ist es das, was uns erlaubt, unsere Lebenszeit zu genießen. Wenn der Tod schließlich auftaucht, haben wir unsere Meinung womöglich geändert. Wir wägen die Alternativen ab und mögen spüren, dass wir jetzt bereit sind.

Nicht vergessen!

Früher oder später sind wir alle bereit zu sterben.

Der Tod ist schmerzhaft

Ein anderes Problem, das wir mit dem Tod haben, ist die Frage, wie wir sterben. Wir denken: Ich möchte nicht ertrinken; es ist, naja, zu nass. Ich möchte auch nicht stürzen. Vielleicht gibt es die Möglichkeit, an Süßigkeiten zu sterben? Ja, das kommt dem näher. Zuckerwatte – so will ich von dieser Welt gehen.

Wir werden wütend über die Welt, über Gott, wenn Sie so wollen, wenn ein Tsunami das Leben Tausender Menschen kostet. Es scheint so grausam. Es gibt sicherlich eine bessere Art zu sterben. Aber wenn der Tod kommt, kommt er immer plötzlich und wird immer übel genommen. Es spielt gar keine Rolle, wie er kommt.

Ali sagte mir immer, er habe keine Angst vor dem Sterben, aber er fürchtete sich vor dem Schmerz des Sterbens. Ich erinnere mich, dass er das Thema ansprach, als er elf Jahre alt war. (Ich nehme an, er musste es früh ansprechen, denn er musste ein ganzes Leben in nur 21 Jahren unterbringen.) Damals war meine Antwort: »Mach es zu deinem Wunsch, *ya habibi*« – mein Liebling –, »dass du diesen Schmerz nie erleiden musst.« Am Tag seines Abschieds ging er um 22:30 Uhr schlafen und ist bis jetzt nicht aufgwacht. Wenn die Zeit kommt, ist es mein Wunsch, genau wie Alis, auf dieselbe Art zu gehen, friedlich im Schlaf. Das ist sogar noch besser als Zuckerwatte.

Ein schmerzvoller Tod ist eine unserer größten Ängste, aber muss das sein? Es gibt keinen schmerzvollen Tod, nur ein schmerzvolles Leben in den letzten Momenten vor dem Tod. Denken Sie darüber nach. Wenn wir sterben, ist der Schmerz vorbei. Wie Woody Allen sagte: »Ich habe keine Angst vor dem Sterben. Ich möchte nur nicht dabei sein, wenn's passiert.« Das wird er auch nicht. Wenn es für uns an der Zeit ist zu sterben, wird keiner von uns dabei sein.

Nicht vergessen!

Der Tod wird Ihnen nicht wehtun.

Der Tod lässt sich austricksen

Dieser Mythos ist eine Erfindung unserer modernen Welt. Bevor »Leben retten« die Handlungsgrundlage der Multimilliarden-Dollar-Gesundheitsindustrie wurde, war Sterben viel einfacher. Heutzutage nimmt es wesentlich mehr Zeit in Anspruch. Es ist komplizierter, schmerzhafter und deutlich teurer. Der Tod wurde erwartet und akzeptiert und war einfacher für die Sterbenden, selbst wenn er auch damals schon liebende Angehörige in Schock und Trauer zurückließ. Das liegt daran, dass es weniger verlängerte Schmerzen, weniger Leiden gab. Die Zeiten haben sich geändert. Ständige technologische Fortschritte unterstützen die Suche nach Heilmethoden gegen Krankheiten. Milliarden Menschen haben die Möglichkeit bekommen, einen Tag länger zu leben, wodurch die weltweite Lebenserwartung allein in den letzten 60 Jahren um 50 Prozent gestiegen ist.[35]

Manchmal bedeutet länger leben aber nicht besser leben. Peter Saul, ein Spezialist für Intensivmedizin, bespricht diesen Zwiespalt in seinem TED-Talk »Let's Talk about Dying«. Das Versprechen der »lebensrettenden« Maßnahmen klingt verlockend, sagt er, aber das Angebot sollte wohl eher »lebensverlängernd« heißen. Wenn man so darüber nachdenkt, wird ein Lebenstag mehr nur dann zu einem kostbaren Geschenk, wenn das Leben es überhaupt wert ist, verlängert zu werden.

Aber in unserer hoch entwickelten Welt treffen viele diese Unterscheidung nicht und kämpfen um mehr Lebensjahre, selbst wenn das mehr Leiden bedeutet. Infolgedessen stirbt jeder zehnte Mensch auf der Intensivstation, und für klinisch tot erklärte Patienten bleiben an lebenserhaltende Geräte angeschlossen.[36]

Da wir also länger leben, hat sich eine andere Multimilliarden-Dollar-Industrie darangemacht, uns klebrige Substanzen zu injizieren und unsere Haut wegzuschneiden, zu dehnen und zu nähen, um Alterungsanzeichen zu entfernen. Wenn wir endlich sterben, bietet uns dann eine andere Industrie die Unsterblichkeit durch das Einfrieren des Leichnams an, basierend auf der Hoffnung, wir könnten eines Tages, wenn die Technologie weit genug fortgeschritten ist, wieder auferstehen – ein Versprechen, so alt wie meine Landsleute, die Pharaonen.

In erster Linie ist es ein Wunder, dass wir überhaupt am Leben sind. Schauen Sie sich einmal Ihren Körper an, und denken Sie an die tausend lebenswichtigen Funktionen, die einwandfrei funktionieren müssen, um seinen Fortbestand allein von einem Moment zum nächsten aufrechtzuerhalten. Denken Sie an die Zehntausende Proteine darin, jedes davon funktionierend wie eine ausgefeilte Apparatur. Denken Sie an die Billionen von Zellen, die ernährt, beschützt und ersetzt werden müssen. Jeden Morgen wachen wir mit der Erwartung auf, dass diese Maschine funktioniert wie immer, aber in Wirklichkeit ist unser Körper extrem anfällig. Wenn sich ein einziges genetisches Paar verändert, ein einziger Keim sich behaupten kann oder ein einziges lebenswichtiges Organ nachlässt, wenn ein einziges System den Geist aufgibt, bricht die Maschine zusammen. Es gibt unzählige Stellen des möglichen – wahrscheinlichen – Versagens.

Denken Sie an die gut aussehende äußere Form, die wir Ali nannten. Sein Tod war das Ergebnis eines Nadelstiches! Ungelogen, das war die Ursache: eine Nadel, die in ein Blutgefäß stach. Sind wir wirklich derart zerbrechlich? Ja, sind wir! Viel mehr, als wir denken. So viele Dinge können schiefgehen und tun es auch oft. Wie das arabische Sprichwort sagt: »Unendlich sind die Ursachen, doch der Tod ist immer derselbe.«

Durch Alis Sterben habe ich mich mit dem Tod abgefunden. Ich ich bin mir dessen bewusst, dass dies mein letzter Atemzug sein könnte; es könnte der letzte Abschnitt sein, den ich schreibe. Diese Maschine, mein Körper, hat keine Garantie. Ihre Bedienungsanleitung besagt deutlich, dass ich über ihr Verfallsdatum kein Mitspracherecht habe. Mit sorgfältiger Wartung bekommt man vielleicht einige tausend Meilen mehr auf den Buckel, aber irgendwann gehen einem die Ersatzteile aus. So sind einfach die Spielregeln.

Nicht vergessen!

Man kann den Tod nicht austricksen. Wir alle sterben eines Tages!

Wenn etwas so weit außerhalb unseres Kontrollbereichs liegt, können wir einfach nicht glücklich sein, es sei denn, wir lernen es als integralen Bestandteil des normalen Lebens zu akzeptieren. Und doch ist es schwer, den Tod zu akzeptieren, wenn man glaubt, dass er dem Leben ein Ende setzt. Aber tut er das?

Das Kontinuum des langen Lebens

Als Nibal und ich schließlich für einen letzten Abschied von unserem Sohn auf die Intensivstation gelassen wurden, sagte sie zu ihm: »*Habibi*, du bist endlich zu Hause.« Ich küsste ihn auf die Stirn und sagte: »Bald werde ich dich wiedersehen, mein Freund.« Wir hatten bereits unseren Frieden geschlossen. Unser Zustand rührte von einer Überzeugung her, die einige Leser möglicherweise nicht teilen: unserem Glauben an ein Leben danach.

Definitionen

Es gibt verschiedene Philosophien zum Leben nach dem Tode, aber einige konzeptuelle Bausteine haben sie gemeinsam. Die geläufigsten sind ewiges Leben, Reinkarnation und das Nichts. Religiöse Glaubenssysteme besagen in der Regel, dass wir ewig leben und im Himmel oder in der Hölle enden – eine Sichtweise, wonach das wahre Leben erst nach dem Tod beginnt. Andere Glaubensrichtungen vertreten einen weniger dualistischen Ansatz und sagen, dass wir immer wieder geboren werden. Und das säkulare Glaubenssystem sagt, es gebe das »Sein« und das »Nichts«, und mit dem Tod trete das Ende ein: wir verschwinden.

Keine dieser vielfältigen Ansichten kann mit absoluter Sicherheit bestätigt werden. Um aber einen gemeinsamen Nenner zu finden, lassen Sie mich eine allgemeine übergreifende Definition des *Lebens* vorschlagen. Ich gebrauche das Wort *Leben* hier, um auf das Leben als gegenwärtige physische Form auf diesem Planeten zu verweisen, und das Wort *Tod,* um auf das Ende dieser Form zu verweisen. So räume ich hoffentlich Missverständnisse aus. Wenn wir diese beiden Definitionen festgelegt haben, können wir uns dann auch etwas Neuem zuwenden: dem *langen Leben.* Damit verweise ich auf die Kombination aus Lebensdauer und dem, was auch immer Ihre Definition des Geschehens *nach* dem Tod ist. Das ergibt (Leben) + (Ewiges Leben), wenn Sie religiös sind, (Leben) * (Reinkarnationszyklen), wenn Sie an Nondualität glauben, oder einfach nur (Leben), wenn Sie keiner Glaubensrichtung anhängen.

Eine Frage der Zeit

Das lange Leben verlangt von uns, Dinge zu überdenken, die wir als selbstverständlich betrachten. Zum Beispiel halten wir den Tod für eine Unterbrechung des Lebens, aber aus einem anderen Blickwinkel scheint es vielmehr so, als ob das Leben den Tod unterbricht.

Der Tod dauert unendlich viel länger, während das Leben so schnell endet. Wie kann etwas so Wertvolles wie das Leben denn so unbedeutend sein? Wie kann es von so kurzer Dauer sein? Und warum legen wir so viel Gewicht auf das eine Stückchen des unendlich großen Bildes?

Nun, die Antwort liegt in der Beziehung zwischen Leben und Zeit. Zum Glück müssen wir hierfür nicht auf Metaphysik zurückgreifen. Die gute, alte Physik hat sich in den letzten eineinhalb Jahrhunderten mit dem Großen, dem Kleinen und allem Dazwischenliegenden beschäftigt. Die Ergebnisse – die Quantenphysik, die Urknalltheorie und die Relativitätstheorie – können uns dabei helfen, unsere Sichtweise bezüglich Leben und Tod besser zu verstehen. Das sind gute Nachrichten, denn seit Beginn der Menschheit wird über das Leben nach – und vor – dem Tod sehr viel debattiert. Somit kann es nicht schaden, das Thema mit einem gewissen Maß an Objektivität zu betrachten.

Sie haben wahrscheinlich vom Doppelspaltexperiment in der Quantenphysik gehört. Für unsere Zwecke genügt es zu sagen, dass es die einzige mir bekannte Verbindung zwischen Physik und der Beschaffenheit des Lebens darstellt. Es verknüpft die Existenz subatomarer Teilchen mit der Beobachtung durch eine Lebensform (wie Sie selbst). In diesem einfachen Experiment werden subatomare

Partikel – Photonen, zum Beispiel – durch eine Blende mit zwei parallelen Spalten an eine Wand geschossen. Unbeobachtet schießt ein einzelnes Teilchen durch beide Spalten, gleichzeitig hört es in seiner Teilchenform zu existieren auf und wird eine Wahrscheinlichkeitswellenfunktion. Nur bei Beobachtung bricht die Wellenfunktion zusammen und kehrt zu ihrer physischen Form als Teilchen zurück, das dann nur durch den einen oder anderen Spalt schießt. Lediglich die Tatsache, beobachtet zu werden, scheint das Photon zu der »Entscheidung« zu veranlassen, ein Teilchen zu sein. Diese seltsame Eigenschaft ist das Thema umfangreicher Studien, die allesamt diese Schlussfolgerung bestätigen: **Vom Leben unbeobachtet, hört die physische Welt auf zu existieren!**

Schrödingers Katze ist eine berühmte Veranschaulichung. In diesem Gedankenexperiment sitzt eine Katze in einer Edelstahlkammer, zusammen mit einer Vorrichtung, die eine tödliche Substanz enthält. Wird die Vorrichtung aktiviert, setzt sie das Gift frei, aber die Aktivierung erfolgt durch ein willkürliches Ereignis, das man von außerhalb der Kammer nicht kontrollieren und vorhersagen kann. Weil man es nicht wissen kann, könnte die Katze nach den Gesetzen der Quantenphysik sich in irgendeinem Zustand der Wahrscheinlichkeitswellenfunktion befinden und ist durch die sogenannte Superposition (Überdeckung) der Zustände *sowohl tot als auch lebendig*. Erst wenn man die Kammer öffnet und den Zustand der Katze beobachtet oder misst, ist die Superposition beendet, und die Katze ist entweder das eine oder das andere, tot oder lebendig. Das ist das Beobachterparadox: Die Beobachtung erschafft das Ergebnis, und das Ergebnis existiert nicht, bis es gemessen wird.

Die Heisenberg'sche Unschärferelation treibt diese Merkwürdigkeit noch weiter auf die Spitze, denn sie beweist, dass unser eigener Beobachtungsakt die Realität der Welt verändert, die wir beobachten. Die Unschärferelation deutet darauf hin, dass die physische Welt – die Welt um uns herum – beobachtungsabhängig ist. Mit anderen Worten: Ohne einen Beobachter bliebe alles eine Welle unendlicher Möglichkeiten. Sie und ich und jede andere *Lebensform* sind kein Produkt der physischen Welt; das alles ist ein Produkt unser selbst, denn indem wir sie beobachten, machen wir die physische Welt zu dem, was sie ist.

Ja, ich weiß, mir schwirrt jedes Mal der Kopf, wenn ich darüber nachdenke.

Behalten wir nun die Seltsamkeit der Quantenphysik im Kopf, und lassen Sie uns einen Schritt zurückgehen, bis zum Anbeginn unseres physischen Universums. Die Urknalltheorie ist die vorherrschende kosmologische Erklärung für seinen Beginn. Sie besagt, dass das Universum mit einer einzigen Masse mit sehr hoher Dichte begann, die sich dann ausbreitete und unser Universum mit allem darin erschuf (einschließlich Ihrer und meiner physischen Form). Nach dem Urknall brauchte unser Planet Erde neun Milliarden Jahre, um zusammenzuwachsen, und dann noch mal mehr als vier Milliarden Jahre, in denen sich das Leben darauf ansiedelte. Und jetzt sind wir hier.

Zusammen genommen ergeben die Quanten- und die Urknalltheorie eine interessante Fragestellung: Was existierte zuerst? Das Leben oder das Universum, das es enthält? Um zu existieren, musste jedes einzelne Teilchen – einschließlich derjenigen, welche die ursprüngliche Masse ausmachten, der sich ausdehnenden Gase, der Urerde und jedes Sauerstoffteilchens in ihrer Atmosphäre sowie jeden Tropfen Wassers in ihren Flüssen – von irgendeiner Art Leben beobachtet werden. Es sei denn, die Gesetze der Physik, wie wir sie kennen, waren vom Zeitpunkt des Urknalls bis zur Entstehung des Lebens in seiner physischen Form nicht in Kraft, in dem Fall existierte das Leben, bevor die physische Welt es tat.[37]

Seit dem Urknall ist Zeit eine der beständigsten – obwohl illusorischen – Eigenschaften dieser physischen Welt. Und nun kommt die dritte Theorie ins Spiel. Einsteins Relativitätstheorie enthält eine weitere bewusstseinsverändernde wissenschaftliche Schlussfolgerung: dass die gesamte Zeit bereits in einer vierdimensionalen Struktur namens Raum-Zeit vorhanden ist. Wie bereits erwähnt bedeutet die Relativität der Zeit, dass Sie und ich abhängig von unserer Geschwindigkeit, unserer Lage, unserem Ausgangspunkt und verschiedenen anderen Parametern Zeit sehr unterschiedlich begreifen können. Dementsprechend lässt uns die Abwesenheit einer absoluten Zeit den Anfang und das Ende eines beliebigen spezifischen Ereignisses unterschiedlich wahrnehmen.

Wenn man diese drei monumentalen Theorien – Quanten-, Urknall- und Relativitätstheorie – kombiniert, erkennt man, dass das Leben, welches das Kontinuum aller möglichen Beobachter umfasst, zuerst da war. Das bedeutet, dass es sich nicht an die Regeln und Prinzipien der physischen Welt hält, die es durch Beobachtung ins Leben gerufen hat. Und das konfrontiert uns mit einer sehr schwierigen Frage: Wie endet dann ein Leben? Ein Ende ist ein Zeitpunkt. Wann beginnt es? In Übereinstimmung mit wessen Zeit? Ihrer? Meiner? Wenn die gesamte Zeit jederzeit existiert, welches Leben kam dann zuerst? Meins oder Alis? Wer ist zuerst gestorben? Ali oder ich? Was bedeutet »zuerst«, »zuletzt«, »vor« und »nach«, wenn die gesamte Zeit gleichermaßen und jederzeit existiert? Darauf gibt es nur eine Antwort:

Nicht vergessen!

Das Leben ist immer.

Unsere physische Form unterliegt den Beschränkungen des physischen Universums, aber nach Einsteins Auffassung vom Universum könnte ein Stück seiner Raum-Zeit die Möglichkeit von Alis Tod zum Zeitpunkt meiner Geburt enthalten. Der Beobachter dieses Stücks müsste außerhalb der Grenzen der Raum-Zeit existieren, als Teil des Lebens, das schon vor dem Universum da war. Das wahre Sie und das wahre Ich leben außerhalb unserer körperlichen Erscheinungsform unser Kontinuum des langen Lebens und überschreiten den Pfeil der Zeit.

Eine knifflige Angelegenheit. Vielleicht sollte ich Ihnen ein bisschen Zeit geben, um darüber nachzudenken. Nehmen Sie sich so viel Zeit, wie Sie benötigen, aber bitte vergessen Sie dabei nicht: Das physische Selbst ist eine Illusion, und das Leben ist kein Körper, der von der Raum-Zeit begrenzt wird. Wenn Sie über sich als den Beobachter nachdenken, denken Sie an ihr wahres Selbst, nicht an die physische Form, die Sie lediglich repräsentiert.

Ich glaube, dass Alis physische Form von mir abstammte, nicht aber Alis Leben. Sein Leben hat immer schon existiert, so auch meines, außerhalb der Grenzen der Raum-Zeit. Nach meinem Verständnis ist der Tod das Ende unserer physischen Form, aber nicht das Gegenteil des Lebens. Der Tod ist das Gegenteil von Geburt. Geburt und Tod sind die Tore, durch die wir in diese physische Form hineingehen und aus ihr hinaustreten. Aber das Leben ist unabhängig von allem Stofflichen. Das Leben *beobachtet* das Stoffliche. Es existiert außerhalb davon, wo es kein Davor und kein Danach gibt. Das ist die Quelle des Friedens, den ich seit Alis Tod erfahren habe. Ich weiß, dass wir uns wiedersehen.

Nicht vergessen!

Unsere Körper zerfallen, aber wir selbst sterben nie.

Was nach dem Tod kommt

Der Tod macht uns Angst, weil wir uns mit der Vertrautheit des Lebens wohlfühlen. Wir fühlen uns hier sicher, ein bisschen wie damals im Mutterleib. Dort war es warm, es gab kostenlose Nahrung, keine Zeitnot, keine Steuern, und alles war entspannt. Stellen Sie sich vor, damals wäre jemand gekommen und hätte Ihnen gesagt, dass Sie eines Tages den Schmerz eines Prozesses namens Wehen durchleiden, aus ihrem vertrauten Zuhause herausgeschubst, dann da draußen von der Essens- und Sauerstoffversorgung abgeschnitten und grellem Licht anstelle der friedlichen Dunkelheit ausgesetzt werden würden. Sie hätten gesagt: »Ey, das mach ich nicht mit. Es gefällt mir hier. Besser geht's nicht.«

Aber geht es wirklich nicht besser? Würden Sie jetzt gerne zurückkehren? Denken Sie nicht, dass es hier draußen ein bisschen besser ist? Also wenden Sie diesen Gedanken auf die nächste Übergangsphase an. Wir gehen durch das Leben mit all seinen Höhen und Tiefen, bis uns jemand sagt, dass wir eines Tages den Schmerz des Prozesses namens Sterben durchleiden und aus unserem Zuhause hinausgeworfen werden. Kein Wunder, dass wir da genauso reagieren würden: »Ey, das mach ich nicht mit. Es gefällt mir hier. Besser geht's nicht.«

Wüssten wir, dass es uns nach dem Tod gut geht, würde uns das Sterben nicht so viel ausmachen, stimmt's?

Von Nahtoderfahrungen wurde allein in den Vereinigten Staaten millionenfach berichtet. Einfach ausgedrückt sind das Fälle, in denen Menschen gestorben und wieder ins Leben zurückgekehrt sind. Die meisten von ihnen haben sehr Positives zu berichten. Einer der faszinierendsten Berichte ist der von Anita Moorjani, Autorin von *Heilung im Licht*. In ihrem TED-Talk sagte sie:

> Ich sollte eigentlich nicht am Leben sein. Ich hätte am 2. Februar 2006 sterben sollen. Ich starb an einem Lymphom im Spätstadium, gegen das ich vier Jahre lang gekämpft hatte. An jenem Morgen fiel ich ins Koma, und die Ärzte sagten, dies seien meine letzten Stunden, denn meine Organe hatten den Geist aufgegeben. Obwohl meine Augen geschlossen waren, bekam ich alles mit. Ich bekam mit, dass mein Mann neben mir war, er war besorgt und hielt meine Hand. Ich bekam alles mit, was die Ärzte machten. Es war, als hätte ich eine periphere Sicht von 360 Grad. Ich konnte alles sehen, aber nicht nur den Raum. Ich nahm meinen Körper wahr. Ich konnte ihn dort auf dem Krankenhausbett liegen sehen, aber ich bewohnte ihn nicht mehr. Es fühlte sich an, als könnte ich überall gleichzeitig sein. Ich war da, wohin ich mein Bewusstsein lenkte. Ich war mir bewusst, dass mein Bruder gerade in Indien zum Flughafen eilte, um zu mir zu kommen und mich zu sehen.
>
> Ich nahm außerdem meinen Vater und meinen besten Freund wahr, beide waren bereits verstorben. Ich wurde mir ihrer An-

> wesenheit in mir bewusst, als würden sie mich führen. Etwas, das ich in diesem erstaunlichen erweiterten Bewusstseinszustand fühlte, war, dass ich alles verstand. Ich verstand, dass ich viel größer war; eigentlich sind wir alle viel größer und mächtiger, als wir denken, wenn wir in unserer physischen Erscheinungsform stecken. Ich fühlte außerdem, dass ich mit allen verbunden war. Ich fühlte, dass ich fühlen konnte, was sie fühlten, aber gleichzeitig wurde ich emotional nicht zu sehr mit hineingezogen. Zuerst wollte ich nicht in meinen kranken und sterbenden Körper zurück. Für meine Familie war ich eine Last, und ich litt, aber im nächsten Augenblick hatte ich den Eindruck, völlig verstanden zu haben, dass mein Körper bei meiner Rückkehr sehr schnell heilen würde, jetzt, da ich wusste, was ich wusste.

Zur Überraschung der Ärzte erwachte Anita aus ihrem Koma. Laut Krankenhausakte waren die Tumore in ihrem Körper innerhalb von fünf Tagen um 70 Prozent geschrumpft, und nach fünf Wochen wurde sie aus dem Krankenhaus entlassen – absolut krebsfrei.[38]

Die meisten Berichte von Nahtoderfahrungen klingen ähnlich: Die Betroffenen gehen durch einen Tunnel, sehen Licht, begegnen ihren Lieben. Sie sehen Gärten und Flüsse, alles ist friedlich, voller Liebe und ruhig.

Viele behaupten, dass Nahtoderfahrungen nur die biologische Antwort des Gehirns auf den Prozess des Sterbens ist. Dazu kann ich nur sagen: *Na und*? Was spielt es für eine Rolle, ob das Leben nach dem Tod wirklich so aussieht oder ob es nur unser Gehirn ist, das sich zu sterben weigert, während es stirbt? Dann ist es eben das letzte Sendezeichen, genau wie wenn Windows abstürzt und diesen schönen, blauen Bildschirm anzeigt, bevor es herunterfährt. In jedem Fall ist es ganz und gar nicht beängstigend (um nicht zu sagen supercool).

Ich persönlich habe die wundervolle Reise einer Nahtoderfahrung ebenfalls erlebt, als eine kleine Operation schiefging. Damals war ich ungefähr im selben Alter wie Ali. Ich sah das Licht, rauschte durch den Tunnel und erfuhr die für Nahtoderfahrungen so übliche

Ruhe und den Frieden. Um ehrlich zu sein, es war wunderbar. Es hat so viel Spaß gemacht, ich wäre noch einmal für diese Reise zu haben.

Bis dahin möchte ich mich aber auf den unumgänglichen Zustand konzentrieren: das Leben.

Paradoxerweise ist unsere Sterblichkeit ein Lehrmeister des Lebens. Bevor Sie sterben, können Sie genauso gut ein glückliches Leben führen. Also lassen Sie uns lernen, wie man trotz des Todes glücklich sein kann – oder vielleicht sogar *wegen* des Todes.

Tod und Glück

Der Weg zur Freude besteht darin, das Leben wertzuschätzen. Alis Tod hat meinem Leben eine veränderte Perspektive gegeben. Ich stelle mir vor, dass er sich beim Sterben zu mir umgedreht und mir ein letztes Geschenk gegeben hat – indem er etwas mitnahm. Er nahm dem Leben die Täuschung. Er ließ das Leben nackt zurück. Dinge, die wichtig zu sein schienen, wurden als bedeutungslos enttarnt, und das wahre Wesen des Lebens schien durch.

Der Tod verankert uns in der Wahrheit. Er ist der Wegweiser, der alle Illusionen nimmt. Wenn Sie glauben, Sie hätten die Kontrolle, zerschlägt der Tod Ihre Illusionen. Legen Sie zu viel Wert auf die materielle Welt, ruft der Tod Ihnen in Erinnerung, dass alles Materielle vergeht. Sind Sie stolz auf Ihr Wissen, wird das Geheimnis des Todes Sie nachhaltig verwundern. Versuchen Sie, den Verfall des Lebens aufzuhalten, macht der Tod Ihnen einen Strich durch Ihr Zeitempfinden. Wenn Sie die Realität des Todes akzeptieren, bleibt nichts mehr zu fürchten. Nur dann leben Sie endlich illusionsfrei. Ohne Illusionen sind Sie imstande, die Gedanken hinter sich zu lassen und den höchsten Zustand der Freude zu erreichen.

Wie für jede andere Wahrheit gilt:

Nicht vergessen!

Den Tod zu akzeptieren macht Sie frei, aber zunächst macht der Tod Sie wütend.

Der weltbeste Lehrmeister des Lebens

Die islamische Kultur rät: »Wenn du einen Lehrer suchst, schau einfach auf den Tod.« Wenn wir dem Tod wirklich aufmerksam entgegentreten, ihm zuhören und über ihn reden, anstatt so zu tun, als gebe es ihn nicht, kann er uns nämlich drei Lektionen beibringen – nicht etwa, wie man stirbt, sondern wie man ein würdiges und erfülltes Leben führt.

Lektion eins: Das Leben ist unumgänglich

So unwillkommen er auch sein mag, der Tod gewinnt am Ende immer, also warum ein Leben lang gegen ihn ankämpfen? Die besten Generäle ziehen nie in einen Krieg, den sie mit Sicherheit verlieren werden – sie konzentrieren ihre Gedanken und ihre Energie auf das, was sie erreichen *können*. Die erste Lektion des Todes ist, ihn anzunehmen.

Sehr wichtig!

Geben Sie sich geschlagen!

Lektion zwei: Das Leben ist jetzt

Anfang und Ende Ihres Lebens sind wie ein Buchumschlag. So wichtig er auch scheint, nichts ist so wichtig wie die Geschichte, die auf den Seiten dazwischen erzählt wird.

Wie würden Sie leben, wenn Sie wüssten, dass heute Ihr letzter Tag ist? Und was noch wichtiger ist: Warum leben Sie heute nicht schon so, wo Sie doch wissen, dass es Ihr letzter sein könnte?

Wenn Sie mit Sicherheit wüssten, dass dies Ihre letzte Mahlzeit ist, würden Sie sich über den unfreundlichen Kellner aufregen? Oder würden Sie in Ruhe kosten und jeden Bissen genießen? Wenn das Ihr letzter Stau wäre, würden Sie die Zeit damit zubringen zu fluchen? Oder würden Sie sich wünschen, er wäre länger? Würden Sie wütend hupen, oder würden Sie das Radio anschalten und ein letztes Mal Ihrem Lieblingslied lauschen? Warum muss es das letzte Mal sein, damit Sie den Moment genießen?

Nicht vergessen!

Leben Sie den Moment, als wäre es Ihr letzter.

Nach Alis Tod, während wir uns seine schönen Bilder anschauten, zeigte mir Nibal ein paar Babyfotos von ihm und sagte: »Er war so ein friedliches Baby. Hat nie geweint oder sich beschwert. Dieses Baby kam für eine Weile zu Besuch und ist dann wieder gegangen. Diese Gestalt verschwand für immer, und dann kam das Kleinkind. Es war so neugierig und glücklich, und dann ging es, das Kleinkind kam ebenfalls nie wieder. Das anständige und angenehme Kind kam zu Besuch und ging, um für den liebenden, großzügigen Jungen Platz zu machen, gefolgt vom ruhigen, klugen Teenager und schließlich dem gut aussehenden, weisen Mann. Jetzt ist auch dieser Mensch gegangen. Ich schätze mich glücklich, sie alle kennengelernt zu haben, und vermisse jeden einzelnen von ihnen, aber jeder musste früher oder später gehen.«

Jeden Tag stirbt eine Version von Ihnen und jedem, den Sie lieben. Sie gehen und kommen nie wieder. Bitte lassen Sie keine davon unbeachtet gehen. Wir rasen durch das Leben und zögern das Leben hinaus. Der Liste von Dingen, die wir vor Lebensende gemacht haben wollen, fügen wir ständig etwas hinzu, dabei vergessen wir, dass die Zeit, diese Dinge zu erleben, möglicherweise niemals kommt. Das Leben ist eine einzige lange Liste. Erleben Sie sie, solange Sie noch können.

Sehr wichtig!

Leben Sie, bevor Sie sterben.

Lektion drei: Das Leben ist eine Leihgabe

Wenn die Zeit kommt, lassen Sie alles hinter sich: materiellen Reichtum, die Menschen, die Sie lieben, und alles, was Ihnen am Herzen liegt.

Das führt uns zur allerwichtigsten Frage: Warum halten wir so daran fest, wenn es doch früher oder später alles weg ist? Wenn Sie genau wissen, dass Sie Ihr Geld zurücklassen müssen, warum sind Sie so besessen darauf, mehr zu horten, als Sie brauchen? Wenn früher oder später jemand anderes Ihren Job übernimmt, warum haben Sie so Angst davor, ihn zu verlieren? Warum häufen wir materielle Besitztümer an, die wir heute nicht brauchen, wenn es möglicherweise kein Morgen gibt? Es reicht, eins und eins zusammenzuzählen, um zu verstehen, was an diesem Verhalten falsch ist und was wir anders machen sollten.

Das Leben ist ein Nullsummenspiel: Mit nichts beginnen wir es, und mit nichts verlassen wir es. Damit das mathematisch hinhaut, muss alles, was wir erhalten, uns irgendwann wieder genommen werden.

Nicht vergessen!

Sie können nichts gewinnen, ohne es letztlich wieder zu verlieren.

Sie können betrübt darüber sein oder zulassen, dass die Wahrheit Sie befreit. Mein ganzes Leben und alles, was ich jemals mein Eigen nannte, ist im Grunde eine **Leihgabe**. Ich genieße es in vollen Zügen, solange ich der Nutzer bin, aber früher oder später werde ich es gerne jemand anderem überlassen. Für mich ist das Freiheit. **Wenn mir nichts gehört, kann nichts verloren werden**. Also lasse ich die Dinge kommen und gehen und erlebe sie, solange es sie gibt. Ich liebe sie aus ganzem Herzen, genieße sie und zeige ihnen meine Wertschätzung, bis es Zeit ist, weiterzuziehen und sie ihrem eigenen Leben zu überlassen.

Als ich endlich lernte, loszulassen und alles fließen zu lassen, schien ich vieles dazugewonnen zu haben – eine kontraintuitive Tatsache mit einer eleganten Geometrie. Immer wenn etwas mein Leben verlässt, wird Raum für neue Erfahrungen geschaffen. Loszulassen bereichert mein Leben. Das ist wie bei der Share Economy: Man kann in den schönsten Autos herumfahren – ohne je eines zu besitzen. Also:

Nicht vergessen!

Leihen Sie sich ein erfülltes, glückliches Leben.

Ein Leihleben macht mir Hoffnung, denn ich merke, dass auch schlechte Zeiten enden. Zeiten der Trauer, der Krankheit, des Verlusts oder der Entbehrung gehen vorbei. Die Narben, die uns zugefügt werden, die Schwächen, die uns überkommen, sind vorübergehend. Nichts ist für immer.

Zu sterben heißt, alles zurückzulassen. Grammatikalisch gesehen gibt es für das Verb *sterben* kein Objekt – ich kann nicht *gestorben werden* –, nur ein Subjekt: *Ich* sterbe. Ich habe keine Angst, zu sterben, denn **ich selbst beschließe zu sterben**. Ich beschließe, meine Bindung zu allen materiellen Besitztümern aufzugeben, bevor sie mir entrissen werden. Ich beschließe, jede Erfahrung in meinem Leben zu leihen, sie ganz zu genießen, aber mich von nichts besitzen zu lassen. Wenn wir lernen loszulassen, lernen wir zu sterben, bevor wir sterben. Das ganze Leben wird zu etwas, das wir genießen, aber nicht behalten können. Wir finden zu einem Leben, das voller Vielfalt und frei von Angst ist. Das Leben wird zu unserem Fokus. Wir hören auf, an die Zeit zu denken, in der wir in Frieden ruhen werden, und nur dann lernen wir, *in Frieden zu leben.*

Sehr wichtig!

L. I. P.

Das Spiel

Als Ali starb, rang ich sehr mit der Frage, was das Leben überhaupt für einen Sinn hat. Das Schreiben half mir, durch das Labyrinth in meinem Kopf zu navigieren. Als die Puzzleteile – der Illusionen des

Selbst, des Wissens, der Zeit, der Gedanken und der Kontrolle sowie der Wahrheit über den Tod – sich ineinanderzufügen begannen, wurde das Bild klarer. Schließlich kam alles zusammen und wurde zu dem, was ich heute als Kern meiner Lebensphilosophie betrachte.

Wenn das wahre Ich weder der Körper noch die Gedanken ist, liegt die Frage auf der Hand, wie das wahre Ich sich mit dem Körper in Verbindung setzt und ihm befiehlt, in unserer Welt umherzuwandern. Ich stelle mir diese Verbindung am liebsten so vor: Ein Spieler kontrolliert einen Avatar in einem First-Person-Action-Videospiel. First Persons sind in Videospielen grafische Perspektiven, die aus der Sicht der Spielerfigur wiedergegeben werden, als würde man durch ihre Augen sehen. In einem solchen Spiel verwendet der Spieler einen Game Controller, um die Bewegungen seiner Figur zu steuern.

Ali und ich spielten viele Jahre gemeinsam Videospiele. Unser Lieblingsspiel war *Halo*, das wir in der Rolle des »Master Chief« spielten. Im Laufe des Spiels wurden unsere Figuren von Tausenden Aliens, Kreaturen und Monstern umzingelt. Wir wurden angegriffen, angeschossen, getötet. Unsere Umgebung bestand aus rauer vulkanischer Lava oder rutschigen Pisten. Gefahr lauerte hinter jeder Ecke, und alles, was wir in der schroffen Landschaft erblickten, war hinter uns her. Master Chief allerdings war ein erfahrener Veteran. Auf unseren Befehl hin schmiss er sich ins Gemenge, in die heißeste Action, erschoss seine Feinde und zog weiter. Er wurde geprügelt und geschlagen. Er wurde verwundet und fiel in den Dreck, nur um wieder aufzustehen und weiterzumachen.

Ali und ich verbrachten die Zeit damit, Strategien abzustimmen, uns gegenseitig Komplimente für jeden guten Spielzug zu machen und uns bei den schlechten gelegentlich zu necken. Wir waren bei jedem Zug mit voller Aufmerksamkeit dabei und ließen uns darauf ein, als wären die Angriffe echt. Der große Bildschirm, die herausragende Grafik, die dramatische Musik und die realistischen Surround-Sound-Effekte der vorbeisurrenden Kugeln und der lauten,

erschütternden Explosionen ließen das alles sehr, sehr echt erscheinen. Wir waren vollkommen drin im Spiel, spielten stundenlang und vergaßen die »echte« Welt, bis es Zeit war aufzuhören, und dann, egal, wie brutal das Spiel gewesen war, legten wir den Controller ab und sagten: **»Wow, hat das Spaß gemacht!«**

Spaß?! Das war *brutal*, hätte man vielleicht gesagt, wenn man bloß auf den Bildschirm geguckt hätte. Man hätte gesehen, wie ein Mann zusammengeschlagen, in die Luft gesprengt, erschossen, angegriffen und aus jeder erdenklichen Perspektive verletzt wird. Die ganze Welt war gegen einen. Es war ein Massaker, hätte man vielleicht gesagt. Wie kann man das denn als Spaß bezeichnen?

Die Antwort ist simpel: Es war ja nicht *unser* Leiden. Nichts von all dem Schlagen, Prügeln oder Schießen betraf Ali oder mich. Gewinnen war unwichtig. Es ging nur um das Spielen. Ich saß mit meinem wundervollen Sohn auf dem Sofa, und es hat echt Spaß gemacht.

Und jetzt fragen Sie sich Folgendes: Inwiefern unterscheidet sich Ihr Leben auf Erden von einem Videospiel? Wenn Ihre physische Gestalt – der Avatar, mit dem Sie durch die physische Welt navigieren – nicht Ihr wahres Ich ist, was spielt es für eine Rolle, wenn Sie ein paar Hürden auf dem Weg begegnen? Wenn die Welt Ihnen ab und zu etwas vorenthält, was für eine Auswirkung hat das auf Ihr wahres Ich, das Ich auf dem Sofa, das den Controller in der Hand hält? Egal wie sehr wir auch in das Spiel des Lebens eintauchen, wir stehen es durch. Wir erleben Höhen und Tiefen, Geschenke und Verluste, aber nichts davon spielt eine Rolle, denn wenn wir uns auf das Spiel konzentrieren, ist jede Erfahrung eine neue Erfahrung, und alles macht Spaß. Das ist natürlich die Sichtweise eines echten Spielers.

Ernsthafte Spieler, müssen Sie wissen, wählen bei ihren Spielen immer die höchste Schwierigkeitsstufe. Wenn Ali allein spielte, setzte er *Halo* auf »legendary«, das schwierigste Level überhaupt. Er setzte es nur auf »hard« runter, wenn er mit mir spielte.

Wenn Spiele zu einfach sind, fehlt die Herausforderung. Dann sind sie langsam und langweilig, und das macht keinen Spaß. Erst wenn das Spiel härter wird, sind wir voll dabei, lernen und entwickeln neue Fähigkeiten. Selbst die besten Spieler werden geschlagen, lernen dabei, legen sich eine neue Strategie zurecht und stürzen sich wieder ins Getümmel. Es mag seltsam klingen, aber je härter das Spiel, desto mehr Spaß macht es.

Nehmen Sie die harten Seiten des Lebens mit einem Lächeln. So ist das Spiel eben gestaltet. Lassen Sie sich nicht täuschen, und glauben Sie nicht, die Sound-Effekte seien echt. Erschrecken Sie nicht vor den unechten Explosionen. Beim Spielen lenkte Ali seinen Avatar immer dahin, woher der Lärm und der Rauch kamen. Ich fragte ihn dann, wo er hinlief, und er antwortete, hier gehe die Action ab. **Da ereignen sich die besten Szenen des Spiels.**

Lassen Sie uns über Level reden. In einem Videospiel setzt das Level den verfügbaren Gesamtraum des Spielers fest, in dem er dann versucht, ein bestimmtes Ziel zu erreichen. Wenn man an das Ende eines Levels gelangt, geht man durch eine Art Tor; die Spielkonsole wird kurz schwarz, während sie die folgenden Details lädt, und wenn der Bildschirm wieder aufleuchtet, sind Sie in einer völlig neuen Umgebung, einem neuen Level. Vielleicht haben sie das städtische Schlachtfeld verlassen und finden sich jetzt in einem Dschungel wieder. Das neue Level verändert das Gefühl beim Spielen. Der Dschungel verlangsamt Ihre Bewegungen vielleicht oder trübt Ihre Sicht und ergänzt das Spiel um eine neue Herausforderung und mehr Spaß.

Während Sie Ziele verfolgen, erwerben Sie durch jedes Level neue Fähigkeiten und bauen Ihre Kenntnis des Spiels aus. Wenn Sie den »Auftrag des Levels« ausgeführt haben, gibt es keinen Grund mehr, auf diesem Level zu bleiben. Sie nehmen nichts oder ganz wenig von dem mit, was Sie gesammelt haben, und halten sich für die Herausforderungen des nächsten Levels bereit.

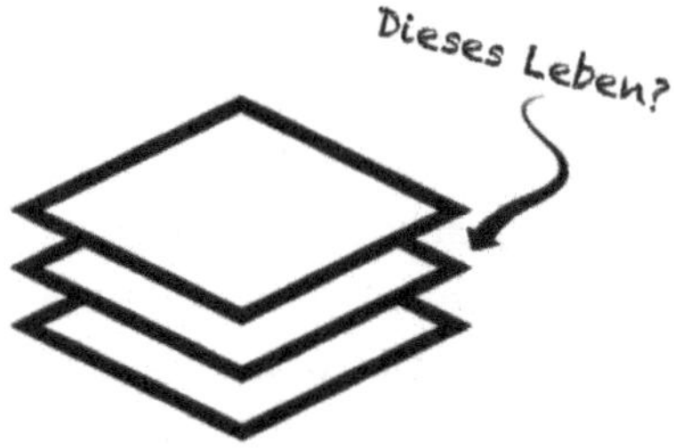

Dem Leben verblüffend ähnlich, oder?

Während der Sinn des Lebens vielleicht etwas schwieriger herauszufinden ist, verglichen mit dem Ziel eines bestimmten Levels in einem Videospiel, ähnelt sich der Prozess doch. Durch ein Tor namens Geburt kommen wir aus einem Level, über das wir gar nichts wissen, in dieses Level des Lebens, und durch ein Tor namens Tod verlassen wir es für ein Level, das wir noch nicht kennen. Könnte es sein, dass dieses Leben nur ein Level in unserem größeren Spiel darstellt?

Den meisten religiösen und spirituellen Lehren zufolge scheint das die Wahrheit zu sein. Sie erklären uns, dass der Tod bloß ein Tor zu einem anderen Leben ist und dass wir nie wirklich sterben – dass es nur unsere physische Gestalt ist, die stirbt. Wenn man dieses Level verlässt, nimmt man nichts mit, wobei die guten Taten aus diesem Level einen guten Start im nächsten bedeuten können. Einige Religionen glauben, dass man zurückkehren und das Level durch Reinkarnation wiederholen muss, wenn man nur durch das Spiel gerast ist und dabei versäumt hat, die nötigen Kenntnisse zu erlangen.

Lassen Sie mich diese Analogie noch weiterführen und Ihnen von den Tricks und Abkürzungen erzählen. Ich habe ja erwähnt, dass Ali ein guter Spieler war. Während es mir schwerfiel, mit der Steuerung umzugehen und die Landschaft in Bilder zu übersetzen, mit denen mein Mittvierzigergehirn etwas anfangen konnte, rannte er durchs Spiel, als benutze er seine eigenen Augen und Beine. Wenn wir zusammen spielten, war er mir immer ein Stück voraus, während ich mich abhetzte, um Schritt zu halten. Er eilte durch die uninteressanten Stellen und verweilte an den lustigen Stellen, genoss alles, was das Spiel zu bieten hatte.

Manchmal machte Ali eine Wendung und blieb vor einem Baum oder einer Backsteinmauer stehen. Er wartete dort einen Moment und schaute sich um, um zu gucken, wo ich abblieb, und dann rannte er mitten hindurch und deckte eine Abkürzung auf, ein Trick, der ihn direkt zum nächsten Level brachte. Er legte dann seinen Controller ab und sagte liebevoll: »Keine Sorge, Papa, ich warte da auf dich.« Manchmal musste ich das ganze Level durchackern, bis ich endlich am Ende angekommen war und durch das Tor zu ihm gelangte, und manchmal fand ich auch heraus, wo diese Akürzung war. Er war immer dort, wenn ich am anderen Ende rauskam. Er lächelte, gab mir fünf und sagte: »Ich bin stolz auf dich, Papa.« und dann spielten wir weiter, erkundeten das nächste Level zusammen.

Ali hatte ein erfülltes Leben. Er genoss die besten Seiten dieses Levels – dieses Lebens – mit Freunden, Musik und viel Liebe. Er war immer fröhlich. Ich habe natürlich keinen wissenschaftlichen Beweis dafür, aber ich glaube, dass er am 2. Juli 2014 eine Abkürzung gefunden hat. Um 04:11 Uhr morgens, während Nibal und ich vor der Intensivstation saßen, fühlten wir eine Welle positiver Energie, die uns das Gefühl der Erleichterung gab. Sein Onkel schickte uns aus Tausenden Kilometern Entfernung eine Nachricht, um uns zu sagen, dass er dasselbe fühlte.

Sekunden später stürmte ein Arzt panisch heraus. Er rief andere Ärzte zu sich, die für eine Weile hektisch herumschwirrten. Wir hingegen saßen ruhig da. Wir wussten, dass es okay war. Obwohl sie später rauskamen und meinten, Ali sei wieder stabil, war mir in meinem Herzen klar, dass er seine Abkürzung gefunden hatte. Er hatte uns beide liebevoll angesehen und war mitten hindurchgegangen mit den Worten: »Keine Sorge, Papa, ich warte hier auf dich.«

Eines Tages, wenn meine Arbeit hier getan ist, werde auch ich an das Ende dieses Levels gelangen. Wir alle werden das. Mach dein Ding, *ya habibi*. Ich werde dich bald einholen.

Verstehen Sie denn nicht? Es ist alles nur ein Spiel. Also spielen Sie, leben Sie, lernen Sie und:

sehr wichtig!

Haben Sie Spaß!

Alis letzter Wunsch

Als wüsste er, dass er bald sterben würde, fragte Ali in seinen letzten Monaten fast jeden, auf den er traf: »Was passiert mit uns, wenn wir sterben?« Typisch Ali stellte er die Frage und hörte sich die Antwort aufmerksam an. Dann stellte er klärende Fragen, hörte weiter zu, nickte und sagte: »Das ist so interessant!« Die Antworten fielen extrem unterschiedlich aus. In einer seiner letzten Unterhaltungen, nur wenige Tage vor seinem Tod, teilte er einem seiner Freunde seine eigenen Ansichten mit. Er sagte: »Ich denke mal, wir werden es erst wissen, wenn der Zeitpunkt da ist, aber ich bin optimistisch. Wenn ich da drüben bin, will ich jedenfalls bis ganz nach oben gehen und demjenigen ins Gesicht schauen, der dieses megacoole Universum erschaffen hat.«

Sogar während er im Sterben lag, nahm er sich die Zeit, eine Nachricht zu hinterlassen. Er sagte uns, dass er seinen Frieden Tage vor seinem Tod gefunden hatte. Lebe in Frieden, mein wundervoller Freund, aber bitte beantworte mir diese letzte Frage: Ist dein Wunsch in Erfüllung gegangen? Gibt es da einen Spielgestalter? Hat das alles wirklich jemand erschaffen, oder haben wir diesen Jemand erfunden?Noch eine Wahrheit bleibt zu diskutieren. Hören Sie jetzt nicht auf. Bitte lesen Sie weiter.

Kapitel 14 – Wer hat wen erschaffen?

Ist »Gott« eine Idee, die wir erschaffen haben, oder hat Gott uns erschaffen? Keine Frage wurde so sehr debattiert wie diese. Normalerweise wird die Debatte aus ideellen Gründen geführt, aber sie ist auch entscheidend für die Glücksgleichung, vor allem wenn es um Verluste geht, die über die Grenzen unserer physischen Welt hinausreichen.

Am einen Ende des Spektrums sind die Gläubigen überzeugt, dass ein göttliches Wesen alles erschaffen hat. Um ihre Überzeugung zu stützen, verlassen sie sich ohne Probleme vollständig auf den Glauben statt auf Logik oder Wissenschaft. Am anderen Ende des Spektrums stehen die Materialisten, die postulieren, dass es ein solches Wesen nicht gibt und dass eine Aneinanderreihung zufälliger Ereignisse in einer unermesslich langen Zeitspanne für die Schöpfung verantwortlich ist. Mit dem Urknall hat alles angefangen, und wegen der Evolution und der natürlichen Auslese sind wir heute hier. Es scheint hier kaum einen gemeinsamen Nenner zu geben. Wir alle glauben an etwas, aber niemand scheint sich über den Kern der Debatte einig zu sein.

Was wir meinen, wenn wir »Gott« sagen, variiert sehr stark quer durch kulturelle, spirituelle und religiöse Hintergründe. Daher enden viele der Streitereien eher in Missverständnissen als in grundlegenden Meinungsverschiedenheiten. Allerdings ist unsere Erforschung des Glücks eine Suche nach der Wahrheit, also sind wir an den Grundlagen interessiert – vor allem beim Versuch zu verstehen, warum das Leben uns so willkürlich zu überraschen scheint, uns sogar schlecht behandelt und unsere Erwartungen enttäuscht. Auf unserer Suche nach Glück ist die wesentlichste Frage: *Sind das Leben und unser Universum das Ergebnis von Willkür oder von Gestaltung?*

Die Frage nach der Gestaltung hängt stark mit der Frage nach einem Schöpfer zusammen – einem Gott. Als ich anfing, über die großen Wahrheiten zu schreiben, wurde mir explizit geraten, dieses Thema zu vermeiden. Über Gott zu reden ist ein sicheres Mittel, um Leser zu polarisieren, und dabei kann nichts Gutes herauskommen. Aber das Thema kam immer wieder auf, da das Konzept der großen Gestaltung eine zentrale Rolle dabei spielte, mit Alis Tod klarzukommen und weiterhin imstande zu sein, Freude zu empfinden. Wenn ich davon ausginge, dass mein Verlust nur ein willkürlicher Fall der Würfel war, würde in meinem Glücksmodell eine tragende Säule fehlen.

Die Idee der großen Gestaltung besagt, dass jede winzige Bewegung in unserem Universum einem sorgfältig konzipierten Muster folgt, dass nichts Zufall ist. Das Muster hilft mir zu verstehen, dass es im Supermarkt zu Warteschlangen kommt, nicht weil es mein »Pechtag« ist, sondern weil das Gesetz von Angebot und Nachfrage an diesem Ort zu dieser Zeit mehr Geschäftigkeit verursacht. Gestaltung bedeutet, dass der Tsunami in Asien nicht das Werk eines wütenden oder abwesenden Gottes war; es bedeutet, dass die Bewegung einer tektonischen Platte ein Erdbeben unter dem Meer ausgelöst hat. Wenn wir die selbstbezogenen Geschichten einmal beiseite lassen, die unser Gehirn fabriziert, um die Ursache von Ereignissen zu erklären, verstehen wir, dass alles als Teil eines hochsynchronisierten Universums passiert, wobei bestimmte (uns manchmal unbekannte) Gleichungen im Spiel sind. Dieses schlichte Festhalten an der Wahrheit kann lebensverändernd sein, denn es hat das Potenzial, die Glücksgleichung ein für allemal zu lösen.

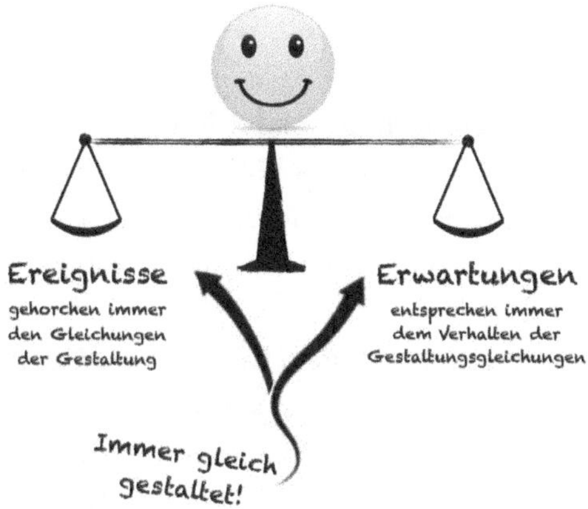

Einfaches Beispiel: Wir wissen, dass sich die zwei Pole eines Magneten anziehen, und weil wir wissen, dass es ein physikalisches Gesetz gibt, das dieses Verhalten genau steuert, wäre es albern, ein anderes Verhalten zu erwarten oder sich darüber aufzuregen, dass es passiert. Oder ich weiß zum Beispiel, dass sich immer das ereignet, was ich vernünftigerweise erwarten sollte, und obwohl mir nicht immer *gefällt*, was sich ereignet, wäre es naiv von mir zu erwarten, dass sich etwas anderes ereignet. Ich finde Frieden in dieser Tatsache. Während ich versuche, die Ereignisse durch meinen Beitrag zur Glücksgleichung zu beeinflussen, weiß ich dennoch, dass ich nur einer von Millionen Parametern bin, die auf den Verlauf des Lebens einwirken.

Mit der Gestaltung geht mehr einher, als unsere Erwartungen danach auszurichten. Der Glaube an die Gestaltung impliziert den Glauben an die Existenz eines Gestalters. Das hat einen bedeutenden Einfluss auf unsere Zufriedenheit. Wenn Sie Empathie für meine Trauer um Ali empfinden können, verstehen Sie vielleicht, dass es für mich tröstlicher ist, an die Existenz eines Gestalters zu glauben – daran, dass wir Teil von etwas Größerem sind als dieser physischen Welt und dass es Ali somit ganz gut geht –, als daran zu glauben, dass er einfach ins Nichts entschwunden ist, ungeachtet der wissenschaftlichen Tragfähigkeit. An so ein »Märchen« zu glauben, hilft mir ein bisschen bei der Bewältigung meiner Trauer. Aber was mir noch mehr hilft, ist meine starke Überzeugung, dass es eben nicht nur ein Märchen ist.

Was wäre, wenn ich mithilfe solider Mathematik beweisen könnte, wie wahr diese Theorie eines Gestalters wirklich ist? Das geht durchaus. Für mich bedeutete dieser mathematische Beweis, dass ich nach Alis Tod nicht einfach nur *Trost,* sondern mein wahres *Glück* wiederfand.

Also lassen Sie mich Ihnen mein Konzept des Gestalters darlegen, nicht aus Sicht eines Dogmatikers, sondern aus Sicht eines analytischen Ingenieurs. Denken Sie wie immer daran, dass das nur *meine* Sicht der Dinge ist. Nehmen Sie das mit, was Ihnen gefällt, und ignorieren Sie, was Ihnen missfällt, aber bitte ruhen Sie nicht, bis Sie einen Weg gefunden haben, den Sie den Ihren nennen können – Ihre eigene Wahrheit.

Das ist der Versuch, eine Frage zu beantworten, mit der sich die Menschheit sei Ewigkeit befasst. Also bringen Sie bitte ein paar Seiten lang die nötige Geduld auf, bis die diversen Puzzleteile der Logik ein zusammenhängendes Bild ergeben.

Sind Sie bereit?

Die Problemstellung

In der Technik wie im Business wie im Leben gilt: Der wichtigste Schritt auf dem Weg zu einer Antwort hängt von der Frage selbst ab. **Wenn wir nicht wissen, was wir beantworten wollen, wird jede Antwort irrelevant, auf die wir stoßen.** Also lassen Sie uns die Problemstellung genau definieren.

Um Verwirrung zu vermeiden und den jahrhundertelangen Streit um dieses Thema hinter uns zu lassen, lassen Sie uns die üblichen Begriffe wie *Gott, Schöpfer, göttlicher Geist, höhere Macht, universelles Bewusstsein* oder sogar *die Macht* vermeiden. Religiöse und spirituelle Institutionen haben die eigentliche Bedeutung dieser Begriffe verwässert und sie für ihre Interessen instrumentalisiert. Stattdessen verwende ich *der Gestalter*, ein Begriff, der den Kern der Frage am besten trifft.

Schichten

Ein wichtiger Schritt ist, eine möglichst einfache Fragestellung zu entwerfen, und das wird erreicht, indem man sich nicht von scheinbar damit zusammenhängenden Fragen ablenken lässt. Wenn wir zunächst nur die Kernfrage beantworten, ist es hinterher einfacher, die daraus resultierenden Fragen zu beantworten.

In einer seiner beliebten Shows machte der Comedian George Carlin Witze über viele Themen rund um Religion und Gott:

> Religion hat die Leute im Grunde genommen zu dem Glauben bewegt, ein *unsichtbarer Mann* lebe im Himmel und sehe alles, was du machst, jede Minute jeden Tages. Er hat eine *Liste mit zehn Dingen* darauf, von denen er nicht will, dass du sie tust. Und wenn du das eine oder andere doch tust, gibt es da dieses *besondere Örtchen voller Feuer und Folter*, dahin schickt er dich, damit du für immer und immer leidest, *bis ans Ende der Zeit …* Aber er liebt dich! … *Und er braucht Geld.* Er ist allmächtig, absolut perfekt, allwissend und superweise, aber aus einem unerklärlichen Grund kann er nicht mit Geld umgehen. Ich habe versucht, an Gott zu glauben, aber je älter man wird, desto mehr versteht man, dass hier etwas faul ist. *Krieg, Krankheit, Tod, Zerstörung, Hunger, Dreck, Armut, Folter, Kriminalität und Korruption.* Das ist keine sauber geleistete Arbeit. Solche Sachen gehören nicht auf den Lebenslauf des höchsten Wesens. Das sind Sachen, die man von einer schlechten Büroaushilfe erwarten würde. Wenn es einen Gott gibt, würden die meisten Menschen der Aussage nicht widersprechen, dass er mindestens inkompetent ist oder dass ihm das alles vielleicht, ganz vielleicht *am [zensiert] vorbeigeht.*[39]

Die hier aufgeworfenen Fragen sind wichtig, berechtigt und eine Diskussion wert. Ich bin mir sicher, diese Fragen beschäftigen auch Sie. Sie alle allerdings sind gute Beispiele für **Schichten**.

Wenn sich zusätzliche Bedenken mit dem Kernproblem verstricken, weicht die Konversation vom kürzesten Weg ab, wir werden frustriert, und das Problem wird viel schwerer zu lösen. Die Gestaltungsfrage von allen ablenkenden Schichten zu befreien ist ein effizienteres Vorgehen.

Carlin verwendet bestimmte Behauptungen, Interpretationen und Märchen religiöser Institutionen, die die Marke »Gott« für sich beanspruchen. Ich denke auch, dass einige dieser Märchen lächerlich sind und eine Provokation darstellen, aber sie spielen für unsere Diskussion hier ohnehin keine Rolle. Sehen Sie es mal so: Wenn jemand die lächerliche Behauptung aufstellen würden, Facebook sei entstanden, weil ein Blitz in Mark Zuckerbergs Computer eingeschlagen ist, würden Sie dann denken, dass es Zuckerberg nicht gibt? Ungereimtheiten bei den Vorstellungen vom Jüngsten Gericht, der Ewigkeit in der Hölle, den Schandtaten der Menschheit, rücksichtslosen Naturkatastrophen oder anderen Taten, die Gott zugeschrieben werden, sind – ich wiederhole es – irrelevant. Sie ähneln unseren Meinungsverschiedenheiten mit Parteien in der Politik: Es ist klar, dass die eigenen Ungereimtheiten nicht als Beweis dafür dienen, dass es die Partei nicht gibt.

Ich werde versuchen, die zahlreichen geschichteten Bedenken zu umgehen und mich auf unseren logischen Argumentationsfluss zu konzentrieren, bis wir eine Antwort auf die Kernfrage finden. **Diese Schichten werden nicht übergangen**, nur beiseite gelegt, um sie eins nach dem anderen anzugehen. Denken Sie sich für den Moment jegliche Verbindung zwischen dem »potenziellen« Gestalter mit einer Religion, einem Märchen, einer zugeschriebenen Handlung oder vermeintlichen Lehren einfach weg. Lassen Sie uns zunächst ein Problem lösen: *Ist unser Universum das Ergebnis eines Zufalls oder einer intelligenten Schöpfung?*

Sollten wir am Ende zu dem Schluss kommen, dass es keinen Gestalter gibt, werden die Bedenken sowieso gegenstandslos. Sollten wir hingegen zu dem Schluss kommen, dass es wahrscheinlich einen gibt, können wir auf dieser Grundlage immer weitere Fragen stellen. Hat der Gestalter alles geschaffen? Gab es eine Botschaft? Und so weiter. Also lassen Sie uns anfangen. Wie Sie vielleicht vermuten, führt mich mein Hintergrund zu einer bestimmten Herangehensweise an dieses Problem.

Es ist ein mathematisches Problem

Ich bin gebürtiger Muslim. Wie in den meisten Religionen haben sich Muslime jahrhundertelang hauptsächlich mit praktischen Verhaltensmaßregeln beschäftigt: tu *dies* und unterlasse *jenes*. Dabei ignorierten sie den Kern der Spiritualität des Islams und entmutigten die Menschen sogar freiheraus, eigene Antworten zu suchen. Dagegen rebellierte ich mit 16 und beschloss, die Hypothese zu untersuchen. Ich erklärte mich (wenn auch nur vor mir selbst) zum Agnostiker und begab mich auf eine Suche nach meiner Antwort. Ich demontierte alle modernen Legenden, Fabeln, Heilsbotschaften und Emotionen. Und was blieb übrig? Mathematik! Also begann ich, die Zahlen und die Fakten zur intelligenten Schöpfung nachzurechnen und zu überprüfen. Anstelle von trüben, alten Verwirrungen fand ich zwei sich grundlegend – und lösbar – widersprechende Begriffe: *Abwesenheit* und *Anwesenheit*.

Abwesenheit versus Anwesenheit

Als Agnostiker fand ich es einfacher, das Ganze von einem atheistischen Standpunkt aus zu betrachten und die Frage folgendermaßen zu formulieren: Wie lässt sich *beweisen*, dass es einen Gestalter gibt? Der Kreationist in mir erwachte und betete die mir beigebrachten Antworten herunter – spirituelle Geschichten und alte Schriften, die gar nichts beweisen. Meine innere Auseinandersetzung führte zu nichts, bis ich realisierte, **dass die Frage unvollständig war** und somit die Antworten immer unzureichend blieben. Eine ausgewogene, agnostische Frage sollte ebenso einen Beweis verlangen, dass es einen Gestalter *gibt*, als auch **einen Beweis, dass es keinen gibt**. Diese Herangehensweise würde beide Seiten gleichermaßen in die Verantwortung ziehen, einen Beweis zu erbringen. Es hat mich überrascht, dass die atheistische Seite es vermied, die Frage auf diese Weise zu stellen, aber als ich die Frage selbst stellte, leuchtete es mir ein:

Sehr wichtig!

Dass es etwas nicht gibt, lässt sich wissenschaftlich nicht beweisen!

Aus wissenschaftlicher Sicht ist es nicht möglich, ein Negativ zu beweisen. Das klingt vielleicht einfacher, als es tatsächlich ist. Aber sehen Sie es mal so: Es ist natürlich möglich zu beweisen, dass etwas – sagen wir Affen – existiert. Man muss schlicht einen finden, um es zu beweisen. Findet man einen Affen – schwupps, da hat man schon seinen Beweis. Aber es ist unmöglich zu beweisen, dass es ein erfundenes Tier – sagen wir Pluffen – nicht gibt. Man müsste jedes mögliche Szenario in jedem Quadratmillimeter des Universums untersuchen, um sicherzustellen, dass es keine Pluffen gibt. Weil unser Universum so groß und komplex ist, ist diese Aufgabe unmöglich. Außerdem wäre der negative Beweis aufgrund der Eingeschränktheit unserer Sinne niemals beweiskräftig. Wenn Pluffen winzig klein wären, könnten wir sie so lange nicht finden, bis unsere Forschungsinstrumente weit genug entwickelt wären, und wären sie größer als das ganze uns bekannte Universum, hätten wir vielleicht nie eine Chance, sie zu entdecken.

Aber der Haken ist dieser:

Nicht vergessen!

Das Fehlen eines Beweises, dass etwas existiert, beweist nicht, dass es nicht existiert.

Verschiedene historische Beispiele zeigen, dass wir grundlegende Bestandteile unseres Universums immer wieder übersehen haben. Tatsächlich haben wir sogar fast alle übersehen. Mein liebstes Beispiel dafür ist, wie wir jahrtausendelang in den Weltraum geschaut und angenommen haben, dass Sterne und Planeten im Nichts schwebten, in einem Vakuum, einem »leeren Raum«, während eigentlich alles vollständig von dunkler Materie umgeben ist. Gab es je einen Versuch zu beweisen, dass es diese grundlegende Komponente nicht gibt? Nein, nie! Es gab damals in den 1960er Jahren nur die

Möglichkeit, ihre Existenz endlich zu beweisen, und nach wie vor können wir die dunkle Materie nicht *sehen*. Wir können ihre Existenz nur durch die Beobachtung kosmologischer Verhaltensweisen belegen, die auf ihre Anwesenheit schließen lassen.

Die Entdeckung eines Großteils der Materie, aus der unser Universum besteht, nachdem wir sie jahrzehntelang mit einem Vakuum verwechselt hatten, sollte uns darüber nachdenken lassen, was wir noch alles nicht sehen können, obwohl es existiert. Das deutet darauf hin, dass wir uns Existenz anders vorstellen müssen:

sehr wichtig!

Das Fehlen eines Beweises, dass etwas nicht existiert, sollte als *Wahrscheinlichkeit* dafür angesehen werden, dass es existiert.

Und hier müssen wir anfangen, mit Zahlen zu hantieren. (Wie gesagt, alles ist Mathe!)

Eine *Probabilität* in diesem Sinne misst die Wahrscheinlichkeit der Existenz von etwas, egal wie gering sie ist. Obwohl Sie und ich uns recht sicher sein können, dass es keine Pluffen gibt – ich habe sie erfunden –, besteht dennoch eine geringe Wahrscheinlichkeit, dass sie existieren. Seit ich auf diese Weise darüber nachzudenken begann, stolperte ich in meiner Untersuchung ständig über das Wort *Probabilität.* Und das führte mich zu einer wichtigen Unterscheidung, die die Problemaussage deutlich machte.

Haben versus Können

Die Debatte rund um die Frage des großen Gestalters hat viel mit der Illusion des Wissens zu tun. Die eine Seite der Debatte glaubt fest an eine göttliche, zu einer intelligenten Schöpfung fähigen Einheit, die andere Seite glaubt genauso fest an Zufall. Beide »wissen«, dass sie Recht haben.

Leider haben **beide Unrecht**! Niemand kann das eine noch das andere eindeutig beweisen. Und in der Mathematik sollte die Abwesenheit schlüssiger Antworten, die Hauptprämisse dieser Diskussion, in die einfache Frage der Wahrscheinlichkeit überführen, die Frage, welche Seite *am ehesten* Recht haben *könnte*. Diese kleine Verschiebung des Blickwinkels formuliert die Problemaussage angemessen. Sie wird zu:

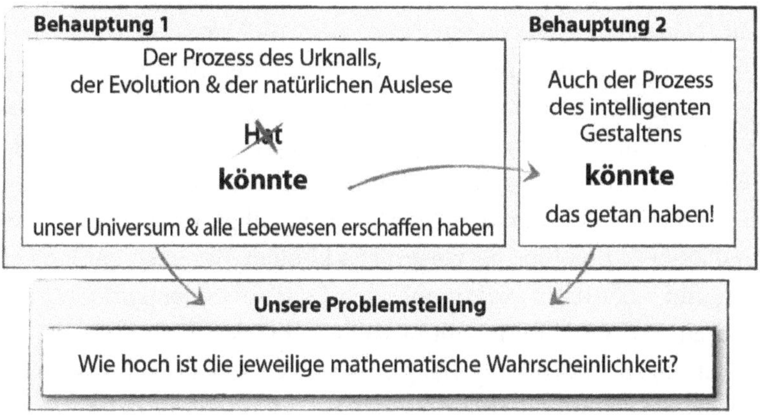

Jetzt, da die Problemaussage definiert ist, können wir anfangen, die Antwort zu suchen. Dazu müssen wir nichts weiter tun, als die Wahrscheinlichkeit beider Behauptungen zu berechnen. Keine hartnäckigen Streitereien mehr. Tatsächlich reicht es, uns nur auf die halbe Frage zu konzentrieren; in der Wahrscheinlichkeitstheorie kann man nämlich eine Seite des Problems lösen und die sich daraus ergebende Zahl von 100 Prozent subtrahieren, wodurch man die Wahrscheinlichkeit der anderen Seite erhält. Also lassen Sie uns die Zahlen für die von der Wissenschaft vertretene Zufallsseite knacken.

Möchten Sie kurz Pause machen, während ich arbeite? Gar keine schlechte Idee. Kommen Sie ausgeruht zurück. Wir haben ein paar sehr große Zahlen vor uns.

Willkommen im Casino der Schöpfung

Überzeugend am materalistischen Standpunkt ist, dass eine Folge zufälliger Ereignisse, durch natürliche Auslese reguliert und gelenkt, ausreichend ist, um alles zu erschaffen, was wir kennen. Der Zufall erschafft jedes mögliche Szenario (im Falle eines Würfels beispielsweise 1, 2, 3, 4, 5 oder 6), und dann greift die natürliche Auslese ein, indem sie die ersten fünf Möglichkeiten verwirft und die sechste behält. Natürliche Auslese verringert nicht die Anzahl der Versuche, die benötigt werden, um zu einem bestimmten Ergebnis zu gelangen; sie sondert nur die Fehler aus, nachdem sie auftreten. Im Falle der Erschaffung eines komplexen Systems, wie zum Beispiel lebender Organismen, können solche Fehler recht groß ausfallen, aber die Evolutionstheoretiker glauben, dass zufällige Versuche *mit genügend Zeit* ein Ergebnis hervorbringen können, das unserem Universum und jeder darin vorkommenden Lebensform entspricht. Mein mathematisches Gehirn stimmt völlig mit dieser Sicht überein. Die Gleichungen sind richtig. Bei *genügend* Versuchen ist ausnahmslos jede Konstellation möglich.

Aber die Tatsache, dass es möglich ist, ist kein Beweis dafür, dass es wahr ist. Sich das schiere Ausmaß der durch natürliche Auslese regulierten Schöpfung in der realen Welt vorzustellen, ist etwas vollkommen anderes, als Zahlen in eine Gleichung zu schreiben. Die Evolution kann sehr wohl alles erschaffen haben. Die Frage aber ist: *Wie hoch ist die Wahrscheinlichkeit, dass sie es tatsächlich getan hat?* Mit welcher Anzahl von zufälligen Versuchen haben wir es hier zu tun? Lassen Sie es uns mit einem einfachen Beispiel für Zufälligkeit angehen, um uns für die Mathematik aufzuwärmen.

Stellen Sie sich vor, Ihnen wird gesagt, Sie könnten eine Milliarde Dollar in einem Casino gewinnen, wo Sie mehrere Schachteln mit jeweils ein paar Würfeln darin erhalten. Ihre Aufgabe ist simpel: Sie müssen nur würfeln. Wenn bei jedem Wurf alle Würfel die 6 zeigen, werden Sie in den Milliardärsclub aufgenommen. Sind Sie zum Spiel bereit?

Eine Frage des Glücks

Würfeln ist ein gutes Beispiel für Zufall. Wenn Sie oft genug würfeln, wird jede Zahl irgendwann drankommen (1, 2, 3, 4, 5 und 6). Früher oder später werden Sie gewinnen – aber wie viel *später* genau ist später? Das hängt ganz davon ab, wie komplex das Ergebnis ist, das Sie erzielen wollen.

Nehmen Sie zunächst nur einen Würfel und versuchen Sie, die 6 zu würfeln. Ganz einfach – Sie werden eine 6 durchschnittlich einmal alle sechs Versuche würfeln. Wenn Sie ein besonders großer Glückspilz sind, kommt die 6 vielleicht früher, wenn nicht, eben später, aber solche Unregelmäßigkeiten sind zu erwarten. Alles kein Problem!

Nehmen Sie sich jetzt ein etwas komplexeres Ergebnis vor. Nehmen Sie zwei Würfel, und peilen Sie zweimal die 6 an. Das ist schon etwas schwieriger, aber es geht noch. Sie brauchen jetzt einfach ein bisschen mehr Glück. Die Wahrscheinlichkeit bei jedem Würfel liegt immer noch bei 1 von 6, aber die Wahrscheinlichkeit, dass beide dasselbe anzeigen, hat sich nicht mit der Zahl der Würfel verdoppelt, sondern quadriert. Sie liegt nicht bei 1 von 12, sondern bei 1 von 36.

Dieser Trend setzt sich fort, und sehr lange dauert es nicht, bis Ihre Chancen sinken, während die Anzahl der Würfel – die Komplexität des Systems – zunimmt. Um dreimal die 6 mit drei Würfeln zu würfeln, brauchen Sie durchschnittlich 216 Versuche, sind es 10 Würfel, sehen die Chancen düster für Sie aus, sie liegen dann bei 1 von 60 Millionen.

Zehn Würfel zu werfen, sieht nach einem Klacks aus, aber wenn Sie Ihr Glück darauf wetten müssten, würden Sie sich auf das Spiel mit den zehn Würfeln einlassen? Was wären Ihre Erfolgschancen? Bitte denken Sie kurz darüber nach, bevor Sie weiterlesen. Würden Sie diese Wette eingehen?

Vergleichen Sie diesen Prozess des Werfens von nur zehn Würfeln, ein komplexes System, mit der Komplexität der Erschaffung eines ganzen Universums oder auch nur eines einzelnen Lebewesens. Es ist nicht schwer zu erkennen, dass die Wahrscheinlichkeit ähnlich ausfiele, wenn man Millionen, nein, Milliarden und Abermilliarden Würfel verwendete. Würden Sie darauf wetten?

Es gibt einfach nicht genug Glück

Die Komplexität unseres Universums übersteigt unsere menschliche Vorstellungskraft, und sie zu simulieren übersteigt ohne Frage meine mathematischen Fähigkeiten. Die Wahrscheinlichkeit einen kleinen Teil, eine kleine Szene, zu berechnen wäre schon etwas überschaubarer. Oder sogar noch einfacher die eines Romans, in der diese Szene vorkommt. Wie hoch ist die Wahrscheinlichkeit, dass ein solcher rein zufällig geschrieben wird?

Ich möchte gerne das berühmte Beispiel aufgreifen aus Brian Greenes Buch *Der Stoff, aus dem der Kosmos ist,* in dem er die fast unbegreifbare Komplexität des Universums anhand eines Romans veranschaulicht. *Krieg und Frieden* ist der epische Roman von Leo Tolstoi, der die Ereignisse rund um die französische Invasion Russlands aus der Sicht von fünf russischen Familien erzählt. Er verwendet mehr als 560.000 Wörter, um einen kleinen Teil unseres komplexen Universums literarisch einzufangen. Tolstoi hat die Ereignisse dieses Zeitalters nicht *erschaffen,* auch nicht die fünf Familien, Frankreich, Russland, Napoleon und seine Truppen oder den Schnee, durch den sie sich quälten. Er hat seine Worte nur sinnvoll strukturiert, um diese Ereignisse zu beschreiben. Dass diese *sehr vereinfachte* Version unseres Universums zufällig erschaffen wird, ist allerdings immer noch sehr unwahrscheinlich. Dafür müsste man die Buchstaben in die richtige Reihenfolge bringen, um Zehntausende Wörter zu formulieren. Diese wiederum müsste man in die richtige Reihenfolge bringen, um Zehntausende Sätze zu formulieren, Tausende Paragraphen und schießlich Hunderte von Seiten. Wir können all diese Wahrscheinlichkeiten berechnen, indem wir zunächst den einfachsten Teil in einem Experiment lösen, das Sie selbst durchführen können, indem Sie Seiten ordnen.

Kaufen Sie einfach ein Exemplar von *Krieg und Frieden*, reißen Sie die Seiten heraus (in manchen Auflagen gibt es 693 Doppelseiten), und werfen Sie sie in die Luft, damit sie nach dem Zufallsprinzip auf dem Boden landen. Nehmen Sie an, dass sie aufgrund eines physikalischen Wunders auf einem Stapel landen (anstatt über den Raum verteilt herumzufliegen), und fragen Sie sich folgendes: »Wie hoch ist die Wahrscheinlichkeit, dass sie in der richtigen Reihenfolge landen werden, mit der Seite 1 oben, gefolgt von 2, dann 3, bis zum Romanende?« Es gibt nur eine Wahrscheinlichkeit, mit der die Seiten in der richtigen Reihenfolge landen, und eine sehr hohe Wahrscheinlichkeit, mit der sie nicht in dieser Reihenfolge landen. Genauer gesagt gibt es insgesamt genau 10^{1878} (also eine 1 mit 1.878 Nullen) Möglichkeiten, wie die Seiten landen können.[40] Nur *eine* Möglichkeit davon ist die richtige Reihenfolge.

Solch schockierend große Zahlen bleiben in Gesprächen über die Evolution und die intelligente Gestaltung unerwähnt. Aber da Sie nun die Zahlen im Blick haben, sind Sie beim Wetten ab jetzt besser informiert. Wenn man für einen Jackpot (in diesem gleichbedeutend mit nichts weiter als einem regulären Exemplar von *Krieg und Frieden*) so viele Trillionen von Münzen in einen Spielautomaten werfen müsste, wie viele Spieler würden sich wohl dazu bereit erklären? Hätten Sie Lust?

Was ist denn die einzige Vorgehensweise, um diese Seiten ordentlich gestapelt zu bekommen? **Intervention.** Jemand muss die Seiten aufheben und die für die Erzeugung eines lesbaren Romans nötige, *intelligente* Arbeit leisten.

Lassen Sie uns weitermachen. Schauen Sie sich die Seiten und Sätze genauer an. Lassen Sie uns einem Affen (wir nennen ihn Randy) eine Schreibmaschine geben und ihm beibringen, wie man die Tasten drückt. Randy ist kein Autor, also wird er wahllos Buchstaben aneinanderreihen. Geben Sie Randy einen unbegrenzten Vorrat an Papier und eine Ewigkeit Zeit. Einen legendären Roman zu schreiben, ist keine einfache Aufgabe, also lassen Sie uns den Erfolg unseres willkürlich tippenden Affen anhand eines einfachen Satzes testen.

> Dieser kurze Satz kann durch zufällige Tastenanschläge zustande kommen.

Er besteht aus 56 Zeichen. Jedes davon kann entweder ein Buchstabe oder ein Leerzeichen sein und wahllos aus einem Alphabet mit 26 Buchstaben + 1 Leertaste ausgewählt werden. Jedes Mal, wenn Randy 56 Tasten willkürlich gedrückt hat, sehen wir nach, ob er einen Satz richtig geschrieben hat. Ganz einfach, oder? Überhaupt nicht.

In der Annahme, dass Randy der schnellste Schreiber dieser Erde ist und 220 Wörter pro Minute tippt, machen wir alle 2,5 Sekunden eine Stichprobe.[41] Mühsam, ich weiß, aber lassen Sie uns das schnell hinter uns bringen, damit wir uns danach der Hauptaufgabe widmen können. Wie lange, glauben Sie, wird es dauern, bis der Zufall uns ein zufriedenstellendes Ergebnis liefert? Nun ja, es wird eine Weile dauern: 143 Millionen-Billionen-Billionen-Billionen Jahre, um genau zu sein, während denen Sie 11,4 Billionen-Billionen-Billionen-Billionen-Billionen-Billionen falsche Schreibweisen überprüfen werden.[42] Oh, übrigens, das ist ungefähr das 2,5 Milliarden-Billionen-Billionen-Billionen-Billionen-Billionen-Billionen-Fache des Alters unseres Planeten Erde![43] Schockierend angesichts einer solch einfachen Aufgabe, nicht wahr? Also, wie steht es wohl mit der Hauptaufgabe, dem Schreiben von *Krieg und Frieden*?

Machen Sie sich keine Hoffnungen. Hätte Tolstoi *Krieg und Frieden* willkürlich geschrieben, angenommen mit durchschnittlich 6 Buchstaben pro Wort, hätte er $27^{3480000}$ Versuche (d.h. 27 gefolgt von 3,48 Millionen Nullen) gebraucht, um den Roman zu beenden.[44] Randys Version wäre ohne Interpunktion, und das gesamte Buch wäre ein langer Satz, was das Lesen viel schwerer machen würde, aber, hey, lassen Sie uns mit dem Affen nachsichtig sein. Tippen Sie diese Zahl in irgendeinen leistungsfähigen Taschenrechner, und das kluge Gerät wird Ihnen den Wert als etwas Verständlicheres anzeigen, und zwar als: *unendlich*.

Auf dieses ordnungsgemäße Exemplar zu warten, würde sehr lange dauern, gleichbedeutend mit einem mathematischen Niemals. *Krieg und Frieden* hätte einfach niemals zufällig geschrieben werden können, selbst wenn unser willkürlich tippender Affe um Billionen Größenordnungen länger leben könnte als unser Universum. Zu erwarten, dass das ohne einen intelligenten Autor gehen könnte, wäre eine Mega-Wette, eine, die anzunehmen Ihnen ein Mathematiker nicht empfehlen würde. Ich denke, dem würden Sie beipflichten.

Randys »einfache« Aufgabe war es, einen Satz zu schreiben und dann einen Roman. Wir haben ihn nicht gebeten, die Charaktere aus dem Roman, das besetzte Land oder die Milliarden von Lebewesen zu erschaffen, die sie umgaben, aber in der Handlung nicht auftauchen. Was, wenn wir das getan hätten? Was, wenn der Zufall mit einem leeren Blatt begann, nicht Papier, sondern Leere? Was, wenn Randy die Sterne erschaffen müsste, die Planeten, die lebensfreundliche Umwelt, um das Leben auf der Erde zu erhalten, das Leben selbst, mit seinen willkürlichen Tastenanschlägen? Wie viele Versuche hätte es gebraucht? Glauben Sie wirklich, dass ein Affe zu alldem imstande ist? Wenn wir die Zahlen sehen, wehrt sich unser Verstand gegen die Vorstellung, dass ein Roman rein zufällig entstehen kann. Warum dann azeptieren einige von uns bereitwillig, dass die komplexe Welt, von der die Geschichte handelt, rein zufällig erschaffen wurde? Das frage ich mich.

Das Spiel ist manipuliert

Als Brian Greene das Bild der in die Luft geworfenen Seiten von *Krieg und Frieden* nutzte, war es seine Absicht, eine faszinierende Eigenschaft unseres Universums zu veranschaulichen, nämlich die

Entropie, ein Merkmal, das ich in der ursprünglichen Berechnung außer Acht gelassen habe, weil es die Aufgabe des willkürlich tippenden Affen um einiges schwerer gemacht hätte.

Stellen Sie sich vor, die Schreibmaschine wäre derart manipuliert gewesen, dass sie die soeben geschriebenen Zeilen ab und zu gelöscht hätte. Ein kleines Desaster dieser Art hätte Randys unmögliche Aufgabe sogar noch unmöglicher gemacht – und genauso arbeitet unser Universum.

Unsere Welt neigt zum Chaos. Je mehr Zeit vergeht, desto stärker ist die Tendenz zur Unorganisiertheit. Entropie, ein Maß des Ungeordneten, nimmt niemals ab. Sie brauchen keinen Doktor der Physik, um zu erkennen, dass sogar in den seltenen Fällen, bei denen etwas perfekt zusammenkommt, die Tendenz unserer Welt dahin geht, es zu zerstören, nicht mehr davon zu erzeugen. Chaos ist eindeutig die Vorgehensweise der Welt, in der wir leben.

Wir können ein Glas zerbrechen sehen, aber nicht zuschauen, wie es ganz wird. Wir sehen wilde Pflanzen, die verlassene Orte bewachsen, aber sie wachsen nie zu gerade geschnittenen Hecken. Tausende Bläschen steigen in einem kohlensäurehaltigen Getränk an die Oberfläche, aber sie sammeln sich nicht wieder in der Flasche. Die Gleichung der Chaostheorie arbeitet gegen solch einen glücklichen Zufall. Das erschwert es aufeinanderfolgenden Ereignissen in einem komplexen System noch weiter, in der richtigen Reihenfolge einzutreten.

Und die Reihenfolge ist wichtig. Ich habe bereits darauf hingewiesen, dass die Wahrscheinlichkeit, mit zehn Würfeln zehn Mal die 6 zu würfeln, bei eins zu 60 Millionen liegt. Stellen Sie sich mal vor, ich würde von Ihnen verlangen, das drei Mal hintereinander hinzukriegen. Würfeln Sie zehn Mal die 6, nehmen Sie ein neues Würfelset, würfeln Sie zehn Mal die 6, nehmen Sie sich ein drittes Würfelset und würfeln Sie erneut zehn Mal die 6. Ziemlich unwahrscheinlich, oder? Und die Chancen für das Überleben einer Blume stehen noch viel schlechter. Selbst wenn eine schöne Blume per Zufall erblüht, braucht Sie immer noch eine günstige Umgebung, um zu überleben.

Diese Umgebung beinhaltete keine Bienen (fossile Funde zeigen, dass diese erst später aufkamen), aber Evolutionstheoretiker tun das als *kleines* Detail ab, indem sie behaupten, dass Blumen keine Bienen bräuchten, um bestäubt zu werden. Eine Blume hätte aber sicherlich eine Reihe andere Dinge gebraucht: Regen, Bodennährstoffe, genügend Sonnenlicht und so fort. Für die Existenz jedes dieser Bedürfnisse wäre ein komplexes Würfelzusammenspiel nötig gewesen. Evolutionstheoretiker würden behaupten, dass diese einzelnen Ereignisse zufällig passierten, bis sie sich passenderweise überschnitten. Nichts ist falsch an dieser Betrachtungsweise; sie klingt plausibel. Aber führen Sie sich vor Augen, mit wie viel Glück beim Würfeln das gleichbedeutend wäre. Darüber hinaus spielt ja noch die Entropie mit hinein, die dem Spiel häufig den Garaus macht und die Tendenz des Universums begünstigt, eine frisch erblühte Blume wegzublasen und Chaos eintreten zu lassen.

Ein übersehenes Detail

Verstehen Sie mich nicht falsch: *Die Evolution ist eine wissenschaftliche Tatsache.* Da gibt es nichts herumzudiskutieren. Die Beweise dafür sind allgegenwärtig. Aber in der Diskussion um die Evolution wird häufig ein weiteres kleines Detail übersehen: die Unterscheidung zwischen Mikro- und Makroevolution.

Die jüngste Entdeckung von biogenem Graphit in Westgrönland hat Wissenschaftler zu dem Schluss gebracht, dass das Leben auf unserem Planeten vor 3,7 Milliarden Jahren begann. Seitdem, sagen die Forscher, hat die Evolution das Ruder übernommen und zur Vielfalt der biologischen Organisation in allen Bereichen geführt. Es werden unzählige Beispiele als Beweise für die Theorie der Evolution angeführt: Motten, die als Reaktion auf Umweltverschmutzung die Farbe wechseln, Darwinfinken, die Schnabel- und Körpergröße ändern, um sich neuen Nahrungsquellen anzupassen, italienische Eidechsen, die auf eine andere Kopfgröße umsteigen, um Vegetarier zu werden, und vieles mehr. Jedes Beispiel ist außergewöhnlich und überzeugend. Aber alle Beispiele stoßen an eine Grenze: Die Veränderung vollzieht sich im Rahmen derselben Spezies. Das wird als *Mikroevolution* bezeichnet. Diese Motten bleiben Motten; die 15 Darwinfinkenarten sind trotz allem noch Vögel und die vegetarischen Eidechsen haben sich nicht in Kühe verwandelt. Es gibt in der gesamten Literatur zur Evolution keinen Nachweis für die Veränderung einer ganzen Art, bekannt als *Makroevolution*. Es gibt keinen beobachtbaren Nachweis einer Verwandlung von Fisch in Amphibie oder von Vogel in Dinosaurier. Wissenschaftler sind auf eine Reihe *historischer* Beweise von offenbar chronologischen Ereignissen angewiesen, wie beispielsweise dokumentierte fossile Funde, und stellen Theorien auf, um diese zu erklären. Aber bisher konnten diese Theorien von niemandem in der Praxis beobachtet werden. Evolutionstheoretiker erklären das damit, dass diese Prozesse Tausende Jahre brauchen und dass es die Evolutionstheorie erst weniger als 200 Jahre gibt – wenn wir also lange genug warten, werden wir den empirischen Beweis bestimmt bekommen. Das ist eine mathematisch valide Begründung, aber das ändert nichts daran, dass die Evolutionstheorie ohne empirische Belege höchstens eine Geschichte ist. Sie wissen ja, wie wir Geschichten ohne empirische Belege nennen.

Wir nennen sie, nun ja, Glauben! Es scheint so zu sein, wie David Foster Wallace schrieb:

Nicht vergessen!

> **»Jeder glaubt. Wir können uns lediglich aussuchen, an was wir glauben.«**

Die evolutionäre Anpassung *ist* unbestreitbar, aber unzureichend, um die Fülle der Schöpfung zu erklären, die uns umgibt. Könnte es nicht eine plausiblere Erklärung geben? Um sie zu finden, müssen wir mit einem weiteren landläufigen Mythos aufräumen.

Evolution versus Gestaltung

Gestaltung ist nicht das Gegenteil von Evolution. Evolution kann sehr wohl Teil einer überlegten Gestaltung sein. Das können Sie live an den Technikprodukten beobachten, die wir entwickeln. Der Prozess von aufeinanderfolgenden Verbesserungen, Releases und Versionen macht jedes Produkt besser als sein Vorgängermodell. Dennoch ist jedes Produkt gestaltet und entwickelt. Keins ist das Ergebnis eines zufälligen Glücksgriffs.

Stellen Sie sich vor, in ein paar Millionen Jahren graben Aliens eine Reihe »versteinerter« und gut erhaltener Autos aus. An dieser archäologischen Stätte gelingt es ihnen, mehrere Exemplare einer Spezies namens »Audi« zu entdecken. Wenn die Aliens auf unser heutiges evolutionäres Denkmuster zurückgriffen, um ihren Fund zu erklären, würden sie glatt glauben, dass die Audis sich als Spezies entwickelt haben.

Ich meine, schauen Sie sich die mal an! Bis 1980 waren sie eher langweilig, ab dann lässt sich anhand der Fossilien ein klarer evolutionsbedingter Anstieg von Audi Quattros nachweisen, dem »Missing Link«. Zum ersten Mal erschienen Vierradantriebssysteme. Das gab dem Quattro gegenüber seinem Vorfahren einen Überlebensvorteil, ermöglichte es ihm, Rennen gegen konkurrierende Spezies zu gewinnen, und führte schnell zum Aussterben der konkurrierenden Modelle. Er überlebte, weil er der Stärkere war. Ab dann erlebte die Audi-Spezies Jahre der raschen Evolution und erreichte schließlich die Stufe einer hoch entwickelten »*Auto*kreatur«, die mit dem R8 eine viel höhere Geschwindigkeit erreichte und mit dem Q7 das Gelände erfolgreich für sich eroberte.

Die ganze Gattung wurde viel zuverlässiger, somit erhöhte sich die Lebenserwartung der Audis, die fortan Hunderttausende Meilen zurücklegen konnten. Durch GPS-Navigationssysteme, Kameras und Abstandssensoren wurden sie sich ihrer Umgebung bewusster und begannen sogar, gesprochene Sprache zu verstehen und zu sprechen. Aufgrund natürlicher Auslese starben die älteren Modelle aus, nur die stärksten Modelle setzten sich durch. *Sie durchliefen eine Evolution!*

Die Aliens haben Recht. Es wäre irrational anzunehmen, dass die Audis sich nicht entwickelt haben. Aber ich gehe davon aus, auch Sie finden die Vermutung albern, dass sie zufällig entstanden sind, ohne intelligente Gestaltung und die Intervention von Technikern.

Sie müssen verstehen, dass die Evolutionstheorie das vollkommen zufällige Entstehen eines Autos *theoretisch* für möglich hält. Nach unendlich viel Zeit und endlosen Versuchen und Irrtümern könnten sich die Metalle eines bestimmten Ortes auf der Erde in der genau richtigen Konfiguration zusammenfinden und zu Audi-Autos werden. Das ist mathematisch möglich, aber ist es wahrscheinlich? Bedenken Sie außerdem, dass Autos viel einfacherere Kreationen sind als sich selbst reproduzierende Lebewesen. Um dieses viel höhere Maß an Komplexität nachzuvollziehen, müssten Sie sich vorstellen, dass der Zufall, sagen wir, ein über einen Autofriedhof fegender Orkan, eine perfekt gestaltete, vollautomatische Fabrik hinterlässt, die perfekt gestaltete Autos produziert. Ist das mathematisch möglich? Klar – aber ist es wahrscheinlich? Wohl eher nicht.

Wenn unsere Vernunft sich gegen den Gedanken wehrt, dass ein Auto allein durch Evolution entstehen kann, wie kann man auf die Evolution als Ursprung unseres noch viel komplexeren Universums setzen?

Wenn es darum geht, die Evolution zu verstehen, ist es mathematisch richtig anzunehmen, dass ein Glücksfall alles hätte erschaffen *können*, aber zu sagen, dass es so *war*, ist keine korrekte Aussage – es sei denn, wie die Wissenschaft behaupten würde, das Universum hatte **unendlich viel Zeit**, um es zu versuchen. Und das ist leider ein weiterer *Mega*-Mythos.

Es gibt einfach nicht genügend Zeit.

Wir hatten nicht unendlich viel Zeit! Das Alter unseres Universums seit dem Urknall beträgt ungefähr 13,7 Milliarden Jahre, und das Alter der Erde nähert sich 4,5 Milliarden Jahren. Wir wissen, dass das Leben – in seiner primitivsten Form – vor 3,7 Milliarden Jahren begann. Das klingt lange, ist aber kläglich kurz im Vergleich zum Akt der Schöpfung. Unser Universum ist nicht einmal alt genug, als dass Randy einen schlichten Satz mit neun Wörtern hätte tippen, geschweige denn, dass eine Stubenfliege hätte erschaffen werden können. Aber das sollte uns nicht davon abhalten, es ein letztes Mal zu versuchen, nicht wahr?

Ein schnellerer Affe ist alles, was wir brauchen, um die Aufgabe *rechtzeitig* zu beenden. Ernsthaft jetzt, neun Wörter in 4,5 Milliarden Jahren! Es wird doch einen Affen für diese Aufgabe geben. Randy ist gefeuert und wird durch einen viel schnelleren Affen ersetzt – wir nennen ihn Flash. Da er so schnell ist, ist Flash nicht ganz billig. Er fordert eine sehr große Banane als Belohnung und macht sich an die Arbeit.

Die Aufgabe bleibt dieselbe: Für eine gewisse Wahrscheinlichkeit, einen Satz richtig hinzubekommen, müssen 11,4 Billionen-Billionen-Billionen-Billionen-Billionen-Billionen Sätze geschrieben werden. Um das zu schaffen, muss Flash mit einer atemberaubenden Geschwindigkeit von 550 tausend-Billionen-Billionen-Billionen-Billionen-Billionen Wörtern pro Minute tippen.[45] Der Erfolg scheint in Reichweite zu sein. Oder?

Lassen Sie uns diese Aufgabe der schnellen Schöpfung mit der Anzahl von Lebewesen auf unserem Planeten multiplizieren. Ungefähr

226.000 Spezies leben allein schon in den Ozeanen,[46] und darüber hinaus sind schätzungsweise zwei Millionen noch unentdeckt. Zählt man alle Lebewesen mit ein, sind es insgesamt ungefähr 8,74 Millionen Arten, die die Erde bevölkern.[47] Lassen Sie sich von der vertrauten Geschichte der Evolution und der natürlichen Auslese nicht in die Irre führen; der Teufel liegt im mathematischen Detail. Wenn die Erschaffung dieser Varianten so einfach wie Tippen ist, und das ist sie nicht, wie viele Versuche benötigen wir? Wie viel schneller sollen wir Zeuge dieser Schaffensversuche werden? Ich werde die Zeit gar nicht erst mit Rechnen vergeuden. Mein Standpunkt ist klar.

Oh, und da gibt es noch eine Frage.

Wo sind all die Fossilien hin?

Einer der bemerkenswertesten Unterschiede zwischen unseren angeblichen nächsten Vorfahren, *Homo habilis,* und unserer Spezies, *Homo sapiens,* ist, dass unser Gehirn dreimal so groß ist. Diese beiden Spezies haben die Bühne der Welt in einem Abstand von weniger als zwei Millionen Jahren betreten. Wenn wir die Wahscheinlichkeit unseres Neun-Wort-Satz tippenden Affen auf den evolutionären Entwicklungssprung von *habilis* zu *sapiens* übertragen, hätte die Evolution, um den ersten *Homo sapiens* per Zufall zu erschaffen, eine Anzahl von *Homo habilis* kreieren müssen, die das 20 Milliarden-Billionen-Billionen-Billionen-Billionen-Billionen-Fache unserer gesamten menschlichen Bevölkerung übersteigt.[48] Die entscheidende Frage lautet dann: Wo sind diese fast unendlich vielen Skelette abgeblieben? Die müssten eigentlich leicht zu finden sein, denn es müssten 137 Millionen-Billionen-Billionen-Billionen-Billionen-Billionen davon in jedem Quadratmeter unserer Erdenlandmasse stecken.[49]

Sind die etwa alle, ohne Ausnahme, verrottet? Selbst wenn dem so sein sollte, warum sehen wir keine sichtbaren Beweise dafür, dass sich dieses Muster – die Schaffung von 5,7

Billionen-Billionen-Billionen-Billionen Menschen pro Monat – heutzutage fortsetzt?[50] Sind wir so perfekt, dass die Natur beschlossen hat, unsere Entwicklung zu stoppen? Wo ist die mathematische Kompetenz der Leute hin? Warum werden diese einfachen Berechnungen ignoriert?

Dass die Zufälligkeit erst durch jede mögliche Konstellation gehen musste, bis sie irgendwann auf ein »funktionierendes« Modell stieß, auf dem sie aufbaute, ist nicht plausibel. Wir brauchen keinen schnellen Affen, der alle Konstellation durchgeht; wir brauchen einen vom Glück sehr, sehr begünstigten Affen. So begünstigt, dass er jedes Mal gleich beim ersten Versuch einen Treffer landet.

Wir haben unseren Affen gefunden

Stellen Sie sich vor, es gäbe einen Affen, der mehrmals hintereinander zehn Sechsen würfeln könnte, bei jedem Mal entgegen der Wahrscheinlichkeit von eins zu 60 Millionen. Wenn die Aufgabe mit Schnelligkeit nicht gelöst werden kann, ist vielleicht dieser Affe, wir nennen ihn Lucky Bastard, die bessere Wahl. Wir erklären ihm die Aufgabe, der Affe scheint verwirrt. Wir bitten ihn, 55 Würfel à 27 Seiten zu werfen und sie alle auf der richtigen Seite landen zu lassen, um einen Neun-Wort-Satz zu bilden. Und wenn wir grob schätzen, dass das hinsichtlich der Komplexität äquivalent zur Erschaffung einer Fliege ist, dann muss er diesen Glückswurf 8,74 Millionen Mal nacheinander wiederholen, um alle anderen Lebewesen in einem hochchoreographierten Satz zu kreieren. Weil er allerdings nun mal ein Affe ist, willigt er in den Versuch ein, aber als Belohnung fordert er keine Banane, sondern Ihre geistige Gesundheit als Wetteinsatz. Der Affe ist bereit für die Wette, Sie auch?

Ich bin vollkommen überzeugt von der ständigen Evolution des Lebens als Gesetz der Natur, allerdings war ich auf der Suche nach einer Antwort genötigt, innezuhalten und die zugrunde liegenden Prämissen zu untersuchen. Evolution ist ein Fakt – aber wie im Falle der Autos der Marke Audi sind aufeinanderfolgende Generationen verbesserter Modelle oder vielleicht bloß schiere Vielfalt einfach Teil der Gestaltung. Die Mathematik ist eindeutig. Nichts ist beliebig.

Nicht vergessen!

Wir alle sind Teil einer großen Gestaltung.

Woraus wir gemacht sind

Genug der Würfel, russischen Romane und Autos. Lassen Sie uns auf den Grund der Dinge gehen und darüber reden, woraus Sie und ich gemacht sind – Proteine –, das beste Beispiel dafür, wie unglaublich ausgefeilt tatsächlich all jenes ist, was wir für selbstverständlich halten.

Proteine bestehen weitestgehend aus Aminosäuren, die in einer bestimmten Sequenz miteinander verknüpft sind. Der heutigen Wissenschaft sind 20 verschiedene Aminosäuren bekannt. Die Sequenz, in der sie zusammengehalten werden, bestimmt das Verhalten eines Proteinmoleküls.

Stellen Sie sich eine Perlenschnur mit Perlen in 20 verschiedenen Farben vor. Fädeln Sie 30 grüne Perlen auf den Faden, gefolgt von jeweils einer weißen, einer grünen und zwölf blauen Perlen, und Sie haben ein Proteinmolekül des Muskels. Fädeln Sie 13 gelbe, 22 rote und zwei schwarze auf, und Sie haben ein Protein, das als Antikörper wirkt. Jedes Protein ist eine extrem ausgefeilte Maschine, die eine bestimmte Funktion ausfüllt. Einige fungieren als Pumpen, andere wandeln sich um und kämpfen gegen Keime an, und wieder andere bewegen sich wie Motoren. Ihr Körper enthält mehr als 20.000 solcher Maschinen. Viele andere Lebewesen enthalten mehr als 100.000 verschiedene Proteinmaschinentypen.

Das Faszinierendste an diesen Ketten ist, dass sie nicht einfach gerade herunterbaumeln; sie falten sich auf Grundlage ihrer Sequenz.

Und sie falten sich so lange, bis sie eine stabile »energiearme Anordnung« erreicht haben, mit der sie ihre Struktur bewahren. Jede Falte muss genau in der richtigen Sequenz vorgenommen werden, damit das finale Kunstwerk Gestalt annehmen kann, wie bei einem Origami. Diese Perfektion ohne Fehler (sogannte »Fehlfaltungen«) zu erreichen, ist für das Protein sehr schwierig, denn Wassermoleküle schlagen während der Faltung dagegen und lassen es zittern und wackeln.

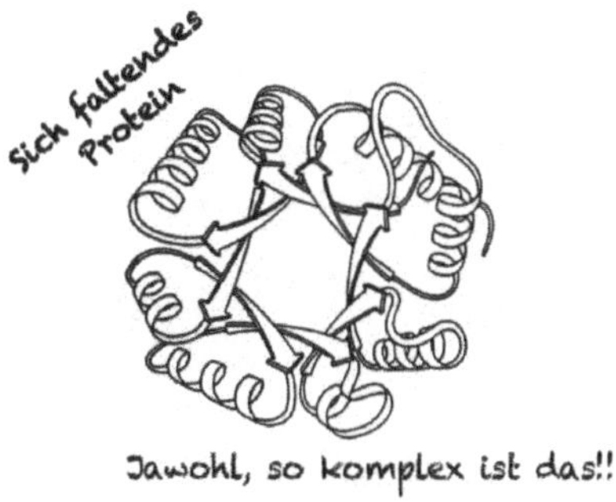

Vergessen Sie jetzt mal alle Evolutionszyklen, die benötigt wurden, um Ihre Vorfahren zu erschaffen, und lassen Sie uns einen Blick auf eins der 20.000 Proteine werfen, die Ihren Körper ausmachen. Damit dieser einzelne Baustein zustande kommen konnte, musste er in der exakten Sequenz von Aminosäuren aufgereiht und gestaltet werden, und anschließend musste er sich richtig falten, um sich in seiner funktionierenden stabilen Struktur einzufinden. Wie wahrscheinlich ist es, dass so etwas rein zufällig passiert?

1969 hat Cyrus Levinthal festgehalten, dass das Proteinmolekül bis zur Erreichung seiner endgültigen Struktur über eine astronomische hohe Anzahl an Möglichkeiten der Faltung verfügt. Der Nobelpreisträger Christian B. Anfinsen errechnete, dass ein einfaches einzelnes Protein 10^{26} Jahre für die Formation bräuchte, wenn es per Zufallsprinzip alle möglichen Faltungen durchginge, bis es eine stabile Struktur erreicht. **Das ist mehr als eine Billion Mal länger, als das Universum alt ist!**

Was ist der einzige Weg für das Protein, sich innerhalb der gegebenen Zeit richtig zu falten? Sie kennen die Antwort mittlerweile: Intervention! Das Protein müsste die beste Sequenz kennen, bevor es sich zu falten beginnt. Zu wissen, wie etwas zu sein hat, bevor es zu sein beginnt – das ist es, was wir Gestaltung nennen! Wie ein Origami mit Anleitung müsste die Proteinkette vorprogrammiert sein und die genaue Abfolge von Schritten kennen, um seine Aufgabe fristgemäß zu erfüllen.

Damit alle 20.000 Proteine in Ihrem Körper sich zufällig falten und zu einem ganzen Menschen wie Ihnen zusammenschließen, wäre ein Glücksfall nötig, der dem Würfeln von 20.000 Würfeln gleichkäme, alle auf einmal, und alle landen auf der 6! Und denken Sie daran, dass jeder Würfel nicht aus sechs, sondern eher Aberbillionen Seiten besteht. Viel Glück dabei!

Ich habe versucht, die verborgenen Teile der Mathematik zu beleuchten, die bei der Besprechung des Urknalls, der Evolution und der natürlichen Auslese ausgeklammert werden. Ich habe versucht, eine Geschichte zu erzählen, in der alles perfekt gestaltet ist und unabhängig vom Glück reibungslos interagiert, eine Geschichte, in der es kein Glück und kein Herumprobieren gibt, bei der sich alles wie erwartet und in Übereinstimmung mit der immerwährenden kosmischen Gleichung des Gestaltens verhält. Diese Geschichte schreit nach der Anwesenheit eines Gestalters – doch wurde diese Entität leider von religiösen Institutionen übernommen und bis zu einem Grad entstellt, dass man seine Existenz lieber leugnet, als sich dem Wahnsinn anzuschließen, der in seinem Namen propagiert wird.

Unser Universum ist derart komplex, dass man sich häufig in den Details verliert. Sogar Einstein räumte die Grenzen unserer Erkenntnis ein: »[Im Hinblick auf die Schöpfung] befinden wir uns in der Lage eines kleinen Kindes, das in eine riesige Bibliothek eintritt, die mit vielen Büchern in verschiedenen Sprachen angefüllt ist. Das Kind weiß, dass jemand die Bücher geschrieben hat. Es weiß aber nicht, wie das geschah. Es versteht die Sprachen nicht, in denen sie geschrieben wurden. Das Kind erahnt dunkel eine mysteriöse Ordnung in der Zusammenstellung der Bücher, weiß aber nicht, was es ist. Das ist nach meiner Meinung die Einstellung auch des intelligentesten Menschen gegenüber Gott.«[51]

Steve Jobs wer?

Um mit dieser Komplexität umzugehen, habe ich gelernt, meine Logik des großen Gestaltens in einer einfachen Geschichte darzustellen. Stellen Sie sich vor, Sie hätten mich gekannt, als ich mein erstes iPhone kaufte, damals, als iPhones gerade auf den Markt kamen. Sie sind unglaublich beeindruckt davon und fragen mich, wo man so eins kaufen kann. Wie hätten Sie sich gefühlt, wenn ich Ihnen Folgendes erzählt hätte:

> Oh, tut mir sehr leid, aber dieses technologische Wunder kann man nicht in einem Laden kaufen. Das ist durch Evolution geschehen. Ich habe es in dem 4,5 Milliarden Jahre alten Sandfleck hinter meinem Garten gefunden.
>
> Ich bin der priviligierte Empfänger eines Glückstreffers, ein großer Zufall war das, als der Sand fehlerlos zu einem reinen

Glasbildschirm zusammenschmolz, der dann in die genaue rechteckige Größe brach, um in ein Aluminium-Gehäuse zu passen, als nämlich eine Katze genau im richtigen Moment darauf trat. Dieses hübsche Gehäuse wurde aus einem einzelnen Block raffinierten Aluminiums gemacht, das sich über Jahrtausende in der Gartenerde gesammelt hat und dann durch jahrelange sanfte Sandstürme in Form gebracht wurde. Der superhochwertige Bildschirm war eines Morgens auf unerklärliche Weise einfach da, fiel darauf und verband sich perfekt mit der Mikroelektronik, die sich aus dem Silikon im Sand gebildet hatte. Mikrofone und Lautsprecher entstanden aus Insekten, die sich durch das Handy fraßen, und Verbindungen wurden über verfeinertes Kupfer hergestellt, das in einem antiken in der Nähe vergrabenen Artefakt gefunden wurde. Entropie ließ diese Konfiguration jahrelang unberührt, bis ein weiterer unglaublicher Gückstreffer Chemikalien, Metallleiter und Verpackung zusammenführte und eine Batterie bildete. Während sie Gestalt annahm, wurde sie von einem Blitz aufgeladen. Der Rest des Aluminiums entstand aufgrund der Hitze und rundete das perfekt versiegelte Gehäuse ab. Oh, und die Software hat sich selbst programmiert, durch zufällige Tastenanschläge auf einem zufällig produzierten Computer, der ein Jahr zuvor im Garten unseres Nachbarn entdeckt wurde.

Dieses erstaunliche Wunder der Wahrscheinlichkeit kam vielleicht erst nach Milliarden von Jahren zustande, aber unser Universum hatte genügend Zeit, somit ist es schließlich eingetreten. Das iPhone ist durch Zufall entstanden, und es ist mir egal, wenn das Steve Jobs vor den Kopf stößt, denn ich glaube sowieso nicht, dass es jemals wirklich einen Steve Jobs gegeben hat. Sie etwa?

Warum ist es so schwer zu glauben, dass ein noch sehr viel intelligenterer Gestalter eine Maschine, nämlich Sie, erzeugt hat? Weder wir noch unsere iPhones existieren per Zufall.

Nicht vergessen!

Es gibt einen großen Gestalter, und es gab auch einen Steve Jobs.

Zurück zum Glücklichsein

Im Laufe der Jahre habe ich die große Gestaltung als meine Grundlage akzeptiert. Ich habe anschließend viele Jahre damit zugebracht, die damit zusammenhängenden Schichten sukzessive zu hinterfragen. Letztlich bin ich zu der Überzeugung gelangt, dass es einen Gestalter gibt und dass uns der Gestalter mehrere Botschaften im Kern mehrerer Religionen gesendet hat. Ich suche Weisheit in diesen Botschaften und ignoriere die Teile, die von menschlichen Interpretationen, von Gier und Tradition hinzugefügt wurden.

Dieser Zugang zum Leben macht mich glücklich, denn die Streitigkeiten in meinem Inneren sind zum Erliegen gekommen, seit ich weiß, dass ich dieses kurze Leben auf etwas verwette, das ich mit Mathematik beweisen kann, dass ich Teil von etwas Größerem als diesem Leben bin und dass Ali nun bei einem Gestalter ist, der fähig ist, ein so großartiges Universum zu erschaffen, und sich viel besser um meinen geliebten Sohn kümmert, als ich jemals konnte.

Als wir dieses Gespräch begonnen haben, habe ich Sie gebeten, die mit der Frage der Gestaltung zusammenhängenden äußeren Schichten beiseite zu lassen, damit wir zunächst eine Antwort auf die Kernfrage finden. Kehren Sie jetzt gedanklich zurück zum Thema Glück, wir bringen einige dieser Schichten wieder aufs Tapet.

Die Spielregeln

Die entscheidendste Schicht, die uns viel Leid verursacht, hängt damit zusammen, dass wir nicht an die Gestaltung glauben. Im Gegensatz zu den Maschinen, die wir produzieren, hinterfragen wir Menschen die Gestaltung ohne Unterlass. Wir finden, sie hätte besser sein sollen. Unsere größte Meinungsverschiedenheit mit dem Gestalter und der Grund, weshalb viele dieses Konzept ablehnen, liegt in der Missbilligung seines Verhaltens begründet. (Bitte bachten Sie, dass das Geschlecht eine Eigenschaft der physischen Welt ist. Ich schreibe hier nicht *er,* weil ich Geschlechtervorurteile habe, sondern aus Bequemlichkeit.) Das Verhalten des Gestalters stimmt häufig nicht mit der Erwartungsseite unserer Glücksgleichung überein, und das macht uns unglücklich. Aber sollten diese Handlungsweisen wirklich dem Gestalter zugeschrieben werden?

Zunächst sind wir vor allem mit seiner Wahl von »Stellvertretern« hier auf Erden nicht einverstanden. Die religiösen Institutionen, welche die Kommunikationsverbindung zum Gestalter für sich beanspruchen, bauen viel Mist. Die meisten Religionen sind mittlerweile unnötig streng. Sie entfernen sich von ihrem Kernversprechen, propagieren eine übertriebene Vorstellung des Jüngsten Gerichts und erheben Steuern, während es in den eigenen Reihen häufig zu Fehlverhalten kommt. Nichts davon stört mich. Ich würde mich als halbwegs religiös beschreiben, trotz des Verhaltens der Institutionen, weil meine Treue nicht den *selbst ernannten* Mittelsmännern gilt, sondern dem Gestalter.

Jenseits der institutionellen Religion geben die Ereignisse, die wir auf den Gestalter zurückführen, uns häufig Rätsel auf. Warum ist das Leben so hart? Warum Krieg, Krankheit, Tod, Zerstörung, Hunger, Dreck, Armut, Folter, Verbrechen und Korruption? Warum ereilen uns Naturkatastrophen? Warum musste Ali so jung sterben? Sollte der Gestalter ein liebendes, mitfühlendes Wesen sein, dann eines, das es offenbar nicht so genau nimmt.

Nun ja, ich glaube eigentlich, **dass der Gestalter die Fäden gar nicht in der Hand hält!** Das tun vielmehr die Gleichungen, die er aufgestellt hat. Darin liegen die Schönheit der großen Gestaltung und die ultimative Wahrheit – und das Glück.

Ein Tsunami entsteht durch seismische Bewegungen in den Meerestiefen, wodurch Wasserwellen in Richtung Land laufen. Das ist kein schlechter Film. Keine Menschenhand im Spiel. Nur der Lauf der Dinge, in Übereinstimmung mit den Gesetzen der Physik gemäß der Gestaltung. Audi produziert seine Autos so, dass sie vorwärts fahren, wenn Sie den ersten Gang einstellen und aufs Gas treten. Sie können ja gerne versuchen, das Fahrzeug stattdessen anzuschreien, aber so wird es garantiert nicht ins Rollen kommen. Das ist eben Gestaltung. Audi wird darauf bestehen, dass Sie es regelmäßig zur Wartung bringen, wird das Altöl ablaufen lassen und auswechseln. Das ist kein Fehler; das ist Gestaltung. Sie stehen dabei sicherlich nicht neben Ihrem Auto und beschweren sich über den Prozess des Ölwechsels; sondern Sie verankern ihn in Ihren Plänen und Erwartungen. Aus unserer Erde sickert gelegentlich vulkanische Lava, seismische Verschiebungen verursachen Erdbeben und Winter sind kalt und hart. Wenn sieben Milliarden Menschen auf die Welt kommen, werden sieben Milliarden Menschen sterben. So ist es nun mal. Das ist kein Drama; das ist einfach eine Tatsache.

Für einen Ingenieur symbolisiert eine Gleichung die vollendete Gerechtigkeit. Eine Gleichung wird sich immer wie erwartet verhalten. Man kennt das Ergebnis, abhängig von den Werten, die man eingibt. Leben und Tod, Reichtum und Armut, Gesundheit und Krankheit *passieren* einfach. Das Leben ist, wie es ist.

Nicht vergessen!

Es gibt kein göttliches Eingreifen.

Warum nur scheint die Gestaltung so brutal zu sein? Ich hätte eine freundlichere Welt gestaltet. Warum müssen Schlangen giftig und so gruselig sein? Anstelle des Gestalters hätte ich freundlichere Reptilien erschaffen.

Nun, das ist ein guter Punkt. Aber stellen Sie sich kurz eine Welt ohne Insekten vor. Wäre das nicht wunderbar? Wir könnten ungestört draußen campen, ohne all diese scheußlichen Krabbelviecher und Mückenstiche! Aber freuen Sie sich nicht zu früh. Denn ohne die Insekten, die sie zersetzen, würden sich tierische Abfälle und tote Pflanzen auf der Erde anhäufen, und es gäbe gar keinen Platz zum Campen. Insekten spielen eine wichtige Rolle als Bestäuber und Nahrungsquelle für andere Tiere. Unser Nahrungsvorrat wäre ohne sie drastisch reduziert. Würde das Entfernen von Insekten zu einer besseren Gestaltung führen? Nein. Unsere Welt funktioniert nur als Ganzes, als ein Ökosystem. Es gibt eigentlich nichts, auf das man verzichten könnte. Sollten Sie jemals daran zweifeln, wenden Sie auch hier den Radiergummitest an. Radieren Sie jeden Teil des Universums weg, der Ihnen nicht passt, zusammen mit all seinen Konsequenzen, und gucken Sie mal, ob eine Welt dabei herauskommt, die Ihnen lieber ist.

Nicht vergessen!

Die Gestaltung ist ausschließlich funktionell.

Und übrigens, häufig beschweren wir uns über etwas, das wir selbst zu verantworten haben. Wir führen Kriege, in denen Millionen sterben, und beschuldigen den unaufmerksamen und grausamen Gott. Die Welt hat nach wie vor genug für sieben Milliarden Menschen, aber unsere Gier und unsere Verschwendung lassen eine Milliarde verhungern, während eine andere Milliarde fettleibig wird. Das ist unser Tun, und dennoch beschuldigen wir den Gestalter. Wir verschmutzen die Umwelt, führen Atomtests durch, häufen mehr Reichtum an als nötig und instrumentalisieren uns gegenseitig für unsere egoistischen Interessen. Und wen machen wir für den Schaden verantwortlich? Den großen Typen, der uns doch eigentlich aufhalten sollte. Wenn wir uns bei 160 km/h entscheiden, eine scharfe Kurve zu fahren, sollten wir nicht dem Gestalter des Autos die Schuld für unser rücksichtsloses Verhalten zuschieben, oder?

Nicht vergessen!

Für die Konsequenzen unserer eigenen Handlungen sollte nicht die Gestaltung verantwortlich gemacht werden.

Wie Sie sich bestimmt denken können, hätten Ali und ich nicht so viel Spaß beim *Halo* spielen gehabt, wenn wir nur dagesessen und die Spielregeln kritisiert hätten. Wir kannten die Regeln einfach, akzeptierten sie und meisterten das Spiel innerhalb des uns vorgegebenen Rahmens.

Und genau wie bei einem Spiel sind auch im Leben einige Regeln vorgegeben. Wenn Sie lernen, das Spiel unter Einhaltung dieser Regeln zu bewältigen, anstatt sich zu wünschen, die Regeln wären andere, wird Sie dies gewiss an Ihr Ziel bringen.

Damit lasse ich Sie nun gerne all die anderen Schichten abarbeiten. Die sind Ihr Puzzle. Sie zu beantworten, ist Teil Ihres Spiels.

Es sind Monate vergangen, und ich schreibe eine letzte Seite mit dem Ziel, Ihnen einen nachdrücklichen Schubser in Richtung Freude zu versetzen. Wenn es nur eins gäbe, das ich Ihnen mitgeben könnte, dann dies: Es gibt keinen Zufall im Leben. Unser Universum ist das Produkt einer meisterhaften Gestaltung. Nicht der Gestalter hält die Fäden in der Hand, sondern die Gleichungen, die er gestaltet hat. Konzentrieren Sie sich auf Ihre Glücksgleichung. Es ist das Einzige, das Sie vollständig kontrollieren können. Wenn Sie die Ereignisse in Ihrem Leben mit Ihren Erwartungen vergleichen, denken Sie bitte daran, dass die Dinge so geschehen, wie sie sollen. Statt das Ereignis zu fürchten, sollten Sie vielleicht damit anfangen, Ihre Erwartungshaltung zu überprüfen, denn selbst wenn es manchmal hart ist:

Nicht vergessen!

Das Leben entspricht immer realistischen Erwartungen.

Unser Universum ist viel zu komplex, um vorhergesagt zu werden. Es ist befreiend, sich einer Gestaltung zu überlassen, die unser Wissen übersteigt. Diese Freiheit ist Freude. Versuchen Sie, Ihr Schicksal zu beeinflussen, und nehmen Sie sich vor, die Welt zum Besseren zu verändern. Behalten Sie dabei aber im Hinterkopf, dass Ihre Eingabe in die Gleichungen des großen Gestaltens begrenzt ist. Wappnen Sie sich mit Akzeptanz für den Fall, dass eine Milliarde andere Parameter Ihre Erwartungen durchkreuzt. Geben Sie sich geschlagen, bewundern Sie die Brillanz der Gestaltung, und nichts steht Ihnen im Wege.

sehr wichtig!

Nehmen Sie die Gestaltung an.

Ich habe Ihnen über Hunderte Seiten hinweg meine Ansichten über Illusionen, blinde Flecken und Wahrheiten mitgeteilt, darüber, was für mich Gültigkeit hat, wobei mir durchaus bewusst ist, dass Sie nicht von allem überzeugt sein werden. Ich könnte mich irren. Also nehmen Sie mit, was Ihnen passt, und verwerfen Sie den Rest. Ich weiß allerdings, dass eines immer stimmt: Um Frieden und Freude zu finden, müssen Sie alle Illusionen hinter sich lassen und nach der Wahrheit suchen.

sehr wichtig!

Leben Sie die Wahrheit. Glücklichsein ist tatsächlich so einfach!

Nachwort – Ein Gespräch mit Ali

Als ich die Stirn meines verstorbenen Sohnes küsste, ergriff mich ein überwältigendes Gefühl des Friedens. Ich konnte es mir nicht erklären. War es bloß das Ende der Ängste, nachdem Nibal und ich die ganze Nacht über wach und darüber im Ungewissen geblieben waren, was mit unserem geliebten Sohn geschehen würde? War es die Erleichterung des Schmerzes, den wir empfanden, während wir vor der Intensivstation saßen und wussten, dass unser Sohn nur mithilfe medizinischer Geräte am Leben gehalten wurde, immer in der Hoffnung, dass ihn die Betäubung vor Schmerzen bewahrte? Oder war es der Friede in Anbetracht der Tatsache, dass er kein leidvolles Leben mit den nachhaltigen Begleitschäden der Organfehler würde ertragen müssen?

Diese Gedanken hätten uns erleichtern können, aber keiner davon war ein guter Grund, *Frieden* zu verspüren. Wie kam es, dass in meinem Herzen kein wilder Aufruhr stattfand wegen der Kette von vermeidbaren Fehlern, die das Leben meines besten Freundes kosteten?

Ich dachte, ich wäre verrückt geworden – aber vielleicht war das ja gut so. Verrückt war friedlich. Und dieses friedliche Gefühl half mir, mich zu sammeln und aus der Intensivstation zu gehen, zu seiner zerbrechlichen Mutter, und ihr die niederschmetternde Nachricht zu überbringen. Obwohl er bereits offiziell für tot erklärt worden war, versuchte ich es zu mildern. »Nibal«, sagte ich, »Ali wird es wahrscheinlich nicht schaffen.« Ihre Reaktion war sogar noch überraschender als meine. Sie sagte: »Bring mich zu ihm.« Ich versuchte, sie aufzuhalten; ich war mir nicht sicher, ob es Nibal mit dem gebrochenen Herzen einer liebenden Mutter ertragen würde, Ali in diesem Zustand zu sehen. Aber sie lächelte zuversichtlich und sagte:

»Ich weiß, dass er von uns gegangen ist, also bring mich zu ihm. Ich möchte mich verabschieden.«

Ali sah so gut aus, sogar in diesem Zustand. Er hatte seinen Bart am Tag vorher gestutzt und trug seine lockigen Haare kurz. Sein Gesicht sah entspannt aus, so friedlich, wie ich ihn noch nie gesehen hatte. Nibal lächelte ein aufrichtiges Lächeln, berührte Alis Gesicht und sagte sehr unerwartet: »*Habibi*, jetzt bist du endlich zu Hause.« Nun war es mir klar. Was unsere Herzen erwärmt hatte, war die Gewissheit, dass es ihm gut ging – sogar mehr als gut. Ali war dort, wo er hingehörte.

So sehen wir das auch heute noch, aber das war nicht immer so. Kaum hatten wir das Krankenhaus verlassen, drückte die Last des Ereignisses uns nieder, und der Frieden, den wir anfänglich gefühlt hatten, verschwand. Es forderte uns alles ab, zu ihm zurückzukehren.

Jahrelang hatte ich geübt, die Gedanken in meinem Kopf zu kontrollieren. Ich konnte meinem Gehirn auftragen, einen negativen Gedanken zugunsten eines besseren fallen zu lassen. Nach viel Übung konnte ich meinem Gehirn sogar befehlen, vollends den Mund zu halten und mich in Ruhe zu lassen. Der unerwartete Tod Alis allerdings brachte mich sehr aus dem Gleichgewicht. Der verrückte Frieden, den ich zunächst gespürt hatte, verwandelte sich schnell in bösartige und aggressive Gedanken. Ich war vollkommen am Ende.

Meine Tränen flossen unaufhaltsam. Ali zu vermissen war so schmerzhaft, als durchbohre ein Speer mein Herz. Der Lärm meiner rasenden Gedanken machte mich taub. Ich hatte das Gefühl – buchstäblich – verrückt zu werden, vor allem, als ich ein fremdes und seltsam fröhliches Arpeggio in meinem Kopf zu hören begann, wieder und wieder monoton wie auf der Gitarre gespielt. Ich konnte es nicht ausschalten. Es trieb mich fast in den Wahnsinn.

Das war grausam. Jener eine Mensch, den ich normalerweise um Rat gefragt hätte, wie man aus einer solchen Spirale herauskommt, war genau der Mensch, der jetzt von mir gegangen war. Ich wollte ihn unbedingt fragen: »Ali, wie soll ich mit deinem Tod umgehen?«

Nachdem ich seinen Leichnam zur letzten Ruhestätte getragen hatte, kehrte ich zurück nach Hause und fiel für wenige Minuten in einen erschöpften Schlaf. Da erschien er mir in einem Traum. Ich sah, wie er sich vom Operationstisch aufrichtete und sich mir zuwandte. Er schaute mich an, lächelte, sah dann hinter mich und eilte herbei, als wolle er jemanden umarmen, der dort stand, jemanden, den er offensichtlich liebte.

Sein Anblick ließ mich aus meinem Bett aufspringen. Mein Herz raste, aber einen Moment lang empfand ich Frieden. Dann fiel mir wieder ein, was gerade passiert war. Ich weinte. Ich merkte, wie sehr ich mich danach sehnte, ihn wiederzusehen, um über alles zu reden, und sei es nur in einem Traum. In den darauffolgenden Tagen – zum Beispiel auf einem meiner Langstreckenflüge – schloss ich manchmal die Augen und stellte mir vor, dass er auf mich zugerannt kam, mit diesem Lächeln, den Dreadlocks, die er als Teenager hatte, in schwarzem Band-T-Shirt und Jeans.

Ich sprang dann von meinem Sitz auf, um ihn zu umarmen. *Ali, du bist zurück, ich habe dich vermisst.* Und wie immer antwortete er: *Ezayak ya abuya. Wie geht's dir, Dad?* Diesmal war das vielleicht nicht die beste Frage. Denn ich brach in Tränen aus und schüttete ihm mein Herz aus.

Es ist schwer, Ali, sehr schwer. Wir vermissen dich und wissen nicht, wie wir ohne dich leben sollen.

Erzähl mir davon, Phat Hobbit (so nannte er mich spaßeshalber, seit er mich körperlich überragte.) *Wir haben einen langen Flug vor uns und Zeit zum Reden.*

Mein Gehirn dreht durch, Ali. Nichts hat mehr Sinn. Meine Gedanken sind vergiftet: Der Arzt hat meinen Sohn ermordet; ein so junger Mensch darf nicht sterben; das Leben ist ungerecht; ich will nicht mehr leben, und eine Million andere Illusionen ergreifen Besitz von mir, ich werde beinahe irre. Die Selbstillusion lässt mich denken, dass ich schuld bin, dass das Leben mich für etwas bestraft hat, das ich getan habe. Mein Ego schmerzt. Ich frage immerzu: Warum hat man *mir meinen* Sohn genommen? Die Wissensillusion drängt mir den Gedanken auf, dass ich es hätte besser wissen müssen, dass ich dich nicht in dieses Krankenhaus hätte bringen sollen. Warum habe ich nicht ein anderes Ärzteteam ausgesucht? Ich hätte es besser wissen sollen. Die Kontrollillusion zerreißt mich, erschüttert meinen Glauben an das Leben. Warum habe ich mich nicht darauf vorbereitet? Auf was habe ich mich noch alles nicht vorbereitet? Die Zeitillusion bringt die Zeiger zum Stehen, verschließt mich in Stunden der Tränen, der Reue, der Wut angesichts der Vergangenheit und der Sorge angesichts der langen Zukunft, die ich ohne dich werde leben müssen. Die Tage sind quälend lang. Für die Außenwelt bin ich wie betäubt, lebe in einem Kopf voller endloser Gedanken und Gefühle. Und meine Angst ist überwältigend. Angst davor, was Aya und Nibal passieren und was das Leben mir sonst noch wegnehmen könnte.

Während ich von Ali tagträumte und mir vorstellte, wie er seine Magie wirken lassen und mir – wie immer – den Kopf zurechtrücken würde, war die einzige Reaktion dieses nervtötende Lied, das ich immer noch hörte. Dann traf die erste Botschaft ein.

Bringt uns das Ali zurück?

Die Neuigkeit verbreitete sich rasch. Ich erhielt einen Anruf von einem leitenden Beamten der Regierung in Dubai. Er hatte gehört, was passiert war, und versprach, die medizinische Fahrlässigkeit werde Konsequenzen haben. Eine Untersuchung sei bereits veranlasst worden. Er fragte mich, ob ich kooperieren würde und ob ich damit einverstanden sei, dass an Alis Körper eine Autopsie durchgeführt würde. Ich wandte mich an Nibal und fragte sie nach ihrer Meinung. Ihre weise Erwiderung verankerte uns in der unwiderruflichen Realität: »Bringt uns das Ali zurück?«

Ihre Worte waren wie ein Leuchtturm im Nebel. Nibals Frage rückte meine Gedanken zurecht. Die Wahrheit war einfach. Der netteste Mann, den wir jemals gekannt haben, war gestorben. Jeder

Gedanke jenseits dieser bloßen Wahrheit war bösartig, wertlos und einfach unwahr.

Ist das wahr?

Von da an fanden die ausufernden Gedanken in meinem Kopf ihr Gegengewicht in der Vernunft. Jedes Mal, wenn ein böser Gedanke in mir aufkam, konnte ich Ali fragen hören: *Ist das wahr?*

Der Arzt hat meinen Sohn ermordet. *Ist das wahr, Papa? Welcher Arzt wacht denn morgens mit dem Gedanken auf: »Heute ist der Tag, an dem ich jemanden umbringen und meine Karriere ruinieren werde«?*

Niemand sollte so jung sterben. *Ist das wahr? Tausende junge Menschen sterben zu jeder Stunde jeden Tages.*

Mein Leben endet mit deinem. *Oh, ist das wahr? Das Leben ist nicht vorbei. Du bleibst hier, bis es Zeit für dich ist zu gehen. Halt dich gefälligst daran.*

Das ist das Schlimmste, was mir zustoßen konnte. *Ist das wirklich wahr, Papa? Es hätte viel schlimmer kommen können, weißt du. Ich hätte eine schlimme Krebsdiagnose erhalten oder in den Wahnsinn des Nahost-Kriegs hineingeraten können, statt friedlich im Schlaf zu sterben.*

Aber ich selbst habe dich dort hingefahren. Ich hätte es besser wissen müssen. *Ist das wahr? Wie hättest du es wissen können? Du hast getan, was du für richtig hieltest, Papa. Du wolltest etwas gegen meine Schmerzen unternehmen. Du wolltest, dass ich wieder gesund werde. Niemand hätte wissen können, dass die Dinge so ausgehen würden. Wissen ist eine Illusion. Lass dich nicht davon irremachen.*

Ich komme nicht einmal ein paar Tage damit klar. Es wird mich jahrelang quälen. *Ist das wahr? Du wirst leben, die Zeit wird vergehen. Die Tage werden lang, die Jahre kurz sein. In nicht allzu ferner Zeit wirst du hierauf zurückschauen und dich fragen: »Ist sein Todestag wirklich schon so lange her?« Das Leben vergeht wie bisher. Zeit ist eine Illusion. Anstatt über die kommenden Tage nachzudenken, konzentrier dich auf das Heute. Gib dein Bestes. Mach mich stolz. Lebe einen Tag deines*

Lebens nach dem anderen. Als ich in Boston lebte, haben wir uns auch nur einmal im Jahr gesehen, und es war okay. Ich bin jetzt nur für längere Zeit ein bisschen weiter weg. Es gibt nichts zu erwarten. Die Zeit kümmert sich um sich selbst. Du kümmerst dich um dich.

Aber warum tut mir das Leben das an? Es hat mir meinen Sohn genommen. *Ist das wahr? Bei allem Respekt, Papa, ich habe dir nie gehört. Ich habe mir selbst gehört. Das ist mein Film, und jetzt ist es Zeit für einen Szenenwechsel.*

Es muss doch etwas geben, was ich tun kann. Ich hatte immer das Heft in der Hand. *Haha! Ist das auch nur annähernd wahr, Papa? Niemand hat das Heft in der Hand. Wir versuchen unser Bestes. Wir treffen die richtigen Entscheidungen und haben die beste Motivation. Die Folgen liegen außerhalb unserer Kontrolle. Kontrolle ist eine Illusion. Wie willst du heute handeln, und welche Haltung willst du einnehmen, da du sicher weißt, dass mich nichts zurückbringen wird? Konzentrier dich lieber auf diese Gedanken.*

Ich weiß. Dein Tod ist eindeutig, aber ich habe solche Angst. Bleibt Nibal mir erhalten? Was ist mit Aya? *Auch Angst ist eine Illusion, Papa. Was kommt, das kommt. Und am Ende wird alles gut. Es gibt nichts zu befürchten.*

Gut? Geht's dir wirklich gut? Wo bist du jetzt? Bist du in Sicherheit? Sehe ich dich jemals wieder?

Mein inneres Gespräch schien kein Ende zu finden. Seine Stimme half mir, den einen Gedanken zu klären, aber gleich darauf tauchte ein anderer auf. Ali half mir, aber mein Gehirn lief auf Hochtouren und machte mir zu schaffen, bis ich Ali sagen hören konnte: *Papa, wir werden uns eine Weile nicht sehen. Reicht das nicht? Warum lässt du zu, dass deine Gedanken dir Jahre des Leids bescheren, wenn es doch nichts ändert? Weißt du, was ich will? Ich will, dass du glücklich bist! Gedanken sind eine Illusion. Du kannst deinem Gehirn befehlen, was es denken soll. Sag ihm, es soll die Wahrheit finden.*

Die Wahrheit

Laut Elisabeth Kübler-Ross' berühmter Theorie der Trauer beginnt alles mit Verleugnung. Die darauf folgenden Phasen sind Zorn, Verhandeln, Depression und schließlich Zustimmung.[52] Nibal und ich haben die Phase der Verleugnung übersprungen. Wir haben das Ereignis in unseren Gedanken nicht verzerrt. Seit der Minute, in der Alis Tod verkündet wurde, war unsere Herangehensweise vollständig in der Realität verankert. *Ali ist von uns gegangen.* Es war sinnlos, das zu bestreiten, und es gab keine Möglichkeit, ihn zurückzuholen. Aber diese Akzeptanz wurde schnell durch Grübeleien verzerrt, und das Leiden setzte ein. Wir sehnten uns als Familie nach dem Frieden, den wir auf der Intensivstation gespürt hatten. Wegen meiner Recherche über das Glück wusste ich, dass die Wahrheit der einzige Ort war, an dem wir ihn finden konnten.

In diesem Fall war die Wahrheit simpel. Ali hatte ein erfülltes Leben. Er war unglaublich präsent. Er genoss den Moment und war stets glücklich. Irgendwie ging es mir ohne meine schädlichen Gedanken ganz gut.

Ich konzentrierte mich nicht mehr so darauf, dass Ali nicht mehr lebte, sondern darauf, wer er gewesen war. Ali war ein freundlicher Gast, der Helligkeit und Freude in unser Haus brachte. Aber man erwartet nicht, dass Gäste für immer bleiben. Er ist nicht zu früh gegangen. Ich dachte an seine Geburt zurück, ganze 21 Jahre her, und daran, wie schnell die Zeit verflogen war. Wenn ich 21 weitere Jahre mit ihm hätte, würden sie genauso schnell verfliegen. Statt damit zu hadern, ihn verloren zu haben, lernte ich, mir die schöne Wahrheit vor Augen zu führen: Es *hatte ihn gegeben*. All die Jahre hatte er Freude in unser Leben gebracht. Zum ersten Mal konnte ich mich darüber freuen, dass er zu Gast gewesen war, anstatt traurig darüber zu sein, dass er gegangen war.

Schließlich verließ ich mich auf meinen starken Glauben an die zwei Wahrheiten, die am schwersten zu akzeptieren sind: Tod und Gestaltung. Ich erinnerte mich an die Recherchen, die ich in meiner

Jugend zum Konzept des Gestaltens vorgenommen hatte, zu den verschlüsselten, manchmal verfälschten Botschaften, denen man so häufig in religiösen Lehren begegnet, und ich verstand, dass es eine gemeinsame, schlichte Kernaussage all dieser Glaubensrichtungen gab: Der Tod ist nicht das Ende, und wer in diesem Leben Gutes tut, wird die nächste Runde gut meistern. Der Tod ist real, aber der Tod ist nicht das Ende. Mein wahres Ich und der wahre Ali sterben nie wirklich. Früher oder später werde ich zu Ali stoßen und die andere Seite mit ihm erkunden. Der Gestalter ist großzügig und liebevoll, trotz der Ereignisse in dieser physischen Existenz, die uns manchmal daran zweifeln lassen. Er wird sich besser um Ali kümmern, als ich es jemals getan habe.

Nein, ich kann das nicht mit absoluter Sicherheit beweisen, aber ist das nicht die Natur jeglicher Erkenntnisse? Jedes Mal, wenn mein Gehirn versuchte, die Kontrolle zu übernehmen, wenn meine Zweifel und mein Zynismus und das Geschwätz anschwollen, erinnerte ich mich an meine goldene Regel des Glücks: Wenn du dich zwischen zwei Gedanken entscheiden und keinen davon mit absoluter Sicherheit beweisen kannst, entscheide dich für den, der dich glücklich macht. Einfacher könnte es gar nicht sein.

Ich entscheide mich, glücklich zu sein. Ali geht es gut. Er ist im nächsten Level seines Spiels.

Seine letzten Worte

Als diese positiven Gedanken in meinem Kopf die Oberhand gewannen, konnte ich zumindest wieder klar denken. Ich begriff, dass das Gespräch, das ich mir mit Ali erhoffte, begonnen und auch geendet hatte, noch bevor er gestorben war.

In seinen letzten Wochen fragte Ali jeden, dem er begegnete: »Was passiert mit uns, wenn wir sterben?« Er sprach selten von etwas anderem. Es war, als ob er sich auf eine bevorstehende Reise vorbereitete. Er war neugierig. Er stellte die Frage und hörte anschließend aufmerksam zu. Er urteilte oder diskutierte nicht. Ein paar Tage vor seinem unerwarteten Weggang, in einem letzten Gespräch zu diesem Thema, teilte er seine eigene Ansicht mit: »Ich denke mal, wir werden es erst wissen, wenn der Zeitpunkt da ist, aber ich bin optimistisch.« Er war bereit. Er fand seinen Frieden sogar schon vor seinem Abschied. **Das stimmte mich glücklich**.

Eine Woche vor seinem Tod erzählte er seiner Schwester, er habe etwas geträumt. In seinem Traum war er überall und in jedem. Er sagte, dass Worte das Gefühl nicht beschreiben können, aber dass er fühlte, nicht mehr in seinem Körper gefangen sein zu wollen. Tausende Menschen an allen Ecken und Enden der Welt waren nach seinem Tod von seiner Geschichte gerührt. Auch heute noch sagen mir manche Menschen, dass sie Ali lieben, obwohl sie ihm nie begegnet sind. Dieses Buch bringt ihn noch mehr Menschen näher. Er ist überall und in jedem. Sein Traum ist wahr geworden. **Das macht mich glücklich**.

Ein paar Tage später nahm sich Ali Zeit, seinen letzten Ratschlag zu verkünden, wie es vielleicht ein weiser Großvater machen würde. Er sagte Nibal, Aya und mir, wie sehr er uns liebte, und bat jeden von uns, das Notwendige zu tun, um sich wahrhaft dem Leben zu stellen. »Ich weiß nicht, warum ich das ungefragt sage, aber ich muss es einfach tun«, sagte er. Ali erfüllte unsere Herzen mit Liebe, überschüttete uns alle mit freundlichen Worten und bot uns schließlich seinen Rat an. Er bat seine Mutter, einfach »glücklich zu sein« und dem Leben so offen gegenüberzutreten wie Walter Mitty. (Schauen Sie sich diesen Film an.) Er bat seine Schwester, »achtsam zu sein« und ihr wahres schönes Selbst zu finden. Und er bat mich, nie mit dem Arbeiten aufzuhören. Er sagte: »Du bist so gut darin, Papa, und du bewirkst etwas. Deine Arbeit hier ist noch nicht getan.« Diese Worte haben mein Leben verändert und mich zu dem gemacht, der ich heute bin. Er hat mir mitgeteilt, was ich tun muss, um seinen Tod zu überleben, und **das macht mich glücklich**.

Danach lächelte er zufrieden. Sein Gesicht spiegelte ein Gefühl der Befriedigung, die nur bedeuten konnte: *Aber jetzt ist* meine

Lebensarbeit getan. Mit seiner gewohnten melodischen Stimme sagte er: »Okay, das war's jetzt. Ich habe nichts mehr zu sagen.« Die letzten Worte des Tages waren gesprochen. Er verfiel wieder in seine übliche Stille – mit jedem Tag wurde er sogar noch stiller.

Kurz vor seinem Tod sprach er wenig, schlief viel und aß fast nichts. Es war, als ob er sein Kontingent an Dingen, die wir als Lebende tun, aufgezehrt hätte.

Seine letzten an mich gerichteten Worte blieben unausgesprochen. Sie haben mich seitdem täglich aufs Neue gestärkt. Ali bereute nur eins im Leben: ein Tattoo, das er sich als Teenager stechen lassen und jahrelang vor mir verborgen hatte. Er wusste, dass ich es unterstützt hätte, aber er fühlte sich schlecht, weil er es ohne mein Einverständnis mit meinem Geld (beziehungsweise seinem Taschengeld) bezahlt hatte. Jahrelang wartete er auf einen passenden Moment, es mir zu sagen. Es war sein einziges Geheimnis. Seine Mutter allerdings war eingeweiht, und sie erzählte es mir natürlich. Ich wollte das Thema erst aufbringen, wenn er bereit dazu war. Aus irgendeinem Grund erinnerte mich Nibal daran, als wir im Krankenhaus ankamen, also hatte ich es noch frisch in Erinnerung.

Auf dem Weg zum Operationssaal setzte er sich auf, und ich sah das Tattoo zum ersten Mal. Ich rief: »Ich genehmige es, *ya habibi.*« Ich hoffe, er hat mich gehört und wusste, dass es keinen Grund für seine Reue gab. Aber so oder so war sein Frieden vollkommen. Er hat es mir gesagt, unbewusst. Er war frei von Schuld, und das *macht mich sehr glücklich.*

Sein Tattoo war seine letzten Worte an mich. Es war die ultimative Feststellung der Wahrheit.

»Der Ernst des Kampfes hat keine Bedeutung für die Friedvollen.«

Danke, dass du mich daran erinnert hast, Ali. Und danke für das wundervolle Gespräch.

Sie mögen jetzt denken, dass ich mich an jedem Strohhalm festgehalten habe, um positiv zu bleiben. Und das habe ich. Daran ist absolur nichts verwerflich. Man hat die Wahl, ob man leiden möchte, und ich entschied mich nicht zu leiden. Inzwischen waren die Grübeleien wieder weg, und ich wusste genau, was ich zu tun hatte. In der Nacht seiner Trauerfeier, nachdem alle gegangen waren, schlief ich ein und sah ihn in einem Traum in einer Menge stehen. Er hatte die Arme gekreuzt und schaute mit breitem Lächeln und liebevollem Blick auf die Menschen, die gekommen waren, um ihm die letzte Ehre zu erweisen. Er schien glücklich und stolz zu sein angesichts der positiven, fröhlichen Energie, die den Raum füllte.

Den zweiten Traum hatte ich ein paar Nächte nachdem ich angefangen hatte, dieses Buch zu schreiben. Er tanzte, drehte sich, lachte und schwenkte die Arme. Er sang eine fröhliche Melodie: *Aber ich bin stolz auf alle, stolz auf alle.* Ich spürte nach wie vor den Schmerz, ihn verloren zu haben, aber ich war glücklich. Nicht nur wegen meiner Träume, sondern weil ich bereits eine viel klarere Botschaft von meinem geliebten Sohn enschlüsselt hatte.

Erinnern Sie sich noch an die verrückte Melodie, die nach seinem Tod immer und immer wieder in meinem Kopf ertönte? Ich versuchte, sie zum Schweigen zu bringen, kam schließlich aber zu dem Schluss, dass sie aus einem bestimmten Grund da sein müsse. Ich brauchte eine Weile, um zu begreifen, dass auch dies eine Botschaft war. Das Gespräch mit Ali, nach dem ich mich sehnte, war mir die ganze Zeit über geradezu ins Gesicht gesprungen, aber ich hatte es nicht gemerkt. Es war als diese Melodie verschlüsselt.

Portal

Ali spielte sehr gerne Videospiele und entdeckte in der Art, wie die Spiele das Leben simulierten, Botschaften und Philosophien. Zudem war er ein talentierter Musiker. Wenn er mir eine Nachricht schickte, dann mithilfe von Musik und Spielen, dachte ich. Als ich mich auf die Melodie konzentrierte, erinnerte ich mich, sie schon mal irgendwo gehört zu haben – aber erst ein Mal, und zwar bei einem Konzert, das Ali und ich Jahre vorher zusammen besucht hatten. Es war die Titelmelodie eines Spiels, passenderweise *Portal* genannt, das wir beide liebten. Der Song wurde am Ende bei den Credits eingespielt, aber weil ich das Spiel noch nie duchgespielt hatte (das habe ich mittlerweile natürlich nachgeholt), kannte ich die Melodie nur vom Konzert.

Portal handelt von der bösen Computersimulation Glados, die vorgibt, deine beste Freundin zu sein, während sie dich durch ein paar Experimente in den Aperture Science Laboratories führt. Man kommt nicht umhin, Glados sehr gern zu haben. Sie wirkt hilfsbereit wie eine innere Stimme. Sie sagt einem, was man machen muss, und was sie sagt, klingt in der Regel wie ein guter Rat. Sie motiviert die Spieler und verspricht ihnen Kuchen für die Lösung schwieriger Aufgaben. Aber wenn man tiefer in das Labor vordringt, entdeckt man wütende Graffitis an den Wänden: »Der Kuchen ist eine Lüge.« Und am Ende jeden Levels hält Glados ihre Versprechen nicht ein. Aber obwohl man keinen Kuchen bekommt, mag man sie immer noch sehr gern, denn sie ist lustig – *total* lustig –, also verzeiht man es ihr.

Irgendwann allerdings merkt man, dass sie – wie die kleine innere Stimme – lügt. Sie versucht, einen zu hintergehen. Und man versteht, dass der Kuchen, wie alle Lebensillusionen, tatsächlich eine Lüge ist. Man gewinnt das Spiel nur, wenn man nicht länger auf sie hört und sich auf die Realität des Spiels konzentriert. Kommt Ihnen das bekannt vor?

Im Spiel benutzt man eine Portalwaffe, die nicht tötet, sondern einem dabei behilflich ist, Portale in die physischen Grenzen des Labors zu schießen, durch die man von seinem Standort an einen Wunschort gelangen kann. Ich denke, es gibt kein Spiel, das Alis Abschied durch ein unerwartetes Portal besser zusammenzufassen könnte.

Als ich mich entsann, woher ich das Lied kannte, suchte ich es auf YouTube, und unter den ersten Suchergebnissen waren die Lyrics.

Fast jedes Wort hatte denselben witzigen, heiteren Ton wie Ali. Es beginnt mit dem Geräusch eines entfernten weißen Rauschens, als ob man ein Radio auf einen weit entfernten Sender einstellt. Nach ein paar Sekunden erklingt eine sanfte synthetische Stimme, die klingt, als käme sie aus einer anderen Dimension, und singt zu einem beruhigenden Gitarren-Arpeggio:

Das war ein Triumph

Ich würde mal sagen: **ein Riesenerfolg**

Ich könnte nicht zufriedener sein.[53]

Ich erschauderte. Ich hielt die Musik an und konnte meine Tränen nicht zurückhalten. Wenn das wirklich eine Nachricht von meinem Sohn war, hätte sie nicht eindeutiger sein können. Es ging ihm gut. Nein, mehr als gut. Es ging ihm wunderbar. Er schaute auf das ganze Spiel seines Lebens und Todes zurück und schloss – in einem Wort – dass es ein Triumph war. Das Lied ging weiter und erinnerte mich an die Mission, die er mir aufgetragen hatte:
Aperture Science

Wir tun, was wir müssen,

weil wir es können,

zum Wohle aller.

Außer denen, die tot sind.

Das war wie ein Echo seines Ratschlags: Hör nie auf zu arbeiten, Papa. Bewirk etwas. Nicht aus einem bestimmten Grund, sondern einfach weil du es kannst. Es gibt nichts, was du für die Toten tun kannst, aber du kannst etwas für die Lebenden tun. Ali hat das wenige Tage vor seinem Tod gesagt. Es war die mir aufgetragene Mission. Das Lied geht weiter:

Aber es hat **keinen Sinn,** *über jeden* **Fehler zu weinen.**

Du machst einfach weiter, bis kein Kuchen mehr übrig bleibt …

Verharre nicht in der Trauer über den menschlichen Fehler, der mich das Leben gekostet hat. Mach weiter, bis deine Lebenszeit vorüber ist. Konzentrier dich auf das Leben und tue Gutes. So verbringst du den Rest deines Lebens. Weiter.

Ich bin nicht einmal wütend.

Ich bin gerade sehr aufrichtig.

Obwohl du mein Herz gebrochen hast.

Und du hast mich umgebracht …

Mein wundervoller Sohn hat vergeben – wie er es stets tat. Er weiß, dass Gutes daraus enstehen wird, und er freut sich, dass wir diese Erfahrung machen.

Mach weiter und lass mich.

Ich denke, **ich bleibe lieber drinnen.**

Vielleicht findest du jemand anderes, der dir hilft.

Mach weiter und lass mich?! Erneut brach ich in Tränen aus, aber die Botschaft war eindeutig. *Mach weiter, Papa. Du weißt, was zu tun ist. Es wird andere geben, die dir auf deiner Mission helfen – hoffentlich all diese Leser, die dazu beitragen, die Botschaft zu verbreiten.* Ich fand diesen Teil der Nachricht schwer. Mein Herz schmerzte. Ich wollte meinen Sohn an meiner Seite, aber es ging nicht. Am Ende des Lieds sagte er mir schließlich warum:

… **Und glaub mir, ich bin noch am Leben,**

Ich mache Wissenschaft und bin noch am Leben.

Ich fühle mich FANTASTISCH, und ich bin noch am Leben.

Während du stirbst, werde ich noch am Leben sein.

Und wenn du tot bist, werde ich noch am Leben sein.

noch am Leben

noch am Leben

Ich weiß, *ya habibi*. Ich weiß, dass du glücklich bist, wo auch immer du bist – im Gespräch mit den interessantesten Persönlichkeiten, die jemals gelebt haben.

Auch ich hier werde eines Tages meine Aufgaben abschließen und mich zum Portal begeben. Das werden wir alle. Ich vermisse dich, aber ich verspreche dir, glücklich zu sein, so wie du es dir gewünscht hättest. Ich verspreche dir, dich stolz zu machen. Und ich werde dir ewig dankbar dafür sein, dass du mir den Weg aufgezeigt hast.

Danke, dass Sie meine Geschichte gelesen und einige meiner Lebensanschauungen in Betracht gezogen haben. Ich wünsche mir, dass auch Sie Ihr Glück finden und dass wir uns eines Tages begegnen. Bis dahin schreiben Sie mir gerne und geben Sie mir Rückmeldung, wie die Anwendung dieser Konzepte für Sie verlaufen ist.

In seinem letzten Gespräch über den Tod, in dem Ali seinem Freund sagte, er sei optimistisch, benannte er seinen letzten Wunsch: *Wenn ich da drüben bin, will ich unbedingt bis ganz nach oben gehen und demjenigen ins Gesicht schauen, der dieses megacoole Universum erschaffen hat.*

Bitte beten Sie, dass Alis Wunsch in Erfüllung geht.

Danksagungen

Die Formel für Glück wäre nicht möglich gewesen ohne die unglaubliche Unterstützung des gesamten Teams von North Star Way. Michele Martin, deine Vision, deine Bestärkung und dein Coaching sind anbetungswürdig. Danke, dass du dich mit auf diese Mission begeben hast. Diana Ventimiglia, du hast wirklich das Innerste nach außen gekrempelt. Stets mit einem Lächeln auf den Lippen hast du uns dorthin gebracht, wo wir immer sein sollten. Es hat so viel Spaß gemacht, dass es sich gar nicht wie Arbeit anfühlte. Dieses Buch ist um Längen besser als das, mit dem ich zu euch kam, Michele und Diana. Ich danke euch.

Auf meinem Weg begegnete ich auch Michael Carlisle, meinem Agenten und jetzt auch lebenslangen Freund. Du hast an meine Mission geglaubt und mich liebevoll geleitet. Ich kann dir das alles niemals zurückgeben.

Nibal, umm Ali, danke für all die Jahre, die Weisheit, die Freundschaft und Liebe. Jeder Gedanke in diesem Buch ist einem Gespräch mit dir entsprungen. Ohne dich wäre ich ein völlig anderer.

Aya, du Sonnenschein meines Lebens, ich liebe dich und unsere Unterhaltungen. Ich habe so viel von dir gelernt, meine Tochter. Shine on you crazy diamond.

Ummy, Amira Wahby, du bist die Beste. Danke, dass du mich in so jungen Jahren hast lesen lassen, und dass du mich die Dinge erforschen ließest, als ich heranwuchs. Und danke, dass du immer da warst.

Danke an Carole Tonkinson, dass du deine Zuversicht schon so früh auf diesem Wege deutlich gemacht und mir geholfen hast, die Grundlagen für dieses Buch zu schaffen.

Peter Guzzardi, ich wünschte, wir hätten mehr gemeinsame Zeit verbracht. Danke für all deine Erfahrung, Geduld und Ermutigung.

William Callahan, du bist ein wahrer Dynamo. Verständnisvoll, eloquent, engagiert und schnell. Mann, bist du schnell.

Rick Horgan, was du mir beigebracht hast, ist unbezahlbar. Ich empfinde die allergrößte Dankbarkeit und tiefen Respekt dir gegenüber.

William Patrick, danke für deine Dienste.

Tento, ich dachte, ich hätte das Lernen hinter mir, bis du mir sagtest: Hör auf zu beurteilen und vorauszusagen und sag es so, wie es ist. Dieser eine von vielen Tipps prägte meine Sichtweise der Dinge. Ich danke dir für alle.

Danke an Ellis und das Team von Chartwell Speakers, dass ihr mich vor Tausende Zuhörer gebracht habt.

Gracias, Marcella Gomez, dass du die Mission in Lateinamerika verbreitet hast.

Jennifer Aaker, du hast *Die Formel für Glück* regelrecht umarmt. Das Konzept mit Stanford zu teilen hat mir geholfen, auf einige der klügsten Köpfe der Welt zurückzugreifen.

Betty Lin, ich danke dir, dass du mir geholfen hast, die Angelegenheit quer durch die ganze Welt bis nach Hongkong zu bringen, und dir, Emily Ma, für alles, was dazwischenlag.

Auf halbem Wege meiner Reise veröffentlichte ich eine Rohfassung von *Die Formel für Glück* online. Hunderte von Lesern gaben ihre Meinung dazu ab. Sie debattierten, diskutierten, teilten Forschungsergebnisse mit und nahmen sogar Textüberarbeitungen vor. Zehntausende Kommentare und Veränderungen haben dieses Buch beinahe zu einem gemacht, das von den Lesern selbst geschrieben wurde. Danke an Anne, Ossama, Karla, Lori-Ann, Gulnara, George, May, Alix, Nader, Emily, Maysam, Emel, Eslam, Hana, Agnieszka, Yee Hui, Astuti, Jenni, Dina, Samaa, Aurore, Gladys Karina, Karishma, Evan, Angela, Lamia, Nikesh, Tracy, Viviana und all den anderen, die so großzügig dazu beigesteuert haben. Ich bin jedem von euch für immer dankbar.

Danke all den Autoren und führenden Köpfen, auf deren Zitate und Bücher ich mich bezogen habe und deren Weisheit meinen Weg erleuchtet hat.

Danke all den schwierigen Zeiten, die mich gezwungen haben zu suchen, zu forschen und in mich zu gehen. Ich würde absolut nichts ausradieren.

Danke allen, die ich noch nicht kennengelernt habe, die sich jedoch freiwillig dieser Mission verpflichten und uns bei ihrer Erfüllung helfen werden. Ohne euch kann ich #10millionhappy nicht erreichen.

Und danke dir, Ali. Für alles, das du mir gezeigt hast, für die Liebe, mit der du mich überschwemmt hast, und dafür, dass du mir einen Grund zum Schreiben gegeben hast. Ich liebe dich, mein Sohn. Bleib glücklich, bis wir uns nach Erledigung meiner Arbeit hier wiedersehen.

Über den Autor

Mo Gawdat ist der Vice President Business Innovation von Google [X], dem Elite-Entwicklerteam von Google. Er hat schon für die drei weltweit größten Technologiekonzerne IBM, Microsoft und Google gearbeitet und mehr als 20 Unternehmen mitgegründet. Als global gefragter Redner bei Entscheidern aus der Geschäftswelt, hält Mo Gawdat inspirierende Vorträge zu den Themen Technologietrends, Innovationen und »Glücklichsein« als den entscheidenden Faktor beim Aufbau seiner Karriere. Seine größte Leidenschaft ist Lernen, so hat er sich zum Beispiel allein aus Büchern Deutsch beigebracht.

Anmerkungen

1 Ed Diener und Richard Easterlin, »Rising Income and the Subjective Well-Being of Nations«, Journal of Personality and Social Psychology (2013), https://www.apa.org/pubs/journals/releases/psp-104-2-267.pdf.

2 Andrew J. Oswald, Eugenio Proto und Daniel Sgroi, »Happiness and Productivity«, Warwick Social Sciences, Arbeitspapier, 10. Februar 2014, https://www2.warwick.ac.uk/fac/soc/economics/staff/eproto/workingpapers/happinessproductivity.pdf.

3 Malcolm Gladwell, Überflieger. Warum manche Menschen erfolgreich sind – und manche nicht, Frankfurt a. Main 2009.

4 Mihaly Csikszentmihalyi, Flow: Das Geheimnis des Glücks, Stuttgart 2015.

5 Eckhart Tolle, Eine neue Erde: Bewusstseinssprung anstelle von Selbstzerstörung, München 2005.

6 Gartner, »Gartner Says 6.4 Billion Connected ›Things‹ Will Be in Use in 2016, Up 30 Percent from 2015«, Presseerklärung, 10. November 2015, http://www.gartner.com/newsroom/id/3165317.

7 Daniel Kahneman, Schnelles Denken, langsames Denken, München 2012.

8 Bhavin R. Sheth, Simone Sandkühler und Joydeep Bhattacharya, »Posterior Beta and Anterior Gamma Oscillations Predict Cognitive Insight«, Journal of Cognitive Neuroscience 21.7 (2009), http://www.mitpressjournals.org/doi/abs/10.1162/jocn.2009.21069#.Van3LhOqpTI.

9 Norman A. S. Farb et al., »Attending to the Present: Mindfulness Meditation Reveals Distinct Neural Modes of Self-Reference«, Social Cognitive and Affective Neuroscience 2.4 (2007), http://scan.oxfordjournals.org/content/2/4/313.full.

10 The New York Public Library's Science Desk Reference (Stonesong Press, 1995).

11 Nicholas Wade, »Your Body Is Younger Than You Think«, New York Times, 2. August 2005, http://www.nytimes.com/2005/08/02/science/your-body-is-younger-than-you-think.html?_r=0.

12 Donald Rumsfeld, Pressemitteilung des US-Verteidigungsministeriums, 12. Februar 2002, Wikiquote, https://en.wikiquote.org/wiki/Donald_Rumsfeld.

13 Nassim Nicholas Taleb, Der Schwarze Schwan. Doe Macht höchst unwahrscheinlicher Ereignisse, München 2015.

14 »Butterfly Effect«, https://en.wikipedia.org/wiki/Butterfly_effect.

15 »John B. Watson«, https://en.wikipedia.org/wiki/John_B._Watson.

16 »Pain tolerance«, https://en.wikipedia.org/wiki/Pain_tolerance.

17 Mihaly Csikszentmihalyi, Flow: Das Geheimnis des Glücks, Stuttgart 2015.

18 Raj Raghunathan und Kollegen, *Klug, erfolgreich und trotzdem unglücklich. Wie intelligente Menschen Zufriedenheit finden*, München 2017.

19 Chopra, Deepak, »Why Meditate«, Deepak Chopra, https://www.depakchopra.com/blog/article/470/.

20 Roy F. Baumeister, Ellen Bratslavsky, Catrin Finkenauer und Kathleen D. Vohs, »Bad Is Stronger Than Good«, Review of General Psychology 5.4 (2001), http://dare.ubvu.vu.nl/bitstream/handle/1871/17432/Baumeister_Review?sequence=2.

21 Felicia Pratto und Oliver P. John, »Automatic Vigilance: The Attention-Grabbing Power of Negative Social Information«, Journal of Personality and Social Psychology 61.3 (1991), http://people.uncw.edu/hakanr/documents/AutoVigilanceforneg.pdf.

22 David L. Thomas und Ed Diener, »Memory Accuracy in the Recall of Emotions«, Journal of Personality and Social Psychology 59.2 (1990), http://psycnet.apa.org/psycinfo/1991-00334-001.

23 Tugend, Alina, »Praise Is Fleeting, but Brickbats We Recall«, New York Times, 23. März 2012, http://www.nytimes.com/2012/03/24/your-money/why-people-remember-negative-events-more-than-positive-ones.html.

24 Rick Hanson, *Just One Thing. So entwickeln Sie das Gehirn eines Buddha*, Freiburg 2015.

25 Christopher Chabris und Daniel Simons, »The Original Selective Attention Task«, The Invisible Gorilla, http://www.theinvisiblegorilla.com/videos.html.

26 Vilayanur S. Ramachandran und Diane Rogers-Ramachandran, »Extreme Function: Why Our Brains Respond So Intensely to Exaggerated Characteristics«, Scientific American, 1. Juli 2010, http://www.scientificamerican.com/article/carried-to-extremes/.

27 Daniel Kahneman, Schnelles Denken, langsames Denken, München 2012.

28 Dan Cray, »How We Confuse Real Risks with Exaggerated Ones«, Time, 29. November 2006, http://content.time.com/time/health/article/0,8599,1564144,00.html.

29 Shawn Achor, »The happy secret to better work«, TED, Februar 2012, www.ted.com/talks/shawn_achor_the_happy_secret_to_better_work.

30 Stanley, Jan B., »Arianna Huffington is Redefining Succes«, livehappy, 21. Mai 2015, https://www.livehappy.com/lifestyle/people/arianna-huffington-redefining-success.

31 Matt Killingsworth, »Want to be happier? Stay in the moment«, TED, November 2011, http://www.ted.com/talks/matt_killingsworth_want_to_be_happier_stay_in_the_moment

32 Robert A. Emmons und Michael E. McCullough, »Counting Blessings versus Burdens: An Experimental Investigation of Gratitude and Subjective Well-Being in Daily Life«, Journal of Personality and Social Psychology 84.2 (2003), http://www.stybelpeabody.com/newsite/pdf/gratitude.pdf.

33 »In Praise of Gratitude«, Harvard Mental Health Letter, November 2011, www.health.harvard.edu/newsletter_article/in-praise-of-gratitude.

34 Elizabeth W. Dunn, Lara B. Aknin und Michael I. Norton, »Spending Money on Others Promotes Happiness«, Greater Good, http://greatergood.berkeley.edu/images/application_uploads/norton-spendingmoney.pdf.

35 World Health Organization, Global Health Observatory (GHO) Data, http://www.who.int/gho/en/

36 Peter Saul, »Let's Talk about Dying«, TED, November 2011, https://www.ted.com/talks/peter_saul_let_s_talk_about_dying?language=en.

37 Ein beobachtendes Lebewesen hätte ein Mensch oder ein Alien sein können, der außerhalb unseres Universums lebte. Aliens stünden auf ihrer Seite denselben Problemen bei der Schöpfung gegenüber und benötigten Lebewesen, die ihr Universum von Beginn an beobachten, es sei denn, diese Aliens würden eigene physikalische Gesetze schaffen, die bei uns anders wirken als bei ihnen. Und diese Lebewesen bräuchten wiederum Lebewesen, die sie beobachten und ins Leben rufen. Und so weiter. Alternativ könnte das Lebewesen auch der Gestalter sein, ein Thema, das im nächsten Kapitel besprochen wird.

38 Anita Moorjani, »Dying to Be Me!«, TEDx, 11. Dezember 2013, http://tedxtalks.ted.com/video/Dying-to-be-me-Anita-Moorjani-a.

39 George Carlin, https://www.youtube.com/watch?v=8r-e2NDSTuE

40 Brian Greene, Der Stoff, aus dem der Kosmos ist. Raum, Zeit und die Beschaffenheit der Wirklichkeit, München 2008 .

41 Sätze pro Sekunde (S) = (9 Wörter / 220 Wörter/Minute) * 60 Sekunden/Minute.

42 Benötigte Jahre (Y) = (C) x (S) / (60*60*24*365) Sekunden/Jahr. Anzahl möglicher Konstellationen (C) = 27 Möglichkeiten ^ 56 Positionen.

43 Vielfaches des Erdenalters = (Y) / 4.5 * 10^9 Jahre.

44 Versuche, Krieg und Frieden zufällig zu schreiben = 27 Möglichkeiten ^ (580,000 Wörter *6 Buchstaben/Wort).

45 Benötigte Tippschnelligkeit = (C) * 9 Wörter/Satz / (60 * 24 * 365)Minuten/ Jahr * 4.5 * 10^9 Jahre.

46 Weltregister der Meeresarten, http://www.marinespecies.org/.

47 Camilo Mora et al., »How Many Species Are There on Earth and in the Ocean?«, PLOS Biology, 23. August 2011, http://journals.plos.org/plosbiology/ article?id=10.1371/journal.pbio.1001127.

48 Versuche als Vielfache der menschlichen Bevölkerung (M) = (C) / 7 * 10^9 Menschen.

49 Skelette pro Quadratmeter = (M) / 1.49 * 10^14 Erdenlandmassenfläche.

50 Erschaffene Menschen im Monat = (C) / 2 Millionen Jahre / 12 Monate.

51 George Sylvester Viereck, Glimpses of the Great (Macaulay, 1930), http:// www.thinknice.com/albert-einstein-quotes/.

52 Elisabeth Kübler-Ross, On Grief and Grieving, Finding the Meaning of Grief Through Five Stages of Loss,New York 2007.

53 Jonathan Coulton, »Still Alive«, YouTube, https://www.youtube.com/watch ?v=Y6ljFaKRTrI&spfreload=10.